마음 근육
키우기

역경과 불확실성을 이겨내는 긍정심리 회복력의 힘

마음 근육 키우기

우문식 한국긍정심리연구소 소장 지음

도서출판 물푸레

역경과 불확실성을 이겨내는 회복력이 삶을 좌우한다

인류는 언제나 지속적인 바이러스의 공격과 전쟁 위협, 자연재해나 각종 사건·사고 발생 같은 역경과 불확실성의 시대를 살아왔다. 여기에 일상적으로 반복되는 가정과 사회에서의 불안정한 관계는 위기감을 더한다. 이러한 불확실성과 위기감은 인류를 불안에 떨게 했고, 인류는 그것에 대응하고자 예측 기술을 개발해 발전시키면서 그 기술이 우리를 보호해줄 것이라고 믿었다. 하지만 지금도 여전히 많은 사람이 좌절에 빠지고 불안, 분노, 우울감, 죄책감에 젖어 힘들어하고 있다. 그 이유는 무엇일까? 여러 요인이 복합적으로 작용하겠지만 상황을 대처하고 다루는, 즉 역경Adversity을 이겨내는 기술인 '회복력(회복탄력성)Resilience'이 부족해 마음의 근육이 약해진 것이 가장 큰 원인이라고 생각한다.

예를 들어 코로나19 같은 팬데믹 시기에는 누구나 불안이나 무기력, 답답함을 느끼게 마련이다. 하지만 그런 와중에도 현실을 직시하고, 긍정심리를 통해 오히려 위기를 기회로 삼고자 하는 사람들이 있다. 2021년 5월 경기도의 한 코로나19 생활치료센터에 고등학교 3학년 수험생 두 명이 입소했다. 입시를 앞둔 시기에 코로나19에 감염되어 당사자인 두 학생은 물론, 주변인들도 많이 걱정하고 안타까워했다.

그중 한 학생은 생활치료센터 입소와 동시에 이번 입시는 망했다며 거의 자포자기 상태가 됐다. 대입 수시모집을 노리고 있었는데 원서를 써보기도 전 발이 묶여버렸다고 생각한 것이다. 낯선 곳에서 혼자 공부하자니 외롭고, 벌써 재수를 준비해야 하나 걱정이 앞서 식사도 제대로 못하고 우울해했다. 무기력하게 시간을 보내는 것 같다는 불안감에 잠도 잘 자지 못했다. 금방 완치되어 일상으로 돌아간다 해도 다시 학업에 매진할 자신이 없었다.

반면 또 다른 학생은 학교를 못 가는 대신 혼자 조용히 부족한 부분을 보충할 시간이 생겨 다행이라고 생각했다. 그동안 시간이 없어 제대로 보지 못한 인터넷 강의도 챙겨 보고 친구들과 비디오 플랫폼 '줌'으로 연결해 같이 공부하기도 했다. 몸은 생활치료센터를 벗어날 수 없지만, 마음만 먹으면 할 수 있는 일이 많았다. 오히려 부모님이나 선생님 눈치를 보지 않고 쉴 수 있는 시간이 생겨 편한 면도 있었다. 얼른 나아서 생활치료센터를 나가게 되면 코로나19 걱정 없이 입시를 준비할 수 있으리라는 생각에 마음도 편해졌다.

이처럼 동일한 역경에도 어떤 사람은 무너지고 어떤 사람은 더 강해진다. 역경을 이겨내기 위해 과식, 음주 등 건강하지 못한 습관에 빠져들고 정서적으로 분노, 불안, 슬픔, 죄책감, 무기력을 느끼는 사람이 있는 반면, 운동이나 원만한 대인관계, 심리적 강화 같은 건강한 접근법을 취하는 사람도 있다. 이렇게 차이가 나는 것은 한마디로 회복력 수준이 다르기 때문이다.

사람은 누구나 크고 작은 역경을 겪는다. 역경은 부모나 자식, 배우자가 갑자기 죽는 것처럼 비극적인 경험일 수 있고, 바이러스나 전쟁, 재해, 사고에 의한 고통스러운 경험일 수도 있으며, 이혼이나 대립 같은 대인

관계 갈등으로 감정이 산산조각 나는 비통한 경험이거나 도전 또는 사업 실패 등 좌절에서 오는 아픈 경험일 수도 있다. 그렇다면 이런 직접적 또는 간접적인 트라우마를 이겨내게 해주는 회복력은 어떤 사람에게 필요할까?

첫째, 과거의 역경을 이겨내고자 하는 사람이다. 이들은 회복력을 발휘해 가족 해체, 죽음, 가난, 정서적 방임, 신체적 학대 등 아동기나 청소년기에 겪은 역경을 뒤늦게 극복하려고 한다. 좌절을 딛고 원하는 성인기를 만들어가려면 반드시 회복력이 필요하다.

둘째, 현재의 역경을 헤쳐 나가고자 하는 사람이다. 친구나 가족과 말다툼, 직장 상사와 갈등, 사회적 열등감, 예기치 못한 지출 등 매일 닥치는 역경을 헤쳐 나가기 위해서는 강한 회복력이 있어야 한다. 회복력을 키우면 일상적인 스트레스나 짜증스러운 사건에 굴복해 자신의 생산성과 행복이 훼손되는 일은 생기지 않는다.

셋째, 큰 역경을 딛고 다시 일어서고자 하는 사람이다. 중년이 되면 어느 시점에서든 거의 모든 사람이 큰 좌절을 경험하며, 삶을 뒤흔드는 혼란스럽고 충격적인 사건을 겪는다. 실직이나 이혼, 부모 또는 자녀의 죽음일 수도 있고, 사업 부도나 도전의 실패일 수도 있다. 이런 사건은 회복력을 강타하는 엄청난 위기로, 우리는 각각 자신의 회복력 수준에 따라 무기력하게 포기해버리거나, 반대로 활력을 되찾아 앞으로 나아갈 방법을 찾아낸다.

넷째, 역경을 극복하고 적극적으로 도전하고자 하는 사람이다. 이들은 인생의 의미와 목적을 찾아내고 새로운 경험과 도전을 흔쾌히 받아들이는 것을 목표로 삼기에 자신을 보호하고 방어하려는 욕구를 뛰어넘어 좀더 높은 차원에서 회복력 기술을 사용한다. 이를 바탕으로 적극적으로 도전해 더 멀리, 더 높이 뻗어나가 성취할 수 있는 모든 것을 성취한다.

내 삶을 되돌아보면, 아동기와 청소년기에 지독한 가난과 배우지 못한 서러움을 이겨내야 했다. 성인기에도 치열한 경쟁에서 살아남고자 여러 역경을 헤쳐 나와야 했으며, 중년에는 가족의 죽음과 사업 부도를 겪어 슬픔과 고통을 딛고 일어서야 했다. 그리고 불혹이 지나서야 본격적으로 공부를 시작하고 새로운 학문에 적극적으로 도전할 수 있었다.

이렇듯 내 삶은 인생 주기마다 감당하기 버거운 역경의 연속이었다. 지금도 지속적으로 역경을 만나지만 회복력으로 마음의 근육을 키우면서 잘 극복해가고 있다. 열악한 환경과 조건에서도 좌절하거나 포기하지 않고 계속 도전하면서 성장할 수 있었던 것은 긍정심리학이라는 학문을 만나 삶에서 실천하고 회복력을 끌어올리려고 노력한 덕분이다.

내가 긍정심리학을 만난 때는 2003년이지만, 회복력을 처음 접한 것은 2009년 국제 금융위기가 한창일 때 미국 미래학자 자마이스 카시오Jamais Cascio가 그해 발표한 논문에서였다(2009년 이후 회복력에 대한 그의 후속 연구 자료는 나오지 않았지만 지금도 조직에서 연구할 가치가 충분하다고 생각한다. 이를 조직에서는 복원력이라 하고, 자기개발에서는 회복탄력성이라고도 한다). 그는 조직에 필요한 회복력의 8대 원칙을 제시했는데, 당시에는 상당히 파격적이고 미래 지향적인 내용이었다.

긍정심리학을 경영학에서 조직행동으로 시작한 나는 그 내용에 무척 흥미를 느꼈다. 카시오는 '기업의 회복력'을 "역경 속에서 스스로 역량을 재창조함으로써 재도약을 이루는 능력"이라고 정의했다. 불확실성이 높고 위기가 일상화된 현대 조직 환경에서는 위기 예측과 회피가 거의 불가능하기 때문에 위기를 피하려 하기보다 위기가 닥쳤을 때 어떻게 대처하고 극복할 것인지에 초점을 맞추라는 뜻이다.

카시오가 말하는 회복력의 8대 원칙은 ①한 가지 솔루션에 의지하지 말라는 '다양성' ②탈출 경로 혹은 구출 경로를 한 가지만 만들지 말라는 '여분력' ③중앙집중식 시스템은 강력하지만 실패할 경우 재앙을 가져오므로 분산시키라는 '분산력' ④커뮤니케이션과 정보 공유 기술을 활용하라는 '협업력' ⑤투명해야 문제가 어디에 있는지 찾을 수 있으므로 숨기지 말아야 하며, 계획이나 준비 상태를 알리고 사람들이 그것의 결함을 지적하면 경청하라는 '투명성' ⑥실패는 일어날 수 있는 일이라고 생각하라는 '품위 있는 실패' ⑦계획이 예상대로 돌아가지 않으면 바꾸라는 '유연성' ⑧미래를 내다보고 예측할 수 없지만 미래가 다가오는 발자국 소리는 들을 수 있으므로 생각하고 준비하라는 '통찰력'이다.

그 당시 심리학 쪽에서도 긍정심리학 창시자인 마틴 셀리그만Martin Seligman을 중심으로 미국 펜실베이니아대학교에서 회복력 연구가 활발히 진행 중이었고, 2008년부터는 미국 육군 회복력 훈련에 그것을 적용하고 있었다. 심리학에서 '회복력'은 긍정심리학을 통해 흥미로운 영역으로 새롭게 등장했다. 그리고 3년 뒤인 2011년 셀리그만의 신간《플로리시Flourish》에 미국 육군의 '회복력 전문가 훈련Master Resilience Training·MRT' 과정이 소개됐다. 나는 그 책을 번역, 출판했으며 50권을 육군본부 인사 사령관인 B 중장에게 전달하면서 장교들에게 읽힐 것을 권하고 회복력 훈련의 필요성을 강조했다. 그렇게 시작된 우리 군의 회복력에 대한 관심은 2018년부터 육군을 기점으로 본격화됐다. 그리고 지금 나는 우리나라 전군을 대상으로 강한 군대, 건강한 군대, 행복한 군대를 위한 긍정심리학 기반의 회복력 교육(훈련)·상담(코칭)을 담당하고 있다.

이 책을 처음 쓰겠다고 결심한 것은 2020년 1월 코로나19 확진자가 대구에서 급속도로 확산될 때였다. 극도의 불안감과 두려움에 빠져 있는 국민을 위해 긍정심리학자로서 심리적 도움을 주고 싶었다. 때를 같이해 대한민국 전군의 군종장교들에게 회복력 교육(훈련)을 시키면서 모든 군인이 평상시 좀 더 쉽고 체계적으로 회복력을 이해하고 실천할 수 있도록 책을 써야겠다고 마음먹었다. 또 한 가지 이유는 그동안 상담이나 교육, 강의를 통해 만난 많은 사람이 마음의 근육이 약해진 상대라는 것을 발견했기 때문이다. 이들도 회복력으로 마음의 근육을 키우면 심리적으로 훨씬 더 건강하고 행복한 삶을 살아갈 수 있다. 그래서 작은 스트레스나 사건, 사고, 심지어 상대의 말이나 감정, 행동에도 자주 상처받는 이들에게 크고 작은 역경에 대처하고 해결하는 방법을 알려주고 싶었다. 그렇게 시작한 것이 벌써 2년이 넘었다.

나는 인생에서 많은 것을 이룬 사람도, 특별한 능력을 가진 사람도 아니다. 누구보다 열악한 환경에서 수많은 역경을 겪었지만 내 강점인 창의성과 끈기, 학구열, 정직, 자기 통제력, 감사, 희망을 바탕으로 포기하지 않고 회복력을 발휘해 이순이 훌쩍 넘은 나이에도 지속적으로 배우고, 연구하고, 성장하고 있다. 그래서 지금까지 살아오면서 크고 작은 역경을 극복한 이야기, 긍정심리학과 회복력 관련 학문을 배우고 연구하고 가르치고 실천하면서 변화된 나 자신과 주변 사람들의 이야기, 이 분야 최고 전문가들의 연구와 경험 내용 등을 독자들과 공유하고 싶었다. 특히 이 책에 나오는 사례는 대부분 저명인사나 특출한 사람들에 대한 것이 아니다. 지난 20여 년 동안 내가 긍정심리학을 해오면서 직간접적으로 겪은 주변 사람들에 관한 이야기와 긍정심리학자들의 경험 이야기다. 단, 본문에 언급된 일부 이름은 개인 정보 보호를 위해 가명을 사용했다.

이 책은 회복력 사고, 회복력 능력, 회복력 기술을 체계적으로 다룬다. 특히 회복력 기술을 정서, 인지, 관계, 행동, 성취로 분류했다. 회복력은 단일 특성이 아닌 복합적인 특성을 가지기 때문이다. 해당 기술들은 누구나 쉽게 배워서 적용할 수 있지만 사람마다 다를 수도 있다. 그러니 자신이 가장 좋아하고 잘할 수 있는 기술을 선택해 회복력을 키우길 권한다. 이 책에는 자신의 회복력 능력을 측정하는 진단법과 일상에 적용할 수 있는 회복력 기술(도구)이 각 장에 포함되어 있다. 그 기술들을 머리로 이해하고 마음으로 느끼려고만 하지 말고 노력과 실천을 통해 습관화하는 것이 중요하다. 회복력은 머리와 마음만이 아닌, 손과 발로 실천하면서 마음의 근육을 키우는 것이기 때문이다. 긍정심리 기반의 회복력 기술은 자기 강화적이다. 자기 강화적이란 한 번 배우고 터득하면 스스로 자신에게 적용할 수 있음을 뜻한다. 특히 책에 담긴 내용들은 지난 수십 년 동안 나와 긍정심리학자, 심리학자, 회복력 전문가들이 과학적으로 연구하고 검증한 내용 및 사례들이니 믿고 따르길 권한다. 그럼 마음의 근육이 단단해지면서 앞으로 나아갈 힘이 생길 것이다.

나는 교육이나 강의, 상담(치료) 시간에 참가자들에게 한 번 터득한 긍정심리 도구들을 사용해 자신의 심리 문제를 스스로 해결하고 행복을 만드는 '셀프 세라피스트Self Therapist'가 되라고 말한다. 지난 20년 동안 긍정심리학자들이 이를 증명했기 때문이다. 당신도 이 책에 나와 있는 회복력 기술과 긍정심리 도구들을 사용해 자신의 심리적 문제를 스스로 해결(치료)하는 셀프 세라피스트가 됐으면 좋겠다.

인생을 거친 파도에 비유하기도 한다. 항해하면서 만나는 거친 파도에 무작정 맞서기보다 파도타기 기술을 배워야 생존 가능성이 훨씬 높아진다. 우리가 살아가면서 겪는 역경도 마찬가지다. 그 역경과 맞서 싸우려 하지 말고 역경을 다루는 기술을 배우길 바란다. 이 책에 그 기술들이 곳곳에 담겨 있다.

이 책이 나오기까지 수많은 역경을 극복할 수 있도록 인도해주신 하나님께 감사드리며, 2003년 긍정심리학을 처음 접한 나에게 2006년 인생의 티핑포인트 tipping point를 만들어준 마틴 셀리그만 교수님, 친형제보다 더 큰 사랑과 도움을 주신 김정태 사장님, 회복력 교육을 통해 대한민국 군대를 심리적으로 강한 군대로 만들고자 함께 노력해준 육해공 3군과 국방부 군종장교님들께도 감사를 드린다. 또한 긍정심리학을 연구하고 실천하면서 경험했던 귀중한 사례를 아낌없이 제공해준 대학원 제자들과 교육 참가자들, 책이 훌륭하게 출판될 수 있도록 편집과 디자인을 각각 담당해주신 류민, 김경옥 선생에게도 감사의 마음을 전한다. 마지막으로 삶의 역경들을 이겨낼 수 있도록 든든한 바탕이 되어준 사랑하는 나의 가족, 아내 화담 김기숙 작가와 큰아들 정현, 작은아들 정훈에게 감사의 말을 전하고 싶다.

2022년 싱그러운 초여름
이팝꽃 향기 가득한 백운산 입구에서

차 례

프롤로그 : 역경과 불확실성을 이겨내는 회복력이 삶을 좌우한다 ____ 4

1장 회복력

1. 삶을 이끄는 중요한 하나의 열쇠, 회복력 ____ 18
2. 회복력이 강한 사람이 세상을 주도한다 ____ 24
3. 회복력 수준에 따라 인생도 달라진다 ____ 29
4. 회복력이 강한 사람과 약한 사람이 만드는 다른 삶 ____ 34
5. 과학을 기반으로 바꾸어가는 성격과 인생 ____ 39
6. 아동기의 역경도 회복력으로 이겨낼 수 있다 ____ 46
7. 회복력은 강해지기도, 약해지기도 한다 ____ 52

2장 회복력 사고

1. 현실 직시는 역경 극복의 시작이다 ____ 62
2. 무기력을 극복해야 마음의 근육이 단단해진다 ____ 66
3. 최악의 상황을 야기하는 파국적 사고를 피하자 ____ 73
4. 회복력은 예방이다 ____ 79
5. '외상후 스트레스 장애' 보다 '외상 후 성장'에 초점을 맞추자 ____ 83
6. 희망에는 생명을 지탱하는 힘이 있다 ____ 89
7. 행복은 연습과 노력을 통해 만드는 것이다 ____ 94

3장 회복력 능력

1. 믿음직한 사람이 되는 길: 감정 조절 능력 ——— 106
2. 삶을 스스로 관리할 수 있는 힘: 충동 통제 능력 ——— 112
3. 미래에 대한 현실적 기대와 희망: 낙관성 능력 ——— 124
4. 유연하고 정확하게 대응하는 길: 원인 분석 능력 ——— 138
5. 관계의 문제를 해결하는 지름길: 공감 능력 ——— 146
6. 자기 능력에 대한 믿음: 자기효능감 능력 ——— 157
7. 인생에서 뻗어나가는 방법: 적극적 도전하기 능력 ——— 168

4장 정서 회복력 기술

1. 과거보다 미래를 지향하는 긍정심리학 ——— 180
2. 긍정 정서는 회복력을 키우는 내면의 샘 ——— 197
3. 열등감에서 벗어난 주도적인 삶: 자부심 키우기 ——— 215
4. 노력이 필요하지만 확실한 효과: 감사하기 ——— 221
5. 자기 자신을 위하는 이타적 선물: 용서하기 ——— 238
6. 약물보다 긍정 정서와 강점 찾기가 먼저: 우울증 극복하기 ——— 255
7. 일상의 지옥에서 벗어나는 방법: 불안 극복하기 ——— 265
8. 긍정 경험에 집중하고 감상하는 삶: 음미하기 ——— 273
9. 지금 이 순간을 자각하며 살아가는 힘: 마음챙김 ——— 284

5장 인지 회복력 기술

1. 역경과 믿음, 결과를 알아내는 방법: ABC 확인하기 —— 292
2. 속단 스트레스에서 벗어나는 길: 사고의 함정 피하기 —— 306
3. 마음 깊이 자리해 나를 움직이는 힘: 빙산 믿음 찾기 —— 317
4. 역경을 극복하는 드라마틱한 해결책: 믿음에 반박하기 —— 326
5. 최악의 시나리오를 피하는 방법: 진상 파악하기 —— 349
6. 자신에게 통제력이 있다는 믿음: 진정하기 및 집중하기 —— 363
7. 감정에 압도당할 때 필요한 도구: 실시간 회복력 발휘하기 —— 374

6장 관계 회복력 기술

1. 인간관계와 행복, 회복력의 상관관계 —— 382
2. 스스로 멋진 '나'를 만드는 비법: 진정한 '나' 찾기 —— 385
3. 일상에서 긍정 관계를 키우는 방법: 상대의 강점 보기 —— 390
4. 결국 나 자신을 위한 길: 공감·경청·배려하기 —— 403
5. 긍정 관계의 시작이자 중심: 시간 선물하기 —— 409
6. 만족스러운 관계를 위한 도구: 적극적·건설적으로 반응하기 —— 416
7. 관계에 신뢰를 더하는 마법: 확신에 찬 의사소통 —— 427

7장 행동(성격강점) 회복력 기술

1. 학습으로 성격을 바꾸는 심리적 도구, 성격강점 —— 432

2. 행복한 삶을 위한 공식, 대표강점 —— 437

3. 지금, 이 순간 대표강점이 필요한 이유 —— 444

4. 대표강점 실천으로 플로리시하기 —— 450

5. 대표강점 제대로 찾아 키우고 적용하기 —— 455

6. 대표강점을 통해 아이의 강점 꽃피우기 —— 466

7. 강점으로 심리적 증상을 치료하는 긍정심리치료 —— 476

8장 성취 회복력 기술

1. '성취하는 삶을 위한 공식'의 주요 요소: 그릿 —— 492

2. 노력을 유발하는 집념의 성격 특성: 자기 통제력 —— 498

3. 목표를 상기하고 집중력을 발휘하는 성격 특성: 끈기 —— 503

4. 시너지 효과가 돋보이는 성격 특성: 열정 —— 509

5. 의미 있는 삶을 위한 시작과 여정, 그리고 마무리 —— 516

에필로그 : 내 삶은 역경이고, 회복력이고, 플로리시였다 —— 525

참고문헌 —— 538

RESILIENCE

1장

회복력

1

삶을 이끄는 중요한 하나의 열쇠, 회복력

2020년 코로나19가 처음 발생한 이후 우리는 한 번도 경험해보지 않은 세상을 2년 넘게 살아왔다. 지구상에 감염병이 창궐한 것은 그리 놀라운 일이 아니지만, 코로나19 팬데믹은 세계인의 삶을 이전과는 완전히 다른 모습으로 바꿔놓았고 사람들이 적응하는 데도 시간과 노력이 필요했다. 다행히 백신과 치료제가 신속히 개발되고 전 세계적으로 백신 접종과 치료제 투약이 이어지면서 긴 시련의 끝인 엔데믹이 다가오고 있는 듯하다. 하지만 감염병 사태가 끝나도 지난 시절과 같은 일상으로 금방 돌아갈 수 있을지는 미지수다. 세계 곳곳에 여전히 불확실성이 만연해 있기 때문이다. 지금 원고를 마무리하는 이 시간에도 러시아–우크라이나 전쟁과 코로나19 후유증으로 인한 곡물 및 에너지 부족에 인플레이션 우려까지 겹쳐 세계경제는 최악의 상황을 맞고 있다. 이 경제 상황이 언제 끝날지 예측할 수 없다는 불확실성이 주가 폭락, 고금리, 고물가, 구조조정 등으로 우리 삶에 영향을 미쳐 많은 사람이 불안과 우울,

분노에 시달리고 있다.

따라서 지금 우리에게는 몸과 마음의 상처를 치료하고 일상을 회복할 특별한 힘이 필요하다. 일부 사람만 가진 비범한 능력을 말하는 것이 아니다. 평범한 이들이 앞에 닥친 역경을 헤쳐 나가고, 과거의 상처로 인한 트라우마를 이겨내며, 희망을 바탕으로 미래를 설계하고, 지금보다 더 성장하는 데 원동력이 되는 힘, 바로 마음의 근육을 키워주는 '회복력'이다.

주위를 둘러보면 크든 작든 문제가 없는 사람을 찾아보기 어렵다. 원인을 알 수 없는 끈질긴 불안감이나 몸과 마음을 피폐하게 만드는 불면증을 없애고 싶은 사람도 있고 술이나 담배, 게임, 약물 등 각종 중독에서 벗어나고자 몸부림치는 사람도 있을 것이다. 누군가는 감염병, 테러, 전쟁, 자연재해 등 최근 잇따른 충격적인 사건들로 인해 안전에 위기감을 느껴 삶을 통제할 수 없다는 불안감에 사로잡혀 있거나, 기본적으로 누려야 할 개인과 가족의 권리를 침해당한 것에 분노를 느끼기도 한다. 또는 뼛속 깊이 사무치는 외로움과 일상적인 무기력, 갑작스러운 암 진단, 사랑하는 사람의 죽음 등 이별의 상실 탓에 슬픔과 우울증 같은 심리적 증상에 시달리는 사람도 있을 것이다. 사건·사고에 적절히 대응하지 못했거나 실수로 누군가에게 상처 또는 피해를 입힌 것에 대한 죄책감으로 괴로워하는 사람도 있을 테고, 알 수 없는 이유로 계속해서 문제를 일으키는 아이를 제대로 된 성인으로 키우는 것이 유일한 소원인 부모도 있을 수 있다.

모 그룹 생산관리팀에서 일하는 이 부장은 요즘 자신감이 떨어진 데다 우울하고 불안하다. 그러다 보니 팀원들을 데리고 회식을 하는 일이 잦아졌다. 요즘 사회 분위기가 그렇고, 불필요한 회식을 가급적 피하고 싶어 하는 팀원들의 속내도 모르는 것은 아니지만 술이라도 한잔하지 않으면 꽉 막힌 속을 풀 길이 없다.

사실 회사 내에서는 이 부장을 롤모델로 꼽는 직원이 많다. 명문대 출신에 업무 능력도 뛰어나 일찌감치 동기들을 따돌리고 대리, 과장, 부장까지 승승장구했기 때문이다. 덕분에 과장 시절 서울 강남권에 중형 아파트를 마련했고 아내와 딸, 아들과 다복하게 살고 있다.

그런데 속을 들여다보면 사정이 좀 다르다. 일찌감치 '전업주부'를 선언한 아내는 신혼 때부터 육아와 살림을 도와주는 '이모님'을 많이 의지했다. 아이들이 좀 크자 문화센터나 수영장, 피트니스센터 등에 다니느라 집을 비우는 일이 많았고 틈만 나면 친구들과 뮤지컬을 보러 가거나 브런치를 먹으러 다녔다. 씀씀이가 문제가 아니었다. 아이들이 어느 순간부터 조금씩 엇나가기 시작한 것이다. 초등학교 2학년인 아들은 주의력 결핍 과잉행동 장애 진단을 받아 치료 중이고 그나마 엄마, 아빠와 말이 통하던 딸은 4학년이 되면서 사춘기를 겪는 모양인지 말문을 닫은 채밖으로 도는 일이 많아졌다. 퇴근 후 반갑게 맞아주는 아내가 없는 집, 아빠와 말 한마디 나누지 않는 아들과 딸···. 퇴근하는 이 부장의 발걸음이 가벼울 리 없다.

게다가 50대가 코앞인데 회사 분위기마저 심상치 않다. 코로나19 여파로 국제 경기가 악화하면서 생산관리팀에도 언젠가부터 '살생부' 이야기가 돌기 시작했다. 지난주에는 전무가 "요즘 저탄소 사업이 대세인데 우리도 이제 시작해야 되지 않겠어? 이 부장이 지방에 내려가서 몇 년간 저탄소 사업을 지휘해보면 어떨까?"라는 제안 아닌 제안을 하기도 했다. 일종의 구조조정이나 은퇴 권유가 아닌가 하는 생각에 이 부장은 한동안 밤잠을 설쳤다.

이제 40대 후반. 누구나 부러워하는 이 부장이지만, 그는 미래를 생각하면 불안하기 짝이 없다. 그리고 자신의 능력에 대한 믿음과 확신도 흔들리고 있다. 그는 이제 어떻게 해야 할까?

이렇게 겉으로는 누구보다 행복하게 사는 것 같아도 실제로 내면을 들여다보면 꼭 그렇지만은 않은 사람이 우리 주변에 생각보다 많다. 이 부장의 경우 지금까지 탄탄한 직장과 남부럽지 않은 가족이 자기 인생을 밝히는 등불이었다면, 이제 그 불빛이 사그라져 앞이 캄캄해지는 느낌이 들 것이다. 요즘은 안정적인 직장이라도 반드시 정년이 보장되는 것은 아니다. 또 가장으로서 평생 열심히 살아왔다 해도 그사이 가족과 애정을 나누지 못했다면 나이 들수록 외롭고 쓸쓸한 신세가 될 뿐이다.

물론 이 부장처럼 갑자기 허무함에 휩싸여 인생의 나침반을 잃어버린 느낌이 들면 당황스럽겠지만, 이런 역경은 누구나 겪고 있고, 또 겪을 수 있는 문제다. 사람은 대부분 현재가 충분히 만족스럽고 행복해도 더 발전할 수 있을지 걱정하면서 앞날의 행복을 보장받길 원한다. 변화무쌍하고 예측이 불가능한 세상에 살면서도 자신의 행복만은 계속되길 바라는 것이다.

사실 자신이 하는 일에서 인정받고, 경제적으로 성공하며, 가족과도 화목하고 싶지 않은 사람이 어디 있겠는가. 지구라는 한정된 공간에서 누구나 1년 365일 하루 24시간을 살아가고 있지만, 직장이나 가정의 시간적 균형은 우리 의도와는 다른 방향으로 흘러가곤 한다. 먹고사는 문제를 해결하거나 지금보다 나은 삶을 위해 노력할 뿐인데, 일터에 시간을 빼앗긴 사이 가족과의 관계는 오히려 나빠지고 만다.

이런 문제를 해결하는 방법은 무엇일까? 이 부장처럼 팀원들과 회식을 자주 하거나 술을 마신다고 해결되는 문제가 아니다. 해답은 회복력에 있다. 크고 작은 역경으로 무기력에 빠져 있던 이 부장도 회복력 상담코칭을 받으면서 자신감과 자기효능감을 키웠고, 자신이 직면한 문제들을 스스로 해결해나갔다.

회복력의 권위자인 캐런 레이비치Karen Reivich와 앤드루 섀테Andrew Shatte는 30년 가까이 펜실베이니아대학교에서 회복력에 대해 연구했다. 이들은 개인의 삶에서 회복력이 어떤 역할을 하는지 알아내고자 했고, 결과적으로 우리가 바라는 행복과 성공에 회복력이 필수적이라는 결론을 도출해냈다. 특히 임상적 우울증·불안증 환자에게 회복력 기술은 증상 원인을 찾아 치료하는 계기가 됐으며, 성장의 기회까지 안겨주었다. 즉 회복력을 키워 발휘한 사람은 술이나 담배, 게임 중독에서 벗어났고, 경제적 위기나 이혼 등 역경에 올바로 대응한 것은 물론, 사별 같은 큰 고통을 이겨냈으며, 직장에서도 무기력을 극복하고 자기효능감을 키운 것으로 나타났다.

유명한 사례로 긍정심리학 창시자이자 펜실베이니아대학교 심리학과 교수인 셀리그만이 이끄는 우울증 취약 아동을 위한 '펜실베이니아 예방 프로그램Penn Preventing Program·PPP'이 있다. 이 프로그램은 1990년 아동과 가족 사이의 심각한 갈등이나 낮은 유대감을 해결하고자 개발됐다. 2년 후 통제 집단 아동들과 프로그램 참가 아동들을 추적 조사한 결과, 프로그램 참가 아동들의 우울증 발병률이 절반 정도로 낮았다. 이 프로그램의 처음 목표는 아동들의 우울증을 예방해 가정 내 갈등을 줄이는 것이었는데, 곧바로 우울증을 예방하는 최선의 방법이 회복력 강화임이 밝혀졌다. 이후 회복력이 우울증 예방에 그치는 것이 아니라 훨씬 광범위한 효과를 지닌다는 사실이 추가로 드러났다. 이에 셀리그만은 다양한 사람의 여러 요구를 충족하는 동시에 모든 것을 아우르는 하나의 해결 방법이 바로 회복력이라고 확신했다. 즉 자신의 목표가 우울증 극복이든, 보험 상품 판매든, 인간관계 강화든, 자기효능감 향상이든 회복력이 곧 열쇠라는 것이다.

앞서 말했듯이 사람은 누구나 현재의 삶에 대체로 만족한다 해도 미래에 더 성공적인 삶을 살길 원한다. 국가대표 운동선수가 올림픽에서 자신의 기량을 충분히 발휘하고, 부모가 문제아를 바로잡아 더 좋은 학교에 보내며, 교사가 학생들과 적극적으로 소통해 왕따 문제를 방지하는 한편, 직장인이 직장에서 인정받고 가족과도 화목해 일과 가정의 균형을 이룰 방법이 있다면 마다할 사람이 있겠는가?

이렇듯 현재에 안주하기보다 더 높은 곳과 더 넓은 곳을 향해 뻗어나가고자 하는 사람에게 회복력은 아주 긴요하다. 따라서 회복력 증진에 유용하다고 입증된 방법들이 있다면 배워서 적용해야 하는 것이 당연하다. 이 방법들을 도구로 사용해 우리는 다양한 목표를 달성할 수 있다. 아동기 트라우마를 이겨내고, 인생 고비마다 닥치는 새로운 역경을 헤쳐 나가며, 심각한 절망이나 트라우마를 딛고 일어서는 동시에 자기 세계를 원하는 방향으로 확장해나갈 수도 있는 것이다.

2

회복력이 강한 사람이
세상을 주도한다

'회복력'이란 역경을 극복하는 힘이며, 마음의 근육을 키워 지속적 성장을 이루게 하는 심리적 도구다. 또한 회복력은 사람의 기초 강점이다. 개인의 사고와 정서, 행동을 이루는 긍정 특성의 튼튼한 토대로, 모든 것이 이 위에 세워진다. 즉 회복력이 없으면 용기는 물론 열정도, 끈기도, 예견력도 없다. 한마디로 회복력 수준을 높인다는 것은 인생의 목표를 이루도록 도와줄 여러 가지 기술을 개발한다는 의미다.

회복력은 정도의 차이만 있을 뿐, 누구나 가지고 있다. 게다가 바꾸기 쉽지 않은 타고난 특성들과 달리 후천적 노력으로 얼마든지 키울 수 있으며 역경을 통해 강화되기도 한다. 사도 바울Paul은 "우리가 우리의 고난을 기뻐하는 것은 고난은 인내를, 인내는 연단을 이루어냄을 알기 때문이다"라고 했고, 아프리카에는 "잔잔한 바다는 항해사를 노련하게 할 수 없다"라는 속담이 있다. 이는 셀리그만의 연구에서도 사실로 밝혀졌다. 그의 연구에 따르면 베트남 전쟁, 이라크 전쟁에 참전한 퇴역 병사들의 회복력은 참전하지 않은 사람들보다 높게 나타났으며, 심지어 두 번 참전한 병사는 한 번 참전한 병사보다 회복력이 더 강했다.

지금 이 시대를 살아가는 우리도 예외는 아니다. 역경은 언제 어디에서나 불시에 또는 서서히 우리를 덮치고, 우리에게는 그것을 극복할 힘이 있다. 하지만 지금처럼 감염병 위협이나 경제적 불확실성이 계속되면 무기력과 불안, 우울, 분노를 느끼는 사람이 늘어날 수밖에 없다. 요즘 뉴스에 나오는 각종 혐오 범죄와 소위 '묻지 마' 폭력 사건도 이런 부정 감정 및 정서와 무관하지 않을 것이다. 게다가 심리적 증상으로 굳어진 부정 감정은 안타깝게도 전문가의 도움이나 법의 처벌을 받는다 해도 제어하기가 쉽지 않다. 그래서 회복력이 중요한 것이다.

그런데 우리는 기술이 발달해 이전 세대보다 자신을 효율적으로 보호할 수 있다는 기대감과 안정감은 커졌음에도 오히려 더 불안해하고 회복력은 떨어진 상태다. 바이러스나 자연재해, 각종 사건·사고와 심리적·신체적 질환 등으로 시시각각 변하는 환경에 제대로 대처하지 못하고 있다. 이런 역설이 나타난 이유는 위험을 회피하려는 경향이 강하기 때문이다. 집 바깥이나 동네 공원에서 노는 아이들이 감소해 많은 자치구가 공공시설에서 어린이들을 위한 놀이기구를 줄이고 있는 것이 하나의 증거다. 또 어떤 학교는 사고가 발생하면 소송으로 이어질 수 있다는 이유로 학생들의 교내 활동을 금지하거나 도전적이고 위험이 따를 만한 도구들을 아예 없애는 실정이다. 이는 단기적으로는 어른들에게 도움이 될지 모르지만, 아이들 처지에서는 위험에 대처하는 법을 배울 수 없을뿐더러, 자유롭게 또래와 우정을 나누면서 창의적이고 도전적이며 흥미진진하게 시간을 보내는 긍정 경험을 할 수 있는 기회마저 빼앗기는 셈이다.

이런 사회에서는 아이나 청소년 사이에서도 불안과 우울증, 분노가 증가할 수밖에 없다. 물론 원인은 복합적이겠지만 힘든 상황에 대처해나갈 수 있는 회복력 부족이 가장 큰 영향을 미친다. 그래서 회복력을 키우는 것은 무엇보다 중요하다. 극단적 트라우마로 불안이나 절망에 빠져 허우적대기보다 불확실성 속에서 살아가는 법을 익히고 회복력을 키운다면 역경이 닥쳤을 때 누구보다 쉽게 극복할 수 있다.

긍정심리학을 연구하는 인숙 씨는 회복력이 강한 사람이다. 지난해 인숙 씨는 딸을 데리고 친구 가족과 함께 2박 3일 일정으로 여행을 갔다. 여행 이튿날 그들은 해변가 자전거 전용도로에서 자전거를 타기로 했다. 그의 열 살배기 사랑스러운 딸과 동갑내기 친구는 인숙 씨 친구의 차를 타고 먼저 출발했다. 그런데 그 차가 바닷가로 내려가는 길 사거리에서 신호를 무시한 채 질주하던 트럭과 충돌했고 그 자리에서 세 명 모두 즉사했다. 순식간에 벌어진 일이라 인숙 씨는 완전히 이성을 잃고 말았다. 갑자기 세상이 무너져내리는, 상상조차 할 수 없는 일이 벌어진 것을 어떻게 받아들여야 할지, 어떻게 대처해야 할지도 모른 채 오직 충격과 슬픔, 두려움에 잠식돼버렸다.

이제 인숙 씨는 긍정심리학 연구자가 아닌 심리치료를 받아야 하는 대상자가 됐으며, 치료사로부터 향후 몇 년간 우울하게 지내게 될 것이라는 이야기를 들었다. 그 치료사의 말처럼 인숙 씨는 삶에 완전히 짓눌려 어떤 영향력도 행사할 수 없는 비관적이고 무기력한 존재로 살아갈 수도 있었다. 하지만 그는 역경의 원인과 결과를 정확하고 유연하게 파악해봤다. 인숙 씨는 지금 겪고 있는 일이 얼마나 끔찍한지, 자신의 마음이 얼마나 아프고 슬픈지, 딸이 없는 미래를 혼자 살아간다는 것이 얼마나 고통스러울지 잘 알고 있었다. 그러면서도 지금 가장 중요한 것이 미래에 대한 희망이라는 사실도 인지하고 있었다. 이후 인숙 씨는 심리치료를 사양하고 스스로 이겨낼 수 있는 방법을 찾기로 했다. 긍정심리학에서 배운 회복력을 키우는 방법들을 적용하기로 한 것이다. 인숙 씨는 이미 긍정심리학 연구와 실습을 통해 마음의 근육을 키운 상태였다. "이 트라우마를 이겨내고 나에게 희망을 줄 수 있는 것이 무엇일까?" 그가 고심 끝에 찾아낸 것은 낙관성 학습의 만연성 차원이었다. 우리는 대부분 끔찍한 일을 겪으면 이 트라우마가 자신의 삶 전체(전부)에 영향을 미쳐 파멸할 것이라고 생각한다. 만연적으로 비관적인 설명을 하는 것이다. 인숙 씨도 딸이 사망한 충격적인 순간에는 그렇게 생각했다. 하지만 그는 이러한 비관적인 설명양식을 낙관적인 설명양식으로 바꾸어야 한다는 사실과 바꾸는 방법을 알고 있었다. 비록 극복하긴 힘들어도 그 트라우마를 자신의 인생 전부가 아닌 일부로 받아들이기 시작한 것이다.

회복력을 키우는 것은 사회로부터 격리되어 새로운 환경에서 오랜 시간 훈련하고 생활해야 하는 군인들에게 특히 중요한 문제다. 그들은 익숙한 환경에서 벗어나 언제 어디에서나 최고 전투력을 유지하고 더 강한 군인으로 거듭나야 한다는 부담을 진 채 살아간다. 그만큼 회복력이 일상에 큰 영향을 끼칠 수밖에 없다. 이에 세계 최강 전투력을 자랑하는 미군은 군인들을 대상으로 회복력 훈련을 시행하고 있으며, 그것의 긍정적 효과와 결과가 이미 검증된 상태다. 나 또한 대한민국 육군발전자문위원회 안전분과 자문위원으로서 회복력을 통한 군대 내 자살 예방을 자문하고, 육해공군 군종장교들을 상대로 회복력 전문가 훈련 과정과 감독자 훈련 과정을 진행해오면서 군인들에게 회복력이 얼마나 필요한지를 절감하고 있다.

미국 하버드대학교 심리학 박사인 조앤 보리센코 Joan Borysenko의 말처럼 "새로운 종류의 환경이 인류에게 시작될 때 세상을 주도하는 이는 희망적이고 스트레스에 강한 사람"이라면, 미래 세상의 핵심 인물은 회복력이 강한 사람이 될 것이다. 특히 지금처럼 불확실성이 가득한 시대에는 회복력이 그 어떤 능력이나 재능보다 절실하다.

3

회복력 수준에 따라
인생도 달라진다

이 세상에 태어나 역경을 겪지 않는 사람은 없다. 우리의 삶은 죽음을 맞이하는 순간까지 힘겨운 문제들을 해결해가는 과정이기 때문이다. 누구나 편안한 유년기를 보내는 것은 아니며, 결혼 생활을 원만히 유지하거나 직장 생활을 끝까지 해내는 데도 엄청난 노력이 필요하다. 동시에 생물학적으로 생명을 위협하는 각종 질병이나 사고까지 피해가면서 살아야 한다.

이때 필요한 것이 바로 회복력이다. 단, 회복력에 대해 자세히 알아보기 전 '회복 Recovery'과 '회복력 Resilience'이라는 용어를 올바로 이해하는 것이 중요하다. 그렇지 않으면 혼란을 초래할 수 있고 회복력의 의미를 축소하거나 왜곡할 수 있어서다. 회복은 원상태로 돌이키는 것을 뜻하는 말로, 명예나 경기, 원기 등의 단어와 주로 사용된다. 회복력은 역경을 이겨내는 힘이자, 마음의 근육을 단련해 성장시키는 도구다. 문제가 발생하기 이전 상태로 돌아가는 것으로 끝이 아니라 역경 후 더 멀리, 더 높이 뻗어나가는 것을 뜻한다. 그래서 회복력을 용수철에 비유하기도 한다. 힘을 가해 누르면 줄어들지만 탁 놓으면 더 높이 튀어 오르는 용수철처럼 회복력은 원상태보다 더 나아지게 하는 힘이기 때문이다.

우리 인생은 각종 스트레스가 끊이지 않는 데다, 짜증스럽고 곤란한 사건이 꼬리를 물고 이어진다. 주변을 보면 가족의 해체, 가난, 정서적 방임, 신체적 학대 등 아동기에 겪은 역경을 뒤늦게 극복하거나, 청소년기에 경험한 좌절을 이겨내고 원하는 성인기를 만들어가야 하는 이들이 있다. 또한 친구나 가족과 말다툼, 직장 상사와 갈등, 예기치 못한 지출 등 매일 닥치는 역경들을 헤쳐 나가야 하는 사람도 있다. 실직이나 이혼, 가족의 죽음처럼 삶 전체를 송두리째 뒤흔드는 혼란스럽고 충격적인 사건도 발생한다. 이렇게 어려움에 부딪혔을 때 각자의 회복력 수준에 따라 누구는 무기력하게 포기하고, 또 누구는 어떤 수를 써서라도 활력을 끌어올릴 방법을 찾아낸다. 역경에 굴해서 무기력해지면 애써 이룬 행복을 잃거나 자존감이 훼손될 수 있다. 그래서 회복력이 필요하고 중요하다고 강조하는 것이다.

여기서 한 걸음 더 나아가는 사람들은 역경에 맞서 자신을 보호하고 방어하는 것을 넘어 인생의 의미와 목적을 찾아내고 새로운 경험과 도전을 흔쾌히 받아들이는 단계, 즉 좀 더 높은 차원에서 회복력을 발휘한다. 그리고 회복력 기술을 익히고 활용해 더 멀리 뻗어나가 성취할 수 있는 모든 것을 성취한다. 한마디로 회복력 수준에 따라 얼마든지 인생도 달라질 수 있다.

이제 자신이 진정 원하는 것이 무엇인지 생각해보자. 눈앞에 닥친 역경을 이겨내고자 하는가? 인생을 다르게 헤쳐 나가고자 하는가? 큰 좌절을 딛고 일어서고자 하는가? 더 높은 목표에 적극적으로 도전하고자 하는가? 이 모든 원하는 바와 상관없이 회복력은 누구에게나 꼭 필요한 삶의 요소다.

30대 중반인 규성 씨는 무척 특이하고 까다로운 성격으로, 공황장애를 앓고 있었다. 오래전부터 유명한 병원에서 정통적 방식의 정신분석치료를 받아왔지만 큰 효과를 보지 못했다. 그의 불안증과 우울증의 원인은 꽤 어린 시절부터 이어져온 것으로 분석됐다. 그는 지금까지 살아오면서 정말 행복하다고 느낀 적이 별로 없다고 했다. 그러다 수입차 세일즈맨으로 취업한 30대 초반에 불안증과 우울증이 악화됐다. 그는 중증 공황장애의 모든 증상을 가지고 있었다. 강렬한 두려움을 초래하는 극도의 불안감, 식은땀, 손발이나 몸의 떨림, 불규칙한 심장 박동, 질식당하는 듯한 느낌, 죽거나 미칠 것 같은 공포 등에 시달렸다. 직장에서 종종 숨이 막히는 느낌이 들었고, 그 때문에 고객 접대 업무를 제대로 처리하지 못했다. 또한 일반화된 불안장애도 진단받았는데, 삶에 대한 근거 없는 고질적인 걱정이 특징이었다. 그는 대부분의 시간을 우울감과 절망, 무기력에 빠진 채로 보냈다. 별다른 이유 없이 울음을 터뜨리는 일도 잦았다. 치료받을수록 점차 회의적으로 변했으며, 매사 시큰둥하고 환멸도 느꼈다. 그는 자기 인생에서 어떤 것도 바꿀 수 없다는 비관적 태도를 보였다.

긍정심리 치료사를 처음 만났을 때도 그는 별 기대가 없어 적극적이지 않았다. 그저 집안 경제 사정을 생각해 치료가 빨리 끝나기를 바란다는 말만 되풀이할 뿐이었다. 긍정심리치료를 시작하고 처음 몇 회기는 규성 씨와 치료사 모두 무척 애를 먹었다. 그는 무기력하고 자주 좌절감을 토로했지만, 때로는 난폭하게 변하기도 했다. 긍정심리치료 도중에 걸핏하면 주위 물건을 집어던지고 벽에 주먹질도 해댔다. 분노 조절이 안 되는 것이었다. 하지만 긍정심리 개입 도구와 회복력 향상에 필요한 기술들을 하나씩 배우기 시작하면서 놀라울 만큼 빠른 속도로 다른 사람이 됐다. 지금 이 순간에 초점을 맞춰 과거 경험에서 원인을 찾는 일에 소중한 시간을 허비하지 않았다. 자기 인생을 낙관하고, 꾸준히 변화할 수 있다고 확신했다. 몇 달 후 그는 불안과 공황장애 증상에서 벗어나 어느 때보다 강한 긍정 정서를 가지게 됐고, 왜곡된 믿음 체계와 사고도 교정됐다. 그 결과 자기 삶을 정상 궤도에 올려놓을 수 있었으며 직장에서도 유능한 세일즈맨이 됐다.

긍정심리치료를 마치고 1년 후 규성 씨가 다시 치료사를 찾았다. 어릴 때부터 끈질기게 그를 따라다니던 우울증과 불안증은 이제 사라진 상태였다. 더는 공황장애로 고통받지 않았고 사회생활도 남들처럼 할 수 있었다. 가족과 떨어져 있어도 두려움에 떨지 않았다. 하지만 아직 젊은 규성 씨의 인생은 그것만으로는 충분하지 않았다. 그는 더는 '아프지' 않았지만 나아지지도 않았다. 30대 중반 남자로서 이루고 싶은 일이 많았던 것이다. 인생이 고요해진 만큼 이제는 마음껏 인생을 누리고 싶었다. 다행히 긍정심리 치료사에게는 규성 씨를 행복한 삶으로 이끌어줄 기술이 있었다. 1년 전 규성 씨는 '이겨내기', '헤쳐 나가기', '딛고 일어서기' 회복력 기술을 익혀 어린 시절부터 시달려온 두려움을 몰아냈고, 직장과 가정에서 겪는 일상적인 역경도 극복할 수 있었다. 하지만 회복력은 이것이 끝이 아니다. 그는 아직 '뻗어나가기' 회복력 기술을 발휘하지 못하고 있었다. 치료사는 그에게 다시 치료를 시작하자고 권했다.

규성 씨의 인생 기능 다이얼을 음수에서 0으로 돌려놓았지만, 그는 아직 인생을 최대한 누리지 못했고 용감하면서도 단호하게 기회를 추구하지도 못했다. 다이얼을 양수로 돌려놓으려면 '뻗어나가기' 회복력 기술이 필요했다. 긍정심리 상담실을 다시 찾은 규성 씨와 함께 치료사는 성격강점 실천 계획을 자세히 세우고 그가 성취하려는 것이 무엇인지, 그의 전진을 가로막는 믿음이 무엇인지를 확인했다. 그 왜곡된 믿음들이 그를 아직 0의 자리에 묶어두고 있었다. 여기서 꼭 필요한 부분은 그가 '뻗어나가기' 회복력 기술을 무의식적으로 활용하는 영역을 조사해 움츠려 있는 다른 영역으로까지 뻗어나가게 하는 것이었다. 그가 새로운 성격강점 실천 계획을 실행하기로 결심하면서 두 번째 만남도 끝났다.

2년여 후, 규성 씨의 소식을 들을 수 있었다. 그사이 규성 씨는 더 좋은 직장으로 옮겼고 여자 친구도 생겼다. 새로운 도전이 많은 상황이지만 실패할까 봐 미리 두려워하는 일은 이제 없었다. 직장 동료들과도 잘 지내고 단골 고객도 많아졌다. 가족과 더 가까워진 것은 말할 필요도 없다. 장차 가정을 꾸리고 부모에게 효도하는 삶을 살기 위해 매일 활기차게 지내고 있었다. 회복력이 규성 씨를 플로리시하게 만든 것이다.

여기서 '플로리시'란 긍정심리학의 목표로 좋은 생각과 감정, 행동, 모든 능력과 잠재 능력을 발휘해 번성하고 활짝 꽃피는 것을 말한다. 개인의 끊임없는 행복 증진, 기업의 지속적인 성장, 종교의 부흥, 나라의 번성도 플로리시다. 인간이 누리고 이룰 수 있는 최고의 삶과 결과를 뜻한다고 보면 된다.

4

회복력이 강한 사람과
약한 사람이 만드는 다른 삶

나날이 변화하고 큰 범주에서 예측이 종종 빗나가는 한경에서는 회복력이 강한 사람이 세상을 지배한다. 그렇다면 회복력이 강한 사람은 어떤 특징이 있을까?

먼저, 어떤 트라우마나 역경에 직면해도 솟아오르는 힘을 가지고 있으며 쉽게 좌절하거나 포기하지 않는다. 위험하고 곤란한 상황이 닥쳤을 때도 약해지지 않는다. 생존을 위해서라면 어떤 일을 감수하건 물러서지 않고 오히려 강해지는 경향이 있다. 이들은 실패가 끝이 아니라는 사실을 알고 있으며, 성공하지 못했다고 부끄러워하지도 않는다. 또한 회복력이 강한 사람은 실패에서 의미를 찾아내 자신이 할 수 있는 것보다 더 높이 오르는 수단으로 삼는다. 어떤 일을 걱정하고 의심하지만, 그것에 휘말리기 전 어떻게 멈춰야 하는지도 잘 알고 있다. 무조건적인 낙관이 아닌, 원인을 정확히 파악하는 판단력도 지니고 있다. 그리고 시스템을 찾아내 자신에게 활력을 불어넣고, 문제를 신중하면서도 철저히 열정적으로 해결하며, 새롭고 도전적인 경험을 찾아 나선다. 스스로 한계에 맞서 싸우고 이겨내야만 인생의 범위가 확장된다는 것을 잘 알기 때문이다.

레이비치와 섀테는 펜실베이니아 회복력 프로그램을 평가하는 선구적인 연구들을 통해 최고경영자CEO부터 중학생까지 누구나 회복력 기술을 사용할 수 있으며, 약간의 코치를 받아 자각 능력만 키운다면 유년기 경험이나 스트레스에 대처하는 능력에 상관없이 모두가 회복력을 높일 수 있다는 사실을 증명했다. 그리고 회복력이 강한 사람뿐 아니라 약한 사람도 그들만의 특징을 지닌다는 것을 알아냈다. 다음은 회복력이 약한 사람들이 가지는 특성이다.

① 스트레스에 대한 대응이 형편없다. 회복력이 강한 사람은 스트레스를 받아도 무너지지 않는다. 그래서 스트레스에 강하다는 말을 자주 들으며, 실제로 상황이 암담할 때도 남보다 열정적이고 낙관적인 태도를 보인다. 반면 회복력이 약한 사람은 스트레스에 적절히 대응하지 못하고 쉽게 좌절한다.

② 너무 쉽게 그만둔다. 끈기는 회복력이 뛰어난 사람들의 특성으로, 이들은 장애물에 부딪혀도 목표를 이룰 다른 방법을 찾는다. 하지만 회복력이 약한 사람은 쉽게 포기하고 그 악명 높은 '될 대로 돼라' 법칙의 희생양이 되곤 한다. 다이어트를 하는 사람이나 흡연자에게서 흔히 찾아볼 수 있는 이 특성은 단 한 번의 실수로도 포기해버리는 경향이 있다.

③ 목표 달성의 중요 부분을 고려하지 않는다. 큰 목표를 세웠으면서도 정작 중요한 부분인 사회적 지원 시스템, 다른 사람에 대한 책임, 측정 가능한 하위 목표, 자기효능감을 높이도록 도와주는 역할 모델 등을 빠뜨린다면 이는 실패를 위한 목표나 마찬가지다. 자신의 목표를 체계적으로 정리하는 데 가장 좋은 방법을 복습해야 하지만 회복력이 약한 사람은 그러지 않는다.

④ 도움을 청하지 않는다. 회복력이 뛰어난 사람은 역경을 극복하거나 목표를 이루도록 도와줄 사람을 찾아내는 놀라운 능력이 있다. 한 예로 미국 미식축구 선수 플레처 콕스Fletcher Cox에게는 의욕 없는 삶을 살아갈 이유란 이유는 다 있었다. 어렸을 때 누나가 끔찍하게 죽었고, 그 충격으로 어머니는 노숙자 생활을 하며 약물에 빠져들었다. 콕스는 거리의 유혹을 피할 수 있게 해준 학교 농구 코치와 6학년 친구들, 열심히 공부하면 대학에 보내주겠다고 약속한 후원자의 도움을 받아들였다. 그리고 그들 덕분에 자기 인생이 구원받았다고 말한다. 반면, 회복력이 약한 사람은 역경에 처해도 콕스의 행동과는 반대로 도움을 청하거나 받아들이려 하지 않는다.

⑤ 불행하다. 회복력이 강한 사람은 남보다 행복하고 낙관적이다. 그들은 행복 수준을 높이기 위해 매일 감사일기를 쓰거나 운동 등을 실천하는 것이 얼마나 중요한지 잘 알고 있다. 또 부정적인 일이 생길 때마다 최소 세 가지 이상 긍정적인 일을 통해 그것을 상쇄하려고 노력하며, 자신의 긍정성 비율을 자발적으로 바꿀 수 있다는 사실도 믿는다. 하지만 회복력이 약한 사람은 자신이 불행하다고 생각하면서도 불행에서 벗어나는 방법조차 찾지 않는다.

⑥ 자기 통제력이 부족하다. 강한 회복력을 가진 사람은 다른 사람을 맹렬히 공격하고 싶은 충동에 넘어가거나 인사불성이 될 정도로 술을 마시지 않는다. 또한 욕구 충족이 지연됐다고 함부로 불만을 표출하거나 급한 성격을 드러내는 경우도 거의 없다. 그에 비해 회복력이 약은 사람은 자제력이 거의 없어 충동적으로 행동할 때가 많다.

⑦ 상황을 현실적으로 바라보지 않는다. 회복력이 강한 사람은 현실과 본인의 감정을 분리할 줄 알며, 좌절을 겪어도 일시적으로 문제가 생겼을 뿐이라고 해석하는 경향이 있다. 반면, 회복력이 약한 사람은 실패를 겪을 때마다 자신에게 문제가 있다고 생각한다. 어떤 사건을 실제보다 더 비참하게 바라보는

편이라면 자신의 부정적 생각에 이의를 제기해줄 사람을 찾거나, 좀 더 낙관적으로 생각하는 법을 알려주는 책을 읽는 것이 도움이 된다.

⑧ 작은 승리를 축하하지 않는다. 회복력이 뛰어난 사람은 언제 스스로를 격려해야 하는지 알고, 실패했을 때도 자신을 응징하지 않는다. 미국 로드아일랜드대학교 심리학과 교수인 제임스 프로차스카 James O. Prochaska 와 그의 동료들의 말에 따르면, 성공한 자기 개혁자는 처벌 같은 방법을 거의 사용하지 않는다. 그 대신 보상을 통해 큰 성과를 거둔다. 즉 자기가 거둔 작은 승리를 음미하고 적당한 사람들에게 그 사실을 알리는 것이다. 이런 사소한 축하가 회복력을 키우는 데 생각보다 큰 영향을 미칠 수 있다. 하지만 회복력이 약한 사람은 작은 승리가 그저 우연의 일치일 뿐이라고 생각하는 경향이 있다.

⑨ 쉽게 딸 수 있는 열매를 찾지 않는다. 회복력이 일정 수준 이상인 사람은 큰 목표를 달성하기 힘들 경우 주요 분야의 작은 목표들을 이룰 방법을 찾는다. 자신에게 중요한 다른 영역에서 발전을 이루면 '행복 전이' 효과가 생겨나 전체적으로 삶의 질이 개선된다는 사실을 알기 때문이다. 스스로 회복력이 부족하다고 생각하는 사람은 실패할까 봐 두려워 고집스럽게 한 가지 목표에만 집중하기보다 적어도 3~5가지 목표를 늘 주시할 필요가 있다.

이렇게 회복력이 약한 사람은 대부분 회복력의 핵심 요소인 희망과 낙관성, 삶의 의미, 자기효능감도 부족하다. 그래서 비관적 사고와 무망감, 부정 정서, 비현실성, 우울감, 불안, 분노 등에 휩싸이는 경우가 많다.

2년 전 긍정심리 프로그램에서 진아 씨를 처음 만났다. 그는 젊은이들이 많이 찾는 서울 성수동에서 작은 식당을 운영하고 있었다. 요리도 훌륭했지만 밝고 활기찬 그의 모습은 요리에 미처 담지 못한 에너지를 우리에게 그대로 전달해주었다. 하지만 정작 놀라웠던 것은 그가 해외 유학까지 다녀온 촉망받는 피아노 연주자였다는 사실이다. 국내에서도 여러 차례 독주회를 열었고, 협연 요청도 많았다. 장밋빛으로 물들어가던 그의 삶을 바꾼 것은 뜻밖의 교통사고였다. 가벼운 추돌사고였고 큰 부상도 없었다. 하지만 핸들을 잡고 있던 그의 오른손이 살짝 꺾이면서 관절에 문제가 생기고 말았다. 일반인에게는 생활에 지장이 없는 가벼운 부상이었지만 정상급 피아니스트에게는 치명적이었다. 피아노 연주를 포기한 그는 하루하루 지옥 같은 나날을 보냈다. 친구도 만나고 싶지 않았다. 여전히 젊고 아름다웠지만, 거울 보는 것조차 피했다. 자신의 못난 얼굴을 보기가 싫어서였다. 이제 그에게 피아노는 축복이 아니라 저주였기에 음악소리가 나올 만한 모든 상황과 장소를 피했다.

그의 부모님은 날마다 조금씩 망가져가는 딸에게 여행을 권했다. 그는 꼼짝도 하기 싫었지만, 자신의 모습을 보면서 더 괴로워하는 부모님을 생각해 여행길에 나섰다. 그렇게 떠난 여행길에서 그가 만난 것은 피아노가 없어도 행복한 사람들이었다. 그들은 가진 것이 없어도 유쾌했고, 오늘보다 내일이 더 행복하리라고 믿었다. 커피 한 잔, 국수 한 그릇도 그들과 함께하니 세상 부러울 것 없는 만찬이었다. 그렇게 그들과 어울리면서 진아 씨는 세상을 다시 보게 됐고, 자신의 손이 피아노를 떠나 칼을 잡을 수도 있다는 사실을 알게 됐다. '요리의 즐거움'에 빠진 진아 씨는 패배감에서 완전히 벗어났다. '피아노를 통한 꿈'은 잃었지만 사람들을 즐겁게 해주는 다른 길이 있다는 사실을 깨달은 덕분이다. 이제 그는 다시 예전처럼 삶에 대한 낙관적 태도를 되찾았다. 그리고 자신에게 피아노가 아닌 다른 능력이 있다는 사실을 알아봐주고 격려해준 주변 사람들의 우정을 받아들이는 법도 배웠다. 여행길에서 만난 수많은 이들 덕분에 강한 회복력을 지닌 사람으로 탈바꿈한 것이다.

5

과학을 기반으로 바꾸어가는
성격과 인생

긍정심리학자 셀리그만과 바버라 프레드릭슨Barbara Fredrickson은 "사람의 성격은 학습과 노력을 통해 바꿀 수 있다"고 주장했다. 그렇다면 인생도 바꿀 수 있을까? 결론적으로 말하자면, 그렇다. 인생도 바꿀 수 있다.

펜실베이니아대학교 교수인 레이비치는 "아동기의 열악한 환경은 인간의 능력을 제한하지도, 방해하지도 않는다"면서 "인간은 인생의 어느 시기에나 본인의 행동을 바꿀 수 있다"고 말했다. 하지만 대다수 사람은 최근 이런 연구 결과들과 별개로 인생은 지속적인 변화가 불가능하다는 고정관념을 가지고 있다. 생후 2~3년이 개인의 모든 것과 미래까지 결정한다고 주장하는 사람이 여전히 많은 실정이다.

그 이유를 알자면 현대 심리학 역사를 짚고 넘어가야 한다. 1900년대 초반, 현대 심리학의 '아버지'로 알려진 지그문트 프로이트Sigmund Freud는 "인간의 성격은 다섯 살 무렵에 결정된다"고 주장했다. 그는 스스로 성격을 바꿀 수 있는 인간 능력에 대해 비관적이었다. 프로이트가 주로 차용한 토머스 홉스Thomas Hobbes의 합리주의 철학에서는 인간 본성이 교활하고 이기적이며 인생은 짧고 잔인하다고 봤다. 그래서 프로이트는 인간 성격은 선천적이고 고정적이며, 무슨 수를 써도 바꿀 수 없다고 단정 지었다. 물론 레이비치는 "프로이트가 오랜 세월에 걸쳐 심리치료를 한 결과 사람의 성격을 조금은 바꿀 수도 있다고 결론 내렸다"고 설명했다. 그러나 프로이트 관점에서 보면 어느 누구도 자신을 완전히 변화시킬 수는 없다. 지난 100여 년 동안 심리학은 인간 본성과 싸워온 것이다.

1920년대에 들어서면서 심리학계는 달라졌다. 심리학자 사이에서 프로이트 이론에 대한 불만이 높아졌고, 그들은 합리주의 철학이 아닌 다른 철학을 받아들였다. 존 로크John Locke와 장 자크 루소Jean-Jacques Rousseau의 경험주의 철학이 그것이다. 그들은 경험주의 철학을 바탕으로 인간은 타고난 탐욕이나 이기심이 없으며, 그저 중요한 경험이 쓰이기를 기다리는 깨끗한 종이, 즉 '백지'와도 같다고 주장했다. 또한 학습된 것은 탈학습도 될 수 있다고 여겼으며, 학습이 우리 자신과 행동을 규정하듯이 새로운 학습을 통해 과거를 이겨낼 수 있다고 결론지었다.

이 이론에 따르면 우리의 운명은 혈통이나 과거의 피해로 결정되는 것이 아니다. 어느 시점에서든 자신의 인생을 얼마든 바꿀 수 있다. 물론 동기와 욕구가 분명하고, 적절한 능력을 갖추며, 실천할 도구가 있다면 말이다. 이렇게 운명이 인간을 지배하는 것이 아니라, 인간이 운명을 지배한다는 주장은 현대인의 사고와 일치하는 해방 이론이기도 하다. 그리고 낙관성 학습, 자기효능감, 회복력 등 최근 연구 자료들이 이 이론을 지지하고 있다. 즉 사람은 긍정적으로 변할 수 있으며 계속된 변화도 가능하다.

1920년대부터 1960년대까지 40년 동안에는 중요한 일들이 벌어졌다.

로크와 루소를 추종하는 낙관적인 사람들은 인간은 학습을 통해 변화할 수 있다는 점을 강조하면서 또 다른 문제에 대해 프로이트의 주장을 반대했다. 프로이트는 위대한 사상가이자 철학자이지만 과학자는 아니었다. 그가 이론을 완성한 시기는 과학적 방법론이 유행하기 전이었다. 셀리그만의 긍정심리학이 프로이트의 정신분석 이론 일부에 이의를 제기한 것도 대부분 과학적 방법론에 기인한 결과다.

프로이트 이론에 반대해온 새로운 학파의 심리학자들은 심리학에 과학적 실험을 도입했다. 과학자는 가정을 검증하기 위해 실험하고, 환경적 변수 하나를 체계적으로 바꿔 그 결과를 관찰한다. 이것이 바로 과학적 방법론이다. 따라서 심리학이 과학이 되려면 심리학자들이 관찰 가능한 변수를 한 번에 하나씩 체계적으로 바꿀 수 있어야 한다는, 즉 과학 용어로 '조작적 정의'를 할 수 있어야 한다는 주장이 제기됐다. 레이비치에 따르면 프로이트 이론은 이런 식의 검증이 불가했다. 해결되지 않은 갈등을 실험실에서 조작하는 것이 불가능하고, 무의식적 자아를 실제로 관찰할 수도 없기 때문이다.

과학적 기반의 행동주의 심리학은 이러한 프로이트 심리학을 비판하면서 등장했다. 행동주의 심리학은 심리학이 다뤄야 할 대상은 오직 행동뿐이라고 주장했다. 즉 정서나 정신 같은 눈에 보이지 않는 부분은 알맞지 않다고 단정 지은 것이다. 이런 행동주의 학파의 주장은 심리학자들에게 큰 실망감을 안겼다. 유일한 연구 대상으로서 '행동'을 극단적으로 강조한 탓이다. 한 예로 텔레비전 대담 프로그램에 출연한 미국 심리학자 벌허스 프레더릭 스키너Burrhus Frederic Skinner는 사회자로부터 "만약에 선택해야 한다면 선생님께서는 자녀를 태워 버리겠습니까, 책을 태워 버리겠습니까?"라는 질문을 받았다. 그는 조금의 망설임도 없이 자녀를

태워 버릴 것이라고 답했다. 자신의 유전자보다 연구가 사회학 미래에
훨씬 더 많이 기여하리라는 것이 이유였다.

21세기를 살아가는 우리에게는 이런 이야기가 매우 낯설게 느껴진다.
그러나 1920년대부터 1940년대까지 심리학은 행동주의 철학을 열렬히
추종했다. 행동주의 심리학자들은 각지에 실험실을 세워 개와 생쥐, 비
둘기 등으로 실험을 했고, 보상과 처벌 연구가 인간 행동에 관한 모든 궁
금증을 풀어줄 것이라고 믿었다. 그 시절 정서, 정신, 마음은 심리학 세계
에서 완전히 추방됐다. 심리학자 사이에서 유명한 행동주의에 관한 이야
기가 있다. 자동차 열쇠를 잃어버린 행동주의자가 주차장에서 정신없이
열쇠를 찾고 있었다. 환한 형광등 불빛 아래서 바닥을 샅샅이 훑고 있는
그를 보고 친구가 도와주려고 나섰다. 그렇게 둘이 고생한 지 30분쯤 후
친구가 물었다. "여기서 열쇠를 잃어버린 게 확실해?" 행동주의자는 "아
니, 사실은 저기 컴컴한 복도에서 잃어버렸어. 하지만 여기가 훨씬 밝잖
아"라고 대답했다. 이렇듯 심리학의 대상을 의식에 두지 않고, 사람이나
동물의 객관적 행동에 두는 이론이 바로 행동주의다.

행동주의가 심리학을 지배하던 시대에 대해 심리학자의 거장 모턴 헌
트Morton Hunt 는 "심리학은 다윈Darwin 에게 처음 영혼을 빼앗기고 왓슨
Watson 에게 정신을 빼앗겼다"고 평가했다. 레이비치는 "행동을 과학적으
로 연구하는 것이 사고와 감정 연구보다 수월할 수 있다. 하지만 사고와
감정이 행동을 일으킨다면, 인간을 이해하기 위해서는 사고와 감정을 반
드시 연구해야 한다. 과학적 방법론을 적용하기가 좀 어렵다 해도 그렇
다"고 말했다.

과학은 행동주의를 더 환하게 비추는 불빛이 될 수 있을지 모른다. 하
지만 사고는 회복력을 높이는 데 중요한 열쇠다. 회복력 연구의 주요 목

표 가운데 하나가 인간의 사고가 감정과 행동에 어떻게 영향을 미치는지를 파악하는 것이기 때문이다.

1960년대 무렵, 정신의학자 에런 벡Aaron Beck은 사고와 감정에 관한 연구에 집중했다. 벡이 태어난 1921년은 프로이트의 명성이 절정에 달한 시기였다. 1942년 미국 예일대학교 정신의학부에 입학하면서 벡은 이 전통적인 심리학에 들어섰다. 그는 정신과 의사로 훈련받을 때 자신이 배운 정신분석 기술에 따라 환자의 방어기제를 한 겹씩 벗겨내며 무의식에서 불안과 우울증을 치료하려고 노력했다. 그런데 정신분석 기술을 적용하자 환자들이 '이상한' 반응을 보였다. 그들은 밤에 꾼 꿈이나 부모에 관한 이야기를 하지 않았다. 현재 자신에게 벌어지고 있는 일, 심리치료사를 찾아오게 만든 일에 대해서만 이야기하려 했다. 그들은 자기 자신은 물론, 자신의 현재와 미래에 대한 생각을 털어놓았다. "저는 제대로 하는 게 하나도 없어요." "제 인생은 엉망진창이에요." "아무도 저를 사랑하지 않아요." "저는 미래가 너무 불안해요." 주로 이런 말들이었다.

벡은 환자의 이런 생각, 즉 인지Cognition가 해당 감정과 동일한 시간 동안 공존하며, 감정은 사고와 해석에 의해 나타난다는 사실을 알아차렸다. 즉 슬픈 생각을 하는 동안에는 슬픈 감정을 느끼고, 위협받는다고 생각하면 불안한 감정이 따라온다는 것이다. 이렇게 해서 인지치료가 탄생하게 됐고, 최근 ABC 모델로 유명한 앨버트 엘리스Albert Ellis의 합리적 정서행동치료와 통합해 인지행동치료로 명명됐다.

벡이 인지치료를 연구하던 비슷한 시기, 석박사 학위를 3년 만에 취득할 만큼 천재적 두뇌를 가진 젊은 심리학자 셀리그만이 또 하나의 심리학을 연구하기 시작했다. 바로 1965년 발표한 '무기력 학습Learned Helplessness 이론'과 1978년 발표한 '낙관성 학습Learned Optimism 이론'이다.

사람이 무기력해지는 이유와 더불어 무기력은 학습에 의해 생겨나고, 무기력에 학습된 사람의 사고는 비관적이며, 무기력은 낙관성 학습을 통해 극복할 수 있다는 사실을 밝혀낸 것이다. 이 두 이론은 1998년 긍정심리학이 탄생하는 기반이 됐다. 그리고 셀리그만은 "과거에 관한 모든 정서는 오로지 생각과 해석에 의해서만 생겨난다"고 주장했다. 위험하다는 생각 때문에 불안이 생기고, 놓칠지 모른다는 생각 때문에 슬퍼지며, 침해당할 수 있다는 생각 때문에 분노하게 된다는 뜻이다.

전쟁이나 재난으로 위협과 결핍에 시달리는 사회는 자연스럽게 사람의 부정적 측면에 초점을 맞춘다. 하지만 21세기에 접어들면서 전쟁은 거의 사라졌고, 글로벌 경제지표는 지속적으로 상승 중이며, 과학은 날로 발전하고 있다. 이제는 심리학도 '치료 그 너머'로 나아갈 때가 된 것이다. 즉 정신질환 치료를 넘어 행복과 성장까지 이루는 것이 목표가 되어야 한다. 다행히 과학의 발달로 첨단 기술이 등장함에 따라 다양한 정신 장애를 진단해 범주화하고 각 장애의 뇌과학적 토대를 측정할 수 있게 됐다. 이를 계기로 효과적인 심리치료법을 개발하고 행복과 플로리시까지 만들 수 있었다. 이렇게 첨단 과학 기술을 이용해 긍정심리학이 탄생했으며, 긍정심리학을 기반으로 새롭게 만들어진 치료법이 바로 긍정심리치료Positive Psychotherapy · PPT다.

2018년은 긍정심리학의 흐름이 크게 전환된 해였다. 긍정심리학의 '팔마스PERMAS'가 중심이 되는 긍정심리치료 매뉴얼과 워크북이 완성됐으며, 이로써 그동안 취약했던 상담·치료 분야에 확고한 영역이 구축된 것이다. 여기서 팔마스는 긍정 정서Positive emotion, 몰입Engagement, 관계Relationship, 의미Meaning, 성취Accomplishment, 강점Strength의 머리글자에서 따온 말이다. 전통 심리학이 대부분 개인의 문제와 약점, 과거 상처, 왜곡된 사고, 관계의 갈등을 바로잡고 치료하는 데 중점을 둔다면, 긍정심리학은 개인이 자신의 강점을 발견하고 적용해 트라우마 등 심리적 증상을 치료하면서 더 성장하게 하는 것이 목표다. 즉 기존 심리학이 심리적 증상으로 음수에 있던 사람을 0에 이르게 한다면, 긍정심리학은 강점을 통해 0을 넘어 양수로 나아가게 한다고 할 수 있다. 오늘날 긍정심리학을 심리학의 흐름이라 하고, 2019년 긍정심리학을 기반으로 탄생한 긍정심리치료를 심리상담(치료)의 혁명이라고까지 표현하는 것도 이런 이유에서다. 글로벌 금융위기 때 전 세계 글로벌 기업들이 긍정심리학을 선택한 것도, 코로나19 사태가 장기화할 때 긍정심리학이 부각된 것도, 한국 군대가 미군에 이어 전군에 긍정심리 기반의 회복력 훈련을 도입한 것도, 요즘 심리상담(치료)에서 긍정심리치료가 인기 있는 것도 이런 측면에서 설명할 수 있다. 한마디로 긍정심리학은 인간의 사고, 감정, 행동을 통합하는 심리학의 새로운 분야이면서 개인과 가정, 조직, 사회에 쉽고 재미있게 적용할 수 있는, 과학적으로 검증된 기술들을 제공하는 유용한 도구다.

셀리그만은 인간이 가진 덕목이자 강점인 용기, 인간관계 기술, 즐기는 능력, 도덕성, 문제 파악 능력, 미래 지향성, 삶의 의미 찾기, 영성 등을 측정하고 조사할 수 있다고 주장했다. 이렇게 과학적으로 측정된 강점은 정신질환을 조절하고 치료하는 데 중요한 역할을 한다. 정신질환은 강점 남용 및 부족에 기인하기 때문이다.

이제 과학적 도구를 통해 자신의 성격과 인생을 바꿀 수 있다는 확신은 물론, 긍정심리학의 회복력 기술을 활용해 마음 근육을 키울 수 있다는 믿음도 생겼을 것이다. 이런 확신과 믿음을 내면에 장착한 사람은 정말 자신의 인생을 바꿀 수 있다.

6

아동기의 역경도 회복력으로
이겨낼 수 있다

누구나 만족스럽고 행복한 아동기를 보내는 것은 아니다. 불우하고 불안정한 환경에서 자란 아이는 가난과 폭력을 대물림하며 성인이 된 후에도 불행하게 살아가는 경우가 많다. 그러나 회복력 기술로 아동기의 역경을 이겨낸다면 삶에 행복을 가져올 수 있다.

외국인 노동자들을 위한 사회복지기관을 운영하는 김 원장은 수많은 시련에도 꿋꿋이 버텨온 용감한 여성이다. 한때는 뛰어난 지능과 실력으로 국내 굴지 대기업에서 중역 자리까지 올랐다. 기업 세계에서 목표를 달성한 후에는 자리에서 물러나 자기 꿈을 추구했다. 외국인 노동자들의 취업을 돕는 기관을 세운 것이다.

기관을 찾아온 외국인 노동자들은 컴퓨터, 프레젠테이션, 자기주장 수업을 듣는다. 채용 면접 자리에 적당한 옷차림, 자신의 재능을 설명하는 방법, 임금과 직원 혜택에 대해 질문하는 요령 등도 배운다. 김 원장은 체계적인 업무 능력 향상 프로그램을 개발해 외국인 노동자들을 성공으로 이끌었다. 그는 프로그램 이수자들이 노동자로서 존엄성과 자긍심을 느끼기를 간절히 원했다. 그 역시 밑바닥에서 시작해 수많은 역경을 이겨내고 꿈을 이루었기 때문이다.

김 원장은 대도시 외곽에서 나고 자랐다. 집안 형편이 어려웠고 아버지는 알코올 중독자였으며 어머니는 결혼 이민자였다. 다문화가정 자녀로 자란 그는 자매들과 함께 배고프고 힘겨운 유년 시절을 보냈지만, 그 모든 불이익을 이겨냈다. 혼란스러운 아동기와 불안정한 가정환경에서도 학문적, 사회적, 영적으로 큰 성취를 거두었으며 마침내 직업적으로도 상당히 성공했다. 그럼에도 그는 영예로운 승리에 안주하지 않고 더 멀리 뻗어나가 자신과 같은 어려움을 겪는 사람들이 성공할 수 있도록 돕고 있다.

김 원장은 회복력을 어떻게 활용해야 아동기의 역경을 이겨낼 수 있는지를 보여주는 대표적 사례다. 회복력을 떨어뜨리는 요인을 거의 다 가지고 있던 어린아이가 어떻게 이토록 회복력이 높은 어른으로 성장할 수 있었을까?

열악한 환경에서 자라는 아동은 다양한 불이익을 경험한다. 그들은 인생의 다음 단계에서 일반인이 쉽게 성취하는 것들을 이루지 못할 확률이 높다. 관련 연구자들은 아동의 회복력을 가장 크게 훼손하는 요인들을 찾아 정리했다. 출생 시 저체중, 부모의 낮은 사회경제적 지위, 엄마의 낮은 교육 수준, 불안정한 가족 관계, 학대받는 환경 등에 처한 아동은 자신의 능력에 비해 성취 수준이 떨어질 위험이 있는 것으로 나타났다. 그렇다면 이 외적 요인들은 아동의 내적인 삶, 동기, 성취, 회복력에 어떤 영향을 미칠까?

일부 요인은 직접적인 영향을 미친다. 출생 시 저체중은 종종 두뇌 손상과 관련이 있다. 이는 아동의 지적 능력을 제한하고, 따라서 효과적인 대응 방법을 궁리하지 못하게 한다. 다른 요인들은 간접적으로 영향을 미친다. 영양실조에 걸릴 정도의 심각한 가난은 회복력에 직접적인 위협을 가하지만, 일반적인 가난은 간접적이고 미묘하게 불이익을 준다. 가난과 씨름하는 부모는 자주 우울하다. 우울증은 부모와 아동의 상호작용을 방해하고, 우울한 부모는 양육에 소홀하게 마련이다. 이런 가정에서 자라는 아동은 방치되어 무엇이든 혼자 힘으로 해결해야 하며, 건강한 발달에 꼭 필요한 보호와 보살핌을 받지 못한다. 부부 사이 불화도 마찬가지다. 별거나 이혼을 한 후 부모는 신체적·정신적 에너지가 고갈된다. 본인의 고통을 돌보느라 정서적으로도 지친 엄마나 아빠는 아동을 세심하게 보살피고 감독하지 못한다. 부모가 이혼하면 아동은 더욱 감정적으로 반응할 수 있고, 집을 떠난 엄마나 아빠에게 분노하고 슬퍼하면서 가정의 안락함을 느끼지 못한다. 정서적 에너지가 이미 바닥 난 엄마나 아빠는 아이의 정서적 욕구를 감당하기가 벅차다.

관련 연구에 따르면, 부모가 이혼한 후 아동의 생활을 예측하는 데 가장 중요한 지표는 함께 사는 부모(보통 엄마)와의 관계 수준이었다. 함께 사는 엄마나 아빠는 아이와 친밀한 관계를 유지하려 노력한다. 하지만 불충분한 대화, 자녀에 대한 감독 소홀, 애정 표현 부족 등 양육의 질이 심각하게 떨어지는 경우가 무척 많고, 이에 연구자들은 이혼 후 처음 2~3년을 '양육 수준 저하 시기'라고 부른다.

이러한 양육 문제가 발생하는 것은 엄마나 아빠가 여러 요인으로 예전의 책임감 있고 주의 깊은 양육 방식을 유지하기 어렵기 때문이다. 이혼 후에는 부모 일방 또는 쌍방 모두 훌륭한 양육을 방해하는 우울증을 자주 경험한다. 우울증이라는 괴물과 싸우고 있을 때는 아이에게 온전히 관심을 기울이면서 애정과 인내심을 가지고 대하기가 거의 불가능하다.

현실의 변화도 양육 태도를 변화시킨다. 이혼 후에는 가족의 일상이 달라진다. 전업주부였던 엄마가 직업을 가져야 할 수도 있고, 직장을 다니던 엄마는 근무 시간을 늘려야 할지도 모른다. 이렇게 엄마나 아빠의 일정이 바뀌면서 아동을 직접 돌보는 시간이 줄어들고 도우미나 보육 시설에 맡기는 시간이 늘어난다. 이 때문에 놀이 방식, 훈육, 전반적인 상호관계 수준에서 일관성이 감소한다.

이렇게 엄마나 아빠가 이혼의 고통스러운 순간과 그것이 초래한 무수한 변화들을 헤쳐 나가는 데 회복력을 전부 소모하고 있을 때는 아이와 친밀감을 유지하면서 아이의 욕구에 반응하기가 어렵다. 하지만 김 원장이 아동기의 부정적 요인들을 이겨냈듯이, 부모의 이혼 스트레스를 잘 극복하는 아이들도 있다.

아동의 성장 환경은 분명 중요하다. 환경을 바꾸기 위해 어린아이가 할 수 있는 일이 거의 없기 때문이다. 하지만 김 원장 같은 사람이 입증했듯이, 어려운 환경에서 자란 아이가 모두 그 시련에 굴복하는 것은 아니다. 열악한 환경에서도 바르게 크는 아이가 있고 크게 성공하는 아이도 있다. 그렇다면 아동이 얼마나 바람직하게 성장할지를 결정하는 구체적인 요소에는 무엇이 있을까? 또 아동 스스로 보여주는 특성은 무엇일까? 회복력 연구자들은 그 요소와 특성들을 찾아왔고, 그중 하나가 지능지수IQ다. 지능지수는 피할 수 없는 장애물을 이겨내는 데 중요한 요소다. 극도로 열악한 환경에서도 지능지수는 아동에게 매우 유익해서 지능지수가 높은 아동은 낮은 아동보다 결과적으로 더 성공하는 것으로 나타났다. 그럼 똑똑하기만 하면 모두 성공할 수 있을까? 반드시 그렇지는 않다. 아동의 바람직한 성장과 그것에 이은 성인기의 성공을 예측하는 데는 다른 요소들이 훨씬 더 중요하게 작용한다.

하버드대학교 교육심리학과 교수인 하워드 가드너Howard Gardner의 주장처럼 표준화된 검사로 측정한 지능(언어 능력과 수리 능력)은 인생에서 개인의 성공을 결정하는 전체 요소의 20퍼센트에 해당할 뿐이다. 관련 연구 결과들을 출발점으로 삼아 미국 심리학자 피터 샐러베이Peter Salovey와 존 메이어John Mayer는 감성 지능Emotional Intelligence에 대해 탐구했다. 감성 지능이란 자신과 타인의 감정을 인식하고 조절하며 감성에 기초한 사고를 바탕으로 행동하는 능력을 말한다.

감성 지능 연구에 따르면, 지능이 중요하긴 하지만 그렇게 직접적인 영향을 미치지는 않는다. 어린아이들을 아동기부터 성인기까지 22년 동안 추적 조사한 연구가 있다. 그 결과 지능지수가 높은 아동은 더욱 성숙하고 효과적인 사회적·인지적 대응 전략을 사용하며 뛰어난 문제 해결 능력도 갖추고 있었다. 즉 지능지수가 높은 아동은 좀 더 세련된 사회적·인지적 능력을 갖춘 덕분에 성인기에 크게 성공했는데, 그 능력을 가장 정확히 표현하는 단어가 바로 감성 지능이다.

지능지수를 높이기 위해 할 수 있는 일은 많지 않다. 하지만 감성 지능의 핵심 요소인 회복력을 높이기 위해 할 수 있는 일은 아주 많다. 여기 한 아이가 있다고 가정해보자. 회복력이 그 아이가 타고난 가난한 환경을 없애는 것은 불가능하다. 부모의 이혼을 되돌릴 수도 없고, 그 아이의 표준화된 지능지수를 올려줄 수도 없다. 이미 지나간 아이의 어린 시절을 바꿀 수도 없다. 그렇다면 회복력이 어떻게 불우한 아동기를 이겨내도록 돕는 것일까? 이 일은 아이 스스로 전개해온 비현실적인 믿음을 분석하고 현실적 믿음으로 바꾸는 방법을 알려줌으로써 가능하다. 그리고 아이가 가장 선호하고 잘 드러내는 성격강점을 찾아내 사용법을 알려주거나 감사, 자부심, 낙관성 같은 긍정 정서를 배양시키고 적용하는 방법을 알려주는 것으로도 도움을 줄 수 있다. 그럼 성인이 된 후 직장이나 가정에서 스트레스와 역경에 처할 때도 언제나 의욕 넘치고 생산적이며 적극적으로 대처할 수 있다. 이는 회복력이 정서적 요인, 행동적·사회적 요인, 신체적 건강 요인 등을 포괄하는 통합성을 지니기에 가능한 일이다.

물론 고통스러운 어린 시절에서 벗어나려면 힘겨운 노력과 단호한 결심이 필요하다. 언제나 집중력을 유지하면서 무엇을 통제할 수 있고 무엇을 통제할 수 없는지를 정확히 구별하는 능력도 있어야 한다. 이때 회복력 기술이 그 도구를 제공할 것이다.

7

회복력은 강해지기도,
약해지기도 한다

회복력은 어느 날 갑자기 강해지는 것이 아니다. 학습(교육)과 실천(훈련)이 있어야 비로소 강해진다. 그래서 실천 도구와 기술이 필요한 것이다. 나는 지난 20년 동안 긍정심리 회복력을 연구하고 교육시키고 실천하면서 회복력을 키우기 위해선 회복력 사고, 회복력 능력, 회복력 기술이 필요하다는 사실을 발견했다. 그럼 이제부터는 회복력을 키우는 구체적인 방법들을 알아보자. 회복력을 키우기 위해서는 먼저 회복력 사고가 필요하다. 우리 주변에는 역경에 당당히 맞서 이겨내는 사람이 있는가 하면, 역경에 좌절하고 회피하며 고립되는 사람도 있다. 이차이는 바로 어떠한 사고를 가지고 있는지로 결정된다. 어떻게 생각하느냐에 따라 감정과 결과가 다르게 나오는 것이다.

예를 들어 코로나19처럼 예기치 못한, 끝을 알 수 없는 역경이 닥쳐 생존에 위협을 받을 때 우리는 과연 무엇을 해야 할까? 우선 무조건 역경을 회피하려고만 하지 말고 당당하게 문제를 바라봐야 한다. 당면한 문제를 회피하면 일시적으로는 마음이 편해질 수 있다. 하지만 문제는 결코 저절로 사라지지 않고, 결국 얼마 못 가 더 큰 고통을 감내해야 할 수도 있다. 그러니 이제부터는 생존을 위해 쉽게 물러서지 말아야 한다. 지금 작은 가게를 운영하는 소상공인이든, 회사에 몸담고 있는 직원이든 과거 나보다 현실의 나를 직시하는 것이 중요하다. 업체를 이끄는 사장일지라도 필요한 경우 체면을 제쳐두고 무슨 일이라도 해야 한다.

그리고 현실을 합리화해서는 안 된다. 지금 다른 사람들도 모두 어려움을 겪고 있으니까 정부든, 사회단체든 어딘가가 나서서 대책을 세워줄 것이라고 믿으며 마냥 기다리기만 할 것인가? 위기 속 합리화에는 큰 위험이 따를 뿐이다. 그리고 현실을 부정해서도 안 된다. "이제 학교에 갈 수 있을 거야", "곧 식당 손님이 늘어날 거야", "헬스클럽 회원이 많아질 거야", "곧 대면 강의 요청이 들어올 거야", "우리 가게 상황이 그렇게 나쁜 것만은 아니야" 같은 현실 부정은 역경 극복에 조금도 도움이 되지 않는다. 차라리 담담히 현실을 인정하고 대안을 찾는 편이 낫다.

마지막으로 비현실적 낙관성을 버려야 한다. 혹시 지금도 현실의 위기를 외면한 채 이번 주 토요일 로또 일등에 당첨되는 상상만 하고 있는 것은 아닌가? 현실적 낙관성은 위기에서 사람을 살리지만, 비현실적 낙관성은 기회에서조차 사람을 죽음으로 내몰 수 있다.

이번 기회에 스스로 현 상황을 어떻게 받아들이고 있는지 자문해보자. 현실을 그대로 수용하는 사람이 많지 않을 수도 있다. 희망 고문, 즉 합리화와 비현실적 낙관성만으로는 회복력을 키울 수 없다. 조금은 힘들지라도 고통스러운 현실을 직시하며 그것에 맞서겠다고 마음을 다진 사람은 회복력을 키워 현 상황은 물론, 앞으로 다가올 새로운 세상도 충분히 헤쳐 나갈 것이다. 보리센코는 "이를 악물고 현실을 똑바로 봐라. 현실 직시가 단기적으로는 매우 고통스러울지 모르나 궁극적으로는 당신의 행복과 성공을 지켜줄 것이다"라고 말했다.

회복력 사고를 갖췄다면 다음은 회복력을 확인하고 키워야 한다. 회복력 수준을 결정하는 초기 아동기의 여러 요인에 관한 현대 심리학 연구는 2001년 저명한 발달심리학자인 에미 베르너Emmy Werner와 루스 스미스Ruth Smith에 의해 시작됐다. 마이클Michael과 메리Mary는 이 야심차고 획기적인 연구에 참가한 피험자였다. 그들은 모두 1955년 하와이 제도 북서쪽 끝에 위치한 카우아이Kauai 섬에서 태어났다. 미숙아로 태어난 마이클은 생후 첫 3주 동안 10대인 엄마와 떨어져 병원에서 지냈다. 군대에 간 아빠는 마이클이 두 살 때 돌아왔으며, 여덟 살 무렵에는 동생이 셋이나 있었고 부모는 이혼했다. 엄마는 카우아이 섬을 떠난 후 가족에게 한 번도 연락하지 않았다. 메리는 가난한 집에서 태어났다. 아빠는 미숙련 농장 노동자였고, 엄마는 정신 장애가 있었다. 메리는 다섯 살 때부터 열 살 때까지 육체적·정서적 학대에 시달렸다. 엄마는 정신 장애로 몇 번이나 입원하는 바람에 잠깐씩 메리를 돌봐줄 뿐이었다. 두 아이는 온갖 역경에 직면했다. 하지만 열여덟 살 무렵 마이클과 메리는 학교에서 인기가 있었고 공부도 잘했으며 건강한 도덕성을 갖춘 데다 미래를 낙관했다.

1955년 카우아이 섬에서는 833명의 아기가 태어났다. 대다수는 카우아이 섬의 사탕수수와 파인애플 농장에 일하러 온 동남아시아인의 자손이었다. 이 아이들의 부모는 고등학교도 졸업하지 못했고 보수가 낮은 육체노동에 종사했다. 집안은 유독 가난했으며, 싸움과 이혼이 빈번했다. 많은 부모가 알코올 중독자인 데다, 정신질환 발병률도 높았다. 세 아이 중 두 명꼴로 회복력 수준이 낮았는데, 이런 부정적인 영향이 일찍부터 뚜렷하게 나타났다. 그들은 열 살 무렵에 심각한 학습 장애를 겪었고, 과잉 행동 같은 문제를 보였다. 열여덟 살 무렵 이 아동 집단에서는 위법 행위, 임신, 중증 정신질환이 흔했다. 아동기의 불우한 환경은 아이들의 회복력을 앗아갔고, 그들은 점차 추락하기 시작했다.

하지만 세 아이 중 한 명은 마이클과 메리처럼 자신만만하고 크게 성취했으며 사교적인 어른으로 성장했다. 이 아이들의 회복력은 손상되지 않았으며, 그들이 아동기의 열악한 환경을 이겨낼 수 있도록 도왔다. 베르너와 스미스는 1955년에 태어난 833명 중 698명을 태아기부터 서른 살 생일 이후까지 추적 조사했다. 연구 목표는 비슷한 아동기를 경험하고도 어째서 어떤 아이는 성공하고 어떤 아이는 심각한 문제를 겪는지 이유를 알아내는 것이었다. 그들이 모은 자료는 회복력의 구성 요소를 이해하는 데 도움이 된다.

베르너와 스미스에 따르면, 열악한 환경에서 자란 아동의 상당수가 꾸준하고 탁월하게 삶을 성취해나갔다. 조사 결과 그들은 가난, 불충분한 섭생, 학대라는 아동기의 곤경을 이겨냈고, 부모로부터 적절한 보살핌을 받지 못하는 일상적인 역경을 헤쳐 나갔으며, 부모의 이혼이라는 트라우마를 딛고 일어섰다. 또한 회복력 수준이 높아 모험과 새로운 경험을 향해 뻗어나갔다.

2003년 레이비치와 섀테는 오랫동안 펜실베이니아대학교에서 회복력에 대해 연구한 결과 회복력이 강한 사람과 약한 사람의 차이를 발견했다. 이를 살펴보면 먼저 회복력이 강한 사람은 자신의 감정을 잘 인식하고 조절하며 타인의 정서 상태를 감지할 수 있다. 그들은 통제 가능한 역경과 불가능한 역경을 정확히 구별한다. 또한 자기효능감 수준이 높고, 스스로 자신과 환경을 지배할 수 있다고 믿으며, 자신감을 가지고 행동한다. 타인과 친밀한 관계를 맺는 것은 물론, 그 관계에 의지해 힘겨운 시기를 이겨낸다. 뻗어나가는 사람은 도전을 기회로 여기며, 위험을 감수함으로써 삶을 확장할 수 있을 때는 기꺼이 위험을 받아들인다. 반면 회복력 수준이 낮은 사람은 이러한 능력과 믿음이 전체적으로 부족하다.

레이비치와 섀테는 회복력을 키우기 위해선 일곱 가지 능력, 즉 감정 조절, 충동 통제, 공감, 낙관성, 원인 분석, 자기효능감, 적극적 도전하기가 필요하다고 강조하면서 회복력을 측정할 수 있는 '회복력 지수 검사 Resilience Quotient Test·RQ56'를 개발했다. RQ56은 개인의 전반적인 회복력 지수는 물론이고, 현재 가지고 있는 일곱 가지 능력 수준도 측정할 수 있다. 이 테스트는 다양한 직업에 종사하는 온갖 계층 수천 명의 도움으로 완성됐으며, 현실에서 성공 가능성을 상당히 정확하게 예측한다는 것이 연구와 사례를 통해 입증됐다. 예를 들어 대규모 통신회사에서 일하는 말단 직원과 중간 관리자의 회복력 수준을 비교한 결과, 관리자들의 회복력 지수가 현저히 높았다. 또 금융 투자 회사에 종사하는 재정 컨설턴트들의 회복력 지수를 측정하고 그들이 확보한 고객 수와 관리하는 달러 자산을 조사했는데, 회복력 지수가 높은 컨설턴트가 고객을 많이 확보하고 자산관리 금액도 더 컸다.

마지막으로 회복력 기술이다. 회복력 기술은 일곱 가지 능력을 키울 목적으로 개발됐다. 회복력 기술을 배워서 잘 활용하면 개인은 역경을 딛고 일어설 수 있고, 더욱 폭넓으면서도 풍요로운 삶을 살 수 있다. 회복력 기술은 크게 정서 회복력, 인지 회복력 두 범주로 나누지만 관계 중심의 관계 회복력, 강점 중심의 행동 회복력, 성취를 이루는 성취 회복력 등도 있다. 회복력 기술을 이렇게 분류하는 이유는 회복력이 단일 특성만 지닌 것은 아니기 때문이다.

미국 심리학자 마스턴Masten, A.S.은 끔찍한 사건에 노출된 아이들이 평준 이상의 모습을 보이는 원인에 대한 회복력 연구에서 회복력이 강한 아이는 내적인 보호 요인들로부터 혜택을 받는 것이 틀림없다고 결론 내렸다. 이 보호 요인들은 △꿈과 목표, 인생의 의미와 목적, 희망과 낙관성 등 영성적 요인과 동기적 요인 △지능, 학업 성취 및 과제 기술, 도덕적 추론, 자아 존중감, 창의력 등 인지적 요인 △사회적 기술, 문제 해결 능력, 공감, 정서 인식, 정서 조절 기술 등 행동적·사회적 요인 △좋은 건강 상태, 건강관리 기술, 신체적 지능 개발 등 신체적 건강 요인을 포함한다. 이처럼 회복력은 단일 특성이 아닌, 다양한 특성을 담고 있다. 그리고 회복력 기술에는 이 모든 요인을 키우는 방법들이 포함되어 있다.

실제로 회복력 기술을 사용해 인생의 중대한 변화와 불확실성, 역경에 올바르게 대처한 사람은 남다른 자신감과 자기효능감을 가지게 된다. 그들은 이제 문제가 생겨도 예전처럼 그렇게 당황하지 않고, 불안해하지 않으며, 자신감이 커졌다고 자신하고, 어떠한 문제도 해결할 수 있는 능력을 지녔다는 믿음과 확신에 가득 차 있다. 나아가 삶의 영역이 아주 넓어진 것처럼 느껴 인간관계가 좋아지고, 새로운 경험이나 위험도 기꺼이 받아들인다.

어느 대기업의 고객 서비스부와 영업부 직원들에게 인지 회복력 기술을 훈련시킨 사례가 있다. 훈련을 시작하고 3개월 후 그들은 소속 부서의 가장 중요한 네 가지 업무 평가 부문에서 통제 집단 직원들보다 높은 점수를 받았다. 또 다른 사례로 동료보다 회복력 수준이 낮은 영업 직원들과 일반 사무직원들에게 회복력 기술을 가르친 연구도 있다. 이 기술을 배우고 한 달 후 피험자들의 업무 수행 수준을 평가한 결과 동료 직원들보다 50퍼센트 높았고, 다른 척도로 측정했을 때는 100퍼센트를 상회하는 것으로 나타났다.

현재 긍정심리치료 중심의 상담코칭센터를 운영하는 선옥 씨는 자신의 대표강점 중 하나인 '감사'를 통해 회복력을 키우고 역경을 극복한 사례다. 3년 전 긍정심리 상담코칭(치료) 자격증 과정에서 처음 만난 그는 무척 밝은 인상이었으며, 이미 긍정심리학을 깊이 있게 이해하고 삶에 적용시키는 듯한 모습이었다. 그리고 그때부터 지금까지 긍정심리학과 긍정심리치료를 배우고 연구하고 있다. 다음은 그가 들려주는 역경을 극복한 이야기다.

남편에게서 전화가 왔다. "부동산 알아봤어? 겨울방학 되기 전에 오픈해야 하니까 서둘러서 알아봐줘." 남들이 말하는 '잘나가는 학원 강사'로 서울 강남 8학군에서 강의하던 남편은 이렇게 학원을 운영하기로 결심하고 개원을 했다. 비록 중형 입시학원이었지만, 남편의 강의는 학생들 사이에서 인기가 있었다. 하지만 유명 강사는 강의만 잘할 뿐 경영은 잘 못했다.

2002년 한일월드컵이라는 축제가 끝나고 주변에 대형 학원들이 우후죽순 들어섰다. 학생들은 중형 입시학원보다 대형 학원으로 몰려갔고, 그렇게 2년이 지나자 학원 운영이 어려워졌다. 어느 날 자동차를 중고시장에 팔고 왔다는 남편의 말에 나는 '올 것이 왔구나!'라는 절망감을 느꼈다. 그리고 몇 개월 후 학원을 정리했고, 남은 건 수억 원의 빚뿐이었다.

남편과 나는 어린아이들을 집에 두고 대출금을 갚기 위해 밖으로 열심히 뛰어다녔다. 꽃이 피는지 지는지, 낙엽이 떨어지는지, 눈이 오는지도 보이지 않았다. 매달 갚아야 하는 이자가 버는 금액보다 많아 카드를 돌려막기까지 했다. 매일매일 눈물이 마르지 않았고, 너무도 힘든 데다 불안하고 두려웠다. 우울증마저 나를 휘감았다.

어느 날 쌀통에 쌀이 떨어졌는데 지갑에는 5,000원이 전부였다. 신용카드까지 한도를 초과해 너무도 비참했다. 베란다에서 아래를 내려다보니 이렇게 힘들고 고통스러울 바에야 차라리 모든 것을 끝내고 싶다는 마음이 들었다. 마지막으로 뒤를 한 번 돌아봤다. 순간 자고 있는 어린 딸이 보였다. 나는 딸을 껴안고 하염없이 울었다. "엄마가 미안해. 엄마가 미안해." 딸을 안은 채 울면서 힘들어도 언젠가 희망은 있으리라는 기대를 저버리지 않기로 결심했다.

그러던 어느 날 거리에서 문구가 적힌 코팅지를 하나 주웠는데, 나에게는 소중한 편지 한 통과도 같은 선물이었다. '범사에 감사하라.' 나는 그것을 닦아 수첩에 끼운 뒤 "감사해"라고 읊조렸다. 무엇이 감사한지도 모른 채 그냥 감사했다. 무조건 감사했고, 그럼에도 감사했다. 이후 감사한 것들이 하나씩 보이기 시작했다. 사랑스러운 아이들이 있음에 감사하고, 가족을 아끼는 남편이 있음에 감사하고, 가족이 건강함에 감사했다. 그랬더니 눈에서 눈물이 조금씩 마르기 시작했다. 꽃이 보이고, 나뭇잎이 보이고, 하늘의 뭉게구름이 보였다. 이때부터 나는 감사하는 생활을 시작했고, 이제는 힘든 일이 닥쳐도 감사하는 힘이 절로 생겨난다. 역경을 이겨내고 다시 일어설 수 있다는 희망을 놓지 않은 채 매일매일 감사를 외치며 지내다 보니 모든 것이 처음보다 나아진 상태로 변해 있었다.

돈도 명예도 권력도 뭐 하나 자랑할 것은 없지만, 누군가 나에게 "당신은 지금 행복합니까?"라고 물어본다면 "네, 많이 행복합니다"라고 자신 있게 대답할 수 있다. "왜 행복합니까?"라고 묻는다면 "감사하다 보니 행복해지네요"라고 대답할 것이다. 나의 대표강점은 사랑, 용서, 겸손, 감상력, 감사, 희망이다. 그중 감사와 희망을 삶에 가장 많이 적용하면서 플로리시한 삶을 살아가고 있다.

RESILIENCE

2장

회복력 사고

1

현실 직시는
역경 극복의 시작이다

2020년에 시작된 코로나19 사태로 민간 소비와 밀집하게 연결된 운수업, 도소매업, 숙박업, 외식업, 여행업 등 서비스업종 종사자들이 큰 어려움을 겪었다. 사회적 거리두기 여파는 자영업자와 소상공인뿐 아니라 임금 근로자에게도 큰 상처를 남긴 것으로 드러났다. 한국은행은 〈코로나19 확산과 사회적 거리두기가 임금·소득분배에 미치는 영향〉 보고서에서 2020년 사회적 거리두기에 따른 잠재 임금손실률을 7.4퍼센트로 추산했다.

특히 집합 금지나 영업 제한으로 매출이 급감한 자영업자와 소상공인은 피해를 호소하며 관계 당국에 대책을 요구하는 한편, 눈물을 머금고 가게 문을 임시로 닫거나 아예 사업을 접는 이도 많았다. 수년, 수십 년 동안 자신의 가족과 직원들의 삶을 지켜준 사업을 접어야 하는 심정을 어떻게 말로 표현할 수 있겠는가. 나 또한 두 번의 사업 부도를 경험해봤기에 그 심정을 충분히 이해한다. 사업자에게는 사업장이 곧 생명이다. 그만큼 자신의 모든 것을 쏟아부었기 때문이다.

우리는 어디에서 무엇을 하든, 어떤 환경에 놓였든 정도 차이만 있을 뿐 누구나 역경을 겪는다. 이때 어떤 사람은 좌절해서 포기하고, 또 어떤 사람은 새로운 시도를 한다. 위기를 어떻게 받아들이느냐에 따라 대응 방식도 달라지는 것이다. 보리센코는 "위기를 극복할 만큼 회복력이 강한 사람은 단호하게 현실을 수용한다"고 말했다.

하지만 사람은 대부분 역경을 겪으면 현실 또는 상황을 있는 그대로 받아들이기보다 합리화하거나 부정하거나 막연히 낙관하는 경향이 있다. 예를 들어 식당에 식재료를 납품하는 사업자는 사회적 거리두기 등으로 식당에 손님이 줄어들면 경영이 어려워진다. 생존을 위협받을 정도로 위기가 닥쳤는데도 "다른 분야도 다 어려워. 정부가 곧 지원 방안을 내놓겠지"라고 합리화하거나, "그래도 아직 우리는 견딜 만해. 곧 사회적 거리두기가 해제될 거야"라고 현실을 부정하거나, "내가 사장인데 어떻게 다른 하찮은 일을 하겠어"라며 체면 타령을 하는 사람들이 있다. 또 수많은 사업장이 문을 닫고 많은 수의 사람이 실직하는 위기가 닥쳤는데도 막연히 장밋빛 미래만 꿈꾸기도 한다.

이러한 비현실적 낙관성은 회복력에 전혀 도움이 되지 않는다. 회복력은 미래의 꿈과 비전 실현보다 현재의 역경을 극복하고 불확실성을 해결하는 것이 목표다. 그래서 지금 겪는 위기나 역경에 대한 현실 직시가 먼저여야 한다. 그런 다음 역경을 단호히 받아들이고, 현 상황을 극복하기 위한 대처 방법을 찾아 즉시 변화를 시도해야 한다. 현실 직시가 지금 당장은 매우 고통스러울 수 있지만 궁극적으로는 개인의 삶과 사업장을 지키는 바탕이 된다.

마음의 근육이 단단한 사람은 역경에 처했을 때 단호하게 현실을 수용한다. 회피하려 하지 않고 당당하게 문제를 직시하면서 생존을 위해 어떤 일을 감수하든 결코 물러서지 않는다. 자신이 기업체 사장이든 직원이든 상관없다. 상황이 어렵다면 집 안에서 고민만 하지 말고 아르바이트라도 시작하는 것이 여러모로 유의미하다.

나 역시 2005년 빌 클린턴Bill Clinton 전 미국 대통령 초청 행사를 치른 후 몇 년 동안 사업적으로 힘든 시기를 보냈다. 그러나 다행히 긍정심리학이 조금씩 확산하면서 사업도 점차 회복돼갔다. 그래서 부족한 직원을 보충하고 사업 영역도 확장했다. 그쯤 되자 직원들이 넓은 사무실로 이사했으면 좋겠다는 의견을 냈다. 오랫동안 경제적으로 어려움을 겪은 터라 지출을 최대한 줄이고 안정적인 성장을 추구하고 싶었지만, 직원들 의견을 계속 외면할 수가 없었다. 결국 2014년 초 사무실을 확장 이전했다. 그동안 제한된 공간에서 교육 프로그램을 진행해 내외적으로 불편한 점이 많았는데, 새로 입주한 장소는 교육장과 사무실, 휴게실 공간까지 있어 여러모로 편리했다. 덕분에 이전 장소에서 진행하지 못했던 과정을 기획하고 제안할 수 있었다. 그러나 시간이 지나면서 경영상 압박을 받았다. 매출이 늘어난 만큼 지출도 점점 증가하고 있었기 때문이다.

사무실을 이전하고 3년도 채 되지 않은 2016년, 더는 사업을 지속할 수 없다고 판단해 결국 정리했다. 직원들 퇴직금 등을 정산하고 나니 수중에 단돈 10만 원이 남았다. 내 개인 사무실은 공용 공간에 마련할 수밖에 없었다. 누구를 탓하랴! 그저 나 자신이 원망스럽고, 스스로에게 화가 났다. 마음이 무척 아프고 고통스러웠다.

사실 나는 긍정심리학을 알기 전 정치를 하려고 했다. 국회의원이 되어 나처럼 가난해서 배우지 못한 사람들도 행복하게 살 수 있는 사회를 만드는 데 일조하고 싶었다. 이 사회에서 행복하게 살아보려고 열심히 노력했지만 뜻대로 잘 안 됐기 때문이다. 10여 년 동안 정치를 배우고 현장에서 경험하던 중 2003년 긍정심리학을 처음 만났고, 그 후 긍정심리학을 통해 행복한 세상을 만들기로 결심했다. 긍정심리학을 지속적으로 연구하고 실천하고 적용하면서 개인과 조직, 사회를 행복하게 만들 수 있다는 확신이 생긴 것이다.

비록 정치는 포기했지만 기회가 되면 한 도시를 행복 도시로 만들어보고 싶다는 생각이 들었다. 그 도시가 바로 나의 제2 고향인 경기도 안양시다. 임시로 사용 중이던 공용 공간 바로 건너편에 안양시청이 자리하고 있었다. 창문을 열면 안양시청 정문이 보였다. 안양시장이 되어 안양시를 가장 행복한 도시로 만들고 싶었건만, 현실은 모든 것을 잃고 3.3제곱미터 나의 공간도 없는 불쌍한 처지일 뿐이었다. 그때 노래 가사 하나가 떠올랐다. '저기 떠나가는 배, 거친 바다 외로이 (중략) 가는 배여, 가는 배여 그곳이 어드메뇨.' 내 심정을 가장 잘 나타내는 노래였다. 나는 부르고 또 부르고 부르면서 울고 또 울었다. 그렇게 슬프고 우울하게 일주일가량을 보낸 어느 날, 현실을 회피하고 감정에 빠져 있는 나 자신을 발견했다. 나는 현실을 직시하고 단호하게 결정을 내렸다. 1년 전부터 독학으로 배우던 상담심리학을 바닥부터 다시 체계적으로 공부하기로 결심하고, 즉시 상담원에 등록한 것이다.

이미 경영학 박사 학위가 있고, 오랫동안 경영학 교수를 했으며, 긍정심리학을 15년 가까이 연구한 사람이 상담심리학을 바닥부터 다시 시작하기란 쉽지 않았다. 하지만 상담연구원, 인턴, 레지던트, 석박사 과정을 성실히 마쳤고, 마침내 상담심리학을 공부한 지 6년 만인 2020년 상담심리학 박사 학위를 받아 상담심리학 교수가 됐다. 그리고 지금까지 행복하게 긍정심리학과 긍정심리치료, 회복력을 연구하며 가르치고 있다.

2

무기력을 극복해야
마음의 근육이 단단해진다

무기력은 무언가를 바꾸기 위해, 또는 도전이나 극복을 위해 여러 번 시도했는데도 반복적으로 실패할 때 학습된다. 최근 코로나19 사태 등을 겪고나서 나타난 가장 대표적인 후유증이 무기력으로, 이는 대부분 학습에 의한 심리적 무기력이다. 무기력에는 체력 저하에 따른 '신체적 무기력'과 학습에 의한 '심리적 무기력'이 있다.

긍정심리학 창시자인 셀리그만의 첫 이론도 1965년 발표한 '무기력 학습'이다. 그는 개 실험을 통해 스스로 할 수 있는 일이 하나도 없는 상황에서 전기 충격을 경험한 개의 70퍼센트가 점차 수동적으로 변해 역경에 맞서기를 포기한다는 사실을 발견했다. 개들이 무기력을 학습한 것이다. 이후 사람들을 대상으로 한 관련 실험에서도 똑같은 결과가 나왔다.

당시 행동주의 심리학이 대세이던 심리학계는 무기력 학습 이론이 발표되자 셀리그만에게 주목하기 시작했다. 그러나 결론적으로 이 이론이 완전하지 못하다는 사실을 당시 셀리그만 자신도 인정했다. 왜 무기력이 학습되는지, 무기력한 사람은 어떤 특성을 가지는지, 무기력을 극복하는 방법은 무엇인지가 빠졌기 때문이다.

이후 셀리그만은 13년 동안 연구한 끝에 드디어 무기력이 학습된 사람들의 특성과 극복 방법을 찾아내 이론으로 완성했다. 그것이 바로 '낙관성 학습' 이론이다. 셀리그만은 이 이론에서 무기력이 학습된 사람은 비관적 설명양식을 지녔으며, 이 비관적 설명양식을 낙관적 설명양식으로 바꾸면 무기력을 극복할 수 있다고 주장했다.

낙관성 학습 이론에서 핵심 개념은 무기력 학습과 설명양식이다. 설명양식은 어떠한 사건이 일어난 이유를 스스로 낙관적이든, 비관적이든 설명하는 방식을 말한다. 사람들은 원인을 해석하는 제 나름의 방식을 가지고 있으며 이런 습관을 바탕으로 세상을 이해한다. 그래서 설명양식이란 '마음속 세상'을 비추는 거울과도 같다.

낙관적인 사람과 비관적인 사람은 설명양식이 다르다. 설명양식은 셀리그만의 낙관성 검사를 통해 확인할 수 있는데 크게 세 가지 차원이 있다. ①나쁜 일이 일어날 때 모두 자기 책임이며 내부적이라고 설명하는 내재성 차원(내 탓 vs 남 탓), ②나쁜 일이 일어나면 일시적이 아닌 항상, 계속될 것이라고 설명하는 영속성 차원(항상 vs 가끔), ③나쁜 일이 일부가 아닌 전체라고 설명하는 만연성 차원(전부 vs 일부)이다. 설명양식은 무기력 학습을 크게 좌우하는 역할을 한다. 낙관적 설명양식은 무기력을 없애지만, 비관적 설명양식은 무기력을 키우기 때문이다. 이 둘은 서로 밀접한 관계를 맺고 있다.

예를 들어 코로나19가 국내에서 유행하기 시작했을 때 우리는 하루빨리 종식되어 정상적인 활동을 하길 바라며 "한 달 후면 괜찮아질 거야", "이번 달까지가 고비야", "이번 위기만 넘기면 좋아질 거야"라고 기대했다. 그런데 그런 기대가 계속 좌절되면서 무기력이 학습되고 말았다. 이런 사람들은 "다 나 때문이야" 같은 죄책감, "나는 능력이 없어" 같은 무능감, "나는 영원히 해낼 수 없어. 내 인생은 끝났어" 같은 절망감을 느끼는 등 비관적 설명양식을 가지고 있다. 무기력은 큰 충격을 겪은 후에도 나타날 수 있으며 무기력이 학습된 사람은 불안, 우울, 분노 같은 정서 상태를 보인다.

50대인 미주 씨는 40대 중반까지 부동산공인중개사로 활발하게 사회활동을 했지만 마흔다섯 살에 유방암 진단을 받았다. 그럼에도 그는 평소 자신만만하게 살아왔기에 암을 이겨낼 수 있다고 확신했다. 자기효능감이 높았던 것이다. 1년 동안 치료하고 유방 절제 수술도 받았다. 그런데 3년 후 암세포가 자궁으로 전이되어 또 한 번 수술을 받아야 했고 그는 이번에도 거뜬히 이겨냈다. 하지만 5년 후 뇌에 종양이 생겨 또 수술을 해야 했다. 미주 씨는 이때부터 자신감이 떨어지고 지치기 시작했다. 설상가상으로 그해 평소 가장 의지하고 사랑하던 큰오빠가 교통사고로 사망하고 말았다. 그동안 닥친 역경들이 다소 힘겹게 느껴지긴 했어도 이겨낼 수 있다는 믿음과 확신, 신앙심으로 버텨왔는데 이번만큼은 자신을 통제할 힘이 없었다.

그는 "어느 순간부터 자신감이 사라졌어요. 일상적인 문제를 해결하는 능력에 대한 믿음이 무너지니까 어떤 일이든 다 무기력하고 또 불안하더라고요"라고 말했다. 자기효능감이 떨어지고 역경을 이겨내는 능력도 사라진 것이다.

시간이 흐를수록 일상은 더 불안하고 우울했다. 무기력의 대표적 정서 증상인 불안, 우울, 분노가 심해졌다. 그런 와중에 남편 형제간 금전적 갈등으로 수천만 원 가압류 통지서까지 날아와 분노가 가중됐고, 하루에도 수차례씩 심리적·신체적으로 불안 증상이 나타나 자신을 통제하는 데 한계가 있었다.

이에 미주 씨는 과학적으로 검증된 긍정심리치료 검사와 회복력, 낙관성, 긍정 정서, 우울증, 불안증 검사를 받았다. 그 결과 회복력 기술 가운데 낙관성, 자기효능감, 적극적 도전 지수가 낮은 반면, 심리적 증상의 원인이 되는 비관성과 감정 기복, 우울증, 불안증 지수는 무척 높았고 무기력이 학습된 것으로 드러났다. 또한 그는 현재의 불행이 거의 자기 책임이고, 일시적이 아닌 영구적이며, 삶의 일부가 아닌 전부라는 비관적 설명양식도 가지고 있었다. 게다가 왜곡된 믿음으로 부정 감정이 유발되고 잘못된 결론에도 이르렀다. 즉 자신이 이렇게 된 것은 모두 자기 잘못이고, 자신은 아무것도 해결할 수 없는 무능한 사람이며, 삶 자체가 무의미하고 무가치하다고 여겼다. 그에게는 자신감도, 삶의 의미와 희망도, 문제를 헤쳐 나갈 자기효능감도 없었다. 이렇듯 사람의 정신력(의지력, 끈기, 통제력)은 소모적이다. 충격적이고 고통스러운 사건이나 사고를 당하면 점점 소모되는 것이다.

이에 나는 긍정심리치료와 낙관성 학습, 회복력 기술로 무기력을 극복할 수 있도록 상담 계획을 세워 진행했다. 우선 긍정심리치료를 통해 비관적 설명양식을 낙관적 설명양식으로 바꾸는 것과 불행한 사건에 대한 실시간 믿음, 즉 역경을 겪을 때 바로 떠오르는 믿음의 왜곡된 부분을 합리적 믿음으로 바꾸는 것에 주력했다. 자신에게는 현재 직면한 문제를 해결할 능력이 있다는 믿음인 자기효능감을 키워주기 위해서였다.

미주 씨는 열심히 상담을 받았다. 그 결과 모든 일이 자기 탓이 아니고, 자신이 살아온 과정이 의미 있고 가치 있으며, 현 상황은 자신이 극복할 수 있는 일시적인 역경으로 삶의 일부에 불과하다는 믿음을 가지게 됐다. 그 후 무기력이 사라지고 자기효능감이 높아지면서 불안, 우울, 분노 지수가 감소해 더 성장하고 행복해지는 계기가 됐다.

무기력은 우울증의 특징 가운데 하나로 자살을 예측할 수 있는 가장 정확한 요소다. 셀리그만은 모든 우울증은 무기력 학습이 특징으로 나타난다고 주장했다. 자살 가능성이 있는 사람은 현재 자신이 겪는 불행이 영원할 것이고 어떤 일을 해도 불행하다고 확신한다. 그리고 그 고통을 끝낼 방법은 죽는 길밖에 없다고 생각한다. 따라서 우울증과 자살을 예방하기 위해선 비관적 설명양식을 낙관적 설명양식으로 바꾸어 무기력을 극복하는 것이 무엇보다 필요하다.

무기력이 학습된 사람은 대부분 비관적이고, 뭔가 안 좋은 일이 생기면 최악의 일부터 상상하곤 한다. 안 좋은 일이 오랫동안 계속되어 자신의 모든 일이 위태롭다고 믿고, 나아가 그것이 다 자기 탓이라고 생각하는 경향이 있다. 반면 낙관적인 사람은 세상을 살면서 똑같이 어려운 일에 부딪혀도 비관적인 사람과 정반대로 생각한다. 실패를 겪어도 그저 일시적인 후퇴로 여기고, 그 원인도 이번 한 경우에 한정된 것이라고 본다. 실패가 자기 탓이 아니라 주변 여건이나 불운 또는 다른 사람 때문에 생겼다고 생각한다. 또한 나쁜 일이 닥쳐도 현실을 인정해 철저히 대비하며, 위기를 일시적이고 이겨낼 수 있는 것 또는 극복해야 할 도전으로 여긴다. 뜻밖의 일을 당해도 금세 털어버리고 곧 원기를 회복한다. 이런 사람은 실패에 주눅 들지 않는다. 안 좋은 상황에 부닥치면 그것을 오히려 도전으로 간주해 열심히 노력한다.

이런 차이에서 알 수 있듯이 내 탓을 하는 내재성, 나쁜 일이 계속될 것이라는 영속성, 나쁜 일이 삶의 전체라고 생각하는 만연성 등 비관적 설명양식을 '남 탓', '가끔', '일부'라고 생각하는 낙관적 설명양식으로 바꾸는 것은 무기력을 극복하고 역경을 헤쳐 나가는 데 중요하다. 즉 "이번 일은 나 때문이 아니라 코로나19 때문이야. 이 고비만 참고 넘기면 다시 시작할 수 있어. 이번에 잘못된다고 인생이 전부 망하는 건 아니야" 같은 낙관적 설명양식으로 바꾸었을 때 무기력을 극복하고 자기효능감도 얻을 수 있다. 일상에서 중대한 실패나 패배에 직면했을 때 과연 얼마나 비관적으로 무기력할지, 또는 낙관적으로 자기효능감을 얻을지는 그 상황을 스스로 설명하는 방식에 달린 것이다.

2004년 내가 운영하는 출판사에서 클린턴 전 미국 대통령의 자서전 《마이 라이프》를 출간했다. 이 책은 한국어판 출간 계약부터 출판 기념회까지 많은 화제를 모았다. 당시 세계 출판계가 가장 주목하던 빅 타이틀로, 대부분 각국 메이저 출판사가 번역 출판권을 가져갔다. 하지만 한국에서는 중소형에 불과한 우리 출판사에서 출간하게 된 것이다. 이 책을 계기로 나는 우리 회사를 메이저급 출판사로 성장시키고 싶었다. 그래서 금전적으로 다소 무리가 따르긴 해도 당시 전 세계가 관심을 보이던 교황 베네딕토 16세의 자서전 등 여러 원서의 한국어판 출간 계약을 체결했다. 많은 기대와 희망을 가지고 책들을 출간했지만 대부분 기대에 미치지 못했다. 설상가상으로 편집부의 사고와 영업부의 부정까지 겹쳐 회복하기 힘든 상황에 이르렀다.

비교적 낙관적이고 회복력이 강한 나였지만 지속적으로 이어지는 실패와 사건·사고는 나를 무기력하게 만들었다. 경영 상황은 점점 더 악화됐다. 문제는 경영 악화보다 나 자신이 심리적으로 무기력 학습에 무너지고 있다는 점이었다. 자책, 분노, 미래에 대한 불안 등으로 무기력하게 지낼 때 평소 아끼던 고향 후배가 인간관계 교육 프로그램을 하나 추천해줬다. 하지만 내 환경과 조건으로는 그 교육 프로그램에 선뜻 참가할 수가 없었다. 미국에서 시작해 100년 넘게 인기를 얻고 있는 프로그램이라 교육비용이 무척 비쌌기 때문이다. 나는 심리적으로 무기력하고 경제적으로도 어려움을 겪어 망설일 수밖에 없었지만 신뢰하는 후배가 진심으로 추천하기에 일단 참가해보기로 결정했다. 하루에 3시간씩 총 12주간 진행되는 프로그램이었는데, 첫 주는 무기력한 데다 비관적 사고로 임하다 보니 별 흥미를 느끼지 못했다. 하지만 교육을 마치고 나오면서 어쩌면 이 프로그램이 나에게 마지막 기회가 될 수 있겠다는 생각을 했다. 매사 열정적이고 적극적이며 낙관적인 이전의 나로 돌아가고도 싶었다.

2주 차 주제는 용기와 자신감이었다. 나는 단기 목표를 발표하는 시간에 3개월 이내 베스트셀러를 만들어 경영 위기를 극복하고 무기력도 이겨내 자신감 넘치고 열정적인 나로 돌아가겠다고 말했다. 그날부터 비관적 설명양식도 낙관적 설명양식으로 바꾸기 시작했다. 결과는 놀라웠다. 정말 3개월 후 지나친 칭찬은 아이를 병들게 한다는 주제의 책《양육쇼크》가 베스트셀러가 된 것이다. 이를 계기로 경영 위기를 극복했고, 무기력도 사라져 자신감과 자기효능감이 넘치는 나로 다시 태어나게 됐다. 비관적 설명양식을 낙관적 설명양식으로 바꿔 마음의 근육을 키운 결과였다.

3

최악의 상황을 야기하는
파국적 사고를 피하자

"사람은 자신이 생각하는 대로 된다"라는 격언은 사람이라는 존재 전체를 설명할 뿐 아니라, 삶의 모든 조건과 환경에도 적용되는 넓은 의미의 표현이다. 사람은 그야말로 자신의 생각 그 자체이고, 자신의 생각을 모두 합한 것이 곧 성격이다. 씨앗에서 싹이 터 자라는 식물은 씨앗이 없으면 탄생할 수 없듯이, 우리의 모든 행위는 생각이라는 보이지 않는 씨앗에서 생겨나며, 생각 없이는 밖으로 드러나는 행동도 없다. 즉 생각이 말이 되고, 말이 행동이 되며, 행동은 습관으로 굳어져 삶 전체를 결정하는 중요한 요소가 되는 것이다. 이 원리는 의도적 행동뿐 아니라 '무의식적'이고 '우발적'인 행동에도 똑같이 적용된다. 행동은 생각의 꽃이고, 기쁨과 고통은 그 열매다. 그러므로 사람은 자신의 마음밭에 뿌리고 가꾼 생각의 씨앗에 따라 달콤한 열매는 물론, 쓰디쓴 열매도 거둬들인다.

사람에 따라 정도 차이는 있지만 우리 마음에는 근육이 있다. 우리 내면에서 이 근육을 힘쓰지 못하게 가로막는 큰 장애물은 유전도, 아동기 경험도, 기회 부족도, 경제적 문제도 아니다. 바로 자신의 '사고 양식 Thinking Style', 즉 생각하는 방식이다. 사고 양식이란 개인이 세상을 바라보고 해석하는 방식을 뜻한다.

사람은 주변의 감각 정보를 수동적으로 받아들이는 것이 아니라, 그 정보를 적극적으로 처리하면서 개인 특유의 방식으로 단순화하고 조직화하는 존재다. 그래서 역경에 처하는 순간 쇄도하는 수많은 정보를 재빨리 해석하기 위해 '정신적 지름길'을 통해 원인과 초래될 결과를 파악한다. 그 지름길 덕분에 무수한 정보를 금방 다루기도 하지만, 가끔은 지름길 때문에 길을 잃기도 한다. 역경을 헤쳐 나갈 때 우리는 역경을 있는 그대로 해석하면서 정확하고 종합적인 해석에 따라 대응한다고 믿는다. 하지만 그렇지 않은 경우가 많다. 사고 양식이 그 사람의 관점에 색을 칠하고 편견을 부여해 잘못된 행동 패턴이 자리 잡게 만들기도 하기 때문이다. 한마디로 파국적 사고를 하는 것이다. 예를 들어 어떤 문제든 결코 해결할 수 없다는 사고 양식을 지닌 사람은 본인이 통제력을 쥐고 있는 상황에서도 쉽게 포기해버린다.

지난 50여 년 동안 심리학자들은 사람들의 사고 과정이 회복력에 어느 정도 영향을 미치는지, 행복과 성공을 얻는 데 회복력이 어떤 역할을 하는지, 사람들의 사고 양식이 어떻게 바뀌어야 더 큰 회복력을 만들어내는지에 초점을 두고 연구했다. 역경을 이겨내는 데 필수 요소인 회복력을 키우는 비결 중 하나는 파국적 사고를 바로잡는 것이다. 파국적 사고란 단순한 생각이나 감정에 기초해 잘못된 결론을 이끌어내는 인지적 사고 오류 중 하나를 말한다. 일어날 가능성이 거의 없는 일임에도 일어나리라고 믿는 것이다. 예를 들어 직장에서 업무와 관련해 어쩌다 상사에게 지적을 받으면 해고될 수 있다고 생각한다. 남편이 생일을 챙겨주지 않으면 자신을 사랑하지 않고 다른 여자를 좋아하는 것 같아 초조하다. 신체 일부에서 혹이 발견되면 그 혹이 암으로 이어질 것이라고 믿는다. 이렇게 많은 사람이 불안에 사로잡혀 파국을 예상한다. 현재 겪고 있는 역경에 몰두하고, 비극적인 사건이 연달아 일어나는 것을 상상한다. 이런 사람은 아침에 깨어난 순간부터 걱정과 불안으로 괴로워하기도 한다.

40대 후반인 경희 씨는 미래에 닥칠 위험을 끊임없이 경계하는 사람이다. 걱정을 달고 사는 그는 어느 날 남편과 아들이 50킬로미터를 달려 케이팝 공연을 보러 갔을 때 자기가 그들의 여행 일정을 낱낱이 꿰고 있다고 자신했다. 공연이 몇 시에 끝나고 남편과 아들이 몇 시에 집에 돌아올지 정확히 안다고 믿었다. 그런데 예정된 시각에서 30분이 지나도 두 사람이 돌아오지 않고 전화도 안 되자 불안감이 솟구치기 시작했다. 한 시간이 흐르자 공포에 질려서 정신까지 혼미해졌다. 그리고 교통사고로 그들이 죽었을 것이라고 믿었다. 파국적 사고의 종착점에 이른 것이다. 그런데 연쇄 고리의 나머지, 즉 그 종착점에 이르기까지 중간 사건들이 없었다. 가족의 미래 위협에 대한 믿음이 포함된 역경에서 오직 시작과 끝두 가지 상태만 경험했다. 지극한 평온과 지극한 불안이다.

경희 씨의 파국적 믿음은 불안을 줄이는 반대 증거들을 모두 차단했다. 객관적인 제삼자가 남편과 아들이 틀림없이 휴대전화나 신분증을 소지했을 테고, 그들에게 아무 일이 없으니까 경찰로부터 연락이 없는 것이라고 말해도 그의 고성능 미래 위협 레이더는 '화재'라는 요소를 추가함으로써 그 논리를 제압해버렸다.

경희 씨에게 남편과 아들의 늦은 귀가를 전제로 그들이 교통사고로 죽었을 확률을 추정해보라고 하면 비현실적으로 높은 수치를 제시할 것이다. 이것이 바로 파국적 사고의 특징이다. 우리는 끔찍한 사건이 실제로 일어날 확률을 부풀리는 경향이 있다. 이처럼 속으로 이어지는 파국적 사고에 빠졌을 때는 각 믿음의 실현 확률을 실제 역경과 대조해 추산함으로써 비현실의 확률을 단계적으로 낮출 수 있다. 그 확률을 단계별로 하나씩 더욱 정확히 추산하면 고질화된 파국적 사고에서 조금씩 빠져나오는 것이 가능하다.

사소한 것을 지나치게 과장하는 사람, 시도 때도 없이 불안에 휩싸이는 사람은 먼저 해야 할 일이 있다. 지금 가장 걱정되는 문제가 무엇인지 적어보는 것이다. 걱정거리를 정확히 알아야만 파국적 사고를 피할 수 있다. 적었다면 그 내용을 구조화한다. 어떤 생각, 어떤 감정이 생겨났는지 기록하는 것이다.

파국적 사고에 가장 크게 작용하는 감정은 불안으로, 미래에 대한 위협을 느낄 때 유발된다. 불안한 사람들의 생각을 구조화해보면 대부분 비관적 사고 양식을 가지고 있는데, 그 구조는 크게 세 가지로 나뉜다. △파국적 사고 △사건의 과잉화 △자기 능력의 최소화로, 모두 인지적 사고 오류에 기인한다. 즉 비관적 사고 양식을 가진 사람은 역경이 닥친 순간 발생 확률이 거의 없는 일도 일어날 것이라고 확신한다. 파국적 사고에 빠지는 것이다. 또한 '만약에…'라는 가정법을 많이 쓰는 편이다. 지금 겪는 역경이 일시적이고 일부분이라서 큰 문제로 확대될 리 없는데도 그렇게 될 거라고 가정하거나 과잉화하는 것이다. 그리고 그 일을 해결할 능력이 충분한데도 자신을 과소평가한다. 그럼 어떻게 해야 파국적 사고에 빠지지 않거나 그것을 극복해 불안에서 벗어날 수 있을까?

정보통신IT 분야 대기업에 다니는 40대 중반의 이 부장은 중학생 아들과 딸, 전업주부인 아내와 신도시에서 살고 있다. 막내딸이 초등학교 6학년이던 지난해까지는 부족함 없이 행복하게 살았는데 중학교에 올라가고부터 지출에 대한 심리적 압박을 받기 시작했다. 게다가 회사마저 코로나19 사태로 매출이 감소해 사내 분위기도 예전 같지 않다. 미래에 대한 불안감이 커가던 어느 날부터 그는 파국적 사고에 빠져들었다. "내가 해고나 사고로 회사를 그만두면 우리 가족은 어떻게 하지? 아이들 교육은? 아내의 취미생활은? 아파트 대출금과 관리비는? 그러다 아내가 이혼하자고 하면 어쩌지?" 등등 온갖 파국적 사고가 이어졌다.

이 부장에게 'ABC 확인하기'를 적용해보면 역경 Adversity을 뜻하는 'A', 믿음 Belief을 뜻하는 'B', 결과 Consequence를 뜻하는 'C'가 모두 파국적 사고를 지녔음을 알 수 있다. 즉 왜곡된 믿음이 자리하고 있는 것이다.

- A(역경): 불행한 사건 → 내가 해고나 사고로 회사를 그만두면 어떻게 하지?
- B(믿음): 왜곡된 믿음 → 우리 가족을 책임질 수 없을 거야. 아내가 이혼하자고 할지도 몰라.
- C(결과): 잘못된 결과 → 불안하고 두렵다 보니 자신을 통제하기 어려워 음주나 쾌락적 행동을 한다.

이러한 왜곡된 믿음은 부정 감정을 유발하고 그 감정은 잘못된 행동으로 이어진다. 이 왜곡된 믿음을 합리적 믿음으로 바로잡으려면 ABC를 낙관적인 방향으로 전환해야 한다. 즉 생각의 구조 측면에서 먼저 파국적 사고가 현실화될 확률을 계산해 그것이 전혀 근거 없다는 믿음을 찾은 다음, 사건의 과잉화를 파악한다. 해당 사건을 '영원히, 전부' 등으로 너무 크게 확대한 결과이니 '일시적, 일부분'일 뿐이라고 설명양식을 바꾸는 것이다. 마지막으로 자기 능력을 최소화한 부분을 찾아내 수정한다.

이 부장의 경우 컴퓨터를 전공한 IT 전문가이니 설령 지금 다니는 회사에서 해고된다 해도 바로 새로운 직장을 구할 수 있다. 자기 능력을 믿고 비관적 설명양식을 낙관적 설명양식으로 바꾸면 더 좋은 직장을 얻는 것은 물론, 지금보다 더 행복한 가정환경을 만들 수 있을 것이다.

4

회복력은 예방이다

셀리그만이 발표한 '무기력 학습 이론'과 '낙관성 학습 이론'의 핵심은 무기력이 학습된다는 사실을 입증한 것과 무기력에 학습된 사람들의 심리적 증상인 우울증, 불안증, 분노 등을 낙관성 학습을 통해 치료할 수 있다는 것이다. 셀리그만은 이 두 이론을 기반으로 동료들과 함께 2년에 걸쳐 개발한 우울증 예방 프로그램을 자신이 근무하는 펜실베이니아대학교에서 운영했다. 그것이 바로 1990년 겨울에 시작된 '펜실베이니아 예방 프로그램PPP'이다.

우울증에만 한정됐던 연구는 몇 년 후 '펜실베이니아 회복력 프로그램 Penn Resilience Program·PRP'으로 확장됐다. PRP는 세계에서 가장 광범위하게 연구된 대표적인 회복력 및 우울증 치료 프로그램이다. 지난 20년 동안 통제 집단과 비교를 통해 PRP를 평가한 연구는 21개에 달하며, 여덟 살부터 스물한 살 사이 아동과 청소년 3,000명 이상이 참가했다. 회복력 분야 최고 권위자인 레이비치와 섀테는 이 선구적인 연구를 바탕으로 부모와 사회로부터 혜택을 받지 못한 계층의 학생들이 각종 문제에 부딪혔을 때 이전보다 더 쾌활하고 낙관적인 자세를 취하는 방법을 배울 수 있도록 도왔다. PRP의 주요 목적은 청소년기의 일상적인 역경을 다루고, 학생들의 회복력 능력을 높이는 것이다. PRP는 일상 문제에 대해 좀 더 유연하고 현실적으로 사고하게끔 학생들을 가르침으로써 낙관성을 향상시킨다. 또한 자기주장, 창의적인 브레인스토밍, 의사 결정, 근육 이완과 더불어 몇 가지 대처 기술도 가르친다. 그 결과 PRP 관련 연구 결과들은 다음과 같은 사실을 알아냈다.

- PRP는 우울 증상을 감소시키고 예방한다.
- PRP는 무기력을 줄여준다.
- PRP는 임상적 수준의 우울증과 불안증을 예방한다.
- PRP는 불안을 감소시키고 예방한다.
- PRP는 품행 문제를 줄여준다.
- PRP는 인종/민족 배경과 상관없이 모든 학생에게 매우 효과적이다.
- PRP는 건강과 관련된 행동을 개선시킨다.

이러한 연구 결과는 2009년 미 육군의 회복력 훈련으로 이어졌다. 당시 미국 육군 참모 총장이던 조지 케이시George Casey 장군의 지시로 전군에서 회복력 훈련이 진행된 것이다. 케이시 장군은 "심리적 단련의 열쇠는 회복력입니다. 그리고 지금 이후로 미 육군 전체를 대상으로 회복력을 측정하고 교육시킬 것입니다. 이 자리에 계신 셀리그만 박사님은 세계적인 회복력 전문가입니다. 그것을 위해 우리가 해야 할 일들을 박사님이 말씀해주실 겁니다"라고 언급했다. 개인적으로 《플로리시》에 나오는 이 이야기를 읽을 때마다 진한 감동을 받는다. 드디어 긍정심리학이 회복력이라는 날개를 달고 훨훨 날게 되었기 때문이다.

군 생활 36개월이 내 인생의 터닝 포인트가 되어서인지 나는 누구보다 우리 군을 사랑한다. 그래서 우리 군에 회복력과 그 필요성을 알리고 싶었고, 2012년 《플로리시》 한글판을 출간하자마자 당시 계룡대 육군인사사령관이자 박사 과정 선배인 B 중장에게 50권을 전달했다. 이것이 계기가 되어 그로부터 6년 후 회복력 전문가 훈련MRT 프로그램을 운영하면서 군종장교들을 대상으로 회복력 훈련과 안전(생명 존중) 자문을 시작했고, 지금은 전군 군종장교들에게 회복력 훈련을 실시하며 마음의 근육을 키우라고 강조하고 있다. 매년 각 군과 국방부에서 진행하는 회복력 전문가 훈련에 참가하는 군종장교들은 계급, 직책을 떠나 정말 열심히 배우고 익힌다. 그때마다 개인적으로 무척 감동받고 또 행복하다. 이런 과정들이 쌓여 2022년 4월에는 국방TV 〈북방 포커스〉에 출연해 정신전력 강화를 위한 군종병과 핵심 정책인 회복력의 필요성을 강조하고 회복력 사고, 능력, 기술을 적용해 강한 군인과 강한 군대를 만드는 방법에 대해서도 설명했다. 우리나라에 회복력을 알린 지 10년 만에 거둔 결실이다.

나에게 회복력과 긍정심리치료에 대한 확신을 심어준 것은 케이시 장군과 함께한 자리에서 셀리그만이 한 말이다. 셀리그만은 "군인들의 우울증, 불안, 자살, '외상 후 스트레스 장애Post Traumatic Stress Disorder · PTSD'에 초점을 맞추는 것은 그야말로 주객전도입니다"라고 했다. 군인에게 역경 대처 방법을 교육시키는 기존 방식을 예방 및 성장을 높이는 방향으로 전환해야 한다는 의미였다. 이는 곧 PTSD 예방에 도움이 될 뿐 아니라, 역경을 헤쳐 나가는 군인의 수와 치열한 전투를 통해 심리적으로 성장하는 군인의 수를 증가시키기는 방법이기도 하다. 나는 이를 계기로 본격적으로 회복력 관련 연구를 시작했고 일상에서 실천을 통해 회복력을 강화해왔다. 그리고 우리나라 군에도 접목하기 위해 노력하고 있다.

셀리그만의 연구에 따르면 트라우마를 겪은 사람의 약 20퍼센트가 PTSD 진단을 받는다고 한다. 이들은 평소 심리적으로 나약한 상태라 회복력으로 미리미리 마음의 근육을 단련해놓아야 PTSD를 예방할 수 있다. 마찬가지로 군대에서도 회복력을 강화하는 회복력 기술들을 통해 마음의 근육을 키운다면 강한 군인이 될 수 있으며, 그럼 사회로 돌아가서도 훌륭한 시민으로서 건강하고 행복하게 국가 발전에 일익을 담당할 것이다. 참고로, 영국 긍정심리학자 제니 후퍼 Jeni Hooper에 따르면 영국에서는 회복력 교육을 세 살 때부터 실시한다고 한다. 이는 곧 어려서부터 역경을 이겨내는 방법을 배우며 성장하는 것이 더 큰 도움이 된다는 방증이다.

예방은 불확실성이 날로 심화되고 있는 조직에서도 중요하다.

2001년 9·11 테러가 일어나기 8년 전인 1993년, 미국 뉴욕시 세계무역센터에서 폭탄이 터지는 작은 사건이 있었다. 이때 글로벌 금융회사 모건스탠리는 자신들이 입주해 있는 이 상징적인 건물이 테러리스트의 표적이 될 수 있음을 깨달았다. 그 후 모건스탠리는 사고가 났을 때 탈출할 수 있도록 회사 차원에서 예방 훈련을 꾸준히 실시했다. 또한 사고가 발생하더라도 직원들이 업무를 지속할 수 있도록 세계무역센터 주변에 별도의 사무실 공간도 마련했다. 이로부터 8년 후인 9월 11일, 공중 납치를 당한 비행기 두 대에 의해 세계무역센터가 무너지고 3,000명 가까운 사망자가 발생했다. 다행히 모건스탠리는 두 번째 공격을 받은 남쪽 건물에 있었다. 북쪽 건물이 공격받고 15분 후 남쪽 건물이 공격을 받은 것이다. 모건스탠리 직원들은 북쪽 건물이 공격을 받자 예방 훈련을 한 대로 임직원 2,700여 명이 질서 있게 빠져나갔다. 남쪽 건물이 공격받을 때 모건스탠리 사무실은 이미 비어 있었다.

5

'외상 후 스트레스 장애'보다
'외상 후 성장'에 초점을 맞추자

'트라우마trauma'란 정신에 지속적인 영향을 미치는 격렬한 감정적 충격을 말한다. 즉 생명을 위협할 정도의 사고, 자연재해, 실패, 고문, 전쟁, 성폭력 같은 심각한 사건을 직간접적으로 경험해서 생긴 정신적 외상이다. 이러한 트라우마를 겪으면 두 가지 특징이 나타난다. 첫째, '외상 후 스트레스 장애PTSD'다. PTSD는 트라우마를 경험한 후 한 달 이상 그 사건에 대해 불안과 공포감을 느끼고 지속적인 재경험으로 고통을 호소하는 정신적·심리적 상태를 뜻한다. 이 장애를 가진 사람은 트라우마 사건을 지속해서 재체험(이미지, 꿈, 생각)하거나 트라우마와 관련된 자극을 회피하며, 정서 등 일반적인 반응이 마비된다.

둘째, '외상 후 성장Post-Traumatic Growth·PTG'이다. PTG는 트라우마를 겪은 후 회복력을 통해 심리적으로 성장하는 것을 말한다. 독일 철학자 프리드리히 니체Friedrich Nietzsche는 저서 《우상의 황혼Götzen-Dämmerung》에서 "나를 죽이지 못한 것은 나를 더욱 강하게 만든다"고 했다. 앞에서도 언급했지만 셀리그만은 PTSD에 초점을 맞추는 것은 주객이 전도된 것이라고 했다. 회복력 및 PTG에 초점을 맞추어야 한다는 것이다.

PTG 하면 상징적으로 떠오르는 인물이 있다. 군의관이자 외과 의사이며 여성 조종사이고 이라크 전쟁의 영웅인 미 육군 론다 코넘Rhonda L. Cornum 준장이다. 그는 헬리콥터로 정찰임무를 수행하다 이라크 군대의 총격에 격추되어 두 팔과 다리 하나가 부러졌고, 그 상태로 포로가 됐다. 수감 도중 성폭행을 당한 것은 물론, 잔혹한 고문까지 받았다. 8일 후 풀려난 코넘은 전쟁 영웅이 되어 돌아왔다. 그는 자신이 경험한 트라우마 이후의 변화를 다음과 같이 묘사했다.

- 환자 진료: "군의관이자 외과 의사, 조종사로서 나는 전보다 훨씬 더 잘 준비된 상태다. 내 환자에 대한 관심은 더는 학문적인 것이 아니다."
- 개인적 강점: "나는 지도자이자 사령관이 되기 위한 자질을 훨씬 더 잘 갖추었다. 이제 나는 그것을 기준 삼아 다른 모든 경험을 축적하고 있다. 따라서 어떠한 도전에 직면해도 불안감이나 두려움을 훨씬 덜 느낀다."
- 가족에 대한 감사: "나는 더 훌륭하고 세심한 부모이자 배우자가 됐다. 생일을 기억해 조부모를 방문하려고 노력한다. 가족과 헤어질 뻔한 경험 덕분에 이제 그들에게 더 많이 감사하게 됐다는 데 의심의 여지가 없다."
- 영적 변화: "유체 이탈 경험은 내 인식을 바꿨다. 이제 나는 육체적 삶과 비교해 영적인 삶이 적어도 가능하다는 점을 인정한다."
- 우선순위: "나는 내 인생의 우선순위를 언제나 A, B, C로 나누었다. 하지만 이제는 C 순위를 가차 없이 삭제한다. 나는 딸이 출전하는 축구 경기를 언제나 보러 간다."

일반적으로는 살아 있음에 대한 감사, 성격강점의 강화, 새로운 가능성에 따른 행동, 인간관계 개선, 영적 발전 등이 개인 변화의 특징으로 나타나는데, 이 모두가 종종 비극적 사건에 뒤따라 일어난다. 한 예로 북베트남 군대에 포로로 잡혀서 오랫동안 고문을 당한 미 공군 장병의 61.6퍼센트가 그 역경이 심리적으로 유익했다고 증언했다. 게다가 혹독한 대우를 받을수록 외상 후 더 많이 성장했다. 이것은 트라우마 자체를 환영해야 한다는 말이 결코 아니다. 트라우마가 종종 성장의 계기가 된다는 점을 최대한 이용할 필요가 있다는 뜻이다.

직업적 특성상 외상에 노출되는 일이 잦은 소방관의 경우 직무스트레스가 여느 직종에 비해 클 수밖에 없다. 소방관 하면 불만 끄는 줄 아는데, 오히려 화재 출동보다 구조나 구급 출동이 훨씬 많다고 한다. 그로 인한 신체적 피로와 과도한 업무도 부담이지만, 가장 심각한 것은 심리적 외상이다. 직무 수행 중 겪은 사고에 대한 이미지, 냄새, 꿈 등이 지속적으로 재체험되기 때문이다. 구조 요청자를 살리지 못한 죄책감은 물론, 긴박한 상황에 대한 극심한 두려움과 공포심, 불안감도 심리적 외상으로 남는다. 관련 연구에 따르면 소방관들은 일반인에 비해 PTSD를 겪는 비율이 8배에 달한다고 한다. 그만큼 소방관에게도 평소 회복력 훈련이 절실하다. 회복력 훈련은 그들에게 트라우마에 뒤따르는 PTSD를 예방하고 PTG를 이루도록 도움을 줄 것이다.

'외상 후 성장 검사Post-Traumatic Growth Inventory·PTGI'는 PTG 분야의 리더이자 미국 노스캐롤라이나대학교 심리학과 교수인 리처드 테데스키Richard Tedeschi가 개발했다. 각 문장에 0~5까지 점수를 매기고 점수를 합산하는 방식으로 이뤄진다. 문장의 일부를 살펴보면 다음과 같다.

(0=시련을 겪은 후 나는 이런 변화를 경험하지 않았다 / 1=시련을 겪은 후 나는 이런 변화를 아주 조금 경험했다 / 2=시련을 겪은 후 나는 이런 변화를 조금 경험했다 / 3=시련을 겪은 후 나는 이런 변화를 보통으로 경험했다 / 4=시련을 겪은 후 나는 이런 변화를 많이 경험했다 / 5=시련을 겪은 후 나는 이런 변화를 아주 많이 경험했다)

- 나는 내 인생의 가치를 더 잘 인식하게 됐다. ____
- 나는 영적인 요소를 더 잘 이해하게 됐다. ____
- 나는 새로운 인생행로를 설계했다. ____
- 나는 다른 사람들과 더욱 친밀해진 느낌이 든다. ____
- 시련을 겪지 않았더라면 얻지 못했을 새로운 기회가 생겼다. ____
- 나는 인간관계에 더 많은 노력을 기울인다. ____
- 나는 내가 생각한 것보다 더욱 강인하다는 사실을 발견했다. ____

많은 사람이 트라우마를 겪으면 PTSD가 나타난다고 생각하는데 사실 그렇지 않다. 이는 PTG에 대해 잘 몰라서 그런 것으로, 자기충족적인 연쇄적 하락이 일어난 결과라고 할 수 있다. 이 점만 제대로 이해해도 트라우마로 인한 심리적 증상을 상당히 완화하고 예방할 수 있다. 예를 들어 친한 친구가 어제 사고로 사망했다면, 또는 전우가 전투에서 전사했다면 "나는 충격으로 무너질 거야", "나는 PTSD로 고생할 거야", "내 인생은 끝났어"라는 생각을 하게 되고 이것이 불안감과 우울감을 키운다. 이처럼 자신이 PTSD를 겪고 있다는 재앙적 사고방식의 믿음이 초래한 자기충족적인 연쇄적 하락은 PTSD를 확실히 증가시킨다. 평소 심리적으로 허약한 사람 역시 심리적으로 강인한 사람보다 PTSD에 빠질 위험성이 훨씬 크다.

친구의 사망이나 전우의 전사에 울음을 터뜨리고 슬퍼하는 것은 PTSD가 아니라 지극히 정상적인 비탄과 애도 반응이다. 이 사실만 알아도 회복력이 뒤따르고 자기충족적인 연쇄적 하락에 제동을 걸 수 있다. 하지만 우리는 대부분 트라우마를 경험하면 PTSD를 먼저 떠올린다. 이에 셀리그만은 PTG를 위한 다섯 가지 방법을 제시했다.

첫째, 트라우마 자체에 대한 반응을 이해한다. 즉 충격적인 사건을 경험하면 보통 자신과 타인, 미래에 대한 믿음이 산산이 부서지는데, 이는 아주 정상적인 반응이다. 이 반응은 PTSD가 아니며 성격 결함을 암시하지도 않는다.

둘째, 불안을 가라앉힌다. 트라우마를 겪으면 가장 강하게 나타나는 감정이 불안, 슬픔, 분노, 죄책감, 수치심이다. 이 감정 중 트라우마 초기에 가장 큰 고통을 주는 것이 불안이다. 불안해하는 사람의 사고를 구조화하면 세 가지 특징이 나타난다. 일어나지 않은 일을 파국적으로 생각하는 '재앙화', 사건을 너무 크게 확대하는 '과잉화', 자신에 대한 '과소평가'다. 극복할 능력이 충분한데도 할 수 없다며 회피하기 때문에 불안감이 증폭되는 것이다.

셋째, 건설적으로 자기 노출을 한다. 트라우마를 감추거나 회피하는 것은 심리적 증상을 악화할 뿐이니, 가족이나 친구에게 트라우마 경험을 털어놓는 편이 좋다.

넷째, 트라우마를 서술한다. 충격적이고 고통스러웠던 경험을 종이 한 장에 옮겨 적는 것이다. 그 경험을 서술하면서 트라우마 자체를 잃는 것이 있으면 얻는 것이 있고, 슬픈 일이 있으면 기쁜 일도 있으며, 약점이 있으면 강점도 있다는 역설에 대한 인식을 높이는 갈림길로 여긴다. 그 다음에는 트라우마를 극복하기 위해 자신의 어떤 성격강점을 사용했는지, 인간관계가 얼마나 개선됐는지, 영적인 삶이 얼마나 강화됐는지, 삶 자체에 얼마나 더 감사하는지, 어떤 새로운 문이 열렸는지를 자세히 서술한다.

최근에는 이런 서술하기를 확장시켜 '표현적 글쓰기'라고 한다. 이 개념은 미국 사회심리학자 제임스 페니베이커James Pennebaker가 연구했으며 PTG와 관련해 많은 주목을 받고 있다. 페니베이커는 트라우마나 괴로운 경험에 관한 글쓰기가 그 사람의 건강과 행복에 어떠한 영향을 끼치는지를 20년 넘게 연구했다. 그는 학생들에게 가장 고통스러운 인생 경험이나 트라우마를 글로 쓰게 했다. 구체적으로는 △나를 잠 못 이루게 하는 사건일 것 △내가 어디로 가야 하는지 알기 위한 내용일 것 △지금, 여기와 연관된 문제일 것 △내 마음속에 자리 잡고 있는 고통에 대한 내용일 것 등이 그가 제시한 내용이다. 페니베이커는 그 경험을 상세히 묘사하고, 자신의 가장 깊은 감정과 반응을 철저히 파헤칠 것을 요구했다. 그리고 글쓰기는 한 번에 15~30분, 연속 사흘간 계속하되, 사흘 내내 한 가지 주제로 쓸 수도 있고 날마다 주제를 바꾸어가며 쓸 수도 있다고 설명했다.

다섯째, 도전에 맞서는 강건한 생활신조와 실천적 태도를 명확히 표현한다. 여기에는 회복력 강한 사람이 되는 방법, 이타적인 사람이 되는 방법과 더불어 생존자로서 죄의식 없이 PTG 받아들이기, 트라우마 생존자 또는 동정심이 풍부한 사람이라는 새로운 정체성 확립하기 등이 포함된다.

6

희망에는 생명을 지탱하는 힘이 있다

차별화된 바람직한 미래를 꿈꾸고 그런 미래를 실현할 길을 찾는 것은 인간의 가장 두드러진 능력이다. '희망'은 그런 능력에 내재되어 있다. 희망 연구의 선구자인 찰스 스나이더Charles R.Snyder는 "희망은 기대하는 목표를 달성할 수 있다는 인식이다"라고 주장했다. 희망적인 생각에는 목표를 달성할 방법을 찾을 수 있다는 믿음이 따라오고, 그런 방법을 찾으면 사용하고 싶은 의욕이 생긴다는 것이다.

프레드릭슨은 "희망은 상황이 좋지 않게 돌아갈 때 또는 앞으로 어떻게 전개될지 매우 불확실할 때 유발되며, 가망이 없거나 절망적으로 보이는 순간에 제 역할을 한다"고 말했다. 즉 충격적인 사고를 당했을 때, 중요한 시험에서 떨어지거나 직장을 잃었을 때, 사업에 실패했을 때, 가슴에서 혹이 만져지거나 자전거 사고를 당한 피투성이 아이를 안아 올렸을 때 희망은 꿈틀대기 시작한다는 것이다. 이렇듯 '최악의 절망적인 상황에 닥쳐오는 불안과 두려움 속에서도 최상의 상황을 열망'하게 하는 희망은 상황이 바뀔 수 있다는 믿음을 내면 깊은 곳에 간직하고 있다. 당장은 아무리 끔찍하고 불확실해 보일지라도 상황이 나아질 가능성은 늘 존재한다. 희망은 그렇게 우리를 지탱하면서 절망에 빠지지 않게 붙잡아준다.

'희망' 하면 떠오르는 두 인물이 있다. "나에겐 꿈이 있습니다!"라는 연설로 유명한 마틴 루서 킹Martin Luther King 목사와 긍정심리학 창시자인 셀리그만이다. 킹 목사는 노예 해방 후에도 흑인들에 대한 차별과 무시, 핍박이 계속되던 시기에 "나에게는 꿈이 있습니다. 조지아주의 붉은 언덕에서 노예의 후손들과 노예 주인의 후손들이 형제처럼 손을 맞잡고 나란히 앉게 되는 꿈입니다"라는 명연설로 전 세계인을 감동시켰다. 셀리그만은 "이제는 당신을 플로리시하게 만들어줄 수 있습니다"라는 말로 불확실한 미래에 대한 희망을 품게 했다. 많은 과학자가 감염병 창궐, 핵전쟁, 인구 과잉, 자원 부족, 지구 온난화 등을 이야기하며 미래를 어둡게 보지만, 셀리그만의 생각은 다르다. 인류의 긍정적 미래가 순식간에 펼쳐질 것이라고 보지는 않지만, 우리가 그러한 미래에 대해 체계적으로 숙고한다면 가능성이 더욱 높아질 것이라고 주장한다. 긍정심리학으로 희망을 만들어갈 수 있다는 것이다.

대니얼Daniel 은 복부 암의 일종인 버킷림프종Burkitt's lymphoma 진단을 받은 열 살 소년이었다. 그는 1년 동안 방사선 치료와 화학요법을 받으며 힘겹게 보냈으나 증세가 호전되지 않았다. 의사뿐 아니라 거의 모든 주변 사람이 희망을 접었다. 하지만 대니얼은 달랐다. 그는 장차 과학자가 되어 암 같은 난치병의 치료법을 개발해 다른 아이들이 병에 시달리지 않게 하겠다는 꿈이 있었다. 비록 몸은 아팠지만 낙관성은 굳건했는데, 특히 동부 지역의 한 의사가 그에게는 큰 희망이었다. 버킷림프종의 권위자인 이 의사는 대니얼의 병에 관심을 가졌으며, 그의 주치의에게 원거리 상담을 해주고 있었다. 마침 대니얼이 입원해 있는 서부 지역 소아과 학회에 참석할 일이 생긴 의사는 중간에 대니얼을 만나고 주치의와 이야기도 나누기로 약속했다. 이 소식을 들은 대니얼은 몇 주 동안 흥분에 휩싸였다. 의사를 만나면 하고 싶은 말이 너무나 많았다. 그래서 일기를 쓰기 시작했고, 의사가 일기를 보면 자신의 암 치료에 대한 힌트를 얻게 될지도 모른다고 생각했다.

그런데 의사가 도착하기로 한 날 도시가 온통 안개에 휩싸이는 바람에 공항이 폐쇄되어 비행기가 착륙할 수 없었다. 결국 의사는 계획을 바꿔 곧바로 학회가 열리는 장소로 이동했다. 이 소식을 접한 대니얼은 부모와 간호사들이 조만간 의사와 전화 통화를 할 수 있게 해주겠다고 말했지만, 활력을 찾지 못했다. 이후 갑자기 고열에 시달렸고 폐렴이 도졌다. 저녁이 되자 대니얼은 혼수상태에 빠졌고, 그다음 날 오후 세상을 뜨고 말았다.

인간의 심리 상태와 육체의 면역력은 밀접한 관련이 있다. 심리적으로 용기와 희망이 급격히 상실되면 치명적인 결과로 이어지곤 한다. 죽음에 이를 수 있는 것이다. 대니얼이 죽음을 맞게 된 결정적 이유는 버킷림프종의 권위자를 만나지 못해서였다. 그래서 그는 희망을 잃었고, 절망했으며, 이에 발진티푸스를 일으키는 바이러스에 대한 저항성이 떨어졌던 것이다. "희망은 사람을 살리고 절망은 사람을 죽인다"라는 말처럼 희망에는 생명을 지탱하는 힘이 있고, 절망에는 생명을 파괴하는 힘이 있다.

미국 피츠버그대학교 교수였던 빅터 프랭클Viktor Frankl은 "왜 살아야 하는지 아는 사람은 그 어떤 상황도 견딜 수 있다"고 말했다. 오스트리아 출신 유대계 정신과 의사이자 심리학자였던 프랭클은 제2차 세계대전 당시 죽음의 수용소로 불리던 아우슈비츠 수용소에서 살아 돌아온 인물이다. 그는 나치로부터 끔찍한 고문을 당해 수없이 죽음의 고비를 넘겼고, 수많은 사람이 죽어나가는 모습을 지켜봤다. 그리고 희망의 끈을 놓은 채 절망에 빠진 사람은 죽는다는 사실을 알아챘다. 즉 극한의 상황인 수용소 안에서도 기품을 잃지 않고 희망을 믿었던 사람들과는 대조적으로 무기력이나 절망감에 빠져 무질서하게 살아간 사람들이 어떤 결론에 이르렀는지 발견한 것이다. 그래서 그는 끝까지 희망을 버리지 않았고, 결국 살아남았다. 자신이 겪은 역경과 그것을 극복한 회복력에 대한 이야기를 세계인에게 들려주겠다는 희망과 의지가 그를 살린 셈이다. 이후 그는 삶에 대한 태도와 의미 추구가 중요하다는 사실을 강조하면서 관련 책들을 출간했고 심리학과 정신의학, 신학 분야에 많은 기여를 했다.

희망은 심리치료나 상담 분야에서도 중요한 요소다. 사람들은 보통 치료를 받으면 증상이 완화될 것이라는 희망을 가진다. 다시 말해 희망은 치료적 변화에서 핵심 요소다. 심리치료사는 내담자의 이야기를 경청하고 인정하며 공감하면서 그에게 희망을 불어넣는다. 내담자가 잘못된 길로 들어서면 계속 노력해보라며 희망을 이야기한다. 희망 없이는 심리치료 효과가 크지 않을 수 있어서다. 희망은 심리적 고통을 이겨내는 데 큰 역할을 할뿐더러, 더 나은 신체적·정서적·심리적 건강과도 깊이 연관되어 있다. 희망은 우울증을 치료하는 가장 강력한 해독제이기도 하다.

감정 조절 장애가 있는 20대 중반 수빈 씨는 온갖 종류의 약물 남용과 불안한 인간관계 등으로 어려움을 겪고 있었다. 치료 초기에는 긍정 정서나 성격강점, 특히 희망의 효과를 극도로 불신했다. 한 번은 집단치료에서 참가자 대다수가 자신이 경험한 긍정 정서에 대해 이야기하는 동안 그는 침묵으로 일관했다. 심리치료사는 그에게 이야기하고 싶지 않으면 그냥 넘어가도 된다는 사인을 보냈는데, 수빈 씨는 빈정거리는 투로 이렇게 말했다.

"제 인생에서는 가족에게 정서적으로 학대당한 기억과 알코올 중독에 시달린 기억밖에 없어요. 부모님 중 한 분이 날이면 날마다 부정 정서를 내뿜었죠. 제 인생에 긍정적인 것이라고는 하나도 없어요."

수빈 씨의 고통이 고스란히 느껴지자 실내 공기가 무거워졌다. 잠시 후 한 참가자가 그에게 부드러운 말투로 질문을 던졌다.

"그럼 이 집단치료에는 왜 매주 참석하나요?"

이에 수빈 씨는 눈물이 그렁한 눈으로 나지막하게 대답했다.

"이 치료가 제 유일한 희망이니까요. 그래서 절대 놓을 수 없는 거예요."

이렇게 한 가닥 희망만 있어도 긍정 정서를 배양하는 긍정 경험에 대한 이야기를 시작하기에 충분하다.

7

행복은 연습과 노력을 통해
만드는 것이다

몇 년 전 하버드대학교 심리학과 교수이며 긍정심리학자이자 작가인 숀 어쿼 Shawn Achor가 한국 대표 기업인 삼성그룹의 초청을 받아 임원들을 대상으로 3시간 동안 긍정심리학 강의를 한 적이 있다. 그는 행복이 조직 성과에 어떤 영향을 미치는지 설명하기에 앞서 "행복이 무엇이라고 생각합니까?"라는 질문을 했는데, 통역을 맡은 임원이 그 질문을 통역하지 않았다. 다시 한 번 통역을 요청했지만 임원은 끝내 하지 않았다. 그 임원은 미국의 대표 영어사전인《웹스터 사전 Webster's Dictionary》에도 나와 있는 행복의 의미를 이 중요한 시간에 삼성그룹 임원들에게 질문하는 것이 격에 맞지 않아서 그렇다고 이유를 설명했다. '행복'을 너무 쉽게 생각해 조직에 별로 중요하지 않은 질문이라고 판단한 것이다.

그리고 얼마 후 삼성경제연구소가 〈대한민국 직장인의 행복을 말한다〉라는 제목의 보고서를 내놓았다. 이 보고서에 따르면 직장인의 행복지수가 예상보다 낮았으며, 행복한 직장인이 불행한 직장인보다 훨씬 높은 업무 성과를 올리는 것으로 드러났다. 조사 대상 직장인의 행복지수는 100점 만점에 55점이었고, 행복은 연봉과 비례하지 않았다. 또한 삼성경제연구소가 조사한 행복한 직장인과 불행한 직장인의 직장 내 업무 성취도 및 경쟁력을 비교해보면 행복한 직장인의 경우 업무 의미 82점, 업무 자신감 80점, 긍정 감성(정서) 78점, 에너지 56점으로 나타났다. 반면 불행한 직장인은 업무 의미 54점, 업무 자신감 69점, 긍정 감성(정서) 35점, 에너지 33점으로 많이 낮게 나왔다.

이 보고서는 직장인의 행복도를 높이고 조직 경쟁력을 끌어올리는 데 필요한 긍정심리학 기반의 여섯 가지 방안을 다음과 같이 제시했다. 첫째, 의식적으로 감성(정서)을 유지한다. 둘째, 에너지가 고갈되지 않게 한다. 셋째, 지금 하는 일의 의미를 되새긴다. 넷째, 자신의 강점이 무엇인지 파악하고 개발한다. 다섯째, 타인에게 행복을 전염시킨다. 여섯째, 도움을 주고받는 인간관계를 확장한다. 마지막으로 보고서는 직장인은 행복해질 수 있는 자신만의 전략을 모색하고, 조직은 행복한 직장을 만들기 위한 노력과 지원을 강화해야 한다고 결론 내렸다.

이 여섯 가지 방안 모두가 긍정심리학 기반의 행복해지는 방법으로, 내가 매일 강의하고 책으로 쓰고 이야기하는 내용들이다. 이 보고서가 나오고 얼마 후인 2015년, 삼성그룹 산하 세리프로SERIPro로부터 연락이 왔다. 〈행복한 직장인 되기〉라는 제목으로 동영상 강의를 만들자는 것이었다. 흔쾌히 수락했다. 몇 회를 예상했으나 폭발적인 인기에 힘입어 2년 가까이 영상 강의를 진행했다.

이렇게 긍정심리학 분야에서 행복 관련 연구가 놀라운 성과를 내고 실제 사례들에서도 성과가 확인되고 있음에도, 아직도 많은 기업 경영자가 더 열심히 오래 일해서 성공하면 행복이 뒤따라온다는 고정관념을 버리지 못하고 있다. 회사가 위기 또는 역경에 처하면 조직에 위기감과 불안감 등 부정 정서를 확산시켜 직원들을 통제하고 긴장하게 하는 방법으로 극복하려는 경향도 여전히 강하다. 기업 경영자뿐 아니라 교사도 마찬가지다. 열심히 공부해 좋은 대학교에 진학하고 이름을 들어본 직장에 들어가면 행복할 것이라고 학생들에게 주입하듯이 강조한다. 몇 년 전 어느 방송 프로그램에 국내 유명 입시학원 진학 담당 교사가 나와 "어느 대학교에 가느냐가 행복도를 결정한다"고 말하는 모습을 보고 놀라움을 금치 못했던 기억이 난다.

2016년 내가 직접 진행하는 긍정심리학 전문가 과정에 수도권 모 대학교 상담심리학 교수인 현숙 씨가 참가했다. 그는 오리엔테이션 시간에 이 교육에 참가하게 된 이유를 이야기했다.

"저는 수원에 있는 대학교 상담심리학 교수로 재직 중이고, 남편은 공기업 기술임원으로 근무하다 정년퇴직해 전문 분야 일을 계속하고 있어요. 아들과 딸도 괜찮은 대학교를 나와 모두 취업했고요. 지금 서울 강남에 살고 있고 경제적으로도 부족한 것이 하나도 없어요. 그런데 집 안에서 누구도 행복하다는 이야기를 안 해요. 저도 자주 공허함을 느끼고요. 그래서 이 과정에 참가하게 됐습니다. 공허함을 없애고 행복해지는 방법을 배우고 싶어요."

이야기만 들으면 이해가 안 될 수도 있다. 가족 모두가 더 바랄 것이 없을 정도로 다 이루고 살고 있으니 말이다. 그런데 혹시 당신도 계획이나 목표를 열정적으로 세운 뒤 그것을 성공적으로 마무리했을 때 공허함을 느낀 적이 있는가? 인기 가수나 배우, 운동선수들이 이러한 감정을 자주 느낀다.

미국의 전설적인 수영선수 마이클 펠프스^{Michael Phelps}는 2000년 시드니 올림픽부터 마지막인 2016년 리우데자네이루 올림픽까지 대표선수로 출전해 총 23개 금메달을 획득하고 화려하게 은퇴했다. 그는 은퇴 후 가진 인터뷰에서 "무려 6년 동안 단 하루도 훈련을 쉰 적이 없다"고 말했다. 또 한 다큐멘터리 프로그램에서는 "나는 오늘이 무슨 요일인지도 모른다. 날짜도 모른다. 나는 그냥 수영만 한다"고 말하기도 했다. 그런데 2018년 자신이 선수 시절 우울증을 앓았고 한때는 자살까지 생각한 적이 있다고 고백해 많은 사람을 놀라게 했다. 안 그래도 음주운전 및 마약 복용 경력으로 세간의 곱지 않은 시선을 이겨내고 올림픽에 출전한 터라 사람들의 놀라움은 더욱 컸다. "우울증을 앓았다는 사실을 공개한 것이 올림픽 금메달을 획득했을 때보다 더 큰 힘이 됐다"는 그의 말에서 그간의 심적 고통을 짐작할 수 있었다.

부, 명예, 권력, 성취, 인기 등에 뒤따르는 영광, 기쁨, 흥분, 만족은 영원하지 않다. 어느 순간 왔다가 자신이 의식하지 못하는 사이 사라진다. 그래서 이러한 감정과 정서를 유지하고 다루는 방법을 배워야 한다.

인기를 얻거나 목표를 성취한 사람은 스트레스와 공허함으로 우울증이나 불안증 같은 강력한 심리적 증상을 겪기도 하지만 내면에는 더 하고 싶은, 더 잘하고 싶은 욕구를 지닌 것이 특징이다. 인기 가수는 노래를, 배우는 연기를, 운동선수는 운동을 더 잘하고 싶은 것이다. 이것을 찾아 동기 부여를 해주는 것이 중요하다. 펠프스는 우울증 치료를 받으면서 수영을 더 잘하고 싶다는 내재적 동기와 목적의식을 찾았고, 새로운 마음으로 다시 운동을 시작해 결국 수영의 전설이 됐다.

간혹 치료가 아주 효과적으로 진행되는 중에도 공허함을 느끼는 사람이 있다. 심리치료사의 도움으로 우울증, 불안, 분노 등을 떨쳐버리면 행복이 보장될 것이라고 믿는 이들이 있는데 꼭 그렇지는 않다. 성공적인 치료 뒤에는 드물지 않게 공허함이 뒤따르기도 한다. 이는 곧 부정적인 부분을 제거한다고 해서 반드시 긍정적인 부분이 들어서는 것은 아니라는 의미다. 즉 불행하지 않다고 행복한 것은 아니라는 이야기다.

나는 늘 "행복은 만드는 것이다"라고 말한다. 그리고 긍정심리 도구들을 사용해 의식적으로 연습하고 노력해서 행복을 만들라고 강조한다. 그중 한 가지 방법은 무언가를 긍정 경험하고 성취를 이뤘을 때 마지막으로 느낀 긍정 정서를 기억하는 것이다. 기쁨일 수도 있고, 만족이나 감사, 또는 자기효능감이나 행복일 수도 있다. 이렇게 긍정 정서를 차곡차곡 쌓으면 마음 근육이 커지고 내면의 토양이 바뀐다. 불안, 우울, 분노, 죄책감, 수치심 같은 부정 정서가 유발될 때 이 긍정 정서를 꺼내 쓸 수도 있다. 앞에서 언급한 현숙 씨는 3주 동안 이렇게 긍정 정서를 키우면서 자신의 대표강점을 찾고 발휘하는 방법, 삶의 의미를 찾아 행복을 만드는 방법을 익혔다. 그는 만족스러워했고, 혼자만 행복할 수 없다며 다른 교수들과 학생들에게 긍정심리학을 알릴 수 있는 강연 기회를 여러 차례 만들어주기도 했다.

유엔이나 세계보건기구, 갤럽 등이 각각 발표한 세계 각국 행복지수를 보면 다소 차이는 있지만 대부분 우리나라 국민의 행복지수가 낮게 나온다. 국내외 많은 학자는 한국인이 행복하지 못한 원인으로 과도한 물질만능주의, 지나친 경쟁, 과정과 결과의 그릇된 인식을 꼽는다. 그런데 더 중요한 문제는 사회적 문제에 앞서 각 개인이 가지고 있는 행복에 대한 인식 오류다. 행복은 막연하게 기대하거나 맹목적으로 집착한다고 해서 오는 것이 아니다. 또 완벽한 것도 아니며, 불행의 반대 개념도 아니다. 불행하지 않다고 행복한 것은 아니라는 뜻이다.

다음은 우리가 가진 행복에 대한 네 가지 인식 오류로, 행복을 느끼지 못하는 원인이기도 하다.

첫째, 막연한 기대다. 행복을 원한다면 현실을 직시하고 왜 행복이어야 하는지, 행복이 무엇인지, 행복하려면 어떻게 해야 하는지에 관심을 가지고 행복해지기 위해 노력해야 한다. 하지만 대부분 "열심히 살다 보면 행복해질 거야", "이 일만 잘되면 행복할 거야", "내년에는 행복해질 수 있을 거야", "몇 년 지나면 행복해지겠지"와 같이 막연한 기대만 하고 있다. 막연한 기대는 현실 회피인 동시에 사람을 무기력하고 지치게 만든다. 지나치면 사람을 죽음으로 몰고 가기도 한다.

둘째, 맹목적 집착이다. 하버드대학교 긍정심리학 교수인 탈 벤 샤하르Tal Ben Shahar는 행복의 역설을 강조했다. 행복에 너무 집착하면 행복하지 않다는 것이다. 그는 행복을 태양에 비유했는데, 햇빛을 보고 싶다고 뜨거운 태양을 직접 바라보면 자외선 등으로 눈이 손상될 수 있다. 그럼 어떻게 해야 할까? 샤하르는 무지개를 보라고 권한다. 무지개 색깔이 곧 태양 색깔이기 때문이다. 행복도 마찬가지다. 행복을 원한다고 행복에만 집착하면 오히려 행복에 해가 될 수 있다. 햇빛을 보기 위해 무지개를 보듯이, 행복에 맹목적으로 집착하지 말고 과학을 기반으로 행복을 만드는 긍정 정서, 몰입, 관계, 의미, 성취, 강점 같은 요소들을 봐야 한다. 그 안에는 행복을 만들어주는 연습 도구들이 있다.

셋째, 완벽한 행복 추구다. 미국 심리학자이자 버지니아대학교 교수인 에드 디너Ed Diener와 동료들은 완벽한 행복 추구는 일상적인 활동을 하는 데 가장 좋은 상태는 아니라고 주장했다. 특히 사랑하는 이의 죽음 또는 산산이 깨진 꿈 등 정상적인 삶의 변화를 헤쳐 나가게 도와주는 슬픔과 죄책감 같은 평범한 감정을 무시하거나 억누르려고 애쓸수록 오히려 부작용이 커진다고 강조했다. 그냥 자신에게 닥친 현실을 솔직하게 인정하는 편이 좋다는 의미다. 불행한 사건 탓에 슬픔에 잠겨 괴로운 표정을 짓고 있으면 이런 모습이 주위 사람들에게 신호를 보내 역경을 이겨내는 데 필요한 도움을 받을 수도 있고, 이는 결국 지속적인 행복을 위해 없어서는 안 될 사회적 지원을 강화하게 해준다. 따라서 어떤 문제가 생겼다면 자신이 겪고 있는 현실(역경)을 진솔하게 이야기하고 이겨내는 모습을 보이는 것이 현명한 처사다.

디너와 동료들은 69개국 11만 8,519명을 대상으로 행복이 경제적 수입이나 교육 수준, 정치 참여, 자원봉사 활동, 건설적인 관계 등과 얼마나 밀접한 관련이 있는지 연구했다. 그리고 "적당한 수준 이상으로 행복이 증가하면 삶의 몇몇 부분에 오히려 해가 될 수도 있다"고 결론 내렸다. 또한 자신의 행복을 9점이나 10점이 아닌 8점으로 평가한 사람은 삶에서 느끼는 약간의 불만이 교육이나 지역사회, 직장 환경을 개선하려는 동기로 작용할 가능성이 컸다. 이에 디너는 계속해서 10점만 받으려고 애쓰는 사람보다 8점이나 9점이 목표인 사람이 더 건강하고 행복하며 돈도 더 많은 것도 이런 이유에서일 수 있다고 지적했다. 디너는 동료들과 함께 이 연구 결과를 분석한 뒤 핵심 내용만 추린 논문을 학술지 〈심리학 조망Perspectives on Psychological Science〉에 기고했다. 행복하면 창의성이 향상되고, 직장에서 성과가 좋아 연봉을 많이 받게 되며, 학교에서는 성적이 오르고, 역경을 극복하는 회복력이 강화되는 것은 물론, 인간관계나 건강 등도 향상된다는 내용이다.

넷째, 행복은 불행의 부재가 아니다. 프로이트는 행복을 강력한 쾌락의 느낌에 결부된 고통의 부재와 동일시했다. 고통이 없으면 행복하다는 것이다. 정말 그럴까? 행복은 이분법이 아니다. 불행하지 않다고 행복한 것도 아니고, 행복하지 않다고 불행한 것도 아니다. 지금으로부터 100여 년 전 프로이트가 활동할 당시엔 심리학에 과학이 전무했다. 하지만 긍정심리학이 탄생한 19세기 말과 20세기 초에는 과학기술 발달로 관련 측정 도구와 기법들이 개발됐고, 그 도구들로 연습하고 노력하면 행복도 만들 수 있게 됐다.

이렇게 행복에 대한 네 가지 인식 오류를 파악했다면 이제는 인식의 전환이 필요하다.

첫째, 행복은 조건이 아니다. 한국인은 조건을 좋아한다. 그래서 "성공하면 행복할 거야"처럼 행복에서도 조건을 찾는다. 미국 캘리포니아대학교 리버사이드캠퍼스 심리학과 교수인 소냐 류보머스키Sonja Lyubomirsky는 논문 225개를 종합적으로 분석해 행복 공식을 연구했고, "행복한 사람이 성공한다. 거꾸로 된 화살표도 맞는 말이다"라는 결론을 도출해냈다. 즉 "성공하면 행복할 거야"라는 우리의 통념은 그야말로 반쪽짜리 조건인 셈이다. 성공하면 모두 그런 것은 아니어도 행복을 느낄 수 있지만, 행복해야 성공 확률이 높아진다는 사실은 많은 연구 결과와 논문이 증명하고 있다.

둘째, 행복은 만드는 것이다. 고전적인 행복론을 주장하는 이들은 반론을 제기할 수도 있다. 그러나 셀리그만은 행복은 좋은 유전자나 행운으로 얻어지는 것이 아니라, 바이올린 연주나 자전거 타기 등과 같이 부단한 연습과 노력으로 만들 수 있음을 과학을 통해 입증했다. 그리고 이 새로운 긍정심리학 이론을 2011년 저서 《플로리시》에 발표하면서 "나는 이제 당신의 플로리시를 만들어줄 수 있다"고 말했다. 일시적 행복이 아닌 지속적인 행복을 누구나 만들 수 있다는 의미다.

셋째, 행복은 경쟁력이다. 1543년 폴란드 천문학자 니콜라우스 코페르

니쿠스Nicolaus Copernicus는 "우주는 태양을 중심으로 돈다"는 지동설을 발표했다. 하지만 사람들은 믿지 않았고, 오히려 그를 핍박했다. 하지만 지동설은 결국 사실로 밝혀졌다. 이 같은 일들이 최근 심리학에서도 일어나고 있다. "행복이 성공을 만든다"는 주장이 그것이다. 긍정심리학 분야를 이끄는 최고 연구자이자 학자인 류보머스키와 디너, 로라 킹Laura King은 수많은 데이터를 조직적으로 검토하고 연구했다. 그리고 실제로 우리 가운데 가장 행복한 사람이 직업부터 교우관계에 이르기까지 다양한 분야에서 성공할 수 있고, 일상적 기준에서 조금이라도 더 행복하게 사는 것이 삶의 각 부분에서 목표를 달성하는 데 긍정적 영향을 미친다는 결론을 내렸다. 이들이 말한 목표는 만족스러운 직업이나 안정된 교우관계, 건강 등 누구나 목록에 담아둘 법한 것들이다.

지금까지는 행복의 개념이 추상적이거나 관조적이고 감정적이었다면, 긍정심리학에서 말하는 행복은 과학을 기반으로 하고 또 만들 수도 있다. 물론 어떤 이들은 행복은 환경에 따라 각자 주관적으로 판단할 문제인데 어떻게 기계적으로 판단하고 과학으로 만들 수 있느냐고 반문할 것이다. 하지만 과학이 발달하면서 우리의 사고, 감각, 감정, 행동, 성격 특성을 측정하는 도구들이 개발되고 발전했기에 이것들이 가능해졌다.

또 행복을 과학적으로 분석하고 객관적으로 설명할 수 있다고 하면 철학자나 종교 지도자들은 종종 우려를 표한다. 도덕성 문제 때문이다. 하지만 긍정심리학은 고대 그리스 사상가, 인본주의 운동가, 종교학 거장 등 수많은 학자의 주장으로부터 많은 영향을 받았다. 그들은 행복해지려면 반드시 도덕적 삶을 추구해야 한다고 강조했다. 긍정심리학 역시 도덕적 개념과 선한 품성을 기반으로 행복을 정의하고 과학적으로 설명한다. 집요하게 쾌락을 좇고, 문란한 성생활이나 약물 중독, 약자에 대한 착취를 통해 자신이 원하는 바를 얻는 사람을 행복한 자라고 칭하지 않는다. 셀리그만은 "진정한 행복이란 수단과 방법을 가리지 않고 쌓은 부와 명예, 권력을 말하는 것이 아니라 성격강점을 일상에서 발휘하면서 참되게 사는 것"이라고 정의했다.

나는 이 내용을 기초로 행복의 네 가지 핵심 요소를 찾아냈다. 바로 △긍정 정서인 정서적 기쁨 △인지적 만족 △성격강점인 참된(도덕적) 삶 △역경을 극복하는 회복력이다. 이것들은 긍정심리학의 핵심 요소인 팔마스를 통해 키울 수 있다.

결론적으로 행복은 각 개인이 어떠한 환경에 처했든, 어떠한 조건을 가졌든 행복 연습 도구들을 사용해 연습하고 노력하면 충분히 만들 수 있다. 이렇게 만들어진 행복은 자신이 원하는 삶, 자신이 주도하는 삶을 살아가는 데 경쟁력이 된다. 긍정심리학에서 말하는 행복은 하위 욕구가 충족되어야 상위 욕구도 충족할 수 있다는 미국 심리학자 에이브러햄 매슬로Abraham Maslow 의 '인간 욕구 5단계 이론'(사람은 누구나 생리적 욕구, 안전 욕구, 소속과 애정의 욕구, 존경 욕구, 자아실현 욕구 등 다섯 가지 욕구를 가지고 태어나며 이것들은 우선순위가 있어 단계가 구분된다는 이론)과도 다르다. 즉 생리적 욕구, 안전 욕구를 충족하지 못해도 행복을 만들 수 있다는 것이다. 나는 내 삶에서 이 사실을 증명했다.

지금 우리는 몇 개월 앞도 예측할 수 없는 불확실성 시대를 살고 있다. 이때 우리에게 필요한 것은 무엇이며, 세상을 주도하는 사람은 어떤 이들일까? 바로 스트레스에 강하고 역경을 극복하는 회복력이 뛰어나며 행복으로 마음의 근육을 단련한 사람이다. 이제 행복은 인간의 궁극적 목적이나 목표가 아니다. 또 다른 목표를 이루기 위해 사용할 수 있는, 어떤 형태의 역경도 이겨내게 하는 자원이다.

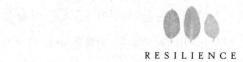

RESILIENCE

3장

회복력 능력

1

믿음직한 사람이 되는 길:
감정 조절 능력

IT 회사 직원인 유진 씨는 어릴 때부터 정서적으로 불안했고, 일단 불안감에 휩싸이면 그것을 떨쳐낼 수 없다는 느낌이 들었다. 정서 불안은 성인이 된 후에도 나아지지 않았다. 유진 씨의 표현대로 마치 롤러코스터 같은 정서 상태는 엄마로서, 팀장으로서 능력을 훼손하곤 했다.

"10대인 딸이 두 명 있는데, 아이들은 자기 문제에 관해 저와 대화하지 않으려 해요. 제가 감정을 통제하지 못할까 봐 그러죠. 엄마가 문제가 해결되도록 도와주는 것이 아니라, 오히려 감정에 휘둘리지는 않을까 걱정하는 거예요. 저는 처음부터 끝까지 침착하게 아이들 말을 들을 수 있다는 걸 보여주려고 노력해요. 하지만 그 일은 정말로 고통스러워요. 회사에서도 팀원들 말을 끝까지 인내하면서 듣지를 못해요. 정서 불안 때문에 저는 좋은 엄마, 좋은 팀장이 되기 어려워요."

감정 조절은 스트레스 상태에서도 평온을 유지하는 능력이다. 유진 씨처럼 감정 조절이 안 되는 사람은 일단 감정이 솟구치면 좀처럼 통제하지 못한다. 또 불안과 슬픔, 분노에 사로잡혀 옴짝달싹하지 못하고, 일상뿐 아니라 각종 문제에도 효과적으로 대응하기 어렵다. 그렇게 감정에 휩쓸릴 때는 타인에게 손을 내밀거나 새로운 시도를 하는 것이 거의 불가능하다. 이런 사람들은 감정 조절 능력을 키워야 한다.

감정 조절 능력이 뛰어난 사람은 효과적인 여러 기술을 사용해 감정과 집중력, 행동을 통제한다. 자기 통제력은 타인과 친밀한 관계를 맺고, 직장에서 성공하며, 신체 건강을 유지하는 데도 중요하다. 감정을 조절하지 못하는 사람은 가정에서 배우자나 자녀를 정서적으로 지치게 하고, 직장에서는 팀원들과 공동 작업을 하기 어렵다. 한 연구에 따르면, 감정 조절 능력이 부족한 사람은 친구와 우정을 지속적으로 유지하지 못하는 것으로 나타났다. 사람들은 보통 화내거나 투덜대거나 불안해하는 이와는 함께 있으려 하지 않는다. 그런 성향은 상대방의 진을 빼놓고, 게다가 감정은 전염성까지 있어서 그런 사람과 함께 있으면 덩달아 화가 나고 투덜대며 불안해지기 때문이다.

평소 분노 조절이 잘 안 된다며 상담을 청해온 박 팀장은 수도권에서도 사건이 많기로 유명한 대도시 경찰서 강력팀장이다. 지난 20여 년 동안 경찰서 내외에서 실력을 인정받은 유능한 형사이기도 하다. 다혈질 성격에 말투는 거칠지만 타고난 직감과 거짓말을 단번에 알아채는 육감 덕분에 범죄자들로부터 자백을 받아내는 데 일가견이 있었다. 위험한 상황도 많이 경험했지만 지금까지는 끄떡없었다. 친구들보다 늦은 나이에 결혼해 어렵게 얻은 아들을 키우는 재미에 푹 빠져 아빠 노릇이 힘든 줄도 몰랐다. 그런데 요즘 들어 아들과 대화할 때마다 화가 치민다.

"아들은 저를 봐도 인사 이외에는 자기 이야기를 전혀 하지 않아요. 그저 묻는 말에 짧게 대답만 할 뿐이죠. 분명 학교 생활에 문제가 있어 보이는데도 저에겐 얘기하지 않으려 해요. 좋은 말로 물어봐도 소용없어요. 무슨 문제가 있다고 하면 내가 자기를 비난하거나 화부터 낼 거라고 생각하는 것 같아요."

사실 박 팀장도 자신이 아들과 대화할 때마다 이야기를 끝까지 듣지 못하고 불쑥 화부터 낸다는 사실을 잘 안다. 아들 잘못이 아닌데도 일단 좋지 않은 말로 비난부터 하곤 한다. 무조건 아들 편을 들어도 시원치 않다는 것을 알지만 그 순간에는 감정 조절이 잘 안 된다. 요즘에는 농담으로 한 말에도 아들과 아내는 괜히 시비를 건다며 질색한다. 아내는 "작은 일에 왜 그렇게 화를 내?"라며 그를 이해하지 못하겠다는 말을 자주 한다.

"아들을 대할 때 흥분하지 않으려고 노력해요. 하지만 정말 힘들어요. 욱하는 그 순간 몇 초만 지나면 사실 아무것도 아닌 일인데, 끝내 참지 못하고 화부터 내는 경우가 많죠. 이렇게 감정 조절이 안 되니 좋은 아빠가 되기는커녕 정상적인 대화도 쉽지 않아요."

마음과는 다르게 표현되는 박 팀장의 말과 행동이 그를 가족과 점점 멀어지게 만들고 있었다. 상담 결과 박 팀장의 문제는 갑자기 생겨난 것이 아니었다. 사실 그는 어릴 때부터 정서적으로 불안했고, 일단 불안감에 휩싸이면 그것을 쉽게 떨칠 수 없다는 느낌을 받았다. 그런 정서 불안은 나이가 들어서도 크게 나아지지 않았다. 직업상 하는 일이 거칠다 보니 그런 점이 크게 문제화되지 않았을 뿐이다. 그러나 부모로서는 어려움을 겪을 수밖에 없었다. 가족에 대한 애정은 크지만 감정 조절 문제 때문에 아빠로서 강점을 발휘하기 어려웠다.

박 팀장은 아직까지 유능한 경찰로 인정받고 있지만 분노를 조절하지 못하는 성격이 직장에서도 계속 나타난다면 곧 직장 생활도 힘들어질 것이 분명하다. 이런 불안감은 역경이 닥치면 더 커질 테고 스트레스를 받는 상황은 언제 일어날지 알 수 없다. 자기감정이 조절되지 않는 불안한 상황에서 아내의 이야기를 집중해서 듣는다거나 아들의 진로를 걱정하는 일은 극히 어렵다. 그런데 이런 문제는 박 팀장만 가지고 있는 것이 아니다. 가정에서나 직장에서 화를 가라앉히지 못하는 사람이 의외로 많은데, 이런 경우 감정 조절 능력을 키울 필요가 있다.

심리치료사는 박 팀장에게 쉽고 간단한 방법부터 시작하기를 권했다. 그는 이유 없이 분노나 불안감이 엄습해오면 가장 먼저 '스톱Stop'을 외쳤다. 그리고 천천히 15까지 숫자를 세었다. 순간적으로 유발되는 감정은 15초가량 흐르면 강도가 약해진다. 그다음 3분간 심호흡을 했다. 긴 시간은 아니지만 처음엔 집중하기가 쉽지 않았다. 하지만 3분간 심호흡을 하면 불안이 잦아들고 진정되는 기분을 느낄 수 있었다. 박 팀장은 특히 퇴근해서 집에 들어가기 전 심호흡하는 습관을 들이려 노력했고, 그 후 정말 아내에게 짜증을 내는 일이 줄어들었다. 아내와 하루 일과나 안부를 주고받는 저녁시간이 평화로워졌다. 아들과 대화할 때도 버럭 화부터 내는 일이 줄다 보니 아들 입장을 더 잘 이해할 수 있게 됐다. 그러자 아들은 아빠를 든든한 내편으로 여기기 시작했으며, 아내 역시 남편에 대한 믿음을 키웠다. 작은 변화였지만 박 팀장은 분노 조절 장애를 걱정하던 단계에서 벗어나 다정한 가장이 되어가고 있다.

이 같은 방법은 일상에서 평정심과 통제력을 상실해 분노를 느끼거나 불안으로 감정 조절이 잘 안 되는 사람 누구에게나 효과적이다. 실제로 해보면 마음이 가라앉고 집중력이 유지되며 스트레스가 줄어드는 느낌을 받을 수 있을 것이다.

마지막으로 화가 날 때 마음을 진정하고, 슬플 때 기분을 북돋우며, 불안할 때 평온해지는 데 필요한 감정 조절 능력을 효과적으로 키우는 기술들이 있다. 각 회복력에 해당하는 기술 중 자신에게 가장 잘 맞는 것을 선택해 사용하면 효과를 볼 수 있을 것이다.

- 정서 회복력 기술: 감사일기, 감사편지, 용서하기, 음미하기, 마음챙김
- 인지 회복력 기술: ABC 확인하기, 진정하기, 집중하기, 실시간 회복력 발휘하기
- 관계 회복력 기술: 강점 나무, 적극적·건설적으로 반응하기
- 행동(성격강점) 및 성취 회복력 기술: 자기 통제력, 감사, 끈기, 감상력

———————

당신의 감정 조절 능력은 어느 정도일까? 다음 각 문항의 점수를 합한 뒤 긍정 문항 점수에서 부정 문항 점수를 빼면 자신의 감정 조절 능력 점수가 된다.

(1=전혀 아니다 / 2=대체로 아니다 / 3=보통이다 / 4=대체로 그렇다 / 5=매우 그렇다)

긍정 문항

- 역경에 처할 때 감정을 통제할 수 있다. ＿＿
- 내가 어떤 생각을 하고 그것이 내 감정에 어떤 영향을 미치는지 잘 파악한다. ＿＿
- 누군가에게 화가 나도 일단 마음을 진정하고 그것에 관해 대화할 알맞은 순간까지 기다릴 수 있다. ＿＿
- 동료나 가족과 '민감한' 주제에 대해 의논할 때 감정을 자제할 수 있다. ＿＿

- 직장 상사, 동료, 배우자, 자녀와 미리 계획한 대화를 나눌 때도 언제나 감정적으로 대응한다. ＿＿
- 과제에 집중하게 도와줄 긍정 정서를 활용하지 못한다. ＿＿
- 내 감정에 휩쓸린다. ＿＿
- 내 감정은 가정, 학교, 직장에서 집중력에 영향을 미친다. ＿＿

긍정 문항 총점 − 부정 문항 총점 = ＿＿ 감정 조절 능력 점수

평균 이상: 13점 초과 / 평균: 6~13점 / 평균 이하: 6점 미만

2

삶을 스스로 관리할 수 있는 힘:
충동 통제 능력

《마시멜로 테스트Don't Eat the Marshmallow Yet》의 저자이자 심리학자인 월터 미셸Walter Mischel은 미취학 아동들을 대상으로 한 연구를 통해 놀라운 사실을 알아냈다. 연구원은 일곱 살 아이들을 방으로 한 명씩 데려간 후 마시멜로를 한 개 주면서 지금 먹어도 되지만 자신이 잠깐 나갔다 돌아올 때까지 먹지 않고 기다리면 한 개를 더 주겠다고 말했다. 10년 후 이 아이들을 추적 관찰한 결과, 마시멜로를 하나 더 받으려고 기다린 아이들이 교우관계가 더 좋았고 학교 성적과 SAT(미국 대학 입학 자격시험) 점수도 훨씬 뛰어났다. 이는 충동 통제 능력이 있는 아이가 역경에 처했을 때 충동적으로 대응하지 않는다는 점을 입증한 결과이기도 하다. 시험공부를 할 때 함께 놀자는 친구의 유혹을 참아낼 줄 알고, 친구와 갈등이 생겨도 바로 감정을 표출하지 않아 관계가 나쁘지 않았던 것이다.

그런데 최근 한 연구는 미셸의 마시멜로 실험 결과가 회의적이라고 지적했다. 실험 대상이 스탠퍼드대학교 구성원들의 자녀들이라 아동의 사회경제적 배경을 간과했다는 이유에서다. 하지만 미셸의 실험이 있고 몇 년 후 하버드대학교 심리학과 교수이자 《감성 지능Emotional Intelligence》의 저자인 대니얼 골먼Daniel Goleman이 실시한 마시멜로 실험에서도 미셸과 비슷한 결과가 나왔다. 즉 마시멜로를 하나 더 받으려고 먼저 받은 마시멜로를 먹지 않은 채 만족감을 지연시킨 아동들은 상급 학교에 진학해서도 교우관계가 더 좋았고, 학교 성적도 훨씬 우수했다.

대학교 교수인 현우 씨는 충동 통제 능력 부족으로 자주 곤경에 빠지곤 한다. 동료들은 재미있고 활달한 그를 좋아한다. 하지만 그는 신랄한 농담으로 동료들 입줄에 자주 오르내리는 편이다. 현우 씨는 교수 회의 도중 느닷없이 엉뚱한 말을 내뱉고 어떤 생각이 떠오르면 즉시 그대로 표출한다. 곧바로 사과하지만 똑같은 행동을 금세 또 반복한다. 사람들과 어울리는 자리에서는 술을 지나치게 마시고 안주도 많이 먹는다. 현우 씨와 일부 학생의 관계를 의심하는 동료도 있을 정도다. 그는 프로이트의 성격 구조인 이드id(쾌락원리를 따르는 정신 구조의 한 요소)가 강하고 초자아superego(이상·도덕적 양심과 관계있는 정신 구조의 한 요소)가 약하다. 쾌락적 욕망이 합리적 정신을 번번이 압도한다는 뜻이다. 새로운 일에 환호하며 전력을 다하다가도 별안간 흥미를 잃고 그 일을 아예 그만두는 경우도 다반사다.

"제가 꼭 열두 살짜리 사내아이 같아요. 집에서도 충동적이고 직장에서도 충동적이죠. 감정을 통제하기 힘들고 저 자신에게 '안 돼'라고 말하기도 어려워요. 어떤 일에 신이 나서 밤낮없이 그 일만 하다가도 금방 흥미를 잃고 말아요."

현우 씨는 충동 통제 능력이 부족한 대표적 사례다. 이러한 과다 활동,

충동성, 자기 통제력 상실은 회복력을 고갈시킨다. 또한 직장과 가정에서 인간관계를 크게 훼손하고 심지어 심리적 장애를 유발하기도 한다. 당신은 어떤가? 지난 두 주일간의 자신을 돌아보자. 버럭 화를 내거나 두려움에 사로잡힌 적이 있는가? 당신이 곁에 있을 때면 가족이 살얼음판을 걷듯 극도로 조심하는가? "감정을 자제할 필요가 있다"는 말을 들은 적이 있는가? 폭주나 폭식을 하지 않았는가? 새벽까지 게임에 빠져 있지는 않았는가? 밤낮없이 한 가지 일을 열정적으로 하다가 금방 흥미를 잃었는가?

충동 통제란 자신이나 타인에게 해로울 수 있는 행동을 자제하는 것을 말한다. 충동적인 사람은 생각 없이 무모한 행동을 하거나 대화에 불쑥 끼어들고 인내심이 부족하다는 특징이 있다. 충동적으로 거짓말을 하거나 자기 차례 기다리기를 힘들어하며, 자주 일을 방해하고, 불쑥 화를 내거나 짜증을 내면서 분노를 표출하곤 한다. 이런 사람은 한곳에 집중하지 못하는 것은 물론, 흥분을 잘하고 쾌락에도 쉽게 빠진다. 이렇게 충동적인 사람이 충동 통제 능력을 키우려면 어떻게 해야 할까?

다음은 미국의 저명한 교육학자이자 상담가인 미셸 보르바 Michele Borba 가 제시한 충동 통제 능력을 키우는 방법이다.

- 멈추기 : 다시 참을 수 있는 상태로 돌아갈 때까지 움직이지 않고 멈춘다.
- 숨 참기 : 가능한한 오래 숨을 참는다. 그런 다음 긴 심호흡을 몇 번 시도한다.
- 숫자 세기 : 1부터 15까지 천천히 숫자를 센다.
- 노래하기 : 가장 잘 부르는 노래를 선택한 다음 몇 구절을 부른다.
- 시계 보기 : 시계를 보며 초를 잰다.
- STAR 사용하기 : STAR는 'Stop, Think, Act Right(멈추고 생각해서 올바르게 행

동하기)'의 머리글자를 딴 단어다. 멈췄을 때 스스로에게 어떤 말을 할지를 알면 충동적 욕구가 억제된다는 연구 결과가 있다. STAR의 단계는 다음과 같다.

① 1단계 멈추기: **충동적 욕구를 억제하는 첫 단계가 가장 중요하다. 행동하기 전 멈추는 방법을 배워야 한다. 특히 스트레스가 쌓이고 위험 가능성이 있는 상황에서 잠시 멈추기는 결과적으로 큰 차이를 만들어낸다. 멈추기는 많은 사람이 힘들어하는 부분인데, 특히 충동성이 강한 사람에게는 쉽지 않다. 따라서 처음 이 방법을 시작할 때는 의식적으로 "멈춰Stop"라고 말해야 한다.**

② 2단계 생각하기: 잘못된 선택으로 인한 결과를 상상해보고, 주위를 돌아보면서 어떤 일이 일어나고 있는지를 관찰한다. "이것이 옳은 일일까, 그른 일일까?", "좋은 생각일까, 나쁜 생각일까?", "다른 사람이 피해를 당하는 건 아닐까?", "안전한 일일까?"라고 자문한다.

③ 3단계 올바르게 행동하기: 올바르지 못한 선택을 할 때마다 그것을 대신할 수 있는 행동이 무엇이었는지 떠올려본다. "어떤 결과를 바랐는가?", "무슨 일이 일어났는가?", "어떤 점에서 그 행동이 올바른 결과를 낳을 것이라고 생각했는가?", "이것과는 다른 행동에 대해 생각해봤는가?", "무엇 때문에 계속 그렇게 행동한 것일까?", "이런 일이 다시 일어나지 않게 하려면 어떻게 해야 할까?" 이런 질문들은 현재 무슨 일이 일어났는지 깨닫게 해준다.

이와 같은 단계는 인내심을 요하고 반복해서 실행해야 하지만, 시간이 지나면 '멈추고 생각해서 올바르게 행동하기' 방법을 충분히 습득할 수 있다.

충동적 행동을 자제하고 싶다면 자신이 느끼는 감정을 통제할 수 있는 자기 통제력과 참고 기다리는 시간을 늘려가는 끈기, 통제에 실패한 과거를 너무 비난하지 않는 자기 용서가 필요하다. 특히 '자기 통제력'은 대니얼 골먼이 성공 리더십의 중요 요소로 꼽은 것이기도 하다. 그는 '충동적인 욕구에 소신 있는 자기 응답을 펼칠 수 있는 능력'을 강조하면서 이는 어릴 때부터 훈련되어야 한다고 주장했다. 한마디로 자기 통제력이란 자신이 바라는 목표와 일치하는 상태를 이루기 위한 의식적·무의식적 노력을 뜻한다. 흔히 자기 통제력 하면 분노를 일으키는 대상에 대한 자제력만 떠올리곤 하는데, 자기 통제력은 무분별한 행동이나 게으른 습관, 탐닉적 행동, 자신이나 타인에게 해가 되는 우발적인 행동 또는 습관을 개선하는 데 필요한 요소로서 폭넓은 의미를 지닌다고 할 수 있다. 이러한 자기 통제력은 잘 발휘될 경우 자신이 원하는 삶을 향해 나아갈 수 있는 유용한 도구가 된다.

미국 플로리다주립대학교 심리학과 교수인 로이 바우마이스터Roy Baumeister는 자기 통제력을 이해하려면 그것이 날마다 사용량에 따라 강해지기도, 또 약해지기도 하는 근육과 같은 특성을 지닌다는 사실을 먼저 알아야 한다고 강조했다. 바우마이스터와 그의 동료들은 여러 가지 창의적인 실험을 통해 우리가 매일 아침 일정한 양의 자기 통제력을 가지고 일과를 시작하지만, 의도적으로 본인 행동을 통제해야 할 때마다 자기 통제력이 조금씩 소모된다는 결론을 내렸다. 자기 통제력이 모두 고갈되면 운동, 적당한 음주, 성적 유혹 물리치기, 효율적인 금전 관리처럼 자기 통제가 필요한 다른 일을 할 기력이 별로 남지 않게 된다. 그래서 낮 시간에는 여러 분야에서 멋지게 자기 통제력을 발휘했어도 자기 통제력 '근육'이 고갈된 저녁 시간에는 결국 결정적 실수를 저지르기도 한다는 것이다.

컨설팅 회사에 다니는 제임스James는 부사장으로 승진하려 애쓰고 있다. 하지만 그는 예쁜 여자에게 약하기로 소문이 자자해 부사장으로 승진하려면 직장에서 여직원들을 대하는 태도에 특히 주의해야 했다. 본격적인 승진 경쟁에 뛰어든 그는 몇 주 동안 자신의 욕구를 억누른 채 동료와 직속 부하 몇 명을 해고해야 하는 까다로운 프로젝트에 매달렸다. 야근이 잦아지면서 늘 하던 운동도 못 하게 되고 늦은 밤에 퇴근할 때면 하루 동안 쌓인 긴장을 풀기 위해 술을 몇 잔씩 마시기 시작했다. 비용 절감을 위한 구조조정 업무에 시달리던 그는 감정이 피폐해지는 것을 느꼈고, 결국 아름다운 비서의 유혹을 뿌리치지 못해 어느 날 밤 회사 근처 호텔에서 그녀와 잠자리를 했다. 이 사실은 곧 직장에서 뒷공론거리가 됐고, 제임스는 사생활에서 자기 통제력을 잃는 바람에 그동안 열심히 노력한 일에 대한 보상을 받지 못하게 됐다. 승진 기회를 놓쳤을 뿐 아니라, 동료와 가족 사이에서 신뢰와 존중도 잃었다.

삶을 잘 통제해야 목표를 달성할 수 있다는 것은 누구나 다 아는 사실이다. 하지만 자기 통제력은 자기도 모르는 새 바닥나곤 한다. 자기 통제력이 부족하면 최고의 삶을 살기 어렵고, 난감한 문제에 봉착할 수도 있다. 자기 통제력이 부족한 사람이 겪을 수 있는 문제점을 연령대별로 살펴보면 첫째, 취학 전 아이나 저학년 아이는 훗날 교육을 받을 때 수학 분야에서 많은 어려움을 겪는다. 둘째, 10대 청소년이나 성인은 상습적인 음주, 게임 중독, 섭식 장애, 범죄 행동, 사생아 출산, 약물 남용 문제를 겪을 확률이 높다. 셋째, 성인은 업무 성과가 낮아 승진 기회가 줄어든다. 그리고 일반적으로는 대인관계가 나쁘고 주위 평판이 안 좋으며 공격적인 행동을 보이곤 한다. 또한 불안 장애나 우울증, 공포증, 강박 행동 등 여러 가지 심리적 장애가 자주 나타난다.

그렇다면 자기 통제력을 발휘해 얻을 수 있는 이점은 무엇일까?

- 신속한 회복력과 심리적 장애 극복 능력
- 학교와 직장에서 뛰어난 성과
- 높은 평판과 동료의 신뢰
- 타인에 대한 공감대 형성
- 섭식 장애, 약물 남용, 게임 중독, 기타 중독 행동 감소
- 저축 증가 및 충동적 소비 감소
- 체중 감량, 금연, 체력 단련 등 의지력이 필요한 목표에 성공할 확률 상승

이외에도 수치심을 느끼는 일이 줄어들고, 필요한 경우 적절한 죄책감을 느낄 줄 알며, 타인의 결점을 비난하기보다 잘못된 일을 바로잡기 위한 조치를 취하곤 한다. 하지만 앞에서도 언급했듯이 자기 통제력은 많이 사용하면 고갈된다. 자기 통제력이 고갈되면 의지력이 사라져 무기력해지고 매사 수동적으로 변할 수 있다.

자기 통제력을 이야기할 때 빼놓을 수 없는 것이 바로 쾌락과 중독이다. 쾌락에는 황홀경, 전율, 흥분, 오르가슴, 희열, 환희, 안락함, 무아도취 등 육체적 쾌락과 편안함, 여유, 기쁨, 반가움, 유쾌함, 즐거움, 재미, 활기 등 정신적 쾌락이 있다. 육체적 쾌락은 감각기관을 통해 즉각적으로 전해지지만 이내 사라진다. 그만큼 사고 작용이 거의, 또는 전혀 개입하지 않는다. 만지거나 맛을 보거나 냄새를 맡는 것, 몸을 움직이거나 보거나 듣는 것은 직접적으로 쾌락을 유발한다. 한마디로 육체적 쾌락은 짜릿한 감각적 요소와 격렬한 정서적 요소를 지닌 '원초적 감정'이라고 할 수 있다. 이러한 감정들은 생각할 겨를도 없이 순식간에 솟구쳤다가 덧없이 사라지지만 부정적인 영향을 남기는 경우도 많다.

쾌락은 강력한 동기 유발 요소이긴 하나, 변화를 일으키지는 않는다.

그런 면에서 쾌락은 사람으로 하여금 현재 욕구에 만족한 채 편안함과 안정감을 찾게 하는 보수적인 힘이다. 단, 쾌락은 우울증을 불러온다. 오늘날 우울증 환자는 1960년대에 비해 10배나 많으며, 청소년 우울증이 두드러지게 증가하고 있다. 40년 전에는 처음 우울증 증세를 보인 평균 나이가 29.5세였으나 2000년대 초에는 14.5세, 현재는 10세 이하로도 나타났다. 구매력, 교육 수준, 영양 상태 등 객관적인 행복지수는 선진국에서 꾸준히 상승하는 반면, 주관적인 행복지수는 후진국에서 더 올라가고 있다는 사실은 역설적이다. 이런 이상 현상을 어떻게 이해해야 할까? 우울증 확산이라는 이상 현상을 유발하는 하나의 원인으로 행복을 얻기 위해 손쉬운 방법에 지나치게 의존하는 태도를 꼽을 수 있다. 모든 선진국에서는 쾌락에 이르는 쉬운 방법들, 가령 텔레비전 프로그램, 각종 약물, 쇼핑, 섹스 도구, 게임, 초콜릿 제품 등을 점점 더 많이 개발하고 있다.

우울증을 앓는 사람은 자신의 느낌을 실제보다 과장하는데, 예를 들어 슬픔을 느끼면 그 슬픔을 곰곰이 생각하면서 미래의 삶과 모든 활동에 투사해 결국 슬픔을 증폭시킨다. 특히 자신의 존재를 완전히 잊고 흠뻑 취하는 무아도취는 우울증의 주요 증상 가운데 하나로 항상 즐거움만 가져다주는 것은 아니며, 때로는 극심한 스트레스를 유발하기도 한다.

감정에 충실한 것과 달리, 만족을 규정하는 기준은 감정과 의식의 부재, 즉 완전 몰입이다. 만족은 무아도취에 빠지지 않게 하며, 만족을 자아내는 몰입을 많이 경험하는 사람일수록 덜 우울하다. 바로 여기에서 청소년 우울증을 예방할 효과적인 방법을 찾을 수 있다. 더 많은 만족을 얻기 위해 노력하는 한편, 쾌락을 추구하는 활동을 줄이는 것이다. 쾌락은 얻기 쉽지만, 자기만족은 얻기 어렵다. 그만큼 쾌락적인 삶을 멀리하고 더 많은 만족을 얻을 수 있는 활동을 시작하는 것이 말처럼 쉽지만은 않다.

쾌락은 습관화될 수 있고, 또 중독에도 이를 수 있다. 습관화 혹은 적응, 중독이라고 부르는 이 과정은 엄연한 신경학적 현상이다. 뇌세포는 새로운 사건에는 서로 연합해 반응하지만, 새로운 정보를 얻을 수 없는 사건에는 대응하지 않는다. 뇌세포를 기준으로 보면 똑같은 자극에 대해 잠시 동안 반응을 보이지 않는 이른바 불응기에 해당하며, 뇌 전체를 기준으로 보면 새로운 사건은 받아들이고 그렇지 않은 사건은 무시하는 것이다. 이런 사건이 많을수록 반응할 필요가 없는 사건은 폐기 처분되고 새로운 사건이 자리 잡는다. 이를 '신경가소성神經可塑性·Neuroplasticity'이라고 한다. 즉 신경가소성이란 뇌의 신경세포가 외부의 자극과 경험, 학습에 따라 구조 및 기능적으로 변화하거나 재조직화되는 현상을 말한다.

40여 년 전 쥐의 뇌에서 '쾌락 중추'라는 것을 발견했다. 연구자들은 아주 가는 철사를 뇌 대뇌피질 아래 부위에 이식한 다음, 쥐가 막대를 누를 때마다 약한 전기 자극을 가했다. 마침내 실험쥐들은 먹이나 섹스, 심지어 삶 자체보다 전기 자극을 훨씬 더 좋아하게 됐다. 연구자들은 이 실험에서 중요한 사실을 발견했는데, 그것은 본래 연구 목적이던 쾌락이 아니라 중독에 관한 것이었다. 전기 자극은 결과적으로 아주 강렬한 열망을 일으킨 셈이다. 이 열망은 다음번 전기 자극으로 채워지지만, 문제는 이 전기 자극이 또 다른 열망을 자아내는 식으로 끝없이 이어진다는 데 있다.

전기 자극을 갑자기 중단했을 때 쥐가 고통을 견디며 끝끝내 막대를 누르지 않으면 그 열망은 얼마 뒤 사라질 것이다. 그러나 열망이 너무나 큰 나머지 전기 자극의 여운이 채 사라지기도 전 막대를 누른다면, 그것은 쾌락을 얻기 위한 행동이 아니라 억제하기 힘든 격렬한 열망에 사로잡힌 행동의 결과다. 이처럼 끝없는 열망의 시작은 그 자체로 부정적 영향을 미치는데, 쥐는 결국 전기 자극에 중독되고 만다. 흡연과 음주, 그리고 일단 먹기 시작하면 계속해서 손이 가는 땅콩, 먹어도 또 먹고 싶은 아이스크림 등이 그런 경우다. 더더욱 심각한 문제는 이것이 게임 중독이나 약물 중독, 알코올 중독의 과정과도 같다는 사실이다.

이러한 중독 현상을 완화하려면 무엇보다 특정 쾌락을 경험하는 시간의 간격을 늘리는 것이 중요하다. 일상생활에서 쾌락을 자아낼 수 있는 일들을 누리되, 되도록 시간 간격을 벌려 틈틈이 경험하는 것이다.

만일 쾌락을 자아내는 특정한 일을 일정 시간 하지 않았을 때 그 일을 하고 싶다는 충동이 느껴진다면 중독 위기에 처했다고 볼 수 있다. 이런 경우에는 스스로 깜짝 놀랄 만한 일을 하는 것이 좋다. 지금 하는 일보다 더 흥미롭고 재미있는 일을 찾아보자. 또는 가족이나 친지, 친구와 서로 기쁨을 주고받을 수 있도록 '선물'을 해보자. 장미 한 송이, 커피 한 잔으로도 충분하다. 남편이나 아내, 자녀, 직장 동료에게 뜻밖의 기쁨을 선사하는 데는 하루 5분이면 된다. 남편이 퇴근해 집에 도착하는 순간 남편이 좋아하는 음악을 틀어놓는다거나, 컴퓨터 작업을 하는 아내의 어깨를 주물러준다거나, 직장 동료의 책상에 꽃병을 올려놓는다거나, 마음을 담은 짤막한 쪽지를 건네는 등의 작은 정성은 베푸는 사람이나 받는 사람 모두 기쁨을 느낄 수 있는 행위들이다. 또한 중독 현상을 완화하는 데도 큰 도움이 된다. 이것 또한 신경가소성으로 설명할 수 있다.

덧붙여, 충동 통제 능력이 부족한 사람은 특정 상황에서 맨 처음 떠오른 믿음을 사실로 받아들이고 그것에 따라 행동하는 충동성 경향이 강하기에 부정적 결과가 자주 이어진다. 따라서 각 회복력에 해당하는 기술 중 자신에게 가장 잘 맞는 것을 선택해 충동 통제 능력을 키우는 것이 중요하다.

- 정서 회복력 기술: 감사일기, 감사편지, 용서하기, 음미하기, 마음챙김
- 인지 회복력 기술: ABC 확인하기, 사고의 함정 피하기, 믿음에 반박하기, 진정하기, 집중하기, 실시간 회복력 발휘하기
- 행동(성격강점) 및 성취 회복력 기술: 자기 통제력, 신중성, 감상력

_____

당신의 충동 통제 능력 점수는 얼마일까? 다음 각 문항의 점수를 합한 뒤 긍정 문항 점수에서 부정 문항 점수를 빼면 자신의 충동 통제 능력 점수가 된다.

(1=전혀 아니다 / 2=대체로 아니다 / 3=보통이다 / 4=대체로 그렇다 / 5=매우 그렇다)

긍정 문항

- 당면한 과제에 집중하지 못하게 방해하는 어떤 것도 능숙하게 차단한다.   ___
- 문제가 일어나는 순간, 맨 처음 떠오르는 생각이 무엇인지 알고 있다.   ___
- 누군가 내게 화를 내면 대응하기 전 그의 말을 귀 기울여 듣는다.   ___
- "예방이 치료보다 낫다"는 격언을 믿는다.   ___

부정 문항

- 일이 잘 안 풀리면 포기한다. ____
- 직업, 학업, 재정과 관련해서 미리 계획하지 않는다. ____
- 어떤 일이든 미리 계획하기보다 즉흥적으로 하는 것을 좋아한다. 그것이 별로 효과적이지 않아도 그렇다. ____
- 어떤 것이 갖고 싶으면 즉시 나가서 산다. ____

긍정 문항 총점 − 부정 문항 총점 = ____ 충동 통제 능력 점수

평균 이상: 0점 초과 / 평균: −6~0점 / 평균 이하: −6점 미만

3

미래에 대한 현실적 기대와 희망:
낙관성 능력

불안, 우울, 분노, 죄책감, 수치심 같은 개인의 부정 정서와 비관적 사고는 갈수록 커지고 확산되어 경제, 문화, 교육 등 사회 전반을 위축시키고 무기력하게 만들 수 있다. 사람들은 특히 코로나19 팬데믹 같은 통제 불가능한 역경에 처할 때 무기력이 학습된다. 무기력이 학습된 사람은 스스로 통제할 수 있는 역경에도 무기력하게 대응한다.

앞에서도 잠시 살펴봤지만 무기력은 비관성, 우울증, 자살로 이어질 수 있는 강력한 심리적 증상이다. 무기력에는 신체적 무기력과 심리적 무기력이 있는데 신체적 무기력은 영양 부족, 과로, 노화 등으로 나타나고, 심리적 무기력은 무기력 학습을 통해 발현된다. 몇 차례 예측이 빗나가거나 약속이 지켜지지 않으면 상황이 빨리 안정될 것이라는 기대와 희망은 불안과 비관, 우울증으로 바뀌곤 한다. 이 과정에서 무기력이 학습되는 것이다.

반면, 낙관성은 미래에 대한 기대와 희망이다. 즉 미래에는 모든 일이 긍정적 방향으로 잘 펼쳐질 것이라는 전반적인 기대이자, 자신의 행동과 노력으로 목표를 성취할 수 있을 것이라는 희망이다. 회복력이 강한 사람은 대체로 낙관적이다. 낙관성은 회복력을 이루는 중요한 요소로, 낙관적인 사람은 역경이나 고통이 닥쳐도 금방 지날 것이라고 믿기 때문에 미래에 대한 희망을 품고 있다. 또한 스스로 인생 방향을 통제한다고 확신한다. 이들은 신체적으로도 건강하고, 우울증에 덜 빠지며, 직장에서 더 생산적이고, 운동 경기에서도 자주 이긴다.

이에 반해 비관적인 사람은 불안감이나 우울증에 빠질 위험성이 크고 자주 침울해 낙관적인 사람보다 위험하다. 학교나 직장에서 스포츠 활동을 할 때도 실제 자신의 능력보다 낮은 성과를 낸다. 신체적인 건강 상태가 낙관적인 사람보다 좋지 않아서다. 매사에 비관적인 입장을 취하는 것이 세련되어 보일지 몰라도, 그만큼 비싼 대가를 치러야 한다. 만약 스스로 어떤 일을 해낼 수 없다고 종종 생각하거나, 어떻게 해결해야 할지 모르겠다면 낙관성을 키울 필요가 있다.

그러기 위해서는 먼저 낙관성을 올바로 이해해야 한다. 낙관성을 제대로 이해하지 못하면 낙관성에 대한 부정적 선입견을 가질 수 있기 때문이다. 낙관성은 단순히 막연한 기대나 긍정적 주문을 외는 것이 아니라, 원인과 결과에 따른 정확성을 추구한다. 낙관성에는 현실적 낙관성과 비현실적 낙관성이 있는데, 현실적 낙관성은 자신의 행동과 노력을 통한 기대와 희망을 말한다. 반면, 비현실적 낙관성은 어떠한 행동이나 노력 없이 막연하게 기대와 희망을 품는 것이다. 개인이나 조직, 특히 지도자는 비현실적 낙관성을 올바로 인지할 필요가 있다.

베트남 전쟁에 참전했던 미국 해군 중장 제임스 스톡데일James B. Stockdale은 작전 수행 도중 포로로 잡혀 1965~1973년 8년 동안 악명 높은 하노이 호아로 수용소에 갇혀 있었다. 그는 수용 기간 수십 차례 가혹한 고문과 핍박을 받았지만, 혹독한 현실을 받아들이고 극복한다면 반드시 살아 돌아갈 수 있으리라는 희망을 품고 매일 아침 운동과 독서로 회복력을 키웠다. 결국 그는 살아서 풀려났다. 반면 "다음 크리스마스에는 구출될 거야", "다음 추수감사절에는 풀려날 거야"라며 막연하게 기다리던 사병은 기다리다 지쳐 대부분 죽었다. 막연한 기대가 낳은 비현실적 낙관성의 불행이다. 비현실적 낙관성은 무기력을, 무기력은 우울증을, 우울증은 자살(사망)로 이어질 확률이 높은 것이다.

스톡데일이 석방된 날 한 기자가 그에게 물었다. "어떻게 당신은 살고, 당신과 함께 포로가 된 군인은 대부분 죽었습니까?" 그는 "낙관적인 사람(낙관주의자)은 다 죽고 현실적인 사람(현실주의자)만 살아남았습니다. 나는 현실적인 사람이라서 살아남은 것입니다"라고 대답했다. 아직도 일부 전문가는 그의 말을 그대로 인용하곤 하는데, 이는 낙관성을 올바로 인식하지 못해서 그런 것이다. 낙관성 학습은 1978년 셀리그만이 발표한 이론으로, 스톡데일이 수용소에 수감됐을 때는 세상에 나오지 않았기 때문에 그렇게 표현한 것이라고 볼 수 있다. 지금은 낙관성 학습이 심리학에서 매우 중요한 이론인 만큼 제대로 바로잡는 것이 맞다고 본다.

비현실적 낙관성은 심리적 증상만 초래하는 것이 아니라, 물적·경제적으로도 막대한 손실을 가져올 수 있다. 나 역시 그런 경험을 한 적이 있다.

나는 2005년 민간 자격 최초로 클린턴 전 미국 대통령을 초청해 그의 자서전《마이 라이프》한국어판 출판기념회를 서울 워커힐 호텔에서 치른 바 있다. 클린턴이 전직 대통령이긴 했지만 대통령 재임 당시 인기도 있었고 부인 힐러리 클린턴 Hillary Clinton 이 차기 유력 대선 후보였기에 현직 대통령 못지않은 영향력이 있었다. 그래서 그의 방한에 다양한 분야의 리더와 미디어 매체들이 관심을 보였다. 특히 정치인들이 그랬다. 악수 한 번, 사진 한 장을 위해 행사에 참석하고 싶어 했다. 클린턴은 당시 쓰나미 대사를 겸임하고 있어 다른 나라를 방문할 때마다 관련 성금도 모금했다.

행사 초청 대상은 한국 정재계, 학계, 문화계 인사들과 외교 사절 등 800명이었다. 행사를 계획하면서 가장 문제가 된 것은 참석비였다. 인당 식사비만 6만 8,000원에 기타 경비를 포함하면 기본 10만 원 이상이었다. 주위 지인들과 스태프는 대부분 참석비를 받아야 한다고 했지만, 나는 행사장에 모금함을 만들어 성금을 받는 것이 더 낫다고 판단했다. 출판기념회에 참석하는 사람 모두 클린턴을 좋아하는 이들이기도 하고, 특히 그가 쓰나미 대사로서 모금을 하고 있으니 참석자들이 자발적으로 성금을 내리라 낙관적으로 생각했던 것이다.

그러나 행사 마무리 후 결산 결과를 보고받고 허탈감을 지울 수 없었다. 모금된 전체 금액이 600만 원밖에 되지 않았다. 어찌 이럴 수 있을까? 이게 한국 리더들의 수준인가? 처음 약속한 방한 일정이 연기되는 등 몇 가지 계획에 조금 차질이 있긴 했지만, 중소 출판사를 운영하는 나로선 받아들이기 무척 부담되는 결과였다. 결국 내 개인 골프 회원권을 매도하면서까지 해결해야 할 만큼 경제적 후폭풍이 만만치 않았다. 이 일은 나의 비현실적 낙관성의 대표적 사례다. 참석비를 받는 등 1박 2일 행사를 치르면서 좀 더 현실적 낙관성을 발휘했다면 그토록 큰 경제적 아픔은 겪지 않았을 것이다.

나는 비교적 낙관적인 사람이다. 낙관성이 없었다면 환경적으로 겪어야 했던 수많은 역경을 극복할 수 없었을 것이다. 하지만 그 일 이후 나는 처음으로 낙관성에 대해 다시 연구하기 시작했고, 현실적 낙관성과 비현실적 낙관성을 차별화했다. 그리고 앞으로는 막연한 기대와 희망이 바탕인 비현실적 낙관성이 아닌, 현실을 직시하고 대비하는 현실적 낙관성을 가진 사람이 되자고 다짐했다.

낙관성 학습에서 핵심은 설명양식이다. 앞에서 살펴봤듯이 어떠한 사건이 일어난 이유를 스스로 낙관적이든, 비관적이든 습관화해 설명하는 방식인 설명양식은 셀리그만의 낙관성 검사를 통해 확인할 수 있으며 크게 세 가지 차원이 있다. 바로 내재성 차원(내 탓 vs 남 탓), 영속성 차원(항상 vs 가끔), 만연성 차원(전부 vs 일부)이다.

첫째, 내재성 차원은 나쁜 일이 일어난 원인을 '내 탓, 내부 탓'으로 여기는가, 또는 '남 탓, 외부 탓'으로 여기는가다. 낙관적인 사람은 주로 남 탓, 외부 탓을 하지만 비관적인 사람은 내 탓, 내부 탓을 한다. 통념적으로 나쁜 일을 남 탓으로 돌리는 것은 책임 회피나 양심의 문제가 될 수도 있다. 여기서 중요한 것은 습관적으로 내 탓만 하는 버릇은 버려야 한다는 점이다. 우울하거나 비관적인 사람은 모든 문제의 원인을 자기 탓으로 귀결해 자책감, 죄책감, 무능감, 체념 등에 빠진다.

둘째, 영속성 차원은 나쁜 일이 '항상, 지속적으로' 일어난다고 여기는가, 아니면 '가끔, 일시적으로' 일어난다고 여기는가다. 비관적인 사람은 나쁜 일이 항상, 지속적으로 일어난다고 생각하는 반면, 낙관적인 사람은 가끔, 일시적일 뿐이라고 믿는다.

셋째, 만연성 차원은 문제가 발생했을 때 삶 전체가 실패했는가, 일부가 실패했는가에 대한 생각 차이다. 비관적인 사람은 지금 일어난 문제를 전부로 보고 다른 일을 시도하거나 노력하는 것조차 포기한다. 반면, 낙관적인 사람은 어떤 일이 일어나든 삶의 일부로 여기기에 금방 다른 시도를 할 수 있다.

낙관적 설명양식은 비관적인 사람을 낙관적으로 만든다. 일상에서 중대한 실패나 패배에 직면했을 때 과연 얼마나 비관적으로 무기력한지, 또는 낙관적으로 자신감을 얻을지는 스스로 설명하는 방식에 달린 것이다. 다음 몇 가지 질문으로 자신이 어떤 설명양식을 가졌는지 알 수 있다.

1. 지난주 그룹 미팅에서 만난 이성에게 호감을 느껴 데이트 신청을 했지만 거절당했다. 당신은 어떤 반응을 보이는가?

　① 그럼 그렇지. 나는 원래 어디를 가나 인기가 없잖아.

　② 그 사람이 내 매력을 못 알아봤네. 더 좋은 사람을 만날 기회가 있을 거야.

2. 이번 달 실적이 좋지 않았다. 당신은 어떤 반응을 보이는가?

　① 큰일이야, 앞으로도 계속 그럴 텐데. 이제 해고될지도 몰라.

　② 이번엔 코로나19 사회적 거리두기 4단계로 기대만큼 안 나왔어. 그래도 전에는 잘 했잖아. 코로나19가 진정되면 실적이 더 좋아질 거야.

3. 고물가, 고금리, 주식 폭락, 불안정한 직장(사업), 바이러스 창궐 등으로 사회적 불안감이 높아지고 있다. 당신은 어떤 반응을 보이는가?

　① 불안해 죽겠어. 나는 이런 위기를 극복할 능력이 없어서 곧 파산할 거야.

　② 어려움은 있겠지만 나에게는 역경을 극복할 수 있는 회복력이 있어. 지난번 글로벌 금융위기와 코로나19 사태도 잘 이겨냈잖아.

4. 초등학교 3학년인 성재가 점심시간에 친구들과 축구를 하는데 친구들이 "너는 축구를 못하니까 나가!"라고 했다면 성재는 어떤 반응을 보이겠는가?

　① 나는 운동을 못해. 그래서 앞으로도 친구들과 어울리지 못할 거야.

　② 나는 축구는 못하지만 줄넘기는 잘하잖아. 내일부터 줄넘기를 좋아하는 친구들을 모아서 점심시간에 함께 운동해야지.

①번을 선택했다면 비관적인 사람, ②번을 선택했다면 낙관적인 사람일 개연성이 크다. 만약 비관적 설명양식을 가지고 있다면 낙관적 설명양식으로 바꾸는 습관을 들여야 한다. 그래야 우울감과 불안감, 무기력에서 벗어나 삶을 활기차게 영위할 수 있다.

사랑도 마찬가지다. 낙관적인 설명양식을 가진 사람은 사랑에 의한 역경을 일시적이며 일부라 여기고, 사랑으로 생기는 좋은 일은 영속적이며 전부라고 받아들인다. 플로리다주립대학교 심리학과 교수인 프랭크 핀첨Frank Fincham과 캘리포니아주립대학교 심리학과 교수인 토머스 브래드버리Thomas Bradbery는 10여 년간 낙관성이 결혼 생활에 어떤 영향을 미치는지 연구했다. 그 결과 비관적인 사람끼리 결혼한 부부만 결혼 생활을 지속하지 못했다. 즉 이들 부부는 역경이 닥치면 비관성이 급속히 악화되는 '연쇄적 하강'을 겪었다. 예를 들어 아내가 늦게 퇴근하면 비관적인 남편은 "나보다 일이 더 중요하다는 거지?"라며 억지를 부린다. 역시 비관적인 아내는 그런 남편을 보면서 "식구들 먹여 살리려고 하루 종일 힘들게 일하고 온 사람한테 염치없이 그게 할 말이야?"라고 몰아세운다. 남편은 발끈해서 다시 "당신이라는 사람은 잘못을 일러줘도 좋게 듣는 법이 없어"라고 대응한다. 그러면 아내는 "당신은 무턱대고 떼쓰는 어린애랑 다를 게 하나도 없잖아"라며 맞선다. 이런 말다툼은 끝없이 계속된다. 이 지경이 되기 전에 어느 쪽이든 먼저 낙관적으로 대응한다면 서로 헐뜯고 상처 입히는 비극을 막을 수 있다. 남편을 몰염치한 사람으로 몰아세우는 대신 "일찍 퇴근해서 당신과 맛있는 저녁을 먹고 싶었는데, 중요한 고객이 다섯 시에 느닷없이 찾아왔지 뭐야"라고 말했다면 어땠을까? 아니면 염치없다고 면박당한 남편이 "당신이 일찍 귀가하는 게 나에겐 그만큼 중요하단 얘기야"라고 말할 수도 있었을 것이다.

낙관성과 비관성이 결혼 생활에 미치는 영향에 대한 연구로 신혼부부 54쌍을 4년 동안 추적 조사한 것이 있다. 이들 중 4년 동안 이혼하거나 별거한 부부는 16쌍이었으며, 긍정적 태도를 가진 부부일수록 결혼 생활을 지속할 가능성이 큰 것으로 나타났다. 긍정적 태도가 결혼 만족도를 높이고 이 만족도가 다시 긍정적 태도를 높인 것과 마찬가지로, 비관적 태도는 결혼 만족도를 떨어뜨리고 비관적 태도를 더욱 강화했다. 이 연구 결과를 단적으로 설명하면 낙관성이 결혼 생활에 도움이 된다는 것이다. 배우자가 불쾌한 행동을 할 때는 그 행동 원인을 일시적이고 일부일 뿐이라고 받아들여야 한다. 예를 들어 "그는 늘 무심해", "그는 신경질적이야", "그는 술주정뱅이야"라고 하기보다 "남편이 피곤한 모양이네", "기분이 안 좋은가 봐", "숙취 때문이야"라고 받아들이는 것이 바람직하다. 이와 반대로 배우자가 기분 좋은 일을 할 때는 영속적이고 만연적인 것이라고 생각하면 도움이 된다. "반대 의견에 진 거야"라거나 "오늘은 운이 좋았을 뿐이야"라기보다 "아내는 현명해" 또는 "아내는 그 분야에서 일인자야"라는 식으로 받아들이는 것이다.

　만일 당신과 당신의 배우자가 낙관성 검사에서 조금 비관적이거나 아주 비관적이라는 결과가 나왔다면, 비관성과 무기력을 극복할 수 있는 적극적인 조치를 취해야 한다. 낙관성을 키워 무기력을 극복하는 방법으로는 'ABC 키우기'와 'ABCDE 반박하기'가 있다.

　앞에서도 이야기했지만 왜곡된 믿음이 굳어지면 자각하기조차 쉽지 않다. 이 악순환 고리를 끊기 위해서는 일상에서 ABC가 어떻게 작동하는지를 살펴봐야 한다. 다음 사례는 비관적인 사람들의 ABC 작동 패턴이다.

A(역경): 대기업 입사 시험에 불합격했다.

B(믿음): 이게 내 한계야. 나는 영원히 대기업에 취직하지 못할 거야.

C(결과): 우울하고 불안하다. 그래서 술을 마신다.

A(역경): 결혼한 날부터 불행이 시작됐다고 생각한다.

B(믿음): 벌어도 표시도 안 나고 끝이 없어. 이렇게 해서 아이들을 제대로 키울 수 있을까? 행복하게 살 수 있을까?

C(결과): 매일 스트레스를 받고 미래가 불안하며 무기력하다. 가족도 귀찮다.

A(역경): 40대에 위암 진단을 받았다.

B(믿음): 이제 나는 죽을 거야.

C(결과): 두렵고 슬퍼서 매일 운다.

이런 사람들은 역경에 대한 왜곡된 믿음으로 부정 감정이 생기고 결국 잘못된 결론에 이르러 행동까지 거기에 따라간다. 그렇다면 낙관적인 사람은 어떨까?

A(역경): 대기업 입사 시험에 불합격했다.

B(믿음): 이번엔 시험 준비가 부족했나 봐.

C(결과): 아쉬움은 있지만 다시 시험 준비를 한다.

A(역경): 결혼한 날부터 불행이 시작됐다고 생각한다.

B(믿음): 가족이 있어서 힘든 회사 생활도 버틸 수 있는 거야.

C(결과): 경제 상황을 체크하면서 가족들과 상의하고 자산 관리 방법을 적극적으로 모색한다.

A(역경) : 40대에 위암 진단을 받았다.

B(믿음) : 아, 조금이라도 빨리 발견해서 다행이야.

C(결과) : 적극적으로 치료하고 더 나빠지지 않도록 식생활 관리와 운동을 열심히 한다.

이처럼 역경(A)을 어떻게 믿느냐(B)에 따라 결과(C)도 달라진다. 이 작동 원리를 이해하는 것이 악순환 고리를 끊는 출발점이다. ABC를 확인했다면 낙관성을 키우는 데 반은 성공한 셈이다. 불행한 일이 닥쳤을 때 어떻게 생각하고 믿는지에 따라 결과가 달라진다는 점을 깨달으면 비관적인 생각을 바꿔 낙관성을 키울 수 있다. 그러기 위해서는 자신의 생각과 행동을 지배해오던 ABC에 반박해야 한다.

어떻게 반박해야 하는지는 걱정할 필요 없다. 사람은 누구나 반박 능력을 가지고 있다. 그 능력은 특히 자신이 무심코 저지른 실수를 비난하는 사람과 맞설 때 잘 발휘된다. 예를 들어 직장에서 경쟁자가 "너는 회사에 정말 도움이 안 돼. 어떻게 그런 실수를 할 수 있어? 애도 그런 실수는 안 하겠다"라고 비아냥거린다면 그가 지적한 내용에 대한 반증을 구체적으로 제시하면서 낱낱이 반박할 수 있다.

일단 자신의 비관적인 태도에 타당한 근거가 없다는 것을 확인했다면 'ABCDE 반박하기' 연습을 해보자. 여기에서 ABC는 앞에서 살펴본 의미와 같고 D는 'Disputation'의 머리글자로 '반박', E는 'Energization'의 머리글자로 '활력'을 뜻한다. 불행한 사건에 뒤따르는 왜곡된 믿음을 효과적으로 반박하면 낙담과 포기 같은 습관적인 반응을 없애고 유쾌한 기분과 함께 활기를 되찾을 수 있다는 의미다. 즉 불행한 일을 겪은 후 그것을 당연시하는 믿음을 효과적으로 반박할 경우 다양한 기회와 행복을 지레 포기하는 절망적인 태도를 없앨 수 있다.

하지만 오랫동안 왜곡된 믿음을 가지고 있었다면 스스로 그 믿음에 반박하기가 쉽지만은 않다. 이럴 때 자신을 효과적으로 설득하는 방법이 있다. △"그게 사실인가?"의 명백한 증거 제시하기 △"다르게 볼 여지는 없는가?"의 대안 찾기 △"그래서 어떻다는 것인가?"의 숨은 진실 찾기 △"그것이 어디에 쓸모 있는가?"의 실질적인 접근 등 네 가지 방법을 이용해 반박하면 된다.

명백한 증거 제시하기는 그 믿음이 사실과 전혀 다르다는 점을 밝히는 것이다. 충분한 시간을 두고 유리한 증거를 확보하는 것이 좋다. 파국을 부르는 왜곡된 믿음을 뒤집을 수 있는 명백한 증거를 찾으면 반박하기가 쉬워진다.

대안 찾기는 부정적인 믿음을 가지게 된 원인을 파악하고 그중 덜 파괴적인 원인에서 대안을 찾는 것이다. 이 경우 왜곡된 믿음이 생긴 모든 원인을 샅샅이 조사한 뒤 바꿀 수 있는 원인에 가장 먼저 초점을 맞추는 것이 효과적이다.

숨은 진실 찾기는 부정적인 믿음이 불리하게 작용할 때 그 구렁텅이에서 해방시켜줄 방법이다. 설령 부정적인 믿음이 사실일지라도 그 믿음에 내재된 의미가 무엇인지 따져보는 것은 무척 중요하다. 그리고 다시 부정적인 믿음을 반박할 '증거'를 찾아내야 한다.

마지막으로 실질적인 접근은 말 그대로 효과적으로 반박할 수 있는 방법을 찾아보는 것이다. 예를 들어 공평한 세상이라는 믿음을 얻으려면 어떤 마음가짐으로 살아야 할지를 생각해보고 공평한 미래가 되게끔 세상을 바꿀 수 있는 방법을 모색한다.

A(역경): 결혼한 날부터 불행이 시작됐다고 생각한다.

B(믿음): 벌어도 표시도 안 나고 끝이 없어. 이렇게 해서 아이들을 제대로 키울 수 있을까? 행복하게 살 수 있을까?

C(결과): 매일 스트레스를 받고 미래가 불안하며 무기력하다. 가족도 귀찮다.

D(반박): 현실을 너무 비관적으로 보는 거야. 많은 사람이 비정규직인데, 나는 정규직이잖아. 또 건강하고, 아내의 사랑도 받고 있고. 나는 이것보다 더 힘겨운 역경도 많이 극복했어. 나에게는 가족의 경제적 문제를 해결할 능력이 충분해. 더 열심히 노력하자.

E(활력): 기분이 한결 좋아지고 아내와 자녀, 가정을 더 소중히 여기게 된다. 더불어 미래에 대한 기대와 희망도 커진다.

A(역경): 친구들을 집에 초대해 저녁식사를 대접했다. 나에 대해 좋은 인상을 심어주고 싶은 상대가 있는데, 그는 음식에 거의 손을 대지 않았다.

B(믿음): 음식 맛이 별로였나 봐. 나는 완전히 형편없는 요리사야. 그 사람과 좋은 관계가 되길 바랐는데, 이제 그 기대는 저버리는 편이 나을 것 같아. 그 사람이 식사 도중에 가버리지 않은 것만 해도 다행이지.

C(결과): 나 자신이 정말 한심하고 화도 났다. 내 요리 솜씨에 스스로도 너무 당황해 저녁식사 후 그 사람을 피하고 싶은 마음뿐이었다. 단언하건대 상황이 내가 바라던 대로 진행되지 않았다.

D(반박): 음식 맛이 형편없지 않았다는 것을 나도 안다(명백한 증거). 그 사람은 그렇게 많이 먹지 않았지만, 다른 사람은 모두 잘 먹었다(증거). 그 사람이 많이 먹지 않은 이유는 여러 가지일 수 있다(대안 찾기). 다이어트 중일 수도 있고, 왠지 기분이 안 좋거나 별로 배가 고프지 않았을 수도 있다(대안 찾기). 그 사람이 저녁을 많이 먹지는 않았지만

어쨌든 식사 자리는 즐기는 것 같았다(숨은 진실 찾기). 재미있는 이야기도 몇 번 했고 편안해 보였다. 게다가 설거지를 돕겠다고 나서기까지 했다(숨은 진실 찾기). 다음엔 그 사람이 좋아하는 요리가 무엇인지 알아보고 초대해야겠다(실질적인 접근).

E(활력) : 더는 당황스럽거나 스스로에게 화가 나지 않는다. 만약 내가 그 사람을 회피한다면 그것이야말로 그 사람과 좋은 관계를 맺을 기회를 스스로 망치는 꼴이 될 것이다. 그 사람이 음식을 많이 먹지 않은 것에 큰 의미를 부여하지 않게 됐고, 오히려 이번 저녁식사 자리가 좋은 기회였다는 생각이 든다.

이제 당신 차례다. 이번 주와 다음 주 주변에서 일어나는 일들을 기록해보자. 나쁜 일을 일부러 찾아 나서지 말고, 그런 일이 우연찮게 생기거든 어떤 독백이 마음속에서 일어나는지 주의 깊게 귀를 기울인다. 만일 부정적 믿음을 찾아냈다면 그것을 철저히 때려 부순 뒤 ABCDE 반박하기를 하면 된다. 그럼 마음이 한결 가벼워질 것이다.

다시 한 번 강조하지만, 비현실적 낙관성은 아무런 도움도 되지 않는다. 회복력을 키우고 행복을 만들기 위해서는 자기효능감과 함께 현실적인 낙관성을 가지는 것이 중요하다. 따라서 다음 각 회복력에 해당하는 기술 중 자신에게 가장 잘 맞는 것을 선택해 낙관성 능력을 키운다면 큰 힘이 될 것이다.

- 정서 회복력 기술 : 긍정 정서, 자기효능감, 설명양식
- 인지 회복력 기술 : ABC 키우기, 믿음에 반박하기, 진상 파악하기,
  실시간 회복력 발휘하기

• 행동(성격강점) 회복력 기술 : 희망(낙관성), 개방성(판단력), 영성

_____

당신의 낙관성 능력은 어느 정도일까? 다음 각 문항의 점수를 합한 뒤 긍정 문항 점수에서 부정 문항 점수를 빼면 자신의 낙관성 능력 점수가 된다.

(1=전혀 아니다 / 2=대체로 아니다 / 3=보통이다 / 4=대체로 그렇다 / 5=매우 그렇다)

긍정 문항

• 언제나 문제를 해결할 수는 없지만 해결할 수 있다고 믿는 편이 더 낫다. _____
• 어떤 문제에 누군가 과잉 반응을 하면 그날 그 사람이 단지 기분이 나빠서 그런 것이라고 생각한다. _____
• 힘든 일에는 늘 보상이 따른다. _____
• 어려운 상황에 처했을 때 나는 그것이 잘 해결될 것이라고 자신한다. _____

부정 문항

• 앞으로 건강이 걱정스럽다. _____
• 과제를 완주한 후 부정적 평가를 받을까 봐 걱정된다. _____
• 문제는 대부분 내가 통제할 수 없는 상황 때문에 일어난다. _____
• 미래를 상상할 때 성공한 내 모습이 떠오르지 않는다. _____

긍정 문항 총점 − 부정 문항 총점 = _____ 낙관성 능력 점수
평균 이상: 6점 초과 / 평균: −2~6점 / 평균 이하: −2점 미만

4

유연하고 정확하게 대응하는 길:
원인 분석 능력

유 과장은 최근 몇 주 동안 특별히 더 바빴다. 급한 업무라도 대부분 일주일 정도면 끝나는데, 이번 일은 몇 주가 걸렸고 기력이 다 소진될 정도였다. 오늘은 특히 온종일 시달렸다. 시련은 아침 9시부터 시작됐다. 유 과장을 기다리고 있는 것은 세 통의 메시지였다. 첫 번째는 고객이 보내온 메시지였는데 "당신 부서에서 보내기로 한 물건이 도착할 날짜가 훨씬 지났는데도 오지 않았다"는 내용이었다. 두 번째는 부하 직원의 메시지였다. 그는 유 과장이 주 업무를 뒤로 미루고 온종일 매달렸던 서류에 맞지 않는 부분이 있다고 했다. 세 번째는 상사의 메시지로, 지금 진행 중인 업무를 언제까지 마칠지 보고하라면서 업무 마감 기한이 이미 지났고 예산도 초과했다는 점을 상기해줬다. 이 모든 일이 아침 9시 반이 되기도 전에 일어났다. 오늘도 여느 때와 마찬가지로 정신없이 시간이 지나갔고 유 과장은 퇴근 전 모든 일을 마쳤다. 그리고 사랑하는 가족과 편하게 쉬는 상상을 하면서 집으로 향했다. 이번 주 들어서는 막내가 잠드는 것을 봐주지 못했다. 오늘은 함께 저녁을 먹은 뒤 아내와 이야기하고 아들에게 동화책을 읽어줄 시간은 될 것이라고 생각하는데 현실은 그렇지 않았다.

현관문을 열고 들어서자 아내의 화난 목소리가 들려왔다. "당신이 그 회사를 선택했을 때 당신 경력에 도움이 될 거라고 우리 모두 인정했어. 하지만 점점 모든 것이 엉망이 되고 있잖아. 나는 하루 종일 집 안에서 빙빙 돌며 온갖 잡다한 일을 하느라 아무것도 못 하고, 아이들도 아빠를 못 본 지 한참이나 됐다고"라고 말하는 것이었다.

이제 유 과장은 한계에 다다랐다. 여기서 그의 생각은 어떻게 변화하고 있을까? 어떤 감정일까? 어떤 행동을 할까? 바로 화를 내거나 죄책감을 느낄 수도 있다. 숨이 막히는 답답함을 느끼며 조용히 마음속으로 걱정만 할 수도 있다. 우울하거나 불안하고, 어쩌면 패배감을 느낄지도 모른다. 어떤 시련이나 역경에도 굴하지 않는 마음의 근육을 키우기 위해서는 이런 상황에 직면했을 때 그것에 대해 생각하고 설명하는 방식, 즉 자신의 설명양식을 아는 것이 중요하다. 실시간으로 떠오르는 설명양식을 어떻게 분석하는지가 중요하다는 얘기다.

20년 넘는 시간 동안 전 세계인을 대상으로 이루어진 회복력 연구 결과에 따르면, 일어난 일을 어떻게 분석하는지에 따라 회복력이 큰 영향을 받는다. 즉 설명양식이 위기 극복 능력, 조절 능력 등 역경에 대한 회복력 수준을 결정하는 것이다. 유 과장과 같은 상황에 처했다고 가정했을 때 그것에 반응하는 태도가 곧 자신의 설명양식이다. 실시간 설명양식은 우리가 세상을 바라보는 렌즈와도 같다. 사람들은 각자 렌즈를 가지고 있고, 살면서 겪는 사건들을 해석하는 방법에 따라 렌즈 색깔이 결정된다.

그렇다면 설명양식은 어떻게 분석해야 할까? 먼저 실시간 믿음을 확인해야 한다. 실시간 믿음(생각)에는 원인에 대한 믿음과 결과에 대한 믿음이 있다. 불행한 상황에 직면했을 때 실시간으로 떠오르는 믿음(생각)을 기록해보자. 아주 작은 믿음도 괜찮다. 어떠한 믿음도 의식할 수 있는 것을 모두 적어본다. 순간적으로 빨리 지나가는 믿음들도 있어서 쉽지는 않지만 그것들이 모두 자신의 실시간 설명양식이다.

그다음 그 믿음들이 합리적인지 비합리적인지, 낙관적인지 비관적인지, 긍정적인지 부정적인지, 자신이 통제할 수 있는 부분인지 아닌지를 확인해야 한다. 그리고 자신이 그런 믿음을 갖게 된 원인을 분석한다.

'원인 분석 능력'은 역경에 맞닥뜨렸을 때 그 원인과 관련해 처음 떠오르는 실시간 믿음 중 원인 믿음을 정확히 파악하는 과정이다. 앞에서 살펴본 설명양식은 원인 분석에서 중요한 기능을 한다. 예를 들어 어떤 역경의 영속적이고 만연한 원인에만 골몰하는 사람은 상황을 바꿀 수 있는 방법을 찾지 못한 채 무기력에 빠지고 절망한다. 반면, 일시적이고 일부인 원인에 초점을 맞추는 사람은 활력을 찾고 실행 가능한 해결책을 궁리한다.

성규 씨와 승아 씨는 함께 심리학 수업을 듣는 대학원생 부부였다. 그들은 수업 태도가 좋고 때로는 날카로운 질문도 던지는 등 심리학 이론에 대한 이해가 높아 무척 기대되는 인재였다. 그래서 첫 시험에서 좋은 점수를 받을 수 있을 것이라고 생각했다. 그런데 시험 결과 성규 씨는 B학점, 승아 씨는 C학점을 받았다. 기대에 못 미치는 성적에 대해 두 학생과 이야기를 나누다 보니 그들이 서로 다른 설명양식을 가지고 있다는 것을 알 수 있었다. 성규 씨는 승아 씨보다 성적이 좋았지만 사실 심리학에 대해 잘 모르겠다며 불안해했다. 반면, 승아 씨는 시험공부 자체를 어떻게 하는지 몰라서 C학점을 받은 것 같다고 말했다. 성규 씨가 가진 '내 탓,

항상, 전부' 설명양식은 자신감을 떨어뜨렸지만, 승아 씨의 '남 탓, 가끔, 일부' 설명양식은 해결책을 강구하도록 동기를 부여했다. 다음 시험에서 두 사람의 성적이 어떻게 나왔을지 짐작할 수 있을 것이다.

회복력이 강한 사람은 현실적 낙관성을 가지고 있고, 특정 설명양식에 얽매이지 않는다. 유연하고 정확한 사고로 역경의 주요 원인을 모두 분석해낸다. 역경의 원인, 특히 심각한 문제의 원인은 대개 하나가 아니다. 서로 다른 수많은 원인이 역경을 일으킨다. 그중 일부는 자신과 관련 있고, 일부는 타인 또는 상황과 관계되어 있다. 아주 다루기 힘든 원인도 있고, 비교적 쉽게 바꿀 수 있는 원인도 있다. 물론 쉽게 바꿀 수 있는 원인이라도 단호하고 철저한 노력이 있어야 극복 가능하다. 또 어떤 원인은 인생의 모든 영역에, 어떤 것은 세부 영역에만 영향을 미친다. 틀을 벗어나 창의적으로 사고하고 역경을 극복하려면 설명양식의 세 가지 차원을 이용해 맨 처음에 떠오른 원인 믿음을 분석하고 역경을 초래한 다른 원인들도 생각해내야 한다.

이렇게 해야 하는 이유가 무엇일까? 원인 분석을 하지 않으면 자신의 설명양식이 골라서 보여주는 원인들만 보게 되기 때문이다. 일부 원인만 바라볼 경우 문제도 일부만 해결할 수 있다. 문제를 정말 제대로 해결하고 싶다면 원인들을 포괄적으로 바라보고 가장 쉽게 바꿀 수 있는 원인에 집중해야 한다.

레이비치가 미국 교육훈련협회가 주최하는 전미 리더십 콘퍼런스에서 강연했을 때 일이다. 그 자리에 50여 명이 참석했는데, 한 중년 남성이 특히 눈에 띄었다. 강연이 끝날 무렵 그 중년 남성은 감정이 북받치는 듯 눈물이 그렁그렁한 얼굴로 가끔씩 고개를 돌렸다. 강연이 끝나고 사람들이 모두 나가자 그는 레이비치에게 악수를 청하고는 강연을 잘 들었다며 고 마음을 전했다. 그러면서 자신의 이야기를 들려줬다.

지금은 중년이 된 렌Wren은 미국 경제지 〈포춘Fortune〉이 선정한 100대 기업에서 승승장구해 30대 후반에 부사장이 됐다. 그는 탁월한 자기효능 감 덕분에 성공할 수 있었다고 말했다.

"저는 성공하는 방법을 알고 있었어요. 그리고 그것을 최대한 활용했고요. 저의 가장 훌륭한 자산은 바로 제 태도였어요. '나는 어떤 문제든 해결할 수 있는 능력을 지녔어'라는 태도를 가지고 있었죠. 저는 모든 것을 스스로 통제할 수 있다고 믿었어요. 아니, 모든 것을 실제로 통제한다고 알고 있었죠. 경영 분야에서 성공하지 못한 사람과 저의 가장 큰 차이점이라면 저는 모든 문제에는 반드시 해결책이 있다고 믿었다는 겁니다. 더 오래 더 열심히 찾으려고만 든다면, 그 정도만 더 노력한다면 반드시 해결책을 찾을 수 있다고 믿었어요. 당신이 오늘 강의에서 알려준 용어를 빌리자면 저는 철저히 '남 탓, 가끔, 일부' 설명양식을 고수하는 사람이었죠."

강연 내용 중에서 렌이 특히 감동한 부분은 유연성과 정확성이 얼마나 중요한지에 관한 것이었다. 레이비치는 강연에서 다양한 설명양식이 감정과 행동에 어떤 영향을 미치는지를 설명했다. 모든 설명양식은 그 나름 장점과 단점이 있고, 어떤 설명양식이든 한계가 존재해 역경의 진짜 원인을 근시안적 관점에서 바라보게 만든다는 것이었다. 그러면서 회복력의 열쇠는 유연성과 정확성이라고 주장했는데, 이 말이 렌의 마음을 흔들어놓았다.

"저는 제가 모든 것을 완벽하게 해낸다고 생각했어요. 모든 걸 해결할 수 있다고 믿었죠. 다발경화증 진단을 받았을 때도 얼마든지 이겨낼 수 있다고 확신했어요. 40대 중반에 진단을 받고서 직장을 그만두고 주식을 매도한 뒤 치료법을 찾아 나섰습니다. 세계 각지를 돌며 의사를 만났어요. 세계 최고 의사들이었죠. 그렇게 10년 정도 보낸 후에야 절망했습니다. 다발경화증은 불치병이더군요. 치료법이 없었어요. 그 문제를 해결하기 위해 제가 실제로 할 수 있는 일은 거의 없었습니다. 저는 낙관적인 사고방식을 가지고 있었어요. 저를 기업 정상에 올려놓은 성격이었죠. 그것이 제 설명양식이라는 사실을 오늘 알았습니다. 제 커리어에 원동력이 되어준 그 설명양식은 제가 병에 걸리자 저를 추락시켰어요. 지금까지 겪은 가장 큰 역경을 해결해야 할 때는 오히려 방해물이 됐죠. 그 설명양식 때문에 저는 치료법을 찾느라 10년이나 헛수고를 했습니다. 시간을 되돌릴 수 있으면 좋겠어요. 그 10년을 되돌려 가족과 보낸다면 얼마나 좋을까요."

설명양식은 역경을 극복하고 회복력을 키우는 데 매우 중요한 역할을 하며, 감정과 행동을 이끈다. 특히 낙관적인 설명양식인 '남 탓, 가끔, 일부'는 긍정적 감정과 행동으로 올바른 결과를 만들어낸다. 그러나 우리는 이러한 설명양식이 외면하는 원인들은 보지 못한 채, 눈에 익은 원인에 주목하고 익숙한 해결책만 적용해 그것을 개선하려는 경향이 강하다. 그러다 실패할 수 있고, 이후 악순환에 빠지기도 한다. 모든 문제를 똑같은 믿음이나 방법으로 해결하려다 좌절하는 것이다. 이 악순환에서 벗어나려면 자신의 설명양식에 대해 더욱 유연하고 정확히 사고해야 한다. 이것이 바로 원인 분석 능력을 키우는 방법이기도 하다.

역경에 처했을 때 역경의 원인과 관련해 처음 떠오르는 실시간 믿음 중 원인 믿음을 정확히 파악하는 것은 그 믿음을 반박하는 과정에서 반드시 필요한 단계다. 왜곡된 사고와 판단의 오류를 예방하기 위해서다. 정확한 사고 단계는 과학자의 연구 과정과 비슷하다. 즉 이 단계에서는 역경 순간에 저절로 떠오른 원인 믿음과 애써 찾아낸 대안 원인 믿음을 모두 검증해야 한다. 아동을 대상으로 한 회복력 훈련에서는 이를 명탐정의 수사 과정에 비유하기도 한다. 셜록 홈스Sherlock Holmes가 범죄 현장에 도착하자마자 무작정 밖으로 나가 처음 눈에 띄는 사람을 체포하는 경우는 없다. 그것보다 체계적으로 범죄에 접근한다. 홈스는 첫 번째 용의자(실시간 원인 믿음)가 반드시 진범은 아니라는 사실을 알고 있으며, 연루 가능성이 있는 용의자들(대안 원인 믿음들)을 모두 고려한다. 그런 다음에 실제로 누가 범인인지 확실하게 알려줄(더 정확하게 사고하게 해줄) 실마리를 찾는다. 정확한 사고를 가로막는 가장 큰 방해물은 '확증 편향'이다. 이것 때문에 우리는 자신의 설명양식과 일치하는 증거는 수용하고 모순되는 증거는 배제한다.

원인 분석 능력을 키우려면 특정 설명양시에 얽매이지 않아야 한다. 유연하게 사고하면서 역경의 주요 원인을 식별하는 것이 중요하다. 그리고 통제할 수 있는 원인에 집중하고 점진적인 변화를 통해 역경을 이겨내며 뻗어나가야 한다. 참고로, 다음 각 회복력에 해당하는 기술 중 자신에게 가장 잘 맞는 것을 선택해 실천하면 원인 분석 능력을 키울 수 있다.

- 정서 회복력 기술 : 자부심 키우기, 감사일기
- 인지 회복력 기술 : ABC 확인하기, 믿음에 반박하기
- 행동(성격강점) 및 성취 회복력 기술 : 개방성(판단력), 창의성, 자기 통제력

당신의 원인 분석 능력은 어느 정도일까? 다음 각 문항의 점수를 합한

뒤 긍정 문항 점수에서 부정 문항 점수를 **빼면** 자신의 원인 분석 능력 점수가 된다.

(1=전혀 아니다 / 2=대체로 아니다 / 3=보통이다 / 4=대체로 그렇다 / 5=매우 그렇다)

긍정 문항

- 문제가 생기면 여러 해결책을 강구한 후 문제를 해결하고자 노력한다. ____
- 문제가 일어나면 원인부터 철저히 파악한 후 해결을 시도한다. ____
- 내가 통제할 수 없는 원인들을 숙고하는 데 시간을 허비하지 않는다. ____
- 거의 모든 상황에서 문제의 진짜 원인을 잘 파악한다. ____

부정 문항

- 문제를 해결하려고 노력할 때 자신의 직감을 믿으며 처음 떠오른 해결책 ____
  을 적용한다.
- 사건이나 상황을 오해하고 있다는 말을 들은 적이 있다. ____
- 문제가 일어났을 때 성급하게 결론을 내린다는 말을 들은 적이 있다. ____
- 문제는 최대한 빨리 해결하는 것이 중요하다. 그 과정에서 그 문제를 충분 ____
  히 파악하지 못하더라도 그렇다.

긍정 문항 총점 − 부정 문항 총점 = ____ 원인 분석 능력 점수

평균 이상: 8점 초과 / 평균: 0~8점 / 평균 이하: 0점 미만

5

관계의 문제를 해결하는 지름길:
공감 능력

심리학자 피터슨은 "긍정심리학을 한 단어로 요약하면 무엇이라고 할 수 있나요?"라는 질문에 일말의 망설임도 없이 "타인입니다"라고 대답했다. 그만큼 타인이 중요하다는 뜻이다. 또한 베르너는 회복력에 대해 연구한 결과 회복력이 가지는 특징 중 하나가 '사랑'이라고 했다. 누군가로부터 사랑을 받는 사람은 회복력이 강하다는 얘기다. 그럼 어떻게 해야 다른 사람이 나 자신에게 중요한 존재가 되고 사랑도 주고받을 수 있을까? 정답은 바로 '상대하기'와 '공감하기'다. 사랑은 바로 공감에서 온다. 상대방에 대한 공감이 없으면 사랑을 주고받는 것이 불가능하다.

'공감 능력'은 타인의 심리 및 정서 상태를 나타내는 신호를 포착하는 힘이다. 회복력이 강한 사람은 표정, 어조, 신체 언어 등 비언어적 요소를 해석해 상대가 어떤 생각을 하고, 어떤 감정을 느끼는지 정확히 감지하는 능력이 있다. 상대방으로 하여금 나를 좋아하게 만들고 상대방을 기분 좋게 할 수도 있다. 공감 능력은 이런 회복력을 키우는 요소이면서 모든 관계의 기본이다. 그래서 공감 능력이 뛰어난 사람은 넓은 사회적 관계를 맺을 수 있고, 그 속에서 사람들과 친밀함을 유지한다. 반면 공감 능력이 떨어지는 사람은 타인 입장에서 생각하지 못할뿐더러, 그가 어떤 감정을 느끼는지, 어떤 행동을 할 가능성이 있는지 예측하지도 못한다. 이런 사람은 의도는 좋아도 비효과적이고 구태의연한 행동을 반복하는 경향이 있다. 게다가 상대방의 감정과 욕구를 억지로 캐내려고 든다.

몇 년 전 미국 뉴욕시에서 아동 조기 학습과 관련한 회의가 있었다. 회의 주제는 '공감 능력과 회복력 키우기'였다. 모든 내용이 흥미로웠지만 가장 인기 있는 프레젠테이션은 미국 예일대학교 아동정신과 교수인 케일 프루에트 Kyle Pruett의 〈공감과 가르칠 수 있는 순간〉이었다. 프루에트는 "공감이란 다른 사람의 감정 경험을 주의 깊게 지각하는 것"이라고 정의했다. 이후 공감이 동감이나 자의식보다 강력한 영향력을 지니는 이유에 대해서도 토의가 이어졌다. 결론적으로 공감은 동감이나 자의식과 달리 쌍방에 상호적 의무를 지우기에 강력할 수밖에 없다. 즉 누군가에게 동감할 때는 그에게 어느 정도 관심을 가지는 반면, 공감할 때는 그 사람이 느끼는 감정을 같이 느끼고 그를 위해 행동하게 된다. 예를 들어 상대가 즐거워하면 함께 팔짝팔짝 뛰고, 슬퍼하면 그를 꼭 껴안아준다.

회의에서 프루에트는 청중에게 '공감 궤도'를 보여줬다. 0세에서 여덟 살까지 아동의 두뇌가 공감 능력을 어떻게 발달시키는지를 정리한 것이었다. 아이는 생후 9개월에 다른 사람에게 감정이 있다는 사실을 알게 된다. 생후 12개월에서 18개월 사이에는 슬퍼하는 친구에게 자기 인형이나 이불을 빌려준다. 그리고 점점 커가면서 두뇌가 성숙하고 언어 능력이 향상됨에 따라 공감하는 행동과 남을 돕는 행동이 발달하고, 자기 자신은 물론 그 이상을 생각하는 법도 배우게 된다. 일곱 살이나 여덟 살이 되면 '정당한 것'이라는 기본적인 생각을 뛰어넘어 자신만의 도덕적 사고와 사회적 정의를 정립하기 시작한다. 프로이트의 딸이자 아동심리학자인 안나 프로이트Anna Freud는 공감 능력이 도덕성 발달의 일부분이라고 생각했다. 즉 공감할 줄 아는 아이는 "이 세상이 나를 중심으로 돌아가는 것이 아니다"라는 사실을 안다는 것이다.

프루에트는 공감하는 법을 어떻게 가르칠지, 혹은 공감 능력이 천부적인 것인지에 대한 질문을 던졌다. 또한 남성과 여성이 공감 능력을 발휘하는 방식이 다르다고 생각하는지도 물었다. 흥미로운 대답들이 나왔지만 더 많은 연구가 필요해 보인다.

대기업 회계 부서에 새로 발령받은 박 부장은 회사에서 실력을 인정받고 있는 엘리트다. 그러나 요즘은 부하 직원들과 점심식사를 하는 것조차 편하지가 않다. 같이 밥을 먹고 커피를 마셔도 그들의 이야기를 도무지 알아들을 수 없는 경우가 많아서다. 세대 차이도 문제지만 공감하지 못하는 이야기가 적지 않다. 박 부장이 발령받아서 온 후 부하 직원들의 불만이 많아졌다는 이야기도 들린다. 무슨 문제가 있는지 알아내 해결하고 싶지만 쉽지가 않다. 직원들을 한 명씩 불러 상담해도 다들 자신을 어려워만 할 뿐 시원한 대답이나 의견을 들을 수 없었다. 요즘 특히 그는 부하 직원들이 중요한 업무를 빨리 처리하지 않고 자꾸만 미루는 이유를 알지 못해 답답할 뿐이다.

박 부장은 공감 능력이 부족해 어려움을 겪고 있는 것이다. 수직 관계가 보편적인 조직에서는 흔한 일이기도 하다. 조직에서 일할 때 필요한 사회성 지능은 다른 사람의 감정 경험을 주의 깊게 인식하는 데서 비롯된다. 공감할 줄 모르는 사람은 사회성 지능이 떨어져 자리만 차지하는 존재로 비칠 수 있다. 따라서 상대방이 슬퍼하거나 분노하거나 당혹스러워할 때 그가 어떤 생각을 하는지 알아차려야 한다. 그리고 사회성 지능을 발휘해 상대방의 감정과 의중을 파악하고 기존과는 다른 전략을 사용해 미묘한 관계 상황을 이해해야 한다. 이후 유머, 협동심, 정직 같은 성격강점으로 문제에 접근해 상대방과 깊이 교감할 수 있도록 노력하는 단계가 필요하다.

이때 긍정심리학자 테이얍 라시드Tayyab Rashid가 제시한 사회성 지능을 키우는 아래의 방법들이 도움이 될 것이다.

① 친구나 형제자매의 이야기를 경청하면서 반박하지 않고 공감하며, 그들의 이야기가 끝났을 때 자신의 느낌만 말한다. 대화를 나누는 동안 자신이 말할 차례만 기다려서는 안 된다.

② 누군가 내 기분을 상하게 한다면 그 사람의 동기 중 긍정적 요소를 적어도 하나 정도는 찾아본다. 그들이 기질이나 본성 때문이 아니라, 일시적이고 상황적인 요인 때문에 무례하게 행동했을지도 모르니 그 이유를 생각해본다.

③ 4주 동안 매일 자신의 감정을 다섯 가지씩 기록하고 그 패턴을 살핀다. 자신의 감정적 패턴을 바꿔놓는 상황이 정기적으로 발생하는지 확인한다.

④ 가까운 사람에게 내가 그의 감정을 이해하지 못한 때가 있었는지, 앞으로 내가 그의 감정을 어떻게 헤아려주길 바라는지 물어본다. 그리고 그 사람과 어울릴 때 내가 취할 수 있는 작지만 실질적인 행동 방법 몇 가지를 생각해놓는다.

⑤ 타인의 감정에 잘 공감하면서 대화하는 주변 친구를 찾아본다. 그런 친구를 주의 깊게 관찰해 감탄할 만한 사회적 기술을 모방하려고 노력한다.

⑥ 적극적인 관찰자가 되어 불편한 사회적 상황을 지켜본 다음 어떠한 판단도

보류한 채 관찰한 바를 그대로 묘사한다. 그 상황이 과열되거나 통제 불능이 됐는지, 그렇다면 그 이유는 무엇이었는지를 살핀다.

⑦ 다른 사람들의 긍정 성격을 주의 깊게 살피고 고맙게 여긴다. 그들과 대화하면서 자신의 생각을 말한다.

⑧ 지금까지 내 감정을 드러내 보이지 않았던 사람에게 적절히 표현해본다. 그 사람의 반응을 주의 깊게 살피고 내 감정을 처리한다.

인간관계에서 발생하는 문제는 99퍼센트가 공감 능력, 그중에서도 소통 때문에 일어난다. 말을 안 해서 탈이고, 말을 너무 많이 해서 문제가 된다. 또 말뜻을 못 알아들어서 문제가 생기고, 말의 의미를 달리 해석해서 문제가 불거진다. 듣고 싶은 말을 듣지 못해서 답답해하고, 들어서는 안 될 말을 들어서 괴로워하는 것도 모두 소통 때문이라고 할 수 있다.

소통 방식 중 하나인 대화는 일상의 관계뿐 아니라 역경이나 트라우마를 경험했을 때 그것을 회복하는 과정에서도 매우 중요하다. 심리적 외상을 입은 사람은 강력한 사회적 지지를 원하기 때문이다. 다만, 성별로 보면 남성과 여성은 대화 방식에 차이가 있다. 대화할 때 남성은 사실과 정보를 나누는 데 초점을 두는 편이라 정을 나누는 것도, 감정에 대해 듣는 것도 힘들어하는 경향이 있다. 반면 여성은 감정적 지지를 주고받으며 공감하길 원한다. 이렇게 대화 방식에 차이가 있다 보니 남성과 여성이 서로 충분히 공감하는 대화를 나누기란 쉽지 않다.

개인적 관점에서 대화는 흔히 말하기와 말할 차례 기다리기로 이루어진다. 하지만 말하고 기다리기 식의 대화는 결혼 생활을 비롯한 모든 관계에서 원만한 의사소통을 하는 데 부족하다. 그래서 바람직한 의사소통 방법을 연구하는 학자들은 '공감적 듣기'와 '바람직한 듣기', 즉 '경청' 방법을 찾아내 관련 연구를 이어갔다.

경청의 기본 원칙은 '정당성 인정'이다. 말하는 사람이 가장 신경 쓰는 부분은 자신의 말을 상대방이 이해했느냐 하는 점이다. 즉 상대방으로부터 "이해해", "무슨 말인지 알아", "설마 그럴 리가…" 같은 반응을 듣고 싶은 것이다. 아울러 듣는 사람이 동의하는지, 아니면 적어도 동정하는지도 알고 싶어 한다. 고개를 끄덕이거나 "물론이지", "맞아", "그렇고말고" 등 맞장구를 쳐주거나, 하다못해 "그게 네 탓은 아니지"라는 최소한의 동정을 원하는 것이다. 그러니 상대방이 하는 말을 제멋대로 무시해서는 곤란하다. 특히 심각한 문제일수록 상대방 의견을 존중하는 태도를 보이고, 설령 자신이 말할 차례가 됐어도 반대 의견은 가급적 삼가는 편이 좋다.

상대방 말을 경청하지 못하는 외적인 원인은 의외로 주변에 널려 있다. 아이 울음소리, 듣기에 방해되는 소음, 텔레비전 소리, 전화 벨소리 같은 것들인데, 이런 방해 요소 때문에 주의를 기울이기 어렵다면 미리 제거할 필요가 있다. 이런 환경을 피할 수 없는 상황이라면 대화를 다음 기회로 미루는 편이 낫다.

상대방 말에 주의를 기울이지 못하는 내적인 원인도 있다. 예를 들어 피곤하다거나, 딴생각이 든다거나, 이야기가 지루하다거나, 반박할 거리를 찾는다거나 하면 대화가 이어지지 않는다. 특히 상대방이 말하는 동안 반박할 거리만 찾는 것은 쉽게 고치기 힘든 나쁜 습관이다. 반박할 거리를 찾는 대신 상대방 말을 정리해 되묻는 식으로 짧게 대꾸한다면 대화를 이어가는 데 도움이 된다. 그러기 위해선 대화에 주의를 기울이는 것이 먼저다. 이는 부부간에 특히 그렇다.

이런 내적인 원인 때문에 자칫 상대방에게 무시당하는 느낌을 줄 우려가 있다면 대화를 중단할 방법을 찾아야 한다. 피곤하거나 지루해서 상대방 말에 집중하기 어려울 때는 솔직하게 말하는 것이 좋다. "더 얘기를 나누면 좋겠는데, 내가 지금 너무 피곤해서"라거나, "소득세 문제 때문에 내 머리가 너무 복잡해" 또는 "오늘 회사에서 있었던 안 좋은 일이 자꾸 떠올라서 네 말이 귀에 들어오지가 않네. 조금 뒤에 얘기하면 안 될까?"처럼 말이다.

경청을 방해하는 또 하나의 요인은 자신의 정서 상태다. 사람은 누구나 기분이 좋을 때는 다소 모호하긴 해도 말하는 사람에게 호의적인 반응을 보인다. 그러나 기분이 좋지 않을 때는 응어리진 마음에 동정심은 온데 간데없이 야멸스러운 말들만 떠오르고, 상대방의 진의를 나쁘게 받아들이기 십상이다. 이때도 "오늘은 되는 일이 하나도 없었어"라거나, "심술을 부려서 미안해" 또는 "저녁 먹은 뒤에 얘기하면 안 될까?"처럼 솔직하게 자신의 정서 상태를 털어놓는 것이 최선이다.

그런데 이런 방법들은 일상 대화에서는 효과적이지만, 감정이 격해지기 쉬운 문제를 논의할 때는 별로 도움이 되지 않는다. 특히 부부관계가 위태로울 때는 감정적으로 날카롭게 대립하기 십상이어서 큰 싸움으로 번지는 경우가 많다. 원만한 부부 사이에도 민감한 문제는 있게 마련이다. 이때는 단순히 경청을 넘어 자신과 상대방의 '빙산 믿음'을 찾아 공감하는 능력이 필요하다. 여기서 빙산 믿음이란 실시간 표면으로 나타나지 않는 '기저 믿음'을 뜻한다. 즉 세상이 어떻게 작동해야 하는지, 인간관계는 어떠해야 하는지, 또 자신은 어떤 사람이 되어야 하는지 등 자신이 가지고 있는 뿌리 깊은 믿음이다.

이 교수는 한 해 연구비 신청서를 다음 날 오후 5시까지 제출해야 해 아침 일찍부터 서재에 틀어박혀 일에 몰두하고 있었다. 해야 할 일이 산더

미라 다 마치려면 밤을 꼬박 새워야 할지도 몰랐다. 이 교수는 이미 스트레스로 짜증이 나고 예민해진 상태였다. 아침식사 후 일을 하고 있는데 쓰레기차 다가오는 소리가 들렸다. 아내도 그 소리를 들었는지 계단을 쿵쿵 올라와 2층 서재 문을 열었다. 그리고 통명스럽게 "쓰레기차 왔어. 쓰레기 버리는 건 당신 일이야"라고 말했다.

이 교수는 억지로 빙긋 웃으며 고개를 끄덕였지만 일어날 마음이 전혀 없었다. 아내는 서재에서 나갔다. 이 교수는 극도로 화가 치밀어 올랐다. 더는 격렬할 수 없는 분노였다. 마감 시한이 촉박하다는 사실을 아내도 알고 있으니 하루쯤은 대신 쓰레기를 버려줄 수도 있지 않느냐는 마음이었다. 하지만 그는 곧바로 자신의 지나친 정서 반응이 정상적이지 않다는 것을 깨달았다. 이 교수는 '빙산 믿음 찾기' 기술을 활용해 자신이 왜 그렇게 화가 났는지 스스로에게 질문을 하나씩 던지면서 확인했고, 빙산 믿음이 그런 정서 반응을 촉발했음을 알게 됐다.

이 교수의 빙산 믿음은 '존중'과 '관계'였다. 그는 "아내가 나를 인정하지 않는 것은 내가 하는 일을 존중하지 않기 때문이야"라고 믿었던 것이다. 그에게는 일이 아주 중요했다. 따라서 그의 일을 존중하지 않는다는 것은 그를 존중하지 않는다는 의미이기도 했다. 이 교수는 이제야 자신의 반응이 이해됐다. 하지만 마감 시한이 임박했다는 사실을 알면서도 아내가 왜 그렇게 행동했는지는 도무지 알 수 없었다.

이 교수는 엄청나게 스트레스를 받은 상태였고, 집 안에도 온종일 긴장감이 감돌았다. 그래서 조금 시간이 지난 다음에 아내와 대화하는 것이 좋겠다고 생각했다. 다음 날 저녁, 어느 정도 분위기가 풀어지자 이 교수는 그 문제를 꺼냈다.

이 교수 어제 당신이 나더러 퉁명스럽게 쓰레기를 버리라고 했잖아? 그때 정
　　　　말 화가 많이 났어. 쓰레기 버리는 것은 내 일이지만 이번만큼은 당신이 버
　　　　려줄 수도 있었잖아. 마감 시한이 임박했다는 것을 당신도 알고 있었으니
　　　　까. 그런데 왜 그렇게 안 한 거야?

아내 화가 나서 그랬어. 당신이 바쁘다는 걸 나도 알아. 하지만 두 달 전 우리
　　　가 합의한 거 기억해? 회사에서 남자들과 똑같은 시간을 일하고도 여자들은
　　　집에 오면 집안일까지 혼자 떠맡는다는 뉴스를 보고 당신이 우리는 절대 그
　　　러지 말자고 했잖아. 그때 쓰레기 버리는 일은 당신이 하기로 합의했고.

이 교수 응, 알아. 하지만 그게 그렇게 화를 낼 일인가? 나는 당신이 왜 그렇게
　　　　까지 화가 났는지 아직도 모르겠어.

아내 아무리 바빠도 서재에서 쓰레기차 오는 소리는 들을 수 있어. 내가 화난
　　　이유는 그 소리를 듣고도 당신이 내려오지 않았기 때문이야.

이 교수 그러니까 내려오지 않아서 나를 나쁜 사람이라고 생각한 거야?

아내 아니, 나는 당신이 합의 사항을 어겼다고 생각했어.

이 교수 음, 그게 당신이 화가 난 이유구나.

아내 그래. 당신은 마치 내가 내 몫 이상의 집안일을 하길 바라는 것처럼 보였
　　　거든.

이 교수 이제 알았어. 공정성 문제였네.

아내 맞아, 당신이 나를 존중하지 않는다는 느낌이 들었어.

　대화에서 알 수 있듯이 두 사람은 모두 관련 정보 없이 판단하는 '속단'
이라는 사고의 함정에 빠졌으며, "나와 내 일은 존중받아야 해"라는 빙
산 믿음을 가지고 있다. 그래서 서로 존중받지 못했다고 생각해 무척 화
가 난 것이다. 이렇게 빙산 믿음은 저 밑에 숨어서 기다리다 사소해 보이

는 어떤 사건이 터지면 강하게 떠올라 갈등을 유발하기도 한다. 우리 주변을 둘러보면 갈등의 진짜 원인이 되는 빙산 믿음을 제때 알아채지 못해 고통을 겪는 직장인이나 부부, 연인이 많다. 빙산 믿음을 파악해 상황을 수습하지 않으면 상대방의 말을 거의 듣지 않으려고 해 건설적인 대화가 불가능하고, 갈등의 골이 깊어질 수 있다. 따라서 공감 능력을 발휘하고 의사소통을 원만히 하기 위해선 자신과 상대방의 빙산 믿음이 무엇인지 파악하는 것도 중요하다.

이 교수와 아내는 서로의 빙산 믿음을 찾아낸 후 두 사람 모두가 만족할 만한 계획을 다시 세웠다. 이 교수는 쓰레기는 물론, 집안일을 할 수 있는 방법을 더 열심히 찾아보기로 했다. 아내는 두 사람 다 일이 최우선이어야 할 때가 있다는 점을 인정했고, 가끔씩 남편이 일에 몰두하더라도 자기를 존중하지 않는다고 속단하지 않기로 약속했다.

이렇듯 누군가 슬퍼하거나 분노하거나 당혹스러워할 때 그 사람이 어떤 생각과 감정을 가지고 있는지 알아차리고 그와 더 친밀한 관계를 맺기 위해서는 공감 능력이 필요하다. 다음 각 회복력에 해당하는 기술 중 자신에게 가장 잘 맞는 것을 선택해 실천하면 공감 능력이 상승해 관계 부분에서 스트레스를 떨쳐낼 수 있을 것이다.

- 정서 회복력 기술 : 감사일기, 감사편지, 용서하기, 음미하기
- 인지 회복력 기술 : ABC 확인하기, 사고의 함정 피하기, 빙산 믿음 찾기
- 관계 회복력 기술 : 공감·경청·배려하기, 강점 나무, 시간 선물하기, 적극적·건설적으로 반응하기, 확신에 찬 의사소통
- 행동(성격강점) 및 성취 회복력 기술 : 사회성, 사랑, 친절, 리더십, 끈기, 영성

당신의 공감 능력은 어느 정도일까? 다음 각 문항의 점수를 합한 뒤 긍정 문항 점수에서 부정 문항 점수를 빼면 자신의 공감 능력 점수가 된다.

(1=전혀 아니다 / 2=대체로 아니다 / 3=보통이다 / 4=대체로 그렇다 / 5=매우 그렇다)

긍정 문항

- 사람들의 표정을 보면 그가 어떤 감정을 느끼는지 알아챌 수 있다.
- 누군가 슬퍼하거나 분노하거나 당혹스러워할 때 그 사람이 어떤 생각을 하는지 정확히 알 수 있다.
- 동료가 흥분할 때 그 원인을 꽤 정확히 알아챈다.
- 책이나 영화에 쉽게 몰입한다.

부정 문항

- 사람들이 느끼는 감정의 원인을 간파하지 못한다. ____
- 사람들이 특정 방식으로 대응하는 이유를 간파하지 못한다. ____
- 배우자나 가까운 친구들은 내가 그들을 이해하지 못한다고 말한다. ____
- 동료와 친구들은 내가 그들의 이야기를 경청하지 않는다고 말한다. ____

긍정 문항 총점 – 부정 문항 총점 = ____ 공감 능력 점수

평균 이상: 12점 초과 / 평균: 3~12점 / 평균 이하: 3점 미만

6

자기 능력에 대한 믿음:
자기효능감 능력

훌륭한 가치관과 경제적 여유를 지닌 자상한 부모로부터 끝없는 관심과 보살핌, 아낌없는 지지를 받으며 자란 사람은 인생에서 회복력이 그리 중요하지 않을까? 회복력은 애써 이겨내야 할 과거사를 지닌 사람에게만 절실한 것일까? 그렇지 않다. 회복력은 모든 사람에게 필요하다. 누구나 예외 없이 일상에서 스트레스와 곤경, 당혹스러운 문제에 직면할 수 있기 때문이다. 이때 회복력이 강한 사람은 역경에 압도되거나 비관하지 않고 다양한 능력과 기술을 활용해 잘 이겨나간다. 회의에 지각하거나, 동료와 다투거나, 빡빡한 일정을 조정해야 하거나, 끝없이 늘어나는 일거리를 처리해야 하는 등의 문제를 무리 없이 해결한다. 이처럼 회복력이 강해 '대응 능력이 뛰어난 사람'은 고달픈 인생을 무난히 헤쳐 나갈 수 있으며 궤도에서 이탈하지도 않는다. 그리고 '자기효능감' 또한 높은 편이다.

민수 씨와 태형 씨는 글로벌 IT 회사의 같은 부서에서 일하는 입사 동기다. 비슷한 교육과 훈련을 받은 지 6개월이 됐을 때 두 사람은 서로 다른 궤도에 올라섰다. 민수 씨는 작은 성공을 여러 차례 거두고도 자신에게 업무 처리 능력이 있는지 확신하지 못했다. 주어진 업무를 완수할 수 있다는 믿음이 아직도 없었던 것이다. 반면 태형 씨는 사소한 성공을 통해 자신감을 키워나갔다. 업무에 활용할 만한 재능과 기술이 자신에게 있다는 것을 깨달았고, 작은 성공을 거둘 때마다 그 깨달음을 점차 확고히 했다. 이 차이는 민수 씨와 태형 씨가 일반적인 문제에 대응하는 방식에서도 드러났다. 문제를 해결할 수 있다는 믿음과 자신감 덕분에 태형 씨는 회사에서 직면하는 난제들을 적극적으로 풀어나갔다. 반면 민수 씨는 같은 문제에 봉착해도 자신은 해결 방법을 모르고 능력도 부족하다고 믿는 탓에 다른 사람이 제시한 해결책을 수동적으로 받아들였다. 이후 태형 씨는 경영진 눈에 띄어 승승장구했지만, 민수 씨는 자기 의심과 무기력으로 더 많은 역경을 겪었다. 이런 결과는 바로 두 사람의 자기효능감 차이에서 비롯된 것이다.

'자기효능감self-efficacy'은 캐나다 심리학자이자 사회학습이론 주창자인 앨버트 반두라Albert Bandura가 1977년 처음 소개한 개념으로, 어떤 일을 해낼 수 있다는 자기 능력에 대한 신념이자, 자신을 지배할 수 있다는 확신이다. 한 연구에 따르면 만성 스트레스에서 벗어나는 데 꼭 필요한 요소가 바로 자기효능감이다.

'자아존중감self-esteem' 또는 '자아개념self-concept'이 '자기에 대한 전반적인 지각이나 평가'라면 자기효능감은 '특정 상황이나 영역에서 자신의 능력에 대한 믿음과 확신'이다. 즉 "나는 꽤 괜찮은 사람이야", "나는 멋있어"라는 평가가 자아존중감이라면 "나는 영어만큼은 자신 있어", "나는 끈기만큼은 자신 있어"라는 확신이 자기효능감이라고 할 수 있다.

자기효능감이 높은 사람은 새로운 업무나 도전적 과제가 주어졌을 때 그것을 피하기보다 기꺼이 시도하고 스스로 더 높은 목표를 설정해 좋은 결과를 만들어낸다. 그리고 관련 계획을 잘 짜기 위해 과제를 넓게 보는 경향이 있으며, 역경에 봉착하더라도 더 많은 노력을 기울인다. 반면, 자기효능감이 낮은 사람은 낯설고 어려운 도전적인 과제가 주어지면 기피하고 회피하려는 경향이 강해 기회를 놓치곤 한다. 또한 과제가 실제보다 더 어렵다고 믿기 때문에 관련 계획을 잘 짜지 못하고, 스트레스가 증가해 괴로워한다. 실패 원인을 찾을 때도 자기효능감이 높은 사람은 남 탓이나 외적인 요인을 고려하는 반면, 자기효능감이 낮은 사람은 내 탓이나 내적인 요인이 문제라고 생각한다. 즉 도전에 실패할 경우 "내가 잘했더라면 실패하지 않았을 거야" 같은 자책감과 죄책감, "역시 나는 그것을 감당할 능력이 안 돼" 같은 무능감, "내 성격이 이 모양인데 뭘 하겠어" 같은 체념을 경험하는 것이다.

자기효능감이 높은 사람은 회복력도 강한 편이어서 자기 의지대로 인생을 살아가는 것은 물론, 스스로 행동을 제어하고 운명을 개척한다. 문제를 해결하기 위해 끈질기게 몰두하고, 첫 해결책이 효과가 없다고 해서 포기하지도 않는다. 더욱 집요하게 파고들어 마침내 효과적인 해결 방안을 찾아내곤 한다. 그렇게 문제를 해결함으로써 자신감이 상승해 이후 또 다른 난관에 직면하더라도 훨씬 오랫동안 끈기를 발휘할 가능성이 커진다.

반면, 스스로 문제를 해결할 수 없다고 믿는 사람은 곤경에 처하거나 낯선 상황에 놓일 때 소극적으로 대응한다. 새로운 취미 갖기, 새로운 직장에 지원하기, 모임에 가입하기 같은 경험을 회피한다. 낯선 상황이 가져올 난제에 스스로 대처할 능력이 없다고 믿기 때문이다. 직장 또는 가정에서 문제가 생겼을 경우, 예를 들어 무례한 고객을 상대하거나 반항적인 아들과 대화해야 할 때 계속 머뭇거리면서 문제 해결을 타인에게 떠넘긴다. 어쩔 수 없이 나서야 하는 상황에서도 해결하기 어렵다는 조짐이 조금이라도 보이면 곧바로 포기해버린다. 이런 태도는 자기 충족적 예언이 된다. 문제를 해결하지 못하거나 포기할 때마다 인생에 산재해 있는 역경을 다룰 수 없다는 믿음이 강화되고 자기 의심 또한 커지는 것이다.

성태 씨는 이런저런 문제를 겪으면서 '낙오자'라는 느낌에 사로잡혔다. 그렇다고 인생이 지독하게 꼬이고 막힌 것은 아니다. 그는 가족을 사랑하고 아주 열심히 일해왔다. 그러던 어느 날 갑자기 자기 인생이 궤도에서 벗어난 것을 알아차렸고, 어떻게 다시 정상 궤도에 올라서야 할지 막연했다. 문제가 생기면 언제나 자진해 떠맡아왔지만 요즘에는 자신이 더는 '선장'이 아니라는 느낌이 강하게 들었다. 그의 자기효능감은 바닥까지 떨어진 상태였다. 그렇다면 성태 씨의 하루를 들여다보면서 그가 자신의 스트레스 대응 능력을 어떻게 묘사하는지 살펴보자.

아침 6시에 알람이 울리면 성태 씨는 반사적으로 알람을 끄고 생각한다. '새해 다짐으로 매일 아침 조깅을 한다고 했는데 오늘도 못 지키는구나.'

아침식사는 혼돈 그 자체다. 열다섯 살인 딸은 여전히 말 한 마디 하지 않고, 아들은 텔레비전 만화 주제가를 큰 소리로 부르며 시리얼을 식탁 위에 뿌려댄다. 한시라도 빨리 집에서 벗어나고 싶다. 그런 생각이 들 때마다 그는 죄책감으로 고통스럽다.

"저는 식탁에서 가족들을 바라봐요. 하지만 무엇부터 어떻게 시작해야 좋을지 알 수가 없어요. 딸이 변한 이유도 궁금하고 아들과도 가까워지고 싶지만, 방법을 도무지 모르겠어요. 그래서 가능한 한 빨리 식사를 끝내고 직장으로 도망쳐요."

성태 씨는 본인이 가족을 제대로 이해하지 못하고 있다는 사실을 잘 안다. 자신이 무능력하다고 생각하기에 빨리 도망치고만 싶은 것이다. 그러나 한시라도 일찍 출근하고 싶다는 열망은 회사에 도착하자마자 사그라진다. 사무실에서 그를 맞이하는 것은 긴급한 이메일들이다. 이는 곧 그날 오전 시간도 곳곳에 흩어져 있는 문제들을 해결하는 데 소비해야 한다는 뜻이다.

구내식당으로 가는 길에 예전 부서에서 같이 일했던 동료들을 만났다. 그들은 줄어드는 퇴직연금과 회사의 주가 하락, 구조조정에 관한 소문을 주고받으며 한탄했다. 동료들은 자기들 부서와 성태 씨의 부서 중 어느쪽 인원이 더 많이 감축될지를 예측하면서 구조조정이 끝나면 누가 살아남을지 궁금해했다.

"전에는 그런 부정적 대화나 예측에 전혀 개의치 않았어요. 저는 유능했고, 지금까지 해온 대로 생산적으로 일하면서 앞서가는 한 안전하다고 생각했으니까요. 하지만 지금은 그런 대화를 들으면 불안해져요. 사무실로 돌아와도 예전처럼 열심히 일하지를 못해요. 자기 의심에 빠져서 일에 집중할 수가 없어요. '만약 우리 부서가 구조조정 대상에 오르면 어쩌지?', '만약 돈이 없어서 아이들을 대학에 보낼 수 없으면 어쩌지?' 같은 생각에 골몰하고 걱정하느라 결국 하루를 허비하고 말죠. 마음을 다잡고 일에 집중할 때쯤이면 장기 업무를 처리할 시간이 없어요. 가장 시급한 업무부터 처리하느라 그 장기 업무는 미룰 수밖에 없죠. 날마다 그래요."

성태 씨는 그날 목표를 달성했다는 만족감을 느끼며 회사를 나서는 대신, 걱정에 짓눌린 채 퇴근한다. 직장 생활을 다시 정상 궤도에 올려놓을 수 없다는 자기 의심은 점점 심해졌다.

집에 돌아오니 아들이 성적표를 내민다. 성적이 더 떨어졌다. 아들의 주의력 결핍 과잉행동 장애 치료비는 계속 증가하는데 성적은 왜 점점 하락하는 것일까? 이동통신비 고지서를 보면서는 딸의 지나친 스마트폰 사용과 관련해 대화해야 한다는 것을 깨닫는다. 그러나 딸과의 대화가 두렵다.

성태 씨는 불평을 자주 하는 사람이 아니다. 지금까지의 성공과 축복을 간과하지도 않는다. 그의 고객 관리 능력은 어느 날 회사 회의에서 공개적으로 칭찬받을 정도로 뛰어났다. 그리고 아들과는 학교 숙제 때문에 함께 인터넷을 검색하며 벤저민 프랭클린Benjamin Franklin에 관한 정보를 찾을 만큼 가까운 사이였다. 하지만 사소해 보이는 매일 매일의 역경이 성태 씨의 회복력을 조금씩 갉아먹고 있었다. 그 회복력을 보충해줄 긍정 경험이 거의 없는 듯했다.

성태 씨는 통찰력이 있는 사람이다. 그는 자신에 대한 믿음이 변했다는 사실을 이미 간파하고 있었다. 지금 삶이 이전보다 혹독하지도 않고 문제가 더 심각하지도 않았기 때문이다. 성태 씨의 말마따나 그는 인생길에 놓인 '끊임없이 거품이 이는 여울'에 익숙한 사람이다. 하지만 소용돌이치는 그 여울을 헤쳐 나가는 능력에 대한 믿음이 변해버렸다.

"어느 순간부터 자신감이 사라졌어요. 일상적인 문제를 해결하는 능력에 대한 믿음이 무너지니까 어떤 일을 대하든 혼란스러워요."

성태 씨의 자기효능감이 위기에 처한 것이다. 그로 인해 스트레스 관리 능력까지 사라졌다. 그는 자신에 대한 믿음이 변한 순간을 구체적으로 짚어내지 못했다. 물론 믿음이 변한 이유를 꼭 알아야 믿음이 회복되는 것은 아니다. 그보다는 성태 씨가 현재 겪고 있는 문제들을 한 번에 하나씩 해결함으로써 자신에 대한 믿음을 되찾게 하는 것이 중요했다.

타인의 자기효능감을 높이고자 할 때 가장 최악의 방법은 "당신은 할 수 있다"는 식의 고리타분한 메시지를 주입하는 것이다. 자부심을 끌어올려준다는 막연한 추측에 근거한 구호와 동기 부여 강연은 잘해야 무해무득無害無得하다. 심지어 회복력과 효과적인 대응 능력을 더 많이 훼손하기도 한다. 그 이유가 무엇일까? 한마디로 자부심은 잘 풀리는 인생, 즉 도전에 맞서 싸우고 문제를 해결하며 열심히 노력하고 포기하지 않는 인생의 부산물이기 때문이다.

이 세상을 잘 살아갈 때는 누구나 자부심을 느낀다. 이는 건강한 자부심이다. 그런데 주위를 둘러보면 긍정적인 구호를 외치고 무조건 자화자찬하면서 마음만 먹으면 뭐든 할 수 있다고 부추기는 방법으로 자부심을 고취하려는 강사나 교육 프로그램이 너무 많다. 이 방법이 가진 치명적 결함은 그것이 결코 사실이 아니라는 점이다. 우리는 원하는 모든 것을 할 수는 없다. 자신이 얼마나 특별하고 위대한지 줄기차게 읊어도, 꼭 해낼 것이라고 아무리 단호하게 결심해도 마찬가지다. 노벨 물리학상을 받겠다는 꿈을 꿀 수도 있고, 올림픽 100미터 경기에서 금메달을 따겠다는 목표를 세울 수도 있다. 하지만 남은 인생을 이 목표 달성에만 매진한다 해도 대부분 실패하고 만다. 자부심과 재능은 다른 문제이기 때문이다.

역경을 하나씩 해결해 작은 성공을 경험하기 시작하면 자기효능감은 자연스럽게 뒤따라온다. 자기효능감을 키우는 일은 자부심을 주입하는 것보다 어렵고 시간도 더 많이 필요하다. 단, 회복력 기술을 배우면 자기효능감 구축에 효과적이다. 인생에 놓인 여러 문제를 해결하고 도전에 맞서 싸우는 도구들을 갖출 수 있기 때문이다.

성태 씨의 자기효능감이 사라진 이유는 정확히 모른다. 가정과 직장에서 자신이 원하는 대로 안 되다 보니 무기력이 학습되지 않았을까 추측할 수 있는 정도다. 하지만 자기효능감을 과거 수준으로 되살리려면 어떤 기술을 배우고 실행해야 할지는 명확히 알 수 있다. 성태 씨는 바로 그 지점에서 시작해야 했다.

자기효능감은 자신의 능력에 대한 믿음과 확신뿐만이 아니라 구체적이고, 실제적인 기술이 포함된다. 중요한 목표를 이루어 가는 과정이나 역경을 겪은 후 심리적으로 고통스럽고, 무기력할 때 이러한 믿음과 기술을 실행해서 자신의 문제를 해결하고, 원하는 결과를 만들어 내는 것이다.

성태 씨는 자기 자신을 아는 기술과 자신을 변화시키는 회복력 기술을 두 달 동안 배웠다. 몇 가지는 이미 익숙한 기술이었다. 그는 그 기술들에 '무의식적으로' 탁월했다. 성태 씨의 목표는 이미 익숙한 기술이 무엇인지 깨닫고, 그것을 좀 더 효과적이고 의도적으로 활용해 회복력을 높이는 것이었다. 새로 배운 기술들은 일종의 보조 도구로 그의 '회복력 도구 상자'에 추가됐다. 그렇게 두 달이 지났다.

"예전의 나로 되돌아간 느낌이에요. 제 인생에는 여전히 역경도 많고 스트레스도 심해요. 일어나는 문제도 그 수가 줄어들지 않았죠. 하지만 지금은 문제가 생겨도 적절히 다루고 있어요. 5년 후 직장에서 어떤 지위에 오르고 싶은지도 이제는 알고요. 그것을 이룰 계획도 가지고 있어요. 그리고 날마다 아이들, 아내와 더 가까워질 방법을 찾고 있죠."

그는 다시 한 번 선장이 되어 일상적인 역경을 헤쳐 나갈 수 있었다. 모두 자기효능감과 회복력 덕분이다. 성태 씨처럼 직장에서도 자신의 문제 해결 능력을 확신하는 사람은 리더로 우뚝 서지만, 자기 능력을 의심하는 사람은 좌절하고 불안에 빠진다.

최근 긍정심리학이 인기를 끌면서 자기효능감에 대한 기대도 높아지고 있다. 자기효능감이 긍정심리학의 낙관성과 회복력에 많은 영향을 미치기 때문이다. 셀리그만은 긍정심리학이 인본주의 심리학의 영향을 일부 받긴 했지만 니체와 반두라의 실험실과 무기력 학습의 정반대에 대한 의구심에서 나온 것이라고 했다. 그만큼 긍정심리학에서는 자기효능감을 중요하게 생각한다는 것이다. 반두라는 성공적이고 행복한 삶을 위해, 그리고 삶에서 만나게 되는 불가피한 역경이나 문제에 대처하기 위해 우리 모두 자기효능감과 회복력을 갖춰야 한다고 강조했다.

다음은 반두라가 말하는 자기효능감을 키울 수 있는 네 가지 기술이다. 도전이나 변화에 실패했을 때, 충격적인 사건과 사고로 무기력에 빠졌을 때 이 네 가지 기술을 실천해보자.

① 간접 경험을 위해 역할 모델을 만든다: 주변 사람들 중에서 역경을 잘 헤쳐 나가고, 목표 달성을 위해 무엇을 해야 하는지 몸소 보여주는 역할 모델을 찾아보자. 목표가 같은 다른 운동선수와 함께 훈련해 놀라운 효과를 본 프로선수가 무수히 많다. 한마디로 이것은 머릿속으로만 그리던 막연한 목표를 현실화할 수 있게 해주는 기술이다. 이러한 역할 모델은 간접 경험을 통해 "저 사람이 할 수 있으면 나도 할 수 있다"는 마음으로 목표를 이루게 도와준다.

② 사회적 설득을 위해 치어리더를 곁에 둔다: 당신이 무언가 과제를 포기하려 하거나 극단의 선택을 하려 할 때 사회적 설득은 과제를 계속 실행하게 하고, 극단의 선택을 멈추도록 도움을 준다. 사회적 설득은 설득하는 사람의 사회적·전문적 지식, 상대에 대한 영향력 및 신뢰도에 따라 차이가 난다. 당신을 믿어주고, 또 항상 도움이 되는 의견을 제시하는 신뢰할 만한 사람이 곁에 있다면 자기 능력에 대한 믿음이 커져 새로운 일에 적극 도전할 수 있다. 멘토나 유능한 코치, 심리치료사, 현명한 연장자가 바로 그런 사람들이다. 반면, 적절치 못한 설득자는 당신이 듣고 싶어 하는 말만 하거나, 현재 안주하는 곳

에서 벗어나도록 독려하지 않는다.

③ 생물학적 요인인 스트레스를 적절히 관리한다: 스트레스 상황에 놓이면 사람은 대부분 심리적으로 불안하고 우울하며 분노하고, 신체적으로는 피로, 떨림, 통증, 구토 같은 증상이 나타난다. 이러한 반응을 자각하는 것은 자기효능감을 키우는 데 도움이 된다. 예컨대 대중 앞에서 강의하기 전 긴장감이나 불안감이 느껴질 때 자기효능감이 낮은 사람은 자신에게 능력이 없기 때문이라고 믿는다. 반면, 자기효능감이 높은 사람은 그런 생리적 반응은 자신뿐 아니라 누구에게나 나타나는 정상적인 것으로 해석한다. 따라서 생리적 반응보다 자신의 능력에 대한 믿음이 자기효능감에 더 큰 영향을 미친다.

④ 작은 목표를 하나씩 이루는 성취 경험을 한다: 성취를 경험하는 것이야말로 자기효능감을 키우는 가장 효과적인 기술이다. 다른 사람이 성취하는 모습을 보거나, 누군가로부터 꼭 성취하라는 격려를 받거나, 눈앞에 놓인 일에 최선을 다하도록 자기 정서를 관리하는 것도 자기효능감을 키우는 데 큰 도움이 된다. 하지만 자신의 능력을 진정으로 믿을 수 있으려면 큰 목표를 작은 조각들로 나눈 뒤 하나씩 달성해가면서 성취 경험을 하는 것이 무엇보다 중요하다.

여기에 더해 어느 순간부터 자신감이 무너지고, 무기력하거나 우울하며, 가정 또는 직장에서 문제 해결 능력에 대한 확신이나 믿음이 사라져 혼란스러울 때 자기효능감을 키우는 다음과 같은 기술들을 사용하면 도움이 될 수 있다.

- 정서 회복력 기술: 긍정 정서, 자부심 키우기, 감사일기, 불안 극복하기
- 인지 회복력 기술: ABC 확인하기, 사고의 함정 피하기, 믿음에 반박하기

• 행동(성격강점) 및 성취 회복력 기술: 자기 통제력, 용감성, 희망(낙관성), 학구열

당신의 자기효능감 능력은 어느 정도일까? 다음 각 문항의 점수를 합한 뒤 긍정 문항 점수에서 부정 문항 점수를 빼면 자신의 자기효능감 능력 점수가 된다.

(1=전혀 아니다 / 2=대체로 아니다 / 3=보통이다 / 4=대체로 그렇다 / 5=매우 그렇다)

긍정 문항

• 해결책이 효과가 없다면 원점으로 돌아가 문제가 해결될 때까지 다른 해결책을 끊임없이 시도한다.　＿＿
• 나는 대부분의 일을 잘해낼 것이다.　＿＿
• 사람들은 문제 해결에 도움을 받으려고 나를 자주 찾는다.　＿＿
• 나는 훌륭한 대처 기술을 가지고 있으며, 대다수 문제에 잘 대응한다.　＿＿

부정 문항

• 도전적이고 어려운 일보다 자신 있고 쉬운 일을 하는 것이 더 좋다.　＿＿
• 내 능력보다 타인의 능력에 의지할 수 있는 상황을 선호한다.　＿＿
• 나는 직장이나 가정에서 나의 문제 해결 능력을 의심한다.　＿＿
• 변함없는, 단순하고 일상적인 일을 하는 것이 좋다.　＿＿

긍정 문항 총점 − 부정 문항 총점 = ＿＿ 자기효능감 능력 점수

평균 이상: 10점 초과 / 평균: 6~10점 / 평균 이하: 6점 미만

7

인생에서 뻗어나가는 방법:
적극적 도전하기 능력

'적극적 도전하기 능력'은 한마디로 역경을 이겨내고, 헤쳐 나가며, 딛고 일어서고, 뻗어나가는 힘이다. 회복력이 강한 사람은 역경을 이겨낼 수 있다는 믿음이 있어 새롭고 낯선 상황에서도 어느 정도의 위험은 감수하고 받아들인다. 이처럼 실패를 두려워하지 않고 새로운 세계에 도전하도록 회복력을 응용하는 것이 '적극적 도전하기 능력'이며, 다른 말로는 '뻗어나가기reaching out'라고 한다. 더 멀리 뻗어나감으로써 삶은 풍요로워지고 타인과 관계는 깊어지며 자기 세계는 넓어진다.

익숙한 일상을 반복할 뿐 새로운 도전을 하지 못하는, 즉 적극적 도전하기 능력이 없는 사람은 대부분 어린 시절부터 당혹감은 반드시 피해야 하는 감정이라고 배워왔다. 그래서 자신이 만든 껍질 안에서 웅크리고 사는 편이 남들 앞에서 실패하고 웃음거리가 되는 것보다 낫다고 생각한다. 그로 인해 그저 그런 인생을 살더라도 이 같은 믿음을 고수한다. 이런 사람은 또한 앞으로 겪을지 모를 역경을 지나치게 걱정하고 자신의 진짜 한계와 맞닥뜨릴까 봐 불안해한다. 그만큼 회복력도 약하다. 반면 적극적 도전하기로 역경을 이겨낸 사람은 자신에 대한 믿음을 키우면서 기꺼이 새로운 경험과 세계를 받아들인다.

태권도, 음악줄넘기 하면 떠오르는 사람이 있다. 바로 남중진 박사다. 남 박사와는 5년 전 내가 진행하는 긍정심리학 전문가 과정에서 처음 만났다. 그 후 지금까지 남 박사가 회복력 상담코칭 과정 등 여러 교육 프로그램에 참가해 인연을 이어왔고, 그의 지나온 인생에 대해서도 알게 됐다. 수많은 역경을 겪으며 살아왔기에 다소 위축되어 있지 않을까 우려한 것이 무색할 만큼 그는 정말 밝고 친절하며 겸손하다. 그런 남 박사를 보면서 사람은 누구나 노력과 학습으로 바뀔 수 있다는 긍정심리학의 논리를 다시 한 번 확인했다. 세상에는 일반인이 넘지 못하는 역경을 이겨내고 자수성가한 사람이 참 많다. 남 박사도 그중 한 명이다. 다음은 남 박사가 회복력, 그중에서도 적극적 도전하기 능력을 어떻게 발휘해 많은 역경을 이겨내고 인성을 함양했는지에 대한 이야기다.

내 학창 시절은 그야말로 질풍노도의 시간이었다. 나를 놀린다는 이유로 친구들을 때리거나 친구들을 야산으로 끌고 가 담배를 피우게 하고 친구들끼리 싸움을 붙였다. 동네 구멍가게에서 껌과 과자를 훔치기도 했다. 학교가 싫어 중학교에 입학하지 않겠다고 했더니 어머니가 중학교는 나와야 공장 일이라도 할 수 있다고 해 울며 겨자 먹기로 중학교를 졸업했다. 고등학교를 다니는 동안에는 담배와 술은 물론, 친구 오토바이를 빼앗아 타고 다니면서 나쁜 일은 죄다 하는 망나니 생활을 했다. 고등학교 졸업 후 무작정 서울로 상경했고, 변변한 직장을 구하지 못해 지하철역에서 잠자고 공공화장실에서 씻으며 살았다. 그리고 몇 푼 모은 돈으로 칫솔과 스타킹뭉치를 산 뒤 지하철역 입구에서 세상에 포효하듯 외쳤다.

"여러분! 플라스틱에 털 난 것 보셨습니까? 맞습니다. 칫솔입니다. 여기 신고 다니는 모기장이 있습니다. 뭔지 아십니까? 맞습니다. 스타킹입니다."

하지만 이 같은 장사는 불법이라 역무원에게 걸려 몇 번이나 쫓겨나야 했다. 당시 월 15만 원짜리 고시원에 살다가 매일 술 먹고 들어온다는 이유로 민원이 들어가 쫓겨난 일, 공원에서 노숙하다 같은 노숙자를 때려 경찰서에 잡혀간 일 등 나의 10대와 20대는 바닥 인생도 그런 바닥 인생이 없을 정도였다. 살아 있는 것 자체가 지옥이었다. 매일매일 '죽고 싶다, 죽어야지'라고 생각하면서도 죽지 못한 것은 죽고 난 뒤 가게 될 지옥이 무서워서였다.

어느 날 시골에 계신 어머니에게 안부 전화를 드렸더니 "이놈아 어릴 때 태꼰도(태권도) 열심히 배웠으니 어디 가서 사범질(태권도 사범)이라도 해라 그러면 신생 소리 늘으면서 사람답게라도 살 것 아니냐? 그리고 앞으로는 사고 치고 전화하지 마라. 오만정이 다 떨어진다." 그 순간 '그래, 내가 태권도를 좋아했지. 또 잘하기도 하고'라는 생각이 들었다. 그래서 "마지막 죽을 각오로 태권도를 해보고, 안 되면 그때 죽어도 돼. 죽는 것은 언제든 할 수 있으니까 죽을 각오로 태권도를 해보자"고 마음먹었다.

이후 죽기 살기로 태권도 사범 생활을 해나갔고, 서른 살 가까이 되어서야 800만 원을 모을 수 있었다. 그 돈으로 300만 원 보증금에 월 30만 원짜리 태권도장을 경기도 수원시 변두리에 열었다. 나는 그때부터 지금까지 '사즉필생 필생즉사死則必生 必生則死', 즉 '죽을 각오로 싸우면 살고 살 마음으로 싸우면 죽는다'는 이순신 장군의 말씀을 좌우명으로 삼아 삶에서 실천하고 있다.

태권도장 운영은 쉽지 않았다. 하지만 차가운 바닥에서 먹고 자고 생활해 모은 돈으로 주경야독해 전문대학에 들어갔고, 편입해 4년제 대학교를 나와 대학원 석사 학위도 취득했다. 이 과정들을 거치면서 교육이란 무엇이고, 인성이란 무엇인지를 깨달아 과거 상처로 점철된 내가 아닌, 새로운 나 자신을 만들어가기 시작했다. 이어서 아동심리학 박사 학위를 취득하고 지금은 대학교수로 활동하고 있다. 그리고 자라나는 아이들이 나와 같은 시행착오를 겪지 않았으면 하는 마음으로 내 경험과 전문성을 살려《행복 높이뛰기》와《라~ 라~ 라~》등 다양한 자녀 교육 도서를 저술했다.

세상은 늘 끊임없이 변화하고 있고, 태권도 분야 역시 변화의 흐름을 피할 수 없었다. 태권도 인구가 줄기 시작한 것이다. 나는 생존을 위해 새로운 길을 찾아야만 했다. 그것이 바로 태권도와 줄넘기를 결합한 태권줄넘기, 음악줄넘기다. 세계 최초로 태권줄넘기, 음악줄넘기를 창안해 현재는 내가 직영으로 운영하면서 태권도 관장과 줄넘기 관장, 사범 회원 3,000명 가까이를 컨설팅하고 있다.

내가 긍정심리학을 처음 접한 것은 4년 전 우문식 교수님이 진행하는 긍정심리학 전문가 과정에 참가하면서다. 평소 나는 내가 최고로 긍정적인 사람이고, 긍정 하면 남중진이라고 자부했다. 하지만 다양한 긍정심리학 교육 프로그램에 참가해 깊이 있게 학습하면서 긍정심리학이 내가 생각했던 단순한 사고 방법이 아닌, 심리체계를 구축한 심오한 학문이라는 사실을 알게 됐다. 나는 점점 더 긍정심리학에 매료됐고, 긍정심리학을 내 개인의 삶뿐 아니라 태권도와 줄넘기에도 접목하고 싶었다. 긍정심리학 기저에 깔린 도덕적 개념과 선한 품성이 오늘날 교육에서 중요시하는 인성교육과 일맥상통하기 때문이다. 그중에서도 특히 성격강점에 흥미를 느꼈다. 성격강점을 학습하고 찾고 실천하면서 내가 태권도를 선택한 것도, 태권줄넘기와 음악줄넘기를 창안한 것도, 그리고 지금까지 내가 겪은 수많은 역경을 이겨낸 회복력의 핵심도 성격강점이라는 것을 알았기 때문이다. 그래서 나는 앞으로도 긍정심리학과 성격강점, 회복력 프로그램을 내가 운영하는 태권도장과 줄넘기 교육장은 물론, 컨설팅 관장들에게도 적용시키기 위해 노력할 것이다.

회복력은 개인이 좌절을 딛고 일어서도록 하는 데서 끝나지 않는다. 바로 이 점 때문에 회복력이 중요하며, 회복력을 응용한 적극적 도전하기 능력이 필요한 것이다. 사실 우리는 누구나 풍요로운 삶을 원하고 창조할 수도 있다. 이때 회복력은 일종의 마음가짐으로 작용해 새로운 경험을 추구하고 자기 삶을 아직 미완성 작품으로 바라보게 한다. 또한 긍정적이고 진취적인 탐험가 정신을 자아내고 지지하며 자신감도 부여한다. 직장에서 새로운 책임을 떠맡고, 사귀고 싶은 사람에게 용감하게 다가가는 것은 물론, 자신을 정확히 이해하면서 타인과 더 친해질 수 있는 경험을 추구한다. 이것이 바로 적극적 도전하기 능력이다.

삶을 일정하게 한정적으로 살아가는 사람들이 있다. 그들의 일상은 늘 똑같다. 아침 7시에 일어나 실내 자전거로 운동하고 9시까지 출근해 12시에 도시락으로 간단히 점심을 때운 뒤 저녁 6시에 퇴근해 저녁을 먹고 한 시간 동안 텔레비전을 본 다음, 스마트폰을 조금 들여다보다 잠드는 식이다. 그들은 이 일상을 고수한다. 일상이 별 탈 없이 되풀이될 때 편안하고, 심지어 행복하다. 즉 충분히 예측 가능한, 익히 알고 있는 삶이 최고인 것이다. 그들은 불평, 불만이 거의 없고 본인이 무언가를 놓치고 있다는 생각도 결코 하지 않는다. 이런 사람이 주위에 꼭 있을 것이다. 어쩌면 당신일지도 모른다.

반면, 삶을 화려한 뷔페처럼 여기는 사람들도 있다. 그들은 접시를 들고 몇 번이고 오가면서 이것저것 조금씩 맛보려 한다. 우연히 캐비어를 먹는 호사를 누릴 때도 있지만, 보통은 초밥을 먹는다. 하지만 초밥에 안주하지 않고 온갖 음식이 놓인 식탁으로 다시 돌아간다. 이처럼 그들은 타인에게 손을 뻗고 새로운 경험을 추구하는 데서 기쁨을 얻는다. 이런 경향은 바로 회복력에서 비롯된다. 회복력은 부정 경험을 이겨내고, 스트레스에 대처하며, 트라우마에서 벗어나는 데 꼭 필요하다. 타인과 밀접한 관계를 맺으면서 새로운 경험과 배움을 추구하고 의미로 충만한 삶을 사는 데도 반드시 필요한 요소다.

70대 중반 나이에도 여전히 뻗어나가고 있는 인숙 씨는 새로운 경험을 찾아 나서는 데 주저함이 없다. 꾸준한 운동과 관리 덕분에 건강도 따라 주고 의욕도 넘친다. 맨 앞줄에서 요가 수업을 듣는 것에 그치지 않고, 요즘은 시니어 요가지도자 자격증에도 도전하고 있다. 같은 신체 조건을 가진 또래를 가르칠 수 있다면 수입도 생기고 보람도 있을 것 같아서다. 꼭 성공한다는 보장은 없지만 도전 자체로도 이미 가족과 친구들로부터 많은 지지를 받고 있다.

"요즘은 SNS(소셜네트워크서비스)를 관리하느라 바빠요. 포털사이트 블로그에 매일 운동 사진과 영상을 올려야 하고, 팔로어들 질문에 답도 해야 하거든요. 스마트폰으로 셀카 잘 찍는 법도 손주들한테 배워서 매일 인생 사진에 도전하고 있어요. 비록 젊은 시절은 흘러갔지만, 동네에서 제일 멋진 할머니가 되고 싶어요."

시골에서 태어난 인숙 씨의 어린 시절을 아는 사람이라면 아마도 벌어진 입을 다물지 못할 것이다. 인생 황혼기는 아직 오지 않았다는 이 세련된 할머니를 누가 말리겠는가. 젊은 시절부터 알고 지낸 세계 각국 친구들과 같이 나이 들어가는 인생이 날마다 새롭다고 한다.

간혹 인숙 씨 같은 사람은 인생의 목적을 찾아내는 능력과 사교성, 학구열을 타고난 행운아라서 그렇게 만사가 잘 풀리는 것이라고 생각하는 이들도 있을 테다. 하지만 새로운 경험을 적극적으로 시도하는 인숙 씨의 성격은 타고난 것이 아니었다. 인숙 씨는 의미 있고 풍요로운 삶을 살고자 열심히 노력해왔다.

누군가를 가리켜 "사교성이 없어" 또는 "집에 틀어박혀 있는 걸 좋아해"라고 말하는 소리를 들어봤을 것이다. 이는 그런 성향이 쉽게 변하지 않는다는 것을 암시한다. 타고난 성격이 사람마다 다른 것은 당연하다. 그리고 성격은 조금씩 변할 수 있지만, 완전히 달라질 가능성은 별로 없다. 내향적인 사람을 사교적인 사람으로 바꾸려고 애쓰는 것은 소용없는 짓이다. 친밀한 관계에 대한 열망이나 새로운 경험에 대한 열정을 억지로 주입할 수도 없다. 하지만 그런 관계나 경험을 원한다면 그것을 추구하는 데 필요한 회복력을 먼저 키우면 된다. 일단 회복력 수준이 높아지면 뻗어나가기에 관심이 생긴다. 뻗어나가기의 핵심 요소들은 열망과 능력의 조합을 토대로 한다.

인숙 씨처럼 멀리 뻗어나가는 사람은 유독 세 가지에 탁월하다. 즉 위험 수준을 정확히 측정하고, 자기 자신을 잘 알며, 인생의 의미와 목적을 잘 찾아낸다.

첫째, 위험 수준을 정확히 측정하는 사람은 올바른 판단력을 지니고 있다. 그 판단력을 이용해 합리적인 위험과 비합리적인 위험을 구별한다. 이들은 현실적으로 낙관적인 사람이다. 실제로 일어날 확률이 높은 문제를 정확히 예측할 수 있고, 문제를 사전에 방지하는 전략은 물론, 문제가 일어날 경우 그것을 해결할 전략도 찾아낸다. 위험 수준 측정 능력과 문제 해결 능력에 대한 자신감은 일종의 정서적 안전망을 제공한다. 그 안전망 덕분에 새로운 경험을 더욱 열심히 추구하고 새로운 인간관계를 적극적으로 강화한다. 위험에 대응하는 자신의 능력을 확신한다면 뻗어나가기가 그렇게 두렵지 않다.

둘째, 자기 자신을 잘 아는 사람은 감정과 생각을 스스럼없이 표현한다. 이 진실한 태도는 타인에 대한 수준 높은 인식, 그리고 그들 인생이 어떠한지 알고자 하는 진정한 열망과 결합한다. 인숙 씨 같은 사람은 사교 생활을 즐기고 낯선 이도 편하게 만난다. 물론 이런 유형의 사람이 어울려 노는 것을 지나치게 좋아하고, 아무하고나 분별없이 사귀며, 처음 만난 자리에서도 사적인 이야기를 속속들이 털어놓는다는 뜻이 아니다. '뻗어나가는' 사람들은 남의 일에 주제넘게 나서지 않으며 사생활을 꼬치꼬치 캐묻지도 않는다. 오히려 자신의 사회성 지능을 사용해 타인 반응에 숨겨진 미묘한 신호를 감지하고, 그것에 따라 행동한다. 정교한 대인 관계 기술 덕분에 그들은 막 싹트기 시작한 관계를 활짝 꽃피울 수 있다.

"저는 스키, 수상스키, 스쿠버다이빙, 스케이트를 시도해봤어요. 운동을 아주 잘하고 싶었거든요. 그런데 제가 가장 좋아하는 스포츠는 걷기와 요가라는 것을 깨달았어요. 물론 억지로 연습했다면 스키나 스케이트 같은 스포츠에도 능숙해질 수 있었을 거예요. 하지만 스포츠에는 재주나 재능을 타고나지 못했다는 것을 알게 됐죠. 이후 저와 잘 맞는 다른 활동들을 시도했고 더욱 즐겁게 할 수 있었어요."

인숙 씨는 자기 자신을 잘 알았고, 자신을 있는 그대로 기꺼이 받아들였다. 그렇기에 열심히 추구한 활동이 자신과 맞지 않아도 수치심이나 실패감을 느끼지 않는다. 뻗어나가기에서는 앞으로 나아가는 능력 못지않게 중요한 것이 뒤로 물러나는 능력이다. 즉 뻗어나가기를 원하는 사람은 지속할 때와 중단할 때를 알아야 한다. 자신과 자신이 경험하는 활동이 '정말로 잘 들어맞는지'를 판단할 수 있어야 뻗어나가기가 가능하다. 회복력 기술은 물러설 때와 나아갈 때를 알 수 있게 해준다. 남중진 박사 역시 자신이 가장 잘하고 좋아하는 것을 알고 찾아냈기에 자신을 변화시킬 수 있었고 또 더 높이, 더 멀리 뻗어나갈 수 있었다.

셋째, 폭넓은 삶을 사는 사람은 자신이 투입한 노력에서 의미와 목적을 찾고, 소유한 것과 경험한 것을 올바로 인식한다. 인생에서 의미를 찾으려면 지금 이 순간에 초점을 맞출 줄 알아야 한다. 순간에 집중하는 태도는 큰 그림을 보는 능력과 결합한다. 인숙 씨는 진전이 더뎌도 자신의 사명을 고수하는 편이다.

"제가 벌이는 활동이 즉각적으로 어떤 결과를 가져오지는 않는다는 것을 저도 알아요. 그래서 무기력을 느낄 때도 있죠. 다만 제가 하는 일의 의미를 스스로 상기하는 방법이 두 가지 있어요. 하나는 언제나 현재에 초점을 맞추고 가능한 한 이 순간에 존재하면서 지금 하는 일에서 어떤 가치를 찾아내는 거예요. 또 다른 하나는 초점 대상을 바꿔 큰 그림을 보는 거죠. 저와 똑같은 목표에 관심을 기울이는 세계 곳곳의 사람들을 생각해요. 세상을 더 좋게 바꾸는 일에 책임감을 느끼고 정의를 중요시하는 사람들과 하나로 연결되어 있다고 믿는 거예요. 그러면 제 인생에 목적이 있다는 느낌이 들어요."

새로운 사람을 만나고 새로운 일을 시도하며 의미 있는 활동을 추구하려면 엄청난 용기와 내면의 힘이 필요하다. 누군가에게 마음을 열고 다가갈 때마다 거부당할 위험이 있고, 새로운 것을 배울 때마다 실패할 가능성도 있기 때문이다. 당혹감과 슬픔을 느낄 수도 있다. 적극적인 도전하기를 통해 뻗어나갈 때마다 위험을 자초하는 것이다. 하지만 이때 회복력이 우리를 보호한다. 앞으로 구체적으로 살펴볼 회복력 기술들은 위험 수준을 측정하고 문제를 예방하는 것은 물론, 해결 능력도 높여준다. 또한 정서 인식과 대인관계 기술을 강화하며, 현재에 초점을 맞춰 인생의 의미를 찾아내는 능력도 키워준다. 누구나 회복력 기술들을 갖춘다면 원하는 대로 얼마든지 뻗어나갈 수 있다. 그리고 다음 각 회복력에 해당하는 기술 중 자신에게 가장 잘 맞는 것을 선택해 실천한다면 적극적 도전하기 능력이 더욱 강화될 것이다.

- 정서 회복력 기술 : 자부심 키우기, 감사일기, 우울증 극복하기
- 인지 회복력 기술 : ABC 확인하기, 빙산 믿음 찾기, 진상 파악하기, 실시간 회복력 발휘하기
- 행동(성격강점) 회복력 기술 : 창의성, 통찰력, 판단력, 용감성, 정직, 끈기, 희망(낙관성)
- 성취 회복력 기술 : 그릿, 자기 통제력, 끈기, 열정

당신의 적극적 도전하기 능력은 어느 정도일까? 다음 각 문항의 점수를 합한 뒤 긍정 문항 점수에서 부정 문항 점수를 빼면 자신의 적극적 도전하기 능력 점수가 된다.

(1=전혀 아니다 / 2=대체로 아니다 / 3=보통이다 / 4=대체로 그렇다 / 5=매우 그렇다)

긍정 문항

- 호기심이 많다. ____
- 새로운 시도를 좋아한다. ____
- 나에 대한 다른 사람의 생각은 내 행동에 영향을 미치지 못한다. ____
- 도전은 나 자신이 성장하고 배우는 한 가지 방법이다. ____

• 내가 유일한 책임자가 아닌 상황이 가장 편하다.   ___

• 새로운 도전을 좋아하지 않는다.   ___

• 새로운 사람들을 만나는 것이 불편하다.   ___

• 판에 박힌 일과를 처리할 때 가장 편안하다.   ___

긍정 문항 총점 − 부정 문항 총점 = ____ 적극적 도전하기 능력 점수

평균 이상: 9점 초과 / 평균: 4~9점 / 평균 이하: 4점 미만

4장

정서 회복력 기술

1

과거보다 미래를 지향하는
긍정심리학

회복력 기술에는 정서 회복력 기술, 인지 회복력 기술, 관계 회복력 기술, 행동 회복력 기술, 성취 회복력 기술이 있다. 이 모든 회복력 기술의 기반은 긍정심리학이다. 최근 역경과 불확실성 시대를 맞아 인지도가 더욱 높아진 긍정심리학은 역사가 짧은 편이다. 우리가 익히 알고 있는 심리학은 제2차 세계대전을 기점으로 흐름이 변화했는데, 그 전의 심리학은 세 가지 의무가 있었다. 정신질환Psychiatric Disorder을 치료하고, 모든 사람이 생산적이고 충만하게 살도록 도우며, 개인의 재능(강점)을 찾아내 키우는 것이었다. 그런데 전쟁 중에 이 세 가지 의무의 균형이 깨졌다. 제2차 세계대전 전까지는 신체적 부상자만 환자로 인정했으나, 전쟁을 치르면서 정신적 외상인 트라우마까지 질환으로 인정하기 시작한 것이다. 그러다 보니 당시 춥고 배고프던 심리학자들이 그쪽으로만 몰려갔다. 이때부터 심리학은 인간에게 올바르고 긍정적인 것이 무엇인지에 대한 연구를 간과했으며, 긍정적이고 좋은 삶에 대한 언급은 종교

지도자나 정치인의 몫이 됐다. 셀리그만은 이러한 불균형을 바로잡고자 인간의 심리적 측면과 미덕, 강점을 과학적으로 연구하기 시작했다. 그리고 긍정심리학의 여섯 가지 요소(긍정 정서, 몰입, 관계, 의미, 성취, 강점)를 배운다면 트라우마를 겪었다 해도 회복력을 높이고 성장할 가능성이 커진다고 주장했다. 그리고 긍정심리학자들이 연구한 결과, 사람들에게 행복과 플로리시를 만들어주고, 역경을 이겨내게 하는 가장 중요한 여섯 가지 분야가 있는데 그것이 바로 긍정심리학의 여섯 가지 요소였다.

2008년 미 육군 참모총장이던 케이시 장군은 셀리그만에게 "긍정심리학이 장병들에게 어떤 일을 해줄 수 있습니까?"라고 질문했다. 이에 셀리그만은 "사람들이 트라우마를 겪으면 세 가지 반응을 보입니다. 첫째, 우울증과 불안증을 보이다 PTSD에 빠지고 심하면 자살까지 시도합니다. 둘째, 초기에는 우울증과 불안증을 보이지만 한 달가량 지나면 트라우마 이전으로 회복됩니다. 셋째, 초기에 우울증과 불안증을 보이지만 첫 번째와 반대로 일정한 시간이 지나면 트라우마 전보다 더 성장합니다. 긍정심리학은 트라우마를 겪은 병사들을 더 많이 회복시키고 성장하게 해줄 수 있습니다"라고 답했다. 이에 케이시 장군은 동석한 회복력 교육 책임자인 코럼 준장에게 "군인들을 대상으로 회복력을 측정하고 긍정심리를 가르쳐 신체만큼 심리적으로도 강한 군대를 만들라"고 지시했다.

긍정심리학이 탄생한 데는 세 가지 계기가 있었다. 첫 번째는 앞에서 말한 심리학의 불균형에 대한 셀리그만의 자각이다. 제2차 세계대전 전까지만 해도 신체적 부상자만 환자로 인정하던 것을 전쟁 중에 정신적 외상인 트라우마를 겪은 이들까지 환자로 인정하기 시작하면서 많은 심리학자가 그쪽으로 몰려들었고, 셀리그만은 심리학에서의 이런 불균형이 결코 바람직하지 않다고 생각했다. 그래서 그는 인생에서 최악의 부분을 회복하는 것만큼 최고의 부분을 설계하는 것도 중요하고, 불행한 이들의 삶을 치유하는 것만큼 건강한 사람의 삶을 충만하게 하는 것도 중요하며, 약점을 고쳐주는 것만큼 강점을 키워주는 것도 중요하다고 강조하면서 긍정심리학에 집중했다.

두 번째는 셀리그만의 딸 니키를 통해 발견한 예방심리학이다. 셀리그만은 임상심리학자로서 우울증, 공황장애, 알코올 중독 등 수많은 심리적 증상자를 치료했다. 그리고 그 과정에서 이런 증상들이 이미 나타나버리면 치료가 어렵다는 사실을 깨달았다. 이에 그는 미국심리학회 회장에 당선된 이후 심리학이 나아가야 할 방향이 예방심리학이라 믿고 그쪽으로 초점을 맞추려 했다. 하지만 관련 연구를 위해 세계적인 심리학자들을 초청해 세미나 등을 개최해도 다들 치료심리학 쪽 발표만 했다.

실망한 그는 어느 일요일, 집에서 정원을 가꾸며 학회 운영 구상에 몰두하고 있었다. 이때 다섯 살배기 딸 니키가 다가와 그가 깎아놓고 뽑아놓은 잔디와 잡초들을 하늘 높이 던지면서 뛰어놀고, 손뼉을 치며 노래도 불러댔다. 딸아이의 그런 모습이 하도 어수선해서 그는 "니키, 조용히 좀 못 해!"라고 냅다 고함을 쳤고, 놀란 니키는 집 안으로 들어가버렸다. 잠시 뒤 다시 정원으로 나온 니키가 그에게 다가와 말했다.

"아빠, 드릴 말씀이 있어요."

"무슨 말인데, 니키?"

"아빠는 제가 다섯 살 생일 전까지 어땠는지 기억하세요? 굉장한 울보였잖아요. 날마다 징징거릴 정도로. 그래서 다섯 번째 생일에 결심했어요. 다시는 징징거리며 울지 않겠다고요. 그런데 그건 지금까지 제가 한 그 어떤 일보다 훨씬 힘들었어요. 만일 제가 이 일을 해냈다면 아빠도 신경질 부리는 일을 그만두실 수 있지 않나요?"

이제 다섯 살인 딸이 심리학계 거장인 자신도 미처 몰랐던 문제점을 정확히 짚어낸 것이다. 셀리그만은 큰 충격을 받았다. 아이를 키우는 일은 그 아이의 단점을 고치는 것이 아니었다. 부모가 할 일은 아이의 강점을 개발하고 삶의 밑거름이 되도록 돕는 것이었다. 아이가 자신의 강점을 완벽하게 개발한다면 약점을 극복하고 험난한 세상살이를 헤쳐 나갈 힘을 얻을 수 있다. 마찬가지로 사회구성원들이 자신에게 꼭 맞는 자리를 찾아 강점을 최대한 발휘할 때 사회 전체에 이익이 돌아간다면, 심리학의 임무는 더없이 명확했다. 사람들을 그 방향으로 이끌면 되는 것이었다. 셀리그만은 어린 딸 니키 덕분에 자신의 사명을 깨달았고, 이후 긍정심리학의 사명은 '예방'이 됐다.

세 번째는 낙관성 학습이다. 셀리그만이 1978년 발표한 낙관성 학습 이론의 핵심은 설명양식이다. 비관적인 설명양식을 낙관적인 설명양식으로 바꾸어 무기력과 비관성, 우울증, 불안증을 치료하는 것이 주요 내용이다. 낙관성 학습 이론을 발표한 후 그는 펜실베이니아대학교에서 관련 프로그램을 운영했고, 그 결과 어렸을 때 낙관성을 키우면 성인기 때 우울증에 걸릴 확률이 약 50퍼센트 감소한다는 사실을 발견했다.

셀리그만은 미국심리학회 회장에 당선되고 2년 뒤인 1998년 신년사에서 "손쓸 도리 없이 망가진 삶은 이제 그만 연구하고 모든 일이 잘될 것 같은 사람에게 초점을 맞춰야 한다"고 선포했다. 그리고 심리학자 미하이 칙센트미하이Mihaly Csikszentmihalyi, 레이 파울러Ray Fowler와 함께 긍정심리학의 기초 이론을 만들고 그 이론을 2000년 〈미국심리학회〉지와 2002년 《마틴 셀리그만의 긍정심리학Authentic Happiness》을 통해 세상에 알렸다. 성격강점 개발의 실무적 책임자이기도 하고 긍정심리학 탄생에 지대한 공을 세운 피터슨은 긍정심리학을 한 단어로 요약해 '타인'이라고 설명했다. 즉 긍정심리학은 인간 중심이며, 인간관계 그 자체라는 것이다.

　이러한 인간 중심의 긍정심리학은 서양 철학자 소크라테스, 동양 사상가 공자로 유래가 거슬러 올라간다. 예수, 부처, 무함마드, 토마스 아퀴나스 같은 종교적 인물이나 신학자, 플라톤과 아리스토텔레스 같은 철학자도 좋은 삶과 그런 삶을 사는 방법에 대해 같은 질문을 던졌다. 이들이 발전시킨 다양한 세계관을 아우르는 공통된 주제는 타인과 인간, 그리고 초월적 존재의 섬김이다. 현대 긍정심리학자들은 의미 있는 삶은 종교적 목적과 현실적 목적을 모두 성취하는 과정에서 얻을 수 있다고 강조한다. 이에 긍정심리학은 프로이트 이후 심리학에서 잘 다루지 않던 종교심리학을 심리학 연구 분야의 중심으로 끌어왔다는 평가를 받는다.

　긍정심리학은 사실 1998년 이전부터 심리학 영역에서 초석을 다지고 있었다. 먼저 1954년 '인간 욕구 5단계 이론' 창시자이자 인본주의심리학자인 매슬로가 창의성과 자아실현을 강조하기 위해 '긍정의 심리학'이라는 명칭을 처음 사용했다. 그러나 당시 시대적으로 어렵게 느껴지는 명칭이라 '건강과 성장심리학'으로 바꾸어 불렀고, 이내 자취를 감췄다.

　인본주의심리학 이외에 인지심리학도 긍정심리학에 영향을 미쳤다. 셀리그만이 자신의 이론을 발표하기 전 인지심리치료 창시자인 에런 벡 밑에서 레지던트로 10년간 연구 활동을 했기 때문이다. 긍정심리학 창시 전에도 셀리그만은 유명한 임상심리학자로서 수많은 우울증, 공황장애 환자를 치료했다. 그러나 '예방'을 사명으로 여긴 그에게 기존 치료법들은 만족스럽지 못했다. 그는 치료를 받을 정도면 이미 시기적으로 늦은 것이니, 건강하고 행복할 때 예방에 힘써야 나중에 닥칠지도 모르는 고통의 나락에서 헤어날 수 있다고 봤다. 그러던 중 무기력 학습과 낙관성 학습에서 치료 가능성을 발견했고, 긍정심리학을 통해 자신의 사명을 이루어가고 있다. 긍정심리학은 치료에만 심혈을 기울이는 일반 심리학과 달리 불행, 분노, 비관성, 무기력, 우울증, 스트레스 등을 사전에 예방할 수 있다. 즉 치료 결과는 불확실하지만 예방 효과는 크다. 또한 긍정심리학은 아이들의 강점을 조기에 발견하고 키워 스스로 행복하고 건강한 미래를 만들어가는 데도 도움을 준다.

긍정심리학은 특히 인본주의심리학, 동서양 철학, 종교 이론 등에 제각기 분절되어 있던 일련의 연구들을 하나로 묶는 데 공헌했다. 지금은 "무엇이 가치 있는 삶을 만드는 데 일조하는가?"라는 주제로 심리학계에서 독자적인 위상을 차지하고 있다. 그리고 사람들의 좋은 면을 주시하면서 그들이 각각 최상의 상태에 이른 순간에 초점을 맞춘다. 즉 개인과 집단의 웰빙(행복)에 관심을 두고 연구하는 것이다. 그렇다고 긍정심리학자들이 부정 정서를 깎아내리면서 긍정 정서에만 초점을 맞추는 것은 아니다. 부정 정서가 삶에 도움이 되는 부분도 있기 때문이다. 따라서 인생의 자연스러운 면인 부정 정서, 실패, 역경, 그 밖의 불쾌한 현상도 인정한다.

또 다른 장점으로 긍정심리학은 증거, 척도, 검증에 치중한다. 과학적 연구를 거치는 것이다. 그리고 그 연구 결과를 토대로 학교, 기업, 정부, 사회적 공동체는 물론, 개인의 삶을 개선할 긍정심리학적 개입을 창안한다. 이때 심리적·신체적 고통을 완화하고 개인의 낮은 기능 수준을 정상으로 회복시키는 것을 넘어 더 높은 수준으로 끌어올리는 데 초점을 맞춘다. 한마디로 긍정심리학은 인간의 긍정적 측면을 과학적으로 연구해 개인과 사회의 '플로리시'를 지원하는 학문이다. 그리고 과학을 토대로 개인과 조직, 사회에서 일어나는 기쁘고 좋은 일을 오랫동안 지속시킬 방법과 힘들고 어려운 일을 극복하고 해결할 수 있는 방법을 알려준다.

긍정심리학의 기본 가정은 인간에게 질병, 질환, 고통이 발생하는 것만큼 강점과 미덕, 탁월함도 주어진다는 것이다. 그래서 긍정심리학은 약점만큼 강점에, 최악인 인생을 회복하는 것만큼 최고의 인생을 설계하는 데, 불행한 사람의 삶을 치유하는 것만큼 건강한 사람의 삶을 충만하게 하는 데도 관심을 가진다.

긍정심리학의 플로리시, 즉 우리의 잠재 능력을 포함한 모든 능력을 발휘해 삶을 활짝 꽃피우게 하는 새로운 '웰빙 이론Well—being Theory'에는 여섯 가지 핵심 요소가 있다. 각 요소의 머리글자를 따 우리는 그것을 'PERMAS(팔마스)'라고 부른다.

① 긍정 정서(Positive Emotion): 행복과 삶의 만족이 주된 항목으로 우리가 느끼는 감사, 용서, 기쁨, 음미, 열정, 희열, 사랑, 희망을 뜻한다. 지속적으로 이러한 감정을 이끌어내는 삶을 '즐거운 삶'이라고 한다.

② 몰입(Engagement): 일, 사람, 또는 여가 활동에 완전히 집중하는 것으로 음악과 하나 되기, 시간 가는 줄 모르기, 특정 활동에 빠져 자각하지 못하기, 자발적으로 업무에 헌신하기 등이 해당한다. 이 요소를 지향하는 삶을 '몰입하는 삶'이라고 한다.

③ 관계(Relationships): 사랑, 우정, 양육 등 타인과 함께하는 것을 말한다. 큰 소리로 웃을 때, 말할 수 없이 기쁠 때, 자신의 성취에 엄청난 자긍심을 느낄 때는 대부분 타인과 함께였을 것이다. 혼자가 아닌 타인과 함께하는 삶을 '좋은 삶'이라고 한다.

④ 의미(Meaning): 이기적인 자아보다 더 크고 중요하다고 믿는 어떤 부분에 소속되어 봉사하는 것이다. 인생의 의미와 목적을 추구하는 이런 삶을 '의미

있는 삶'이라고 부른다.

⑤ 성취(Accomplishment): 인생 목표를 이루기 위해 발전해가는 성취 역시 플로리시를 위한 주요 요소로, 사람들은 성공, 성취, 승리, 정복 자체가 좋아서 추구하기도 한다. 성취를 위해 업적에 전념하는 삶이 바로 '성취하는 삶'이다.

⑥ 강점(Strengths): 개인의 성격적·심리적 특성을 뜻한다. 시간과 환경이 바뀌어도 변하지 않는 긍정적 특성으로, 도덕적이고 선한 품성의 개념이 포함된다.

팔마스를 모두 합하면 객관적 지표와 주관적 지표를 포함하는 포괄적 웰빙 지수를 얻을 수 있다. 팔마스 중 어느 한 가지가 웰빙을 만든다고 단정할 수 없지만 모두가 웰빙에 기여하는 것은 분명하며, 배울 수 있고 측정도 가능하다. 플로리시한 삶을 위해서는 우울, 불안, 분노를 없애고 부유해지는 것으로는 부족하다. 그것과 함께 팔마스도 구축해야 한다. 결국 긍정심리학의 궁극적 목표는 팔마스를 통해 플로리시를 증가시키는 것이다.

간혹 일부 심리학자는 자신들이 평생 연구해온 결과가 부정심리학으로 평가절하됐다며 긍정심리학을 편협한 시각으로 바라본다. 하지만 이들의 시각과 달리 긍정심리학은 기존 심리학을 부정하지 않으며 기존 심리학도 중요하고 필요하다고 생각한다. 부정성과 문제 중심인 기존 심리학에 긍정성과 예방 중심인 긍정심리학이 더해져 비로소 심리학의 나머지 반쪽이 채워졌다고 본다. 긍정심리학자는 현상을 가장 객관적 관점에서 바라보고 사실을 전달한다. 사람들에게 균형 잡힌 정보를 제공해 어떤 상황에서 어떤 목표를 수행할지 결정을 내릴 수 있도록 돕는 것이다. 이로써 긍정심리학이 심리학의 균형을 맞춘 셈이다.

지금까지 심리학자들은 주로 화, 걱정, 불안, 우울 등 부정 정서의 음수 상태를 0으로 만들기 위해 노력했다. 하지만 부정 정서에서 벗어난 상태가 곧 행복을 의미하지는 않는다. 0에서 양수 상태인 긍정 정서를 많이 느껴야 비로소 행복할 수 있다. 긍정심리학의 목표는 −5에 있는 사람을 0으로 끌어올리고, +2에 있는 사람을 +6으로 끌어올리는 데 있다. 즉 부정 정서 완화에 만족하지 않고 불행하지 않거나 조금밖에 행복하지 않은 사람을 더 행복하게 만들고자 노력하는 것이다. 이런 의미에서 긍정심리학은 치료와 성장을 함께 이루도록 한다고 볼 수 있다.

긍정 정서와 강점들이 우리 삶이나 조직에서 어떻게 작용하고 어떤 결과를 내는지를 관찰하는 것도 긍정심리학의 주된 역할이다. 긍정 정서는 사고를 유연하게 만들고 확장한다. 그 결과 조직 구성원 각자의 창의성과 수용성, 자발성, 회복력, 실행력이 높아져 조직의 생존과 성과, 새로운 도전에 기여하고 문제도 해결한다. 4차 산업혁명 시대에 접어든 지금 조직은 변하지 않고는 생존할 수 없다. 그 과정에서 인간의 존엄성, 윤리의식, 인성적 요소가 소홀히 다루어질 가능성이 크다. 이때 긍정심리학은 개인과 조직이 최적의 창의성과 기능을 발견하고 발휘하게 함으로써 이러한 시대적 문제의식과 요구 사항을 충족해줄 것이다.

인간은 과거에 지배당하기보다 미래를 지향하는 존재로, 이것은 긍정심리학도 마찬가지다. 일반 심리학은 흔히 어린 시절 기억이나 상처가 성인기에도 영향을 미친다고 보는데, 셀리그만은 어린 시절 경험이 성인기 삶에 거의 혹은 전혀 영향을 미치지 않는다는 사실을 입증했다. 즉 기대, 계획, 의식적 선택을 측정하고 구축하는 과학은 습관, 충동, 환경을 파악하는 과학보다 더욱 강력하다. 이는 사회과학의 유산과 심리학 역사에 정면으로 배치되는 부분이지만, 이 놀라운 사실을 깨닫는 것만으로도 우리는 과거에서 벗어나 더 행복한 삶을 만들 수 있다.

진정한 자신을 찾고 성장하는 데도 긍정심리학이 필요하다. 심리적 문제를 가진 사람, 사회에 적응하지 못하는 사람은 자기 정체성에 혼란을 겪고 있는 경우가 많다. 이때 긍정심리학을 활용한다면 진단을 통해 진정한 자신, 즉 정체성을 찾고 과학적 도구들을 통해 인생에서 원하는 바를 쟁취할 수 있다. 긍정심리학은 머리로 이해만 하거나, 가슴으로 느끼기만 하는 이론이 아니다. 손과 발로 연습하고 실천하면서 자기 것으로 만드는 과학적 학문 중 하나다.

샤하르가 2002년 하버드대학교에 긍정심리학 강의를 개설한 후 2006년에는 1,200명이 강의실에 몰리면서 20년이 지난 지금까지도 가장 인기 있는 수강 과목으로 자리 잡고 있다. 학생들이 이 강의를 듣는 이유는 하버드대학교의 모든 과목이 이상을 추구하는 데 반해, 긍정심리학은 자신에게 초점을 맞추고, 어려운 문제를 해결하는 방법과 더불어 좋은 일을 지속적으로 유지하는 방법들을 알려주기 때문이라고 한다. 지금은 미국 수백 개 대학교에서 긍정심리학 강의가 이루어지고 있다.

긍정심리학의 인기는 기업은 물론, 초·중·고등학교, 병원, 군대 등 다양한 조직에서 빠르게 확산되고 있으며, 전 세계적으로 긍정심리학에 열광하는 사람도 늘어나는 추세다. 개인이나 조직이 플로리시할 수 있는 방법을 과학적으로 구체화해 제시한 결과다. 즉 긍정심리학은 팔마스라는 체계적인 이론을 갖추었고 대표 표본, 발달한 분석 기법, 통제된 실험실 연구 같은 과학적 방법을 찾아내 검증도 거쳤기에 신뢰도가 높을 뿐 아니라 효과도 뛰어나다. 심리적(우울증·무기력·회복력), 신체적(심장 질환·감염성 질환·암), 사회적(소통·배려·사랑), 지적(창의성·수용성·인성) 등 다양한 분야에서의 검증된 연구 결과와 실천 사례들이 이를 증명한다.

셀리그만은 "프로이트 추종자들이 저지른 중대한 실수는 오직 정신과 의사들만 정신분석을 할 수 있게 제한한 점이다"라고 말했다. 그리고 "반면 긍정심리학은 심리학자만 실천하거나 전문가가 될 수 있는 학문이 아니며 자기 방어적인 심리학 관련 협회들을 보호할 또 하나의 안전막이 될 마음이 없다. 긍정심리학의 기초 이론, 긍정 상태와 긍정 특성의 타당한 측정, 효과적인 개입 부문에서 충분한 훈련만 받는다면, 그리고 내담자를 더욱 노련한 전문가에게 맡겨야 할 시점을 파악할 수만 있다면 누구나 긍정심리학의 씨앗을 뿌리는 사람이 될 수 있다"고 설명했다.

연재 씨를 만난 것은 5년 전 겨울, 긍정심리학 교육 프로그램에서였다. 교육 과정 첫날 점퍼 차림의 그는 표정이 무척 어두웠고, 과체중이었으며, 눈이 충혈되어 자주 안약을 넣었다. 과거 발레리나였다는 사실이 믿기지 않을 정도였다. 첫 만남에서 외모만 보고 판단하기는 제한적일 수 있지만 '신체적·심리적으로 참 힘들겠구나!' 하는 생각이 들었다. 그런데 강의가 본격적으로 진행되면서 그의 표정에 변화가 생겼다. 2주째 교육을 마친 후에는 긍정심리학을 전문적으로 배우고 싶다고 했다. 긍정심리학에 희망을 걸겠다는 것이었다. 어떤 확신이 선 듯했다. 이후 1년간 열심히 한 그는 상담심리학 대학원에 입학해 박사 학위를 받았고, 자신의 전공에 긍정심리학을 접목해 심리치료에 전념하고 있다. 다음은 연재 씨가 긍정심리학으로 역경을 극복한 이야기다.

나는 무용을 전공했고, 예술 쪽에서 엘리트 코스를 밟았다. 그리고 전공을 살려 아이들을 가르치는 무용 선생으로서 부족함 없이 순탄한 삶을 살았다. 결혼 적령기에 가정을 꾸려 두 아이의 엄마와 한 남자의 아내로서도 충실한 삶을 살고자 노력했다.

하지만 어느 날부터 스스로 극복하기 힘든 역경이 닥쳐왔다. 친정집 큰딸로서 감당해야 하는 여러 문제와 감정적 갈등, 큰며느리로서 겪어야 하는 시집살이 때문에 고통스러운 시간을 보냈다. 이렇게 내면의 갈등이 장기화되면서 스트레스가 몸의 면역체계를 무너뜨렸고, 결국 마음속 모든 고통과 괴로움이 육체로 드러났다.

내 질병은 자기 세포를 외부로부터 침입한 적으로 오인해 공격하는 '자가면역질환'이었다. 아직 근본적인 치료제가 없어 통증을 가라앉히는 다량의 스테로이드만 처방받아 사용해야 했다. 5년 동안 약 부작용으로 당뇨, 고혈압, 불면증, 관절통이 생긴 것은 물론, 20킬로그램 체중 증가로 인한 대인기피증과 우울증 등 수많은 합병증이 나를 고통스럽게 했다. 내 몸은 점점 망가지고, 정신은 피폐해졌다. 더는 살아갈 의욕도, 에너지도 없었다. 그냥 무기력해진 것이다.

내가 겪는 역경이 너무 슬프고 우울했지만 포기하고 싶지 않았다. 이렇게 약에 의존해 망가져가는 자신을 그냥 바라만 보고 있을 수는 없었다. 하지만 육체적 변화는 지금 당장 내 힘으로 어쩔 도리가 없어 방법을 바꾸기로 했다. 오랜 고민 끝에 그동안 육체에만 초점을 맞췄다면 앞으로는 심리에 초점을 맞추기로 결정했다. 질병이 심리적 원인에 기인한 것이라면 거기에서 해결 방법을 찾아야 한다고 생각했기 때문이다. 특별한 대책 없이 약을 끊기가 불안하고 두려웠지만, 그동안 육체에 초점을 맞추고 약물에 의존했던 치료법을 내려놓기 시작했다.

심리적 문제를 해결할 수 있는 방법들을 찾던 어느 날 긍정심리학을 발견했다. '긍정'이라는 단어가 왠지 희망의 불빛처럼 느껴졌다. 오랫동안 온갖 부정 정서에 매몰되어 있었기 때문인지도 모른다. 일단 관련 책을 구입해 읽어보니 긍정심리학 도구들을 이용하면 내 심리적 문제를 해결할 수 있을 것 같다는 느낌이 들었다. 그래서 긍정심리학을 더 깊이 배우고 싶어 긍정심리학 교육 프로그램과 상담코칭(치료) 프로그램에 등록해 공부를 시작했다. 긍정심리학에는 행복을 만들어주는 도구와 심리적 문제를 해결하고 성장하게 해주는 방법들이 많았다. 나는 간절한 마음으로 감사하기, 무기력 극복하기, 용서하기, 강점 활용하기 등 여러 가지 긍정 도구를 내 삶에 적용시켰고, 그 결과 어둡고 부정적이며 무기력하고 희망이 없던 삶에 조금씩 변화가 생기기 시작했다.

나는 배운 대로 매일 감사일기를 썼고, 분노를 다루면서 단계적으로 용서하기를 연습했으며, 내 대표강점을 찾아 일상에 적용하고, 긍정심리학의 핵심 요소인 팔마스를 하나하나 삶에서 실천해갔다. 그러자 고통에서 조금씩 벗어나고 몸도 차차 좋아지는 것이 느껴졌다. 긍정심리학에서 공부한 것들을 적극적으로 실천하고 적용하다 보니 시간이 지나면서 몸까지 회복된 것이다. 지금은 그동안 복용했던 약들을 끊고 기적처럼 건강을 되찾았으며, 행복을 만들어갈 수 있는 마음 근육도 생겼다.

나는 그 전에도 내가 좋아하는 것이 무엇인지를 찾고자 여러 가지를 배우고 시도도 해봤다. 긍정심리학을 만나기 전까지는 내가 무엇을 좋아하고, 무엇을 잘하는지, 무엇을 할 때 행복한지 확실하게 알지 못해 꽤 방황하기도 했다. 그런데 긍정심리학을 통해 내 대표강점을 찾고 나니 성격 특성들도 파악되고 나 자신을 더 잘 이해하며 사랑하게 됐다. 내 정체성을 찾은 것이다. 그때부터 행복지수도 높아졌다. 대표강점은 내가 가장 좋아하고 잘하는 것이기에 역경을 극복하는 도구로 활용할 수 있었다.

이렇게 변화되고 치료되는 나 자신을 보면서 정신적·육체적으로 고통받는 사람들에게 도움을 줄 수 있으면 좋겠다는 생각을 했다. 그래서 심리학 공부를 본격적으로 시작했다. 쉰 살이 넘어 심리학을 공부하면서 대학과 대학원에서 전공한 무용을 활용해 육체를 움직여 심리적 질환을 치료하는 동작치료에 대해 연구해보고 싶었다. 그렇게 시작한 연구는 긍정심리학, 심리학, 무용이라는 전문성을 살려 나만의 통합된 심리치료를 만드는 기반이 됐으며, 그 연구로 박사 학위까지 받았다. 죽고 싶을 만큼 힘들었던 고통의 시간이 긍정심리학의 실제적 효과들을 통해 변화되고 회복됐으며, 내면의 힘도 기를 수 있었다. 나는 지금도 행복을 만들면서 계속 플로리시해가고 있다.

이렇게 개인의 신체적·심리적 증상뿐 아니라, 조직의 생존을 결정하고 문제를 해결하는 데도 긍정심리가 절실히 요구된다. 그리고 그 효과는 정신적으로 강한 군대를 만들기 위한 오랜 연구에서도 확인된다.

전병규 예비역 대령을 만난 것은 3년 전 내가 진행하는 긍정심리 행복 전문강사 과정에서다. 그는 전역을 앞두고 자신이 지금까지 군에서 경험하고 연구한 결과들에 확신을 갖고자 이 과정에 참가했다고 했다. 당시 그는 주한미군의 사드THAAD(고고도미사일방어체계) 기지에서 근무하고 있었다. 그는 긍정심리학을 연구하면서 군 정신전력의 핵심 요소와 긍정심리학의 핵심 요소인 팔마스가 거의 같다는 것을 확신했다고 한다. 다음은 전 대령이 이라크 평화·재건사단 선발대로 파병됐을 때 긍정심리학을 바탕으로 역경을 극복한 이야기다.

2004년 7월 19일 새벽 1시 이라크 남부 나시리야에서 미군 스트라이크 장갑차 18대와 다목적 차량(험비), 그리고 각종 중장비 차량이 어둠을 뚫고 바그다드 쪽으로 내달렸다. AH-64 아파치 헬기 2대는 공중에서 엄호했다. 자이툰 사단 선발대는 나시리야에서 사단 주둔지인 아르빌까지 720킬로미터를 지상으로 이동하는 일명 '신천지 작전'을 감행했다. 이는 베트남 전쟁 이후 실제 상황에서 이동하는 최초 한미연합작전이었다. 나는 자이툰 사단 선발대 일원으로서 이 작전에 투입됐다.

미군 주도의 '이라크 자유 작전'은 2003년 3월 20일 개시되어 20일 만인 4월 9일 종결됐다. 그럼에도 2004년 7월 이라크에서는 연일 폭탄 테러가 발생했다. 미군은 '급조폭발물'로 하루 평균 4~5명 사상자가 발생했다. 당시 상황은 이라크 전쟁 종전 선언 이후 최고로 악화되어 자이툰 선발대가 아르빌까지 이동하는 '신천지 작전'은 사실상 불가능에 가까웠다. 작전도 몇 번이나 연기됐다. 더욱이 작전을 20여 일 앞둔 6월 하순, 반군은 우리 교포 김선일 씨를 무참히 피살하면서 "한국군이 이라크에서 활동하면 테러를 계속하겠다"고 연일 엄포를 놓았다.

목적지까지 가는 데 반드시 통과해야 하는 도시인 바그다드, 바쿠, 키르쿠크에서는 날마다 차량 폭탄 테러가 발생했다. 그럼에도 선발대는 단장(박성우 대령)을 중심으로 똘똘 뭉쳤다. 선발대는 주요 장비를 싣고 사단 주둔지로 이동해 본대의 전개를 준비해야 했다. 국제사회가 대한민국 자이툰 사단의 전개를 지켜보고 있었다.

실제 작전에 투입된 장병들의 긴장은 극에 달했다. 나 역시 살아오면서 그토록 긴장해본 적이 없을 정도였다. 바그다드를 통과할 때는 파괴된 건물과 차량에서 화약 냄새가 풍겼다. 도로 맞은편에서 오는 현지 차량을 볼 때면 폭탄을 싣고 우리 쪽으로 뛰어들 것만 같았다. 아니나 다를까, 키르쿠크 지역을 막 통과한 직후 차량 폭탄 테러가 발생해 현장에서 10여 명이 사망했다는 소식을 들었다. 이렇게 악전고투 끝에 2박 3일 만에 주둔지인 아르빌에 무사히 도착한 한미 장병들은 누가 먼저랄 것도 없이 서로 얼싸안고 뜨거운 감동으로 온몸의 땀을 씻어냈다.

이 모든 역경을 극복한 배경을 분석해보면 첫째, 지휘관을 중심으로 똘똘 뭉쳤다. "모두 할 수 있다"는 긍정 마인드가 주효했다. 둘째, 반복 훈련으로 자신감이 충만했고, 힘든 훈련을 극복하면서 성취감을 느꼈다. 장병들은 "훈련한 대로 하면 된다"고 확신했다. 이 자신감과 성취감이 거침없이 도전하는 용기를 가져왔다. 셋째, 옆에 있는 전우를 믿었고 사랑하는 가족을 생각하며 두려움을 극복했다.

나는 이러한 체험을 바탕으로 '전장에서 군인이 목숨 걸고 싸우는 이유'를 연구했다. 작전에 참가한 장병 76명을 조사한 결과 전우를 보호하고, 가족과 부대의 명예를 지키며, 나라에 충성을 다하기 위해 목숨을 걸고 싸운다는 것을 알 수 있었다. 미군의 연구 결과도 유사하게 나왔다. 2003년 미국 육군대학교는 '무엇이 장병들에게 죽음을 무릅쓰고 싸우게 하는가'라는 주제의 연구에서 '전우애, 가족애, 애국심, 애대심'이 핵심 요인이라고 밝혔다. 특이한 점은 제2차 세계대전 때는 나타나지 않았던 애국심이 긍정적 영향을 끼쳤다는 것이다. 미군은 장병들에게 다양한 정보를 충분히 제공한 것이 원인이라고 분석했다.

나는 이 작전 경험을 토대로 긍정적 세계관(긍정성)이 장병들의 정신전력에 어떤 영향을 끼치는지 연구해 2009년 박사 학위를 받았다. 이후 장병들이 긍정성을 어떻게 내재화하는지를 연구하다 셀리그만이 주창한 긍정심리학을 접했다. 2020년에는 긍정심리학 행복 전문강사 과정에서 긍정심리학을 체계적으로 배우고 직접 체험했다. 이때 긍정적 사고와 긍정 마인드, 회복력도 훈련을 통해 키울 수 있음을 확신했다.

당시 자이툰 사단의 선발대는 2박 3일 동안 '신천지 작전'을 수행했다. 만약이 작전이 최소 보름 이상 이어졌어도 장병들이 흔들림 없이 임무를 완수할 수 있었을까? 이러한 의문에 명쾌한 답을 제시한 것이 바로 긍정심리학이다. 장병들이 훈련하면서 긍정 정서를 내재화하고, 성격강점을 강화하며, 서로 신뢰하는 가운데 불안과 두려움 같은 역경을 극복하는 회복력을 키웠다면 보름 이상 작전을 전개해도 성공했으리라 확신한다. 이는 이라크 파병에서 복귀한 후 야전에서 장병들과 생사고락을 함께하며 확인한 바이기도 하다. 긍정심리가 내재화된 장병들은 어떤 역경이 와도 오히려 자신을 강하게 단련하는 계기로 삼는다는 것을 직접 확인했다.

군종장교들을 대상으로 회복력 훈련을 할 때 가끔 실전 사례를 들려달라는 요청이 있으면 이 이야기를 하곤 한다. 나는 개인적으로 군인들이 죽음을 무릅쓰고 싸우는 핵심 요인이 '전우애, 가족애, 애국심, 애대심'이라는 미국 육군대학교의 연구 결과에 전적으로 동의한다. 이 모두가 긍정성을 기반으로 하기 때문이다. 즉 국가에 대한 충성심, 부모형제에 대한 사랑, 상관에 대한 존중, 전우를 향한 애정, 부하들의 자신감과 사기를 높이는 리더십이 곧 긍정성인 것이다. 그리고 실제로 제2차 세계대전 당시 군인들의 트라우마를 치료하기 위해 전쟁터에 투입된 정신의학자들은 전우나 상관과 맺은 정서적 애착 관계가 압도적인 공포 속에서 가장 강력하게 작용하는 보호 요인이라는 사실을 밝혀냈다. 군인들은 지속적인 위험 상황에서도 전우나 상관에 대한 정서적 의존성을 키우는 것이다. 이러한 애착 관계는 PTSD를 예방하는 데 큰 역할을 하고, 트라우마를 치료하는 강력한 도구로도 기능한다. 이는 전쟁터의 군인들에게서만 나타나는 현상이 결코 아니다. 어떤 환경에 처했든, 어떤 심리적 증상을 겪고 있든 긍정심리학과 긍정심리치료에서 중요하게 다루는 정서적·사회적 관계와 지지는 누구에게나 필요하다.

2

긍정 정서는 회복력을 키우는 내면의 샘

코로나19 같은 팬데믹이 장기화할 경우 많은 사람이 부정 정서에 따르는 불안, 우울, 무기력 같은 심리적 증상을 호소하곤 한다. 이러한 증상들은 개인에게 고통을 줄 뿐 아니라, 대인관계에도 악영향을 끼쳐 갈등을 부추기고 조직의 협업 질과 성과까지 떨어뜨린다. 부정 정서는 혼자 하는 말과 판단에 스며들어 있다가 다른 사람에게까지 전파되기 때문이다.

설상가상으로 분노나 모멸감, 적개심 같은 부정 정서는 건강에도 해로울 수 있다. 화가 치밀 때 위장에 탈이 나고, 혈압이 오르며, 어깨와 목이 돌덩이처럼 딱딱하게 굳는 경험을 한 번쯤 해봤을 것이다. 심지어 얼굴 표정에까지 부정 정서가 드러나 비호감형 인간이 되기도 한다. 이러한 부정 정서는 느닷없이 들이닥쳐 우리를 거세게 후려친다. 그 위력에 휘청거리지 않을 사람은 한 명도 없다. 그렇다면 이러한 부정 정서는 어디에서 오고, 왜 일어나며, 어떻게 해결할 수 있을까?

먼저 정서 Emotion에 대해 알아야 하는데 모든 정서는 감각, 감정, 생각, 행동 등 네 가지 요소로 이루어진다. 이는 다시 부정 정서와 긍정 정서로 나뉜다. 분노와 불안 같은 부정 정서는 무언가 잘못되고 있다는 것을, 기쁨과 희망 같은 긍정 정서는 좋은 일이 일어나고 올바른 길로 잘 가고 있다는 것을 알려준다. 이 같은 정서는 일을 새롭게 계획하거나 목표를 세울 때 또는 개인적으로 어떤 사건을 경험할 때 자신의 판단에 따라 유발된다. 즉 좋은 일인지 나쁜 일인지, 잘될 것인지 잘못될 것인지, 자신이 감당할 수 있는 일인지 아닌지, 즐거움을 주는 일인지 스트레스를 주는 일인지에 따라 긍정 정서나 부정 정서가 유발되는 것이다.

정서에는 세 가지 기능이 있다. 첫째는 정서 체험으로 기쁨이나 슬픔, 유쾌함이나 불쾌함, 좋음이나 싫음을 포함하는 각 개인의 주관적 체험을 말한다.

둘째는 생리적 반응이다. 특정 정서는 그것에 상응하는 자율신경계 반응을 동반한다. 자율신경계는 교감신경계와 부교감신경계로 나뉘며 심장박동, 호흡, 혈압, 동공 크기, 호르몬 분비 등을 무의식적·반사적으로 조절해 균형을 유지한다. 공포나 불안 상황에 처해 스트레스가 많아지면 교감신경계가 활성화되고 부정 호르몬인 아드레날린이 분비된다. 그럼 혈압과 심장박동수가 상승하고 동공이 커지며 피부에 소름이 돋는다. 반면, 부교감신경계가 활성화되면 긍정 호르몬인 세로토닌이 생성되어 심장박동수와 혈압이 떨어지고 소화기관에 혈액이 많이 돌아 소화효소 분비가 활발해진다. 부정 정서는 순식간에 혈압을 높이는 반면, 긍정 정서는 높아진 혈압을 금세 내릴 수 있다. 한마디로 긍정 정서는 부정 정서를 몰아낼 뿐 아니라, 심장박동을 안정시키고 혈압을 빠르게 정상으로 되돌려놓는다.

셋째는 행동 경향성이다. 우리는 일반적으로 특정 정서를 느끼면 그것과 연관된 특정 행동을 표출하고픈 욕구가 생기고 행동할 준비를 하게 된다. 두려울 때 도망가려 하고, 분노할 때 싸우려 하며, 역겨운 냄새가 날 때 먹는 것을 멈추거나 회피하려는 행동 경향성이 나타나는 것이다. 부정 정서는 이러한 행동 경향성이 강하고, 위험과 위협에 대응하는 적응적 기능을 한다. 반면 기쁠 때나 만족스러울 때 나타나는 긍정 정서는 부정 정서에 비해 행동 경향성이 모호하지만 역경이나 문제를 해결하는 대처 역량을 강화한다. 트라우마나 역경을 겪을 때 나타나는 정서는 대부분 부정 정서다.

인간은 성공보다 실패를 더 잘 기억하고, 긍정 사건과 경험보다 부정 사건과 경험에 더 집중한다. 즉 만족스러운 일이나 제대로 처리한 일을 생각하기보다 잘못된 일을 어떻게 해결할지를 고민하느라 더 많은 시간을 보낸다. 또한 좋은 사건보다 나쁜 사건을 철저히 분석하고, 긍정보다 부정에 훨씬 오래 집중하는 성향 탓에 삶의 만족도가 최소화되고 심리적 고통은 최대화된다. 셀리그만은 이를 일컬어 '부정 편향'이라고 했다. 이런 편향성 때문에 부정 경험에 집중하는 것은 굳이 방법을 배우지 않아도 할 수 있다. 하지만 긍정 경험에 집중하기 위해선 특별한 관심과 노력이 필요하다. 특히 역경을 이겨내는 데 필요한 회복력을 키우기 위해선 의식적으로 긍정 정서에 초점을 맞추고 그 정서를 키우는 데 에너지를 써야 한다. 회복력이 강한 사람은 마음의 근육도 단단해져 부정 정서에 압도당할 때도 긍정 정서를 잘 유지하면서 문제를 극복해나간다.

부정 정서와 긍정 정서는 서로 독립적이다. 즉 부정 정서가 사라졌다고 긍정 정서가 자동적으로 유발되는 것은 아니다. 또한 한쪽에서 부정 정서가 강력하게 분출될 때 긍정 정서도 함께 분출되는 것이 아니다. 긍정 정서는 자연적으로 유발되기도 하지만 의식적으로 배양해야 하는 정서다. 자신이 과거에 거둔 성취, 자부심을 느끼는 일, 감사하고 행복한 경험들, 그리고 현재의 기쁘고 즐거운 일, 미래의 기대와 희망 같은 긍정 정서는 의식적으로 느끼고 생각하고 표현하고 행동한 결과다. 이렇게 의식적으로 키우는 긍정 정서는 부정 정서를 상쇄시킨다. 즉 분노, 불안, 우울, 죄책감 같은 부정 정서가 유발될 때 한쪽에 있는 긍정 정서를 즉시 개입시키면 부정 정서가 상쇄되고 그 자리에 긍정 정서가 자리 잡을 수 있다.

하지만 우리는 이렇게 유용한 긍정 정서가 어디에 있는지, 어떻게 사용해야 하는지 모른다. 프레드릭슨은 긍정 정서란 아무리 찾아 써도 없어지지 않는 은행 잔고, 아무리 떠 마셔도 마르지 않는 샘물이라고 표현했다. 마음만 먹으면 언제 어디서든 긍정 정서를 배양할 수 있으며, 적용할 수 있다는 것이다.

부정 정서의 감소와 긍정 정서의 증가도 각각 독립적인 과정이다. 비관성을 약화시키면 부정 정서가 감소하지만 그렇다고 반대 급부로 긍정 정서가 증가하는 것은 아니다. 행복을 증진하기 위해서는 비관성을 약화시켜 부정 정서를 줄이고 낙관성을 강화해 긍정 정서를 키워야 한다.

그럼 이제 지금까지 살아오면서 가장 행복했던 순간을 떠올려보자. 어린 시절 산타클로스 할아버지로부터 선물을 받은 일, 엄마 아빠와 목욕탕에 간 일, 엄마 아빠와 운동이나 취미생활을 함께한 일, 친구들과 떡볶이를 먹다가 마지막 것을 쟁취했던 일, 아니면 취직이나 승진했을 때, 출퇴근길 지하철이나 버스에서 자리를 잡았을 때, 미처 생각도 못 했는데 결혼하고 싶은 사람을 만났을 때, 누군가에게 선행을 베풀었을 때 등등 많을 것이다.

정안 씨에게 가장 행복했던 순간은 공무원시험 합격자 발표 날이었다. 아버지가 일찍 돌아가셔서 어머니와 단둘이 살던 정안 씨는 고등학교를 졸업할 때까지 말썽만 피웠다. 그가 정신을 차린 것은 군대를 다녀오고 나서였다. 친구들은 모두 대학교에 진학해 캠퍼스 생활을 즐기거나 취업해 돈을 벌면서 어른 대접을 받는데, 정안 씨는 나이만 먹었을 뿐 여전히 집안의 천덕꾸러기였다. 어머니는 그가 다시 말썽이라도 피울까 봐 잔소리도 하지 않았다. 특별히 집안 형편이 어려운 것은 아니었지만, 변변치 않은 아르바이트로는 앞날이 깜깜할 뿐이었다.

더는 어머니를 실망시킬 수 없다고 생각한 그는 독하게 마음먹고 공부를 시작했다. 원래 공부에는 취미가 없던 터라 처음에는 30분 동안 책상에 앉아 있는 것도 고역이었다. 몇 개월 공부하고 본 첫 시험에서는 실패했지만, 1년을 꼬박 공부해 두 번째 응시한 시험에서 당당히 합격했다. 평소 과묵하던 어머니도 "수고했다"며 눈물을 흘리셨다. 정안 씨는 진심으로 행복감을 느꼈고, 어머니를 얼싸안고 같이 울었다.

내가 가장 행복했던 순간은 입대 날 아버지와 함께 있을 때였다. 나는 초등학교를 졸업하고 열네 살 때부터 집안 농사일을 도왔다. 하지만 아버지는 따뜻한 말 한마디나 격려, 칭찬 한 번 없으셨다. 무척 엄하실 뿐이었다.

1975년 12월 15일 입대를 위해 충청북도 충주로 갔다. 이날 아버지는 나를 역전 근처 삼겹살집으로 데려가서는 삼겹살을 직접 구워주셨다. 평소라면 절대 있을 수 없는 일이었다. 게다가 아버지는 잘 익은 삼겹살을 한 점 집어 내 숟가락에 올려주시고는 "많이 먹고 가라. 군대 가면 고생할 텐데…"라고 하셨다. 그 순간 가슴이 뭉클하면서 눈물이 주르르 흘렀다. 난생처음 아버지에게서 따뜻함을 느꼈던 것이다. 밥을 다 먹는 순간까지 그 감동은 이어졌고, 그때 나는 처음으로 아버지가 나를 무척 사랑한 다는 사실을 깨달았다. 그래서 그때부터 아버지에게 가까이 다가가게 됐고, 편안하게 대화도 나눌 수 있었다.

우리 모두에게는 이렇게 가장 행복했던 순간이 있다. 이처럼 떠올리면 기분이 좋아지는 순간을 '긍정 정서 경험'이라고 한다. 그렇다면 긍정 정서 경험에는 어떤 이득이 있을까? 프레드릭슨이 말한 긍정 정서의 확장 및 구축 이론을 통해 확인할 수 있다. 먼저 가장 행복했던 순간을 이야기하는 등 과거 긍정 정서 경험을 떠올리면 기분이 좋아진다. 기분이 좋아지면 머리가 맑아지고, 아이디어가 잘 떠오르면서 창의성이 향상되며, 수용성과 자발성이 상승하고, 언변력과 기억력이 강화된다. 또한 긍정 정서 경험은 일시적으로 사고와 행동 목록을 확장하고, 지속적으로 자원을 구축해준다. 여기서 말하는 자원에는 △운동과 건강관리를 하는 신체적 자원 △스트레스나 우울감을 줄이고 회복력을 키우는 심리적 자원 △사회성 지능에 의한 인간관계를 확장하는 사회적 자원 △문제 해결 능력과 정보 학습 능력을 끌어올리는 지적 자원이 있다.

이러한 긍정 정서의 확장과 구축은 개인과 조직을 변화시키고 상향적 선순환을 일으킨다. 가정에서 부모, 조직에서 경영자가 긍정 정서 경험을 하면 집안 전체와 조직 전체에 긍정 정서가 확산되는 것이다. 프레드릭슨은 이것을 '나선형 상승효과'라고 했다.

많은 사람이 역경을 겪을 때 음주와 흡연을 일삼거나 감기 몸살을 달고 살곤 한다. 스트레스가 감염성 질환을 유발하기 때문이다. 미국 카네기 멜론대학교 교수인 셸던 코언Sheldon Cohen은 자신의 연구에 자원한 건강한 피험자들을 7일간 매일 인터뷰해 그들의 긍정 정서와 부정 정서를 측정했다. 인터뷰 후 모든 피험자의 코에 감기 및 급성비염의 최대 원인인

리노바이러스를 뿌리고 6일간 격리했다. 이후 감기 증상 여부를 주관적 자기 보고서와 콧물, 코 막힘 같은 객관적 기준으로 측정했다. 결과는 놀라웠다. 인터뷰 측정 결과가 '원기 왕성하다, 활기차다, 행복하다, 태평하다, 평온하다, 명랑하다' 등 긍정 정서를 지닌 것으로 나온 사람들은 감기 환자 비율이 낮았다. 반면 '슬프다, 우울하다, 불행하다, 신경질적이다, 적대적이다, 분노한다' 같은 부정 정서를 지닌 것으로 나온 사람들은 감기 환자 비율이 높았다. 결정적 차이는 인터류킨6 interleukin-6 라는 염증 유발 단백질에서 나타났다. 긍정 정서가 높을수록 인터류킨6 수치가 낮고 염증이 적게 발생했다. 코언은 이후 독감 바이러스로 이 연구를 되풀이해 같은 결과를 얻었다. 더욱 놀라운 사실은 긍정정서가 심장 질환과 암을 예방하고, 암을 치료하는 데 효과가 있다는 연구 결과가 발표되고 있다는 것이다. 이와 같은 연구사례들은 긍정 정서가 감염성 질환과 심장 질환, 암을 예방하고 치료할 수 있다는 것을 방증한다.

나는 긍정심리학을 깊이 있게 연구하기 전까지는 일주일에 2~3일은 감기 몸살을 달고 살았다. 두 번의 부도와 경제적으로 열악한 환경을 극복하는 과정에서 겪은 스트레스 때문이었다. 하지만 지금은 감기 몸살에 걸리지 않는다. 일상에서 긍정 정서를 의식적으로 불러일으켜 마음의 근육을 키우기 때문이다. 이 시간에도 많은 경영자가 극심한 스트레스에 시달리고 이를 제대로 해소하지 못하고 있다. 비즈니스 스트레스는 참는다고 없어지는 것이 아니며, 오히려 감염성 질환이나 심장 질환, 암 같은 질병을 유발할 확률이 높다. 역경과 불확실성 시대에 위기를 극복하고 경쟁에서 생존하기 위해 사업에 전념하다 보면 시간적·심리적으로 여유가 없을 수도 있다. 하지만 내 건강은 내가 지켜야 한다. 사업은 한 번 실패하면 다시 일으켜 세울 수 있지만 건강은 한 번 잃으면 되찾기 어렵다.

지금부터라도 의식적으로 긍정 정서를 불러일으켜 마음의 근육을 키우기 바란다.

긍정 정서가 강한 사람은 역경 극복 능력도 월등하다. 즉 긍정 정서를 체화하는 데 필요한 마지막 조건이 역경 극복 능력이다. 당신은 얼음물이 든 양동이에 손을 넣고 얼마나 오래 버틸 수 있을 것 같은가? 긍정심리학자인 찰스 스나이더Charles R. Snyder 는 미국 ABC 방송의 〈굿모닝 아메리카Good Morning America 〉에 출연해 역경에 처했을 때 긍정 정서가 회복력에 어떤 효과가 있는지를 증명하는 실험을 했다. 그는 먼저 고정 출연자들을 대상으로 긍정 정서 검사를 실시했다. 그리고 생방송 중인 카메라 앞에서 진행자를 비롯한 출연진 전원에게 얼음물이 든 양동이에 손을 넣게 했다. 사회자인 찰스 깁슨Charles Gibson 을 제외한 모든 사람이 90초가 되기 전 손을 뺐다. 깁슨은 얼굴을 심하게 일그러뜨리면서도 광고 시간이 될 때까지 양동이에 계속 손을 넣고 있었다. 그는 방송 시작 전 실시한 긍정 정서 검사에서 가장 높은 점수를 받은 것으로 나타났다.

이렇게 다른 이들에 비해 긍정 정서가 강한 사람은 회복력 또한 강하다. 그들은 역경 앞에서도 오래 참으며 인내할 줄 알고, 웃을 줄 알며, 불행한 사건을 기회로 바꾸고, 미래 위협에 대해서는 관망하는 태도를 취한다. 물론 그들이라고 부정 정서를 전혀 체험하지 않는 것은 아니며 고통도 느낀다. 그러나 위기 속에서도 긍정 정서를 끌어내는 방법을 찾기 때문에 그들의 부정 정서는 그리 오래 가지 않는다.

지금 어떤 상황에 처해 있든 당신은 자신의 인생과 주변 세상을 좀 더 좋은 모습으로 바꾸는 데 필요한 요건을 이미 갖추고 있다. 행복한 삶을 만들고 어려운 시기도 끄떡없이 버틸 수 있는 유효한 요건이 이미 내면에 존재한다. 이 유효한 요건은 결코 고갈되지 않기 때문에 필요할 때면 언제든 꺼내 쓸 수 있다. 그런데 사람들은 이 유효한 요건을 별로 활용하지 못한다. 더 나아가 많은 사람이 자신에게 그런 유효한 요건이 있는지조차 모른다. 그래서 내면의 샘물은 건드리지도 않은 채 비틀거리거나 엉뚱한 곳을 찾아 헤맨다. 끊임없이 외부에서 더 나은 삶을 위한 재료를 구하지만 결국 기대를 충족하지 못한다. 그렇다면 이 유효한 요건이란 과연 무엇일까? 그것은 바로 긍정 정서, 즉 진심 어린 긍정 정서다. 프레드릭슨이 "긍정 정서가 없는 회복력은 상상할 수 없다"라고 말했을 정도로 긍정 정서는 회복력을 키우는 원천이며, 우리 모두는 긍정 정서의 샘을 내면에 가지고 있다.

역경은 거의 어김없이 부정 정서를 유발한다. 이를 방치했다가는 언제 그 손아귀에 이끌려 나락으로 떨어질지 모른다. 그러나 보이지 않는 힘에 끌려가더라도 우리는 다른 길을 선택할 수 있다. 부정 정서의 내리막길에서 제동을 걸고 위쪽으로 방향을 틀 수 있는 것이다. 그러기 위해서는 내면에 있는 긍정 정서의 샘을 깊이 팔 필요가 있다. 긍정 정서는 우리의 정신적 시야를 가리는 부정 정서의 장막을 제거하고, 좀 더 폭넓은 가능성을 향해 우리의 마음과 생각을 열어준다. 그리고 우리를 긍정 정서의 강한 상승효과에 태워 어둠을 뚫고 좀 더 높은 곳으로 올라가게 한다.

인간은 아무리 가볍게 스쳐 지나간다 해도 긍정 정서가 유발하는 즐거운 기분을 포착할 수 있는 천부적인 능력을 지녔다. 긍정 정서는 다양한 형태로 우리에게 다가온다. 다른 사람과의 유대감이나 누군가로부터 사랑받고 있다는 느낌이 들 때를 생각해보라. 또는 창의력이 샘솟는 기분이 들고 신이 날 때, 주변과 혼연일체가 되는 느낌이 들 때, 존재의 아름다움에서 영혼의 감동이 느껴질 때, 활력이 넘치거나 새로운 아이디어 또는 취미 생활로 흥이 날 때를 떠올려도 좋다. 이러한 긍정적인 감정들이 우리 마음을 여는 순간 긍정 정서는 에너지와 지배력을 발휘한다.

그런데 프레드릭슨은 이런 진심 어린 긍정 정서의 순간이 그리 오래 가지 않으며, 화창하고 좋은 날씨가 영원할 수 없듯이 좋은 기분도 이내 사라지고 만다고 강조했다. 긍정 정서가 사라지지 않는다면 우리는 변화에 대처하는 데 어려움을 겪고 좋은 소식과 나쁜 소식, 칭찬과 모욕을 제대로 구분하지 못할 것이다.

삶을 좀 더 플로리시하게 재구성할 수 있는 비결은 긍정 정서의 이런 일시적 특성을 인정하고 놓아줄 줄 아는 데 있다. 긍정 정서를 꽉 붙잡고 있으려 애쓰기보다 긍정 정서의 씨앗을 자신의 삶에 많이 뿌리는 것, 장기간에 걸쳐 긍정 정서의 양을 지속적으로 증가시키는 것이 더 바람직하다. 무엇보다 중요한 것은 긍정 정서의 비율이다. 이는 일정 기간 긍정 정서가 나타나는 빈도를 부정 정서가 나타나는 빈도로 나눈 값이다. 긍정 정서 비율이 일정 수준보다 낮을 때 사람은 부정 정서에 떠밀려 하강 곡선을 타게 된다. 이 경우 사고와 행동이 경직되고 고착화되며, 심리적 부담으로 위축될 때도 많다. 반면, 긍정 정서 비율이 일정 수준을 넘어선 사람은 긍정 정서의 날개를 달고 상승 곡선을 탄다. 그 결과 사고와 행동은 유연해지고, 창의성과 생기가 넘치며, 사기가 충천한다.

기업도 개인만큼이나 긍정 정서 비율이 중요하다. 기업의 긍정 정서를 높이면 업무 효율성이 증가하고 그만큼 성과가 향상된다는 사실이 입증됐다. 프레드릭슨과 심리학자 마셜 로사다Marcial F. Losada는 기업을 방문해 세 가지 모델에 따라 직원들이 각종 업무회의에서 주고받는 단어들을 모조리 기록했다. 그 세 가지 모델은 △첫째, 사람들이 얼마나 긍정적으로 말했는지 혹은 부정적으로 말했는지 △둘째, 사람들이 얼마나 타인중심적이었는지 혹은 자기중심적이었는지 △셋째, 사람들이 얼마나 탐구해서 질문했는지 혹은 변호와 관점을 옹호했는지다.

이 연구는 60개 기업에서 수행됐는데 그중 20개 기업은 사업적으로 번성 중이었고, 20개 기업은 양호한 수준이었으며, 20개 기업은 쇠퇴하고 있었다. 그들은 각 단어를 긍정적 단어와 부정적 단어로 구분한 후 긍정성 대 부정성 비율을 계산했다. 그 결과 뚜렷한 경계선이 있었다. 긍정 정서 대 부정 정서 비율이 3 대 1보다 높은 기업은 번성 중이었고, 그 비율보다 낮은 기업은 경제적으로 좋지 않았다. 그래서 기업의 긍정 정서 황금률은 3 대 1이라는 결론이 나왔다. 비율이 3 대 1이 넘으면 번성하고, 이보다 낮으면 쇠퇴한다는 것이다. 가장 크게 번성 중인 기업의 긍정 정서 비율은 6 대 1이었다. 이것을 '로사다 비율'이라고 부른다. 이처럼 긍정 정서는 한 사람의 건강과 행복뿐 아니라, 기업 경영의 성패에도 매우 큰 영향을 끼친다.

단, 미국 워싱턴대학교 명예교수이자 심리학자인 존 카트맨John Gottman이 500쌍 넘는 부부를 대상으로 실험한 결과에 따르면 기업의 긍정 정서 황금률 3 대 1이 가정에서는 갈등을 일으키는 수준인 것으로 나타났다. 만족스럽고 행복한 부부 생활을 위해선 비율이 5 대 1이 되어야 하고, 1 대 3은 재앙을 낳는다는 결과가 나왔다.

긍정 정서 비율 3 대 1의 중요성을 뒷받침하는 더 명확한 증거는 미국 스워스모어대학교 사회행동학 교수인 배리 스워츠Barry Schwartz와 그 외 학자들이 밝혀냈다. 그들은 우울증 치료를 받고 있는 남성 66명의 결과를 지켜봤고, 치료 후 긍정 정서 비율을 측정했다. 치료를 받기 전에는 긍정 정서 비율이 0.5 대 1로 매우 낮았지만 치료 후 최적의 완치 비율은 4.3 대 1이었고, 평준적 완치 비율은 2.3 대 1이었으며, 0.7 대 1은 회복 기미가 보이지 않았다.

마지막으로, 긍정 정서는 우리를 위해 주의를 끌어모으고 반응을 조정하는 방식으로 작동한다. 심리적 증상자는 대부분 부정적이고 비관적이라 주의에 관심이 없고 무기력하다. 반면, 긍정 정서는 잘되고 있는 일, 잘하고 있는 일, 또는 잘될 가능성이 있는 일, 잘됐던 일들에 주의를 기울이게 한다. 생각과 마음의 문을 스스로 열 수 있도록 하는 것이다. 그래서 자신의 목표와 일치된 상황에 특히 주목하게 되며, 이는 곧 자원을 구축하는 기회가 된다. 예를 들어 힘겨운 역경을 극복한 상황, 흥미나 열의를 느낀 상황, 또는 누군가가 유난히 사랑과 친절을 베풀어준 상황, 미래의 희망과 기대를 갖게 된 상황 등이 그에 해당한다.

　이렇게 긍정 정서가 어떻게 작동하고 어떤 반응을 유발하는지 안다면 이를 통해 세 가지를 배울 수 있다. 첫째, 긍정 정서가 만들어준 기회를 적극적으로 이용하는 방법이다. 둘째, 긍정 정서를 경험하는 횟수와 긍정 정서 지속 기간을 늘리는 방법이다. 셋째, 조직에서 생각과 행동의 목록을 확장하고 자원을 구축해 훌륭한 구성원이 되는 방법이다. 이것들이 가능한 이유는 긍정 정서가 플로리시를 만들어주기 때문이다.

　그렇다면 당신의 긍정 정서 비율은 얼마일까? 다음은 프레드릭슨이 개발한 긍정 정서 자가 진단 테스트다.

긍정 정서 자가 진단 테스트

　지난 24시간 동안 어떤 기분이었는가? 전날을 돌이켜보면서 각 문항의 느낌들 중 가장 강하게 경험한 것을 0부터 4까지로 표시한다.

(0=전혀 그렇지 않았다 / 1=약간 그랬다 / 2=보통이었다 / 3=꽤 그랬다 / 4=매우 그랬다)

1	웃기거나, 재미있거나, 우스꽝스러운 느낌을 어느 정도나 받았는가?	_____
2	화나거나, 신경질이 나거나, 약이 오른 느낌을 어느 정도나 받았는가?	_____
3	수치스럽거나, 모욕적이거나, 망신스러운 느낌을 어느 정도나 받았는가?	_____
4	경이롭거나, 놀랍거나, 경탄스러운 느낌을 어느 정도나 받았는가?	_____
5	경멸적이거나, 조롱당하거나, 무시당한 느낌을 어느 정도나 받았는가?	_____
6	역겹거나, 불쾌하거나, 혐오스러운 느낌을 어느 정도나 받았는가?	_____
7	무안하거나, 겸연쩍거나, 부끄러운 느낌을 어느 정도나 받았는가?	_____
8	은혜롭거나, 감사하거나, 고마운 느낌을 어느 정도나 받았는가?	_____
9	죄책감이 들거나, 후회스럽거나, 비난받았다는 느낌을 어느 정도나 받았는가?	_____
10	밉거나, 증오스럽거나, 의심 가는 느낌을 어느 정도나 받았는가?	_____
11	희망적이거나, 낙관적이거나, 기운 나는 느낌을 어느 정도나 받았는가?	_____
12	고무되거나, 사기충천하거나, 의기양양한 느낌을 어느 정도나 받았는가?	_____
13	흥미롭거나, 관심이 가거나, 호기심이 생기는 느낌을 어느 정도나 받았는가?	_____
14	즐겁거나, 기쁘거나, 행복한 느낌을 어느 정도나 받았는가?	_____
15	사랑스럽거나, 친밀하거나, 신뢰감이 드는 느낌을 어느 정도나 받았는가?	_____
16	자랑스럽거나, 자신감이 들거나, 자부심에 찬 느낌을 어느 정도나 받았는가?	_____
17	슬프거나, 우울하거나, 불행한 느낌을 어느 정도나 받았는가?	_____
18	두렵거나, 무섭거나, 겁나는 느낌을 어느 정도나 받았는가?	_____
19	평온하거나, 만족스럽거나, 평화로운 느낌을 어느 정도나 받았는가?	_____
20	스트레스를 받거나, 긴장되거나, 부담스러운 느낌을 어느 정도나 받았는가?	_____

긍정 정서 비율 계산하기

① 위 질문에서 긍정 정서를 나타내는 10개 항목에 동그라미를 쳐보자. 웃기거나, 경이롭거나, 은혜롭거나, 희망적이거나, 고무되거나, 흥미롭거나, 즐겁거나, 사랑스럽거나, 자랑스럽거나, 평온하거나로 시작되는 항목이 그것이다.

② 위 질문에서 부정 정서를 나타내는 10개 항목에 밑줄을 쳐보자. 화나거나, 창피하거나, 경멸적이거나, 역겹거나, 당혹스럽거나, 죄책감이 들거나, 밉거나, 슬프거나, 두렵거나, 스트레스를 받거나로 시작되는 항목이 그것이다.

③ 동그라미 친 긍정 정서 항목 가운데 2점 이상으로 등급을 매긴 항목의 수를 세어본다.

④ 밑줄 친 부정 정서 항목 가운데 1점 이상으로 등급을 매긴 항목의 수를 세어본다.

⑤ 긍정 정서 항목의 합을 부정 정서 항목의 합으로 나눠 긍정 정서 비율을 계산한다. 만일 부정 정서가 0점이었다면 0으로 나눌 수 없는 문제점을 해결하기 위해 1로 나눈다. 여기서 나온 결과치가 해당 날짜의 긍정 정서 비율을 나타낸다.

프레드릭슨의 제자인 웬디 트레이너Wendy Trainer는 박사 학위를 받았지만 재능을 발휘할 직장을 구하지 못했다. 설상가상 암까지 발병하고 말았다. 2006년 초 프레드릭슨은 어느 연례 학술회의에서 트레이너와 마주쳤다. 그는 초췌해 보였고, 자신의 미래에 대한 확신도 없었다. 프레드릭슨은 예전부터 그가 훌륭한 학자가 될 재목이라고 믿어 의심치 않았고, 본인이 선택한 분야에서 일할 자격이 충분하다고 봤다. 그래서 그의 건강과 생계가 염려되어 할 수 있는 충고를 해주고 헤어졌다.

그해 여름, 프레드릭슨은 트레이너로부터 편지 한 통을 받았다. 마침내 암을 이겨내고 일자리도 얻었다는 소식을 전한 뒤 그는 다음과 같이 썼다.

"교수님이 말씀하신 긍정 정서 비율에 관해 줄곧 생각하면서 그 비율을 높이는 데 필요한 것들을 지금까지 적극적으로 실천하고 있습니다. 교수님을 만난 이후 저는 매일 요가와 아침 산책, 오후 산책, 저녁 수영을 하고 있답니다. 건강이 많이 호전됐고, 마음도 언제나 평화롭습니다. 상황이 힘들 때도요. 그리고 무엇보다 중요한 것은 현실감과 충만감을 느낀다는 점입니다. 이제야 난생처음으로 활짝 피어나고 있다는 기분이 듭니다. 학문적 지식은 물론이고 사랑과 지지로 저를 이끌어준 교수님을 비롯해 다른 모든 정서 연구자분들에게 감사드립니다. (중략) 지금 저는 무척이나 생기가 넘친답니다. 교수님이 지금 저를 보실 수 있다면 얼마나 좋을까요. 보신다면 아마 엄청 기특해하실 거예요! 한 번 찾아뵙고 제근사한 새로운 삶에 대해 말씀드리고 싶어 견딜 수가 없습니다. 교수님의 크나큰 사랑과 격려에 진심으로 감사드립니다."

그다음 해 학술회의 때 프레드릭슨은 드디어 트레이너를 만났다. 그의 변화는 놀라움 그 자체였다. 트레이너는 상황이 힘들 때도 다시 일어설 수 있는 만반의 준비를 한 채 플로리시하고 있었다. 이러한 트레이너의 이야기는 긍정 정서가 어떻게 회복력을 키우는지 설명하는 데 매우 적절한 사례라고 할 수 있다.

긍정심리학 기반의 교육 프로그램을 만들고 운영하면서 장병들의 회복력을 높인 사례도 있다. 다음은 2년 동안 긍정심리학 전문가 과정, 긍정심리학 강사 과정, 긍정심리학 인성지도자 과정을 모두 마치고 긍정심리 중심의 '찾아가는 행복플러스' 프로그램을 개발해 장병들의 회복력과 인성을 함양하는 데 노력해온 전 육군본부 신현복(중령·목사) 군종참모에 대한 이야기다.

칼바람이 속옷까지 파고드는 12월 어느 날, 육군 ○군단 예하 12사단 ○○ GP(비무장지대 내 초소). 이날은 군단에서 매주 시행하는 '찾아가는 행복플러스'가 열렸다. 최저 기온 영하 20도, 체감 기온 영하 35도에 칼바람의 심술까지 더해져 손발 감각이 무뎌지고 정신까지 몽롱해질 지경이었지만 우리 장병들은 달랐다. 적 GP까지 2.1킬로미터밖에 되지 않는 이곳에서 장병들은 입김을 얼리는 차가운 공기와 싸워가며 최전방을 철통 경계하고 있었다. '찾아가는 행복플러스'를 기획, 추진하고 있는 신현복 중령은 수색대대 조영무 일병과 이성준 상병이 경계근무를 서는 초소로 발걸음을 옮겼다. 그리고 추위와 맞서 싸우는 장병들에게 간식을 전하며 격려했다. GP장 선동익 중위는 "훈련보다 경계가 주 임무인 부대인지라 항상 긴장하며 만일의 상황에 대비해 경계태세를 유지하고 있다"면서 "'찾아가는 행복플러스'가 근무로 지친 장병들의 마음을 어루만져 병영이 점차 밝아지고 있다"고 전했다.

프로그램은 기본 두 시간으로 과거(용서), 현재(감사), 미래(강점)로 나누어 진행된다. '감사'로 진심을 전하고, '용서'로 분노를 불태우며, '강점'으로 희망을 찾아준다. "행복은 감사의 문으로 들어와 불평의 문으로 나갑니다!" 오후 3시 '찾아가는 행복플러스'가 본격적으로 시작되자 부대 1생활관에 모인 장병 30여 명은 우렁찬 목소리로 이렇게 외쳤다.

첫 번째 시간은 '감사편지 쓰기(관계 구축)'로, 이곳에 모인 장병 중 한 사람에게 감사한 점을 고백하는 시간이다. 장병들은 감사를 전할 누군가를 떠올리면서 편지를 써내려갔다. 이후 한 사람씩 편지를 읽으며 감사한 일을 발표했다.

신민호 병장이 고등학교 친구이자 동반 입대한 이승준 병장에게 다가가 감사함을 전했다. 쑥스러운 듯 읽는 편지에서 진한 감동이 느껴졌다.

두 번째 시간은 용서의 강에 '분노 불태워 보내기(심리 구축)'다. 장병들은 준비된 용서카드에 용서할 사람을 적고, 카드를 불태워 물이 담긴 통인 '용서의 강'에 버린 후 "나는 용서했다"라고 외쳤다. 용서카드를 태운 임대호 일병은 "오늘은 전역한 선임을 용서했다"며 "이 프로그램을 통해 내 안의 미움과 분노가 사라지는 듯한 느낌을 받았다"고 소감을 밝혔다.

세 번째 시간은 '강점나무 그리기(희망 구축)'로, 자신의 강점을 찾아 최대한 발휘하자는 취지로 기획됐다. 강점 검사를 통해 자신의 강점 다섯 가지를 나무 모양에 그려 관물함에 붙이는 것이다. 두 시간 동안 진행한 이날 프로그램은 소감문 작성, 수료식, 기념촬영으로 마무리됐다.

이 프로그램은 장병들에게 가족과 떨어져 군 생활을 하면서도 늘 감사하고 용서하며, 또 희망을 갖고 행복한 미래를 상상하면서 내면을 회복력으로 강화하고 인성을 가꾼다면 훨씬 더 행복해질 수 있다는 확신을 심어주는 데 중점을 두었다. 프로그램을 기획한 계기에 대해 신 중령은 "최근 군에서 일어난 일련의 사건·사고를 보면서 나를 비롯한 군종장교들이 안타까운 마음에 병영문화 혁신에 기여할 수 있는 방법을 고민했고 이 프로그램을 만들게 됐다"고 말했다. 프로그램에 참가한 정한주 일병은 "감사편지를 받고 '이곳에도 나를 생각해주는 사람이 있구나'라는 마음이 들어 정말 큰 힘이 됐다"고 소감을 전했다 (2014년 12월 4일자 〈국방일보〉 기사를 동의하에 각색).

그렇다면 일상에서 긍정 정서는 어떻게 키울까? 오늘 하루 자신에게 일어난 사소하지만 좋은 일들을 떠올려보자. 누구나 일상에서 수시로 경험하는 사소한 일들이 실은 긍정 정서를 키우는 간단한 방법일 수 있다.

- 나이 많은 어르신이 횡단보도를 건너는 동안 불안해하시지 않도록 그분과 똑같은 속도로 30센티미터 뒤에서 걸었다.
- 오랫동안 연락하지 못했던 엄마와 전화 통화를 했다.
- 아이가 평소에 가지고 싶어 하던 장난감을 깜짝 선물로 사주었다.
- 오후 시간에 친구와 맛있는 간식을 먹었다.
- 거리를 지나다가 우리 집에 딱 어울리는 의자를 발견했다.
- 난생처음 고전 뮤지컬을 보러 갔다.

횡단보도를 건너는 어르신이 신호등이 바뀔까 봐 불안해하는 것 같다면 그분의 30센티미터 뒤에서 걸어보자. 어르신은 누군가 뒤에 있다는 사실만으로도 안심하고 횡단보도를 건널 것이다. 그냥 뒤따라가지만 말고 "내가 어르신이 편안한 마음으로 건너실 수 있도록 조금이라도 도움을 드리고 있구나"라는 뿌듯한 마음을 가지자. 긍정 정서는 자연스럽게 오는 것이 아니라, 이렇게 관심을 가지고 스스로 노력해 의식적으로 키워야 한다. 지금까지 특별한 의미와 가치를 부여하지 않고 의무감에, 또는 친절 차원에서 행했던 일이라도 이제는 의미를 부여하고 긍정 정서를 키우는 계기로 삼는다면 심리적 증상들이 해소되고 더 큰 행복도 만들 수 있다.

3

열등감에서 벗어난 주도적인 삶:
자부심 키우기

자신의 삶을 돌아보고 또 가정과 회사를 생각할 때마다
뿌듯하면서 당당한 마음이 드는가? 그렇다면 당신은 행복한 삶을 살고
있고, 회복력도 강한 사람일 개연성이 크다. '자부심'이란 자신이나 자신
이 속한 조직의 가치와 능력을 믿는 뿌듯한 마음이다. 그런데 우리는 자
부심을 키우는 데 외적 가치, 즉 겉으로 보이는 행동적 측면만 중시하는
경향이 있다. 지나친 칭찬이나 격려, 과장법으로 자신과 상대의 감정을
북돋우려 하는 것이 그 예다. 자부심을 키우기 위해서는 일시적 기분에
만 신경 쓰기보다 실제 행동을 통해 성취 경험을 쌓는 것이 중요하다.

《공장자동화(FA)》 시리즈 전 20권. 1989년부터 1992년까지 3년 동안
내가 심혈을 기울여 출판한 책이다. 당시는 컴퓨터 책이 많이 팔리던 때
였다. 출판사가 수익을 내려면 잘 팔리는 책을 만들어야 하는데, 나는 출
판인으로서 의무를 중요하게 생각했다. 그 의무는 바로 '이 시대 우리나
라 산업기술 발전에 필요한 책을 출간하는 것'이었다. 그래서 당시 생산

혁명을 일으키고 있는 일본의 공장자동화 책을 출판하기로 결정했다. 남들은 다 미쳤다고 했다. 왜 잘나가는 컴퓨터 책을 두고 그 어렵고 잘 팔리지도 않는 공장자동화 책을 내느냐고. 하지만 나는 한국 산업구조가 일본을 많이 닮았으니 곧 우리나라에도 공장자동화와 물류 바람이 불 것이라고 예상했다. 그래서 일본어를 배우고 일본으로 직접 날아가 관련 분야 전시회에 참석해 정보를 수집한 것은 물론, 대형 서점에서 원서들을 구매해 의미 있는 책을 번역 출판했고, 관계사들에 정보도 제공했다. 자본도 없이 내 영업 능력만 믿고 2억 원 이상 출판 비용이 들어가는 책을 만든다는 것이 쉽지는 않았다. 그렇지만 나는 이 시리즈가 한국 공장자동화 발전을 위해 꼭 출간되어야 한다는 확신이 있었다. 당시 우리나라에서 공장자동화를 시작하거나 관심을 보이던 기업은 특정 전문 업체를 제외하곤 삼성전자나 LG전자 같은 대기업뿐이었다. 그래서 관련 전문가들, 대학교수들, 연구소 전문가들을 찾아다니며 책 출간의 당위성을 설명하고 동참과 협조를 요청했다. 다행히 대부분 협력해줘 3년 만에 시리즈가 완성됐다.

내 예상대로 공장자동화 바람은 거세게 불었다. 전국 곳곳에서 관련 전시회가 열렸고 언론도 부추겼다. 나는 드디어 기회가 왔다며 쾌재를 불렀다. 하지만 겉으로만 요란했을 뿐, 책 판매와는 거리가 멀었다. 우리나라 기업 문화의 영향을 많이 받아서였다. 비록 이 시리즈가 수익 면에선 기대에 미치지 못했지만, 우리나라 기업의 공장자동화 기술과 공과계열 대학의 관련 학문 발전에 크게 기여했다는 점에서 보람과 자부심을 느낀다. 특히 최근 기업들이 인건비 부담 때문에 원가 절감 차원에서 공장자동화의 핵심인 로봇과 장치들에 다시 주목하고 있는 것 같아 감회가 새롭다. 지금도 그때 출판인으로서 의무와 사명감을 가지고 열정을 쏟던

내 모습을 떠올리면 마음이 뿌듯하다. 이러한 성취 경험은 자부심을 함양한다.

자부심을 키우는 데는 이렇게 외적 성취 경험이 필요하지만, 자신이 중요하게 생각하고 삶의 중심을 잡아주면서 주도적으로 살아가게 유도하는 핵심 내적 가치가 무엇인지도 알아야 한다.

한 중견 의류회사 홍보부에 근무하는 정 차장은 광고 전문가다. 그는 늘 자기가 하는 일에 자부심을 느꼈다. 활기차고 유쾌한 성격으로 매 시즌 신상이 나올 때마다 신박한 광고를 내놓으며 회사 이미지 상승에 기여한 점을 스스로도 자랑스러워했다. 하지만 새로 부임한 상사 때문에 자부심이 떨어지기 시작했다. 신임 상사는 정 차장의 광고에 만족하는 법이 없었고 끝없이 새로운 광고를 요구했다. 정 차장은 시간이 갈수록 업무에 흥미를 잃은 것은 물론, 일도 건성으로 했다. 그만큼 작업의 질이 떨어져 가을 시즌 광고는 전보다 훨씬 밋밋하고 재미도 없었다. 정 차장 자신도 그런 결과를 알았지만, 노력에 대한 보상이나 인정도 못 받는 상황에서 열정을 바칠 필요성을 느끼지 못했다. 나날이 상사에 대한 불만은 커졌고 자신에게도 실망했다. 그만큼 일에 대한 열정과 조직에 대한 헌신도 떨어지고 있었다.

이는 정 차장이 외적 가치에 너무 치중한 결과라고 할 수 있다. 상사의 칭찬이나 인정이 일의 목표가 되어버리면 실망과 좌절을 맛볼 수밖에 없다. 이 문제로 고민하던 정 차장은 다행히 자신의 내적 가치를 찾았다. 그것은 광고 업무에 대한 탁월한 능력과 조직에 대한 헌신이었다. 이후 그는 외적 가치에 집중하는 대신 자신의 능력을 최대한 발휘하고 조직에 헌신함으로써 내적·외적으로 보상을 받고 자부심도 다시 키울 수 있었다.

개인적으로 나의 핵심 가치는 가족의 소중함, 배움과 성장, 정직, 행복,

일에 대한 사명감이다. 이 가치들은 어떤 상황에서든 나를 지켜주고, 흔들림 없이 주도적으로 전진하게 해준다. 이 가치들이 없었다면 나는 격한 삶의 풍랑을 이겨낼 수 없었을 테고, 지금처럼 늘 자부심 넘치고 플로리시한 삶을 살아가지 못했을 것이다. 핵심 가치가 가족의 소중함이기에 부도를 맞아 경제적·정신적으로 힘든 와중에도 가정을 지켰고, 배움과 성장이 핵심 가치였기에 열악한 환경에서도 늦은 나이에 독학으로 공부했으며, 정직이 핵심 가치였기에 경제적 위기 상황에서도 불의와 타협하지 않고 원칙을 고수할 수 있었다. 핵심 가치가 행복이 아니었다면 나처럼 가난하고 배우지 못한 사람이 행복을 만들 수 있었을까? 일에 대한 사명감이 핵심 가치가 아니었다면 지금까지 긍정심리학을 포기하지 않고 지속적으로 연구하며 확장할 수 있었을까? 핵심 가치 하나하나를 돌아보면 내 삶에 적용하기가 쉬운 것들은 아니었다. 하지만 나는 그 가치들을 삶의 역경에 적용하고자 노력했다. 그래서인지 지금 돌아보면 모든 것이 자랑스럽고 행복하다.

과거 긍정 경험이나 소중한 가치를 지킨 일들을 떠올릴 때 크고 대단한 경험만 최고인 것은 아니다. 비록 작은 일일지라도 자신이 소중하게 생각하고 자랑스럽게 여기는 경험이면 충분하다. 지나온 삶에서 뿌듯하고 기분 좋으며 당당한 느낌이 드는 일들을 떠올려보자. 고된 노력 끝에 대학교에 합격했을 때, 프레젠테이션을 성공적으로 끝마쳤을 때, 대회에 참가해 입상했을 때, 누군가에게 도움을 주었을 때, 복잡한 문제를 해결했을 때, 남다른 능력을 발휘했을 때 등등 수없이 많을 것이다.

이런 경험들을 그냥 과거에 묻어두지 말고 긍정적으로 반추하면서 음미해보자. 자부심과 함께 성취감, 만족감, 감사 같은 긍정 정서가 자라고 유지될 것이다. 또한 힘들고 어려운 일을 당할 때, 부정 정서가 나타나고 비관적일 때 이러한 긍정 정서를 불러오면 심리적으로 안정감을 찾을 수 있다. 참고로 나는 개인적으로 훌륭한 성취를 이루거나 가치를 상징하고 싶을 때면 나 자신에게 자부심상을 주곤 하는데, 최근에는 '끝없는 열정상'을 수여했다.

> ### 끝없는 열정상
>
> 성명: 우문식
>
> 위 사람은 어려운 환경과 조건에서도 좌절하거나 포기하지 않고 배움과 성장으로 행복한 자신을 만들었기에 이 상을 수여합니다.
>
> 2022년 04월 05일

개인에게 자부심이 중요한 만큼, 조직 역시 개인의 강한 자부심을 원한다. 따라서 자부심을 유지하고 키울 필요가 있는데, 이때 자부심을 갉아먹는 열등감을 극복하는 방법에 대해 알아야 한다. 먼저 열등감이란 자신이 다른 사람들에 비해 못하다거나 뒤떨어진다는 만성적 의식 또는 감정을 뜻한다. 트라우마나 역경을 겪으면 열등감에 빠질 공산이 크고 불안, 두려움, 완벽주의, 강박증을 유발하는 열등감에 잘못 대처하면 위기를 자초하거나 고립될 수 있다.

열등감에는 비현실적 열등감과 현실적 열등감이 있다. 비현실적 열등감은 비관적이고 부적응적이며 파괴적인 행동을 유도한다. 반면, 현실적 열등감은 가난을 극복하게 하고, 낮은 학력을 공부로 보완하게 하며, 처지는 외모가 오히려 개성이 되도록 실력을 쌓게 하고, 병약한 체력을 개선하기 위해 스스로 몸을 돌보게 한다. 한마디로 자신이 처한 환경에서 성장을 추구하는 원동력이 되는 것이다.

내가 과거에 가장 열등감을 느꼈던 부분은 공부(학력)였다. 공부가 한이 되기도 했다. 초등학교 6학년을 마친 뒤 친구들은 나만 빼고 모두 중학교에 진학했다. 이때부터 나는 농사짓는 아이로, 친구들은 중학생으로 신분 차이가 나기 시작했다. 중학교 교복을 갖춰 입고 학교에 다니는 친구들을 볼 때마다 허름한 차림으로 일하는 내 모습에 심한 열등감과 수치심이 들었다. 어쩌다 충주 시내에서 버스를 기다리다 친구들을 만나면 열등감 때문에 함께 타지 못하고 2시간 이상 다음 버스를 기다리거나, 8킬로미터 되는 길을 혼자 걸어오곤 했다. 사회생활을 하면서도 마찬가지였다. 어느 모임을 가든 학력이 늘 콤플렉스였다. 마흔 살이 넘어서자 더는 열등감에 갇힌 채 살고 싶지가 않았다. 공부 열등감을 극복하기 위해 목표를 세웠고, 내 대표강점을 발휘해 도전하기로 했다. 그렇게 해서 2000년 4월 독학으로 고입 검정고시를 시작해 2013년 박사가 됐고, 교수가 됐으며, 베스트셀러 저자가 되어 열등감에서 완전히 벗어났다.

이처럼 열등감이 있는 사람은 그 원인을 찾고 목표를 정한 뒤 자신의 강점을 활용해 성취감을 느끼는 것이 중요하다. 물론 서두를 필요는 없다. 자신의 약점보다 강점을 활용하는 방법을 알아야 하고, 목표를 하나하나 성취했을 때 따라오는 만족감도 충분히 느낄 필요가 있다. 그럼 열등감을 극복하고 자부심도 키울 수 있어 삶의 행복도가 올라갈 것이다.

4

노력이 필요하지만 확실한 효과:
감사하기

예부터 사람은 하루에도 오만 가지 생각을 하고, 오만 가지 걱정을 한다고 했다. 이는 과학적 근거가 있는 말이 아니라, 각양각색의 사람이 무척이나 다양한 생각과 걱정을 안고 살아간다는 의미에서 붙은 일상적 표현이다. 그런데 이것이 과학적으로 입증됐다. 작가이자 저널리스트이면서 심리학을 깊이 있게 연구한 하라 에스트로프 마라노Hara Estroff Marano가 쓴 논문에 따르면 사람은 하루에 2만 5,000번에서 5만 번 정도 생각을 한다고 한다. 게다가 좋은 일보다 나쁜 일, 성공보다 실패를 더 잘 기억하고 집중하는 것으로 나타났다. 앞에서 살펴본 '부정 편향' 때문이다. 이에 대다수 사람이 잘못된 일 또는 잘못될지도 모르는 일을 고민하느라 시간을 허비한다. 좋은 사건보다 나쁜 사건을 더 철저히 분석하고, 긍정보다 부정에 훨씬 오래 신경 쓰는 경향이 있는 것이다. 그래서 대부분 일상이 짜증스럽고 화가 나며 우울하다. 이런 현상을 '끌어당김의 법칙'이라고도 한다. 이로 인해 삶의 만족도가 최소화되고, 심리적 고통은 최대화된다.

이런 부정 편향을 극복해 인생에서 긍정적인 부분을 알아차리고 인지하는 데 필요한 기술 중 하나가 '감사하기'다. 감사하기는 고마운 마음을 전하는 행위로, 이것을 통해 우리는 긍정 정서를 키우고 자기효능감을 높이며 행복을 만들어 트라우마나 역경으로 생긴 심리적 증상을 완화하고 치료할 수 있다. 감사하기를 통해 이러한 긍정적 성과들을 얻으려면 우선 감사에 대한 올바른 인식이 필요하다.

첫째, 감사는 인생에서 긍정적인 부분을 찾아내 고마움을 표현하는 경험이다. 이를 통해 우리는 긍정의 가치와 의미를 인정하게 된다. 미국 심리학자 로버트 에먼스Robert A. Emmons는 "감사란 부작용이 없는 약물과도 같다"고 말했다.

둘째, 감사는 부정 정서를 '무효화하는 효과'를 지닌다. 긍정 정서와 비교할 때 부정 정서는 더 강해지고 오래 지속되며 널리 퍼져나가는 경향이 있다. 감사는 그러한 영향력을 무효화하는 잠재력을 지녔다. 따라서 감사하기 실습을 통해 인생에서 크고 작은 좋은 점들을 찾아내고 현실적으로 들여다본다면 자신의 인생이 결코 절망적이거나 미래가 불안정하지 않다는 사실을 깨닫게 될 것이다.

셋째, 감사는 보통 '타인 지향성'을 지닌다. 즉 다른 누군가에게, 혹은 다른 누군가를 위해 하는 것이다. 이 과정에서 긍정 관계가 형성된다. 감사는 또한 당연시하는 관계의 가치를 재점검할 수 있게 해준다. 사랑하는 이가 아픈 당신을 돌봐줄 때, 회의나 여행에 필요한 중요한 물건을 제때 준비해줄 때, 좌절에 빠진 당신을 위로할 때, 혹은 당신의 특이한 습관을 참아주거나 받아들일 때 자신의 인생에 그 사람이 있어 감사하다고 느끼게 된다.

그렇다면 감사에는 어떤 종류가 있을까? 감사는 크게 세 가지 종류로 나뉜다. 첫 번째는 '때문에(덕분에) 감사'다. 이 감사는 일할 수 있고, 사랑할 수 있고, 즐길 수 있고, 먹을 수 있고 등 무언가 감사할 수 있는 조건이나 환경이 주어졌을 때 나온다. 두 번째는 '그럼에도 불구하고 감사'다. 무언가 아쉽고, 서운하고, 부족하고, 불만이 있지만 그래도 감사하는 것이다. 세 번째는 '무조건 감사'다. 신, 부모, 스승 등 꼭 해야만 하는 감사를 가리킨다. 그런데 첫 번째 감사는 자발적으로 일어나는 것이고, 세 번째 감사는 의무적인 것인 반면, 두 번째 감사는 다소 부정적 요인을 가지고 있어 쉽지 않다. 그래서 노력과 연습이 필요하다. 긍정 정서를 키우고 역경을 극복하기 위해선 '그럼에도 불구하고' 감사할 줄 알아야 한다.

평소 부정적이거나 비관적인 사람, 우울증·불안증·분노 같은 심리적 증상을 가진 사람은 감사하기가 잘 안 된다. 이런 경우 먼저 자신에게 감사한 점을 찾아보라고 권하고 싶다. 자신에게 감사한 것 세 가지를 적어보자. 참고로 소크라테스는 남자로 태어난 것, 그리스에서 태어난 것, 그 시대에 태어난 것에 감사할지도 모른다. 이 중 소크라테스에게 그럼에도 불구하고 감사는 무엇일까? 아마도 남자로 태어난 것이 아닐까 싶다. 아내가 악처로 알려졌으니 말이다.

내가 감사하는 것 세 가지는 일본 마쓰시타 전기 창업주인 마쓰시타 고노스케松下幸之助의 세 가지 성공 비결과 유사하지만 조금은 특별하다. 첫째, 가난하게 태어난 것, 둘째, 배우지 못한 것, 셋째, 아홉 달 만에 태어난 것이다. 어찌 보면 모두가 부정적일 수 있다. 하지만 나는 이 사실들에 진심으로 감사하고 있다. 내가 가난하게 태어났기에 아이들에게 가난을 물려주지 않으려 노력했고, 배우지 못했기에 아이들 교육을 우선 가치로 삼으면서 언제, 어디서, 누구를 만나든 배우려고 노력했다. 그리고 의학적으로 판단하기는 쉽지 않지만, 일반 사람들과 달리 아홉 달 만에 태어나 뭔가 부족할 수 있다는 생각에 평상시 건강에 각별히 신경 썼고 그 덕분에 지금도 활기차게 하루하루를 보내고 있다.

평소 감사하기를 실천하려면 실습과 노력이 필요하다고 강조했는데, 물론 익숙하게 잘하는 사람도 있다. 긍정심리 교육시간에 어떤 이들은 5분 만에 감사 목록 20개를 쓰고, 감사편지도 주어진 시간 안에 쉽게 쓴다. 반면 5분 동안 감사 목록을 한두 개밖에 못 쓰고, 감사편지 시간에 볼펜만 돌리다 백지로 내는 사람들도 있다. 감사할 일이 없다는 이유에서다. 사실 엄밀히 말하면 감사할 것이 없어서가 아니라 너무 당연하게 생각하거나 익숙지 않아서 그렇다. 감사할 일이 없다면 관점을 조금 바꿔보자. 지금 일어나는 일이나 나타나는 현상만 보고 거기에만 집중한다면 감사하기가 어렵다. 오히려 짜증스럽고 불평, 불만만 생길 수 있다.

초등학교 교사인 30대 중반 희언 씨는 서울 토박이로, 5년 전 전라도 출신인 외동아들과 결혼했다. 남편 집안은 대대로 손이 귀한 편이었다. 희언 씨는 행복했지만 결혼 후 4년이 되도록 아이가 없자 시부모 눈치가 보였고, 은근히 스트레스도 받았다. 다행히 결혼 5년 차에 아기가 생겨 건강한 아들을 낳았다. 온 집안이 축제 분위기였다. 희언 씨는 1년간 육아 휴직을 하고 육아에 전념했다. 시간이 흘러 복직 날짜가 다가오자 육아에 대한 고민이 생겼다. 아이를 맡길 곳이 마땅치 않았던 것이다. 안타깝게도 친정어머니는 몇 년 전 암으로 돌아가셔서 안 계셨다.

복직을 며칠 앞둔 날 시골에 계시는 시어머니로부터 전화가 왔다. 손주를 봐주러 오신다는 것이었다. 괜찮다고 했지만 시어머니는 막무가내였다. 며칠 후 시어머니가 올라오셨고, 그날부터 집안 분위기가 180도 달라졌다. 웃음이 사라지고 냉기가 감돌았다. 시어머니와는 가치관과 문화,

습관이 너무 달랐다. 아이를 돌보는 방법에도 차이가 많이 났다. 시어머니는 반찬을 자신이 한입 먼저 먹어본 다음에 아이에게 먹였고, 희언 씨는 그런 모습을 볼 때마다 속에서 화가 치밀어 올랐다. 아이가 조금만 아파도 시어머니의 위생 관념을 탓하며 모든 원인을 시어머니에게서 찾았다. 그렇게 시간이 흐를수록 희언 씨는 무기력하고 우울해졌다. 그 전에는 퇴근하면 그렇게 집에 빨리 가고 싶었는데 지금은 아니었다. 특별한 일이 없는데도 교실에서 시간을 보내다 늦게 퇴근하곤 했다.

비오는 어느 날, 희언 씨는 수업을 마치고 교실에서 창밖을 내다보며 시어머니를 생각했다. 일주일 내내 아이를 보고 살림까지 하다 토요일 아침에 시골로 내려가서 시아버지 수발을 들고 다시 일요일 오후에 올라오는 시어머니가 무척 힘들 것 같았다. 그 순간 그렇게 밉게 보이고, 얼굴만 마주쳐도 화가 치밀어 오르던 시어머니가 안쓰럽게 느껴졌다. 매일 쌀쌀맞게 구는 것이 죄스러웠다. 그래서 퇴근 후 집에 가자마자 "어머니!" 하면서 시어머니 손을 꼭 잡았다. "어머니 힘드시죠? 아이 봐주시고 살림까지 해주시느라 힘드실 텐데 고맙다는 말씀 한 번 못 드리고 쌀쌀맞게 굴어서 죄송해요. 어머니, 이렇게 많이 도와주셔서 감사합니다"라고 말하고 시어머니를 꼭 안아드렸다. 어찌할 바를 모르던 시어머니도 "나도 하고 싶었던 이야기를 해야겠다. 아가야 고맙다. 손 귀한 집안에 시집와 아들 낳고, 돈도 벌고, 우리 아들과 잘 살아줘서. 그리고 사랑한다"라고 말씀하셨다. 두 사람은 서로에 대한 감사함을 마음 깊이 나누었고 집은 다시 행복으로 가득했다.

희언 씨처럼 지금 일어나는 현상을 있는 그대로 받아들이기보다 다른 관점에서 바라볼 필요가 있다. 굳이 역지사지가 아니어도 괜찮다. 그 현상의 이면에 무엇이 자리하고, 그것으로 인해 자신이 무엇을 얻었고 또 얻을 수 있을지 생각해보면 감사하기가 절로 되고 행복의 길도 보일 것이다.

또 한 사례로, 호석 씨는 열세 살이던 2003년 캐나다로 조기 유학을 떠났다. 조기 유학에 대한 두려움이 없었던 것은 아니지만 한국 교육 환경이 호기심과 창의성이 남다른 자신의 성향과는 맞지 않다고 판단한 데다, 부모님도 적극적으로 권유해 마음을 굳게 먹고 유학을 결심했다. 그의 부모님 역시 아들을 홀로 낯선 외국에 보낸다는 것이 걱정되고 경제적 문제까지 신경 써야 됐지만, 오직 아이의 교육을 위해 어렵게 결정을 내렸다.

큰 꿈을 안고 시작한 유학 생활은 순탄치 않았다. 한국에서 받은 영어 교육으로는 현지인과 소통하기 어려웠고 학업도 따라가기가 벅찼다. 주위에 어려움을 호소할 사람도 딱히 없었다. 그는 어린 나이에 낯선 외국에서 외로움, 소외감과 마주해야 했다. 평소 독립심과 자존심이 강한 그는 부모님이 걱정하실까 봐, 그리고 부모님에게 말하면 자기 마음이 약해질까 봐 연락도 자주 하지 않았다. 오히려 더 밝은 모습을 보이려고 최대한 노력했다. 하지만 상황은 개선될 여지가 보이지 않았고 눈물로 밤을 지새우는 날이 늘어만 갔다. 그렇게 자신의 일상에서 겉돌던 그는 매일 늦은 시간까지 거리를 배회했고, 홈스테이 부모와 트러블이 생기고 말았다.

이러한 유학 생활의 위기에서 그를 지켜준 것은 바로 부모님을 향한 감사였다. 그는 유학을 떠나기 전부터 다소 까다롭고 예민한 자신을 언제나 인내와 사랑과 격려로 지지해주는 부모님에게 감사함을 느끼고 있었다. 그리고 자신이 이렇게 생활한다는 사실을 부모님이 알면 얼마나 마음 아파할까를 떠올리면서 생활을 근본부터 바꾸기로 결심했다.

그는 지금 마주한 상황이 감당하기 힘든 역경이 아니라, 경제적으로 넉넉지 않은 환경에서도 부모님이 어렵게 만들어준 인생의 큰 기회라고 매번 상기하면서 그것을 이겨내려고 노력했다. 그리고 어떤 행동이나 선택을 할 때 부모님이 늘 자신과 함께 있다고 여겼다. 실제로 마음으로는 늘 함께하고 있어서 부모님의 자식으로서 경솔한 발언이나 부끄럽고 잘못된 행동은 절대 하지 않으려고 주의했다.

부모님에 대한 감사는 조기 유학 생활에서 겪은 수많은 역경을 헤치며 바르고 곱게 자라게 해주었고, 그런 그의 주위에는 갈수록 좋은 친구들과 인맥이 늘어났다. 시간이 지나면서 언어 문제도 자연스럽게 해결됐으며 학업 면에서도, 인성 면에서도 주변 사람들로부터 인정받는 건강한 학생으로 성장했다. 그는 언제나 부모님에 대한 감사, 그리고 부모님이 보내주신 사랑과 헌신에 보답하고자 하는 마음이 가득했기에 여느 유학생들과 달리 술, 담배, 마약 같은 유혹을 떨칠 수 있었다.

그렇게 유학 초기에 맞닥뜨린 역경을 부모님에 대한 감사로 극복하고 고등학교를 우수한 성적으로 졸업한 그는 캐나다 명문 대학교를 나와 지금은 미국계 대기업에 근무하고 있다.

이런 감사하기는 '행복 훈련'을 위한 다섯 가지 활동에도 포함되어 있다. 긍정심리학자들은 분노와 불안, 우울증을 줄이고 행복을 키우는 방법을 찾고자 세계 4대 성인 중 한 명인 석가모니부터 미국 심리학자 토니 로빈스Tony Robbins에 이르기까지 그들이 했던 모든 훈련법을 수집했다. 그리고 그것들을 실제로 활용 가능하고 가르칠 수 있는 방식으로 바꿨다. 그다음 무엇이 실제로 효과가 있고, 효과가 가장 컸는지 등을 확인하고자 최종적으로 '행복 훈련'을 위한 일주일간의 다섯 가지 활동, 즉 ①감사편지와 방문 ②감사일기 ③최선을 다한 나 ④대표강점 찾기 ⑤대표강점을 새로운 방식으로 사용하기 등을 훈련 참가자들을 대상으로 시행했다. 그리고 행복 훈련 전후와 훈련이 끝나고 6개월 후 행복과 우울감을 측정한 결과, 감사편지와 방문 → 대표강점을 새로운 방식으로 사용하기 → 감사일기 순으로 분노와 불안, 우울증을 감소시키고 행복을 증진시키는 것으로 나타났다. 즉 감사편지(방문) 한 번이 향후 6개월 동안 행복에 영향을 미친 것이다.

이러한 긍정심리학 도구들이 행복과 심리적 증상에 일시적이 아닌 지속적인 효과가 있는 이유는 사용법을 한번 터득하면 필요할 때마다 스스로 실행해 내적 강화를 이룰 수 있기 때문이다. 즉 마음의 근육이 단단해지는 것이다. 몇 년 전 영국 BBC에서 방송된 〈슬라우 행복하게 만들기 Making Slough Happy〉는 전 세계 사람들에게 행복에 대한 인식과 더불어 행복은 만들 수 있다는 사실을 다시 한 번 확인케 해준 프로그램이다. 영국의 작은 도시 슬라우에서 심리학자 6명이 주민들을 대상으로 3개월 동안 행복을 만드는 열 가지 방법이 포함된 프로그램을 실행한 결과 그들의 행복지수가 33퍼센트 상승했다. 심리학자들은 1년 후 다시 슬라우를 찾아가 행복하게 만들기 프로그램에 참가했던 사람들의 일상을 조사했다. 자살을 두 번이나 시도했던 조앤은 자살방지 기구를 만들어 활발히 활동 중이었고, 극심한 우울증에 시달리던 마리아는 행복하게 가사에 전념하고 있었다. 특히 마리아는 프로그램을 마치고 우울증이 재발되기도 했지만 행복 만들기 방법(도구)들을 실천해 스스로 치료할 수 있었다. 나는 이 방송을 아주 흥미롭게 시청했고, 그 후 아이디어를 확장해 2019년 행복을 만들어주고 심리적 증상을 치료하는 33가지 긍정심리 도구를 중심으로 《행복은 만드는 것이다》를 출간했다.

여기서 감사일기의 검증된 사례를 살펴보면 2005년 미국 시사주간지

〈타임TIME〉은 긍정심리학을 커버스토리로 다루었는데, 셀리그만이 심각한 우울증 환자 50명을 대상으로 우울증 정도와 행복도를 검사한 다음 감사일기를 쓰게 한 내용이 소개됐다. 이들의 평균 우울증 점수는 34점이었다. 그 정도면 '극단적' 우울증 범주에 속하는 것으로, 이런 사람들은 가까스로 침대 밖으로 나와 컴퓨터 앞에 앉았다가 다시 침대로 돌아가는 일상을 반복한다. 이들은 각자 감사일기 쓰기를 실천했는데, 일주일 동안 매일 그날 있었던 감사한 일 세 가지와 왜 감사한지 이유를 적었다. 그 결과 이들의 평균 우울증 점수는 34점에서 17점으로, 즉 극단적 우울증에서 경미한 우울증으로 크게 내려왔고, 행복 백분위 점수는 15점에서 50점으로 상승했다. 50명 중 47명이 이제 덜 우울하고 더 행복해했다. 셀리그만은 "지난 40년 동안 심리치료와 약물로 우울증을 치료했지만 이런 결과를 목격한 적은 한 번도 없었다"고 말했다.

나는 2007년에 시작해 2017년까지 10년 동안 감사일기를 썼다. 나에게 그 기간은 역경을 이겨내야 하는 힘겨운 시간이었다. 물리적으로나 심리적으로 여유가 없을 때였다. 그럼에도 참 열심히 썼다. 출장이나 외국에 나갈 때도 일기장을 가져갔을 정도다. 사실 일반 일기든, 감사일기든 매일 일기를 쓰기란 쉽지 않다. 초등학교 방학 때 쓰던 일기 숙제를 떠올려 보면 알 수 있을 것이다. 하지만 〈타임〉에 실린 내용처럼 감사일기는 큰 보상이 따른다. 나도 10년 동안 쓴 감사일기가 역경들을 극복하는 데 큰 힘이 됐다. 일기에 그날 감사한 일 세 가지와 감사한 이유를 함께 썼는데, 하루 동안 감사한 일을 찾다 보면 어떤 날은 너무 많을 때가 있다. 그 대상이 사람인 경우에는 그를 위한 기도와 감사로 하루를 마무리했다.

꼭 거창한 것이 아니어도 괜찮다. 혹시 잊고 있던 친구에게서 전화를 받지 않았는가? 며칠 동안 밤새워가며 준비한 프레젠테이션을 성공적으로 마무리하지 않았는가? 친구가 무사히 건강한 아이를 출산하지 않았는가? 아이가 상장을 받아오지 않았는가? 남편이 맛있는 아이스크림을 사오지 않았는가? 의식적으로 떠올려보면 아마 한두 가지는 분명 좋은 일이 있을 것이다. 그동안 당연하게 여겨온 것들이 실은 감사한 일이고, 주변의 모든 것이 축복이자 감사해야 할 대상이다.

이렇게 감사한 일을 매일 세 가지씩 쓰고 이유까지 적으면 감사의 의미를 정서적으로 더 깊게 느낄 수 있어 효과적이다. 예를 들어 교수로부터 칭찬을 받았다면 "밤을 꼬박 새워가며 발표 준비를 열심히 한 것을 인정해주셨기 때문에"라고 적을 수 있다. 오늘 남편이 퇴근길에 치킨을 사 왔다면 "내가 치킨이 먹고 싶다고 말한 것을 잊지 않았기 때문에", 이 책을 읽었다면 "우문식 교수의 책을 읽어서 회복력을 키우는 방법을 배웠으니까"라고 쓰면 된다. 다음과 같이 간단하게 써도 상관없다.

감사한 일(잘된 일) 세 가지	감사한 이유
오늘 교수님에게 칭찬을 받았다	밤새워 준비한 프레젠테이션을 인정받았기 때문에
퇴근길에 남편이 치킨을 사 왔다	내가 먹고 싶다고 말한 것을 잊지 않고 사 왔으니까
우문식 교수의 회복력 책을 읽었다	회복력을 키우는 방법을 배웠으니까

처음엔 다소 어색할 수 있다. 하지만 2주일가량만 써보면 익숙해지고, 6개월 정도면 중독이 된다. 꾸준히 감사일기를 쓸 경우 설령 긍정 정서가 태생적으로 부족한 사람일지라도 얼마든지 긍정 정서를 키울 수 있다. 그래도 감사일기를 쓰기가 어렵다면 스스로에게 다음과 같은 질문을 던져보자.

- 오늘 뭔가 아름다운 것을 목격했다. 그것은? _____
- 오늘 뭔가를 아주 잘했다. 그것은? _____
- 오늘 나와 가까운 사람에게 친절을 베풀었다. 그것은? _____
- 오늘 좋은 소식을 들었다. 그것은? _____
- 오늘 고무적인 뭔가를 봤다. 그것은? _____

다음은 '감사 방문'으로, 감사편지를 들고 상대방을 직접 방문하는 것을 말한다. 진심으로 감사를 표현한다는 것이 어떤 의미인지 알게 해주는 방법이다. 먼저, 지금까지 살아오면서 존재만으로도 고맙고 소중하지만 미처 감사함을 전하지 못한 사람을 떠올려보자. 아마도 마음이 뭉클해지면서 자신의 인생이 불행하지만은 않다는 생각이 들 것이다.

이제 그 마음 그대로 감사편지를 써보자. 편지는 가능한 한 구체적으로 쓰는데, 그 사람이 당신을 위해 어떤 말을 했는지, 어떤 행동을 했는지, 그리고 그것이 당신 인생에 어떤 영향을 끼쳤는지 자세히 써야 한다. 그 다음 지금 그것에 감사하고 있다고 표현하고, 그 일을 얼마나 자주 생각하는지도 언급하자. 그러려면 생각할 시간이 충분해야 한다.

편지를 다 썼으면 날짜를 정해 그 사람을 찾아가 마주 앉은 후 편지를 쓴 마음 그대로 읽어나간다. 중요한 것은 편지를 쓸 때도, 읽을 때도 진심을 담아 감사를 표현해야 한다는 점이다. 편지를 다 읽은 후에는 서로 느낀 감정에 대해 이야기하는 시간을 갖는다. 피터슨에 따르면 감사 방문은 감사편지를 받은 사람을 100퍼센트 감동시키고 눈물 흘리게 한다. 물론 편지를 쓴 사람도 큰 만족감을 얻는다. 감사 방문은 누구를 대상으로든 할 수 있다. 특히 부모님에게 한다면 어떤 선물보다도 큰 행복을 주고

받을 수 있을 것이다.

다음은 우울증과 불안증으로 치료받고 있는 조 씨가 친구에게 쓴 감사 편지다.

사랑하는 지수에게

너한테 진심으로 감사하고 싶어서 이 편지를 쓰고 있어. 고등학생 시절 나를 다정하게 대해줘서 정말 고마워. 내가 친구들에게 오해받을 때, 화나고 외로울 때 너는 다정하게 내 이야기를 들어주고 위로해줬어. 네가 나를 도와주던 그 시간이 네게는 별것 아니었을지 몰라도 내게는 큰 도움이 됐어. 다른 사람들이 말과 조언으로 설교하려 할 때 넌 행동으로 보여주고 외톨이인 나를 돌봐줬지. 하굣길에 길가에 앉아 한 시간 동안 함께 이야기를 나누던 거 기억나니?

이렇게 글로 써놓으면 별일 아닌 것처럼 보일지도 몰라. 하지만 그 일로 내가 얼마나 큰 영향을 받았는지는 글로 다 표현할 수 없어. 네 덕분에 나는 내가 필요한 존재이고 관심받을 만한 가치가 있는 사람이라고 느꼈거든. 그게 네가 나한테 준 가장 큰 선물이야. 이 편지는 너 못지않게 나에게도 큰 의미가 있어. 네가 내게 해준 그 모든 일을 진심으로 고맙게 생각해. 그 일들이 내게 얼마나 큰 의미가 있는지를 이제는 네가 알아줬으면 좋겠어.

또 다른 사례로, 40대 후반인 전 씨는 내면의 긍정 자원을 많이 가지고 있음에도 대표강점들을 발휘하지 못한 채 심리적 증상들을 겪고 있었다. 최근 들어 그의 증상을 악화시킨 원인 중 하나가 고등학교 3학년인 둘째 아들 진규다. 어떻게 해서든 졸업만은 시키려는 엄마의 간절함과 달리 진규는 학교 생활보다 게임에만 몰두했다. 밤새도록 게임을 하다 새벽에 잠들면 그날 등교하지 못하거나 지각하기 일쑤라 출석일수가 아슬아슬

할 정도였다. 1년 이상 이런 상태가 지속되다 보니 더는 싸울 여력도 없었다. 이런 진규에게 최근 조금씩 변화가 일기 시작했다. 지금까지 이 문제에 부정적으로 접근했던 전 씨가 긍정심리치료를 받으면서 관점을 바꿔 긍정적인 접근을 시도한 덕분이었다. 특히 공감력을 발휘해 공감 대화법을 사용했고, 감사편지도 썼다. 때마침 그 주에 진규의 생일이 끼어 있었다.

생일 아침 미역국 등 진규가 좋아하는 음식을 차려주고 학교에 보낸 후 외출하려던 전 씨의 계획은 수포로 돌아가는 듯했다. 진규가 지금은 졸리니 나중에 깨워달라며 자기 방으로 들어가려 했기 때문이다. 오늘도 학교에 가기 힘들겠다는 생각이 들어 엄마가 준비한 감사편지만이라도 잠깐 읽어주겠다고 하자 진규는 그냥 달라고 했다. 하지만 전 씨는 편지를 직접 읽어주겠다고 했다. 첫 줄을 읽기도 전 눈물이 왈칵 쏟아졌다.

사랑하는 아들 진규에게!

진규야, 생일 축하해. 진규가 엄마, 아빠의 아들로 태어나서 얼마나 감사한지 몰라. 몸 건강하고, 마음 또한 건강하게 자라줘서 무척이나 고마워. 우리 진규가 한동안 학교를 안 가거나 무단지각에 무단조퇴를 하는 등 성실하지 않게 학교 생활을 해서 엄마는 너무 가슴 아프고 힘들었단다. 그런데 요즘은 아침에 알아서 일어나 씻고 준비하고 학교에 지각하지 않으려고 해서 정말로 기쁘고 감사할 따름이야. 진규야! 인생을 살다 보면 때론 내가 하고 싶지 않아도 해야만 하는 일들이 있어. 왜냐하면 인생은 혼자 사는 것이 아니기 때문이지. 더불어 살아야 하고, 사회에 속해서 살아야 해. 그런 면에서 학교는 지식과 기술을 배우는 공간이면서 타인, 공동체, 자연과 함께 살아가는 방법과 생활규칙을 몸으로 배우고 익히는 중요한 곳이기도 하지. 그래서 우리 진규가 학교 생활을 성실하게 하면 얼마나 좋을까 하는 바람이 엄마에게는 늘 있단다. 우리 진규는 어릴 때 정말 성실하게 잘해왔지. 한때 다소 아쉬운 부분도 있었지만 말이야. 특히 최근 들어 잘하려고 노력하는 진규를 보면서 앞으로도 잘할 거라는 믿음이 생기네. 그렇게 해주면 엄마는 진짜 진짜 행복할 것 같아.

사랑하는 진규야. 엄마는 언제나 우리 진규 편이야. 기쁠 때나 슬플 때나 힘들 때나 너의 가장 가까운 곳에서 언제나 너와 함께 있을 거라는 사실을 잊지 않길 바랄게. 진규야! 학교 가기가 다소 힘겨울 때가 있더라도 엄마랑 함께 노력해서 학교 잘 마치고 행복한 미래를 만들어가자.

진규야, 다시 한 번 생일 축하해. 그리고 사랑해!

편지를 읽고 난 후 전 씨는 진규를 꼭 안아주었다. 진규가 어떻게 했을 것 같은가? 잠자러 방에 들어가려던 진규는 곧바로 세수하고 학교에 갔다. 진규는 무사히 졸업한 뒤 자기가 원하는 대학교에 입학했고, 지금은 건강하게 군 생활을 하고 있다.

나에게는 개인적으로 고마운 분이 참 많다. 그중에서 굳이 꼽아야 한다면 어머니와 사업적으로 많은 도움을 준 김정태 사장님이다. 어머니는 내가 어렸을 때 늘 "넌 잘생겼어. 신익희 선생 닮았어!"라고 말씀하셨다. 그래서 나는 내가 정말 잘생긴 줄 알았다. 신익희 선생은 제헌국회 초대 국회의장이자 민주당의 제3대 대통령 후보였다. 그런 분을 닮았다니 나 스스로 우쭐하지 않았겠는가. 그래서 어디서든 기죽지 않고 당당하게 열정적으로 나를 표현할 수 있었다. 초등학교 입학 전부터 어머니가 내게 해주신 그 말씀, "넌 잘생겼어. 신익희 선생 닮았어!"가 오늘의 나를 만든 것이다. 그런데 이 믿음과 자신감이 2005년 2월 클린턴 전 대통령을 한국에 초청해 처음 악수를 나누는 순간 깨져버렸다. 그가 나보다 더 잘생겼던 것이다.

나에게 그렇게 큰 영향을 미친 어머니가 정작 살아 계셨을 때는 감사하다는 말씀을 한 번도 전하지 못했다. 그래서 몇 년 전 어머니 영전 앞에서 감사편지를 읽어드리고 한참 이야기를 나누었다. 그때 울기도 참 많이 울었지만, 기쁜 마음도 컸다. 그 느낌이 오래 지속되어 지금도 그 편지를 읽을 때면 행복하다.

보고 싶은 엄마에게

엄마, 나 왔어, 문식이. 잘 계셨어? 엄마 보고 싶어 왔지. 나 자주 안 온다고 서운했어? 서운하게 생각하지 마! 나 매일 아침저녁으로 엄마하고 책상 앞에서 얘기하잖아. 기도도 하고….

나 어렸을 때 엄마가 항상 나 보고 신익희 선생 닮았다고 했지. 잘생겼다고. 엄마의 그 말이 나에겐 얼마나 큰 힘이 됐는지 몰라. 초등학교밖에 안 나온 내가 사회활동을 활발하게 할 수 있었던 건 엄마의 그 말 덕분이었어. 그래서 어디를 가나 기죽지 않고 늘 당당하고 자신 있었지.

엄마가 더 오래 사셨으면 좋았을 텐데…. 엄마가 그전에 늘 부러운 듯 얘기했잖아. "누구는 괴동학교 나왔디야!" 그런데 내가 대학교 나오고, 박사가 되고, 대학교수도 됐어! 엄마 좋지? 오늘따라 엄마가 더 보고 싶다. 엄마가 기도해주는 모습도 생생하게 떠오르고.

엄마 고마워! 엄마의 그 말 "너는 잘생겼어. 신익희 선생 닮았어!"가 오늘의 나를 만든 거야. 엄마 살아 계실 때 감사의 마음을 전했어야 하는데 이제야 하네. 엄마, 미안해! 그 대신 앞으로 더 노력해서 많은 이에게 행복을 만들어주는 사람이 될게. 그래서 이 담에 하늘나라 가서 엄마 만나면 더 멋진 아들 모습 보여줄게. 엄마 사랑해!!

셋째 아들 문식이가.

또 한 분, 김정태 사장님은 40여 년 전 비즈니스로 처음 만나 지금까지 부모, 형제보다 더 많은 도움을 주신 분이다. 늘 감사한 마음만 가지고 있다가 2021년 말 감사편지를 써서 노년에 시니어 타워에서 요양 중인 김 사장님을 찾아뵙고 직접 읽어드렸다.

사랑하고 존경하는 김정태 사장님!

사장님을 처음 뵌 지 어느덧 40년이 다 되어가는 것 같습니다. 사장님은 사회적으로 저의 부모, 형제보다 더 소중한 분이었고, 도움도 많이 주신 분입니다. 지난 40여 년 동안 사장님은 늘 한결같이 저를 대해주셨고 언제나 격려해주셨습니다. 그리고 어떤 상황에서도 저를 믿어주셨습니다.

부모, 형제도 하기 힘들 텐데, 어떻게 그렇게 하실 수 있었을까요? 사장님이 계시지 않았다면 가난하고 못 배운 저는 세상에서 부딪쳐야 했던 수많은 역경을 이겨내지 못했을 겁니다. 부도가 났을 때도, 기업회생에 들어갔을 때도 수억 원 손실을 감수하면서까지 적극적으로 저를 지지해주셨고 재기할 수 있도록 도움을 주셨습니다. 사장님의 도움이 없었다면 초등학교밖에 못 나왔던 제가 박사 학위를 두 개나 받고 대학교수가 되고 학장이 된다는 것은 상상도 할 수 없는 일이었습니다.

오늘의 이런 제 모습은 사장님이 계시지 않았다면 불가능했다고 믿습니다. 이렇게 도움을 주신 사장님에게 늘 마음으로만 감사할 뿐 보답해드려야지, 보답해드려야지 하면서도 아직 아무것도 한 것이 없습니다.

사장님, 감사합니다. 그리고 죄송합니다. 사장님이 건강하게 오래만 살아주신다면 만 분의 일이라도 보답할 수 있으리라는 생각을 늘 해왔습니다. 꼭 그렇게 해야 된다고 다짐했고요. 하지만 며칠 전 "나 사형선고 받았어. 폐암 2기래"라고 하신 말씀에 저는 속으로 안 돼, 안 돼 하며 절규했습니다.

사장님 힘내십시오. 사장님은 강하시잖아요. 사장님은 이겨내실 수 있습니다. 그래야 제가 보답하지요. 지금은 아직 경제적으로 힘이 듭니다. 하지만 다행히 올해 후반부터는 좋아지기 시작했습니다. 조금만 더 시간을 주시면 제가 정말 보답해드릴 수 있습니다.

사장님! 의왕, 방배동, 마포 은행까지 직접 오셔서 담보 보증을 서주시던 모습, 서울에 올라올 때마다 마포 시장골목에서 돼지머리국밥을 사주시던 모습이 생생하게 떠오릅니다. 언제나 당당하고 솔직하고 검소한 삶의 모습을 보여주시던 사장님을 지켜보면서 저 역시 어느새 사장님을 닮아가는 삶이 되었습니다.

사장님, 감사합니다. 그리고 사랑하고 존경합니다. 암 꼭 이겨내시고, 건강회복하십시오. 이제 제가 보답하겠습니다. 그리고 더 멋진 모습 보여드리겠습니다.

우문식 드림.

첫 구절부터 목이 메기 시작했고, 김 사장님도 내 손을 꼭 잡으며 울먹였다. 편지를 다 읽자 "우리 같은 특이한 관계도 없다"며 "그 많은 역경을 이겨내고 이렇게 성공해서 함께하니 무척 좋고 고맙다"고 말씀하셨다. 감사편지는 우편이나 이메일로 보내는 것보다 이렇게 상대방 앞에서 직접 읽어야 효과가 배가된다.

감사편지는 한글을 터득한 유치원생부터 어르신까지 누구나 쓸 수 있다. 특히 부모에게 써보자. 용돈보다 더 큰 행복을 주고받을 수 있을 것이다. 집안 행사 때 활용해도 좋다. 긍정심리학 전문가 과정에 참가한 한 고등학교 교사는 어머니 칠순잔치 때 5남매가 모두 감사편지를 써서 읽어드렸다고 한다. 어땠을 것 같은가?

5

자기 자신을 위하는 이타적 선물:
용서하기

부정 정서 가운데 가장 강력한 것 중 하나가 분노다. 우리는 지나친 분노가 심리적·신체적·관계적으로 좋지 않은 결과를 초래한다는 사실을 잘 알고 있다. 그래서 분노를 조절하거나 떨쳐버리려 애쓰지만, 마음과 달리 분노의 골은 깊어지고 원한의 응어리가 되어 가슴에 맺히곤 한다. 그만큼 분노는 행복과 회복력에 악영향을 미친다. 종교계를 비롯한 일반 사회 교육 프로그램이나 상담/치료 프로그램에서 분노를 중요하게 다루는 이유이기도 하다.

분노가 신체 건강에 미치는 부정적이고 치명적인 영향은 이미 많은 연구를 통해 입증됐다. 미국 듀크대학교 행동의학연구센터 교수인 레드퍼드 윌리엄스Redford Williams는 "분노와 질병을 연결하는 생물학적 경로가 무척 다양하다"고 말했다. 또한 최근 한 연구에 따르면 분노 수준이 높은 사람은 대사증후군 발병 가능성이 크고 인슐린 저항성이 높아져 고혈압이나 고지혈증은 물론 심장병, 당뇨병이 생길 수도 있다.

분노는 밖으로 표출하는 A 타입과 속으로 참는 C 타입이 있다. 분노와 같은 정신적 스트레스는 교감신경계를 활성화하고, 염증표지자인 혈중 C반응성 단백질과 인터류킨6의 생성을 증가시켜 심혈관계 질환 발병 위험성을 높인다. 한마디로 오랫동안 자주 화를 내면 심장마비가 발생할 가능성이 그만큼 커지는 것이다. 하버드대학교에서도 관련 연구를 시행했는데, 분노를 행동으로 표출하는 사람은 심장 질환을 겪을 확률이 4.5배 높은 것으로 나타났다. 즉 평소 큰소리치는 사람, 성격이 급한 사람, 쉽게 화를 내는 사람은 나이 들어 심장마비를 경험한 확률이 높다.

　분노를 표출하지 않고 속으로 삭여도 몸이 망가진다. 만성적으로 화를 참으면 암세포를 죽이는 NK세포들의 활동이 억제된다. 화를 낼 때와 마찬가지로 동맥벽도 손상된다. 또한 지방이 과다 분비되어 콜레스테롤 수치가 높아지고, 이후 혈액 내에 콜레스테롤이 많이 쌓이면 동맥혈관이 막힐 위험성이 커진다. 분노를 내부에 꼭꼭 가둬두면 결국 그 감정이 자신을 서서히 병들게 만드는 셈이다.

　분노, 화, 적대감은 건강뿐 아니라, 대인관계에도 치명적이다. 늘 상대에게 불만이 있고 보복할 기회를 노리기에 조직 내에서 친밀하게 협업하거나 상호작용을 할 수 있는 동기가 떨어진다. 이는 소통과 팀워크를 방해하고 조직의 성과에도 악영향을 미칠 수밖에 없다.

　또한 분노에는 개인적 분노와 사회적 분노가 있다. 전자는 개인적 관계에서 개인의 권리를 침해당했다는 믿음에서 유발되고, 공공 부분에서 발생하는 후자는 사회적 권리를 침해당했다는 믿음에서 생겨난다. 즉 분노는 권리 침해, 기만, 모욕, 무시, 거부, 배신, 사기 등을 당했다는 믿음에서 비롯되는 것이다. 누군가가 자신의 권리를 의도적으로 침해했다는 믿음, 자신에게 일부러 해를 끼치려 했다는 믿음은 분노 감정(정서)을 일으킨다.

미국 앨라배마대학교 심리학과 명예학장인 돌프 질만Dolf Zillmann은 분노 유발 요인에 대해 연구했고 그 결과 모욕을 당했을 때, 자기 권리를 침해당한 느낌을 받았을 때 흔히 분노한다는 사실을 알아냈다. 또한 부당한 대우를 받았다고 믿을 때, 목표 달성을 방해받았다고 믿을 때도 분노가 솟구쳤다. 비합리적이긴 하지만, 침해 주체가 무생물이나 환경이어도 역시나 분노했다. "이 빌어먹을 차, 왜 시동이 안 걸리는 거야?" 또는 "짜증나게 또 비가 오네" 등이 그 예다.

하지만 우리는 대체로 가해자로 타인을 지목하고, 그런 침해 행위가 의도적인 것이라고 믿는다. 주차장에서 다른 차가 갑자기 끼어들어 당신이 점찍어둔 자리에 주차한다고 해보자. 아마도 "내가 저 자리를 기다리고 있다는 걸 뻔히 알면서도 새치기했어"라며 자신을 무시했다고 생각할 것이다. 또는 아이에게 식탁 차리는 것을 도와달라고 했는데 대답이 없다고 상상해보자. '엄마가 하녀인 줄 알지?'라는 생각에 기분이 언짢아질 수 있다. 이는 모두 권리 침해 믿음이다. 이때 남편이 '아이들 야단치는 일은 꼭 나한테 맡기네. 이건 불공평해'라고 생각하는 것도 마찬가지다. 이 두 예는 ①"다른 사람이 나에게 피해를 주었다", ②"그 사람은 다르게 행동할 수도 있었다"라는 두 가지 믿음을 담고 있다. 이런 원인 믿음은 "이 일이 어째서 일어났을까?", 즉 '이유'에 대한 대답이다. 이렇게 문제의 외적 원인을 찾으면서 유독 타인을 원인으로 지목하는 사람은 일상에서 아주 많이 분노를 느낄 것이다.

프레드릭슨은 "분노는 상대방에게 그렇게 행동하지 말라고 고함치고 싶은 충동을 일으키고 욕을 해대고 싶게 만든다"며 "우리가 느끼는 분노를 마음으로 받아들이자"고 제안했다. 그러면서 "화가 나는 상황에서 아무런 판단이나 반응도 하지 않는 연습을 하게 해준 그 사람에게 오히려 속으로 감사하자"고 덧붙였다. 감사하는 마음이 연민을 불러일으키고 평온을 되찾아준다는 뜻이다.

분노에 대처하기 위해서는 우선 감정이 표출되기 전 잠깐 시간을 가질 필요가 있다. 단 몇 초만이라도 "스톱Stop!" 하고 감정을 정지시켜보자. 일반적으로 감정은 15초만 지나도 많이 완화된다. 그리고 그 짧은 시간 동안 분노를 표출할지, 말지 판단할 기회가 생긴다. 그렇게 일단 멈추면 다른 방법을 시도할 수도 있다. 진정 후 분노 표현하기, 생각한 뒤 말하기, 구체적으로 표현하기, 가능한 해결책 찾기, 거울 보기, 숫자 세기 같은 방법을 통해 순간적인 감정을 조절하고 분노에 대처하는 것이다.

혹시 주변에 분노를 유발하는 사람, 스트레스를 촉발하는 사람, 꼴도 보기 싫은 사람, 피하고 싶은 사람이 있는가? 그런 분노 유발자를 대할 때 우리는 대부분 잘못된 대처법을 선택한다. 미국 심리학자 겸 심리상담사인 딕 티비츠Dick Tibbits는 우리가 분노 유발자를 대면하면 대부분 '아무 일도 없는 척하기, 제삼자에게 화풀이하기, 분노 외면하기, 마음속으로 복수하는 장면 상상하기, 약물이나 술 또는 음식에 의존하기, 삶을 냉소적으로 대하기' 같은 방법으로 대처한다고 한다. 이러한 대처법은 일시적으로 위안이 될 수 있어도 분노를 근본적으로 해결하는 데는 도움이 되지 않는다. 오히려 분노와 상처가 반복될 수 있다.

한 번 상처를 받고 분노의 씨앗이 자라기 시작하면 반복된 상처가 원한으로 바뀌기도 한다. 원한은 분노에 비통함이 더해진 감정으로, 마음속에서 점점 자라난다. 《행복은 어디에서 오는가 8 Steps To Happiness》의 저자이자 코칭심리학 분야의 세계적 권위자인 앤서니 그랜트Anthony M. Grant는 "분노는 당신의 영혼을 해치는 암과 같은 존재"라고 말했다. 분노는 우리의 몸과 마음을 망가뜨린다. 분노가 크게 자리 잡아 원한이 되면 심리적·신체적·사회적으로 심각한 해를 입는다. 그렇다면 분노에 어떻게 대처해야 할까?

과거의 상처 중 종결되지 않은 부정 기억은 1단계 '긍정 평가'로, 원한에 사무칠 정도의 극심한 분노는 2단계 '용서'로 대처한다. 먼저 긍정 평가를 위해 완전히 이해하지 못하거나 해결되지 않은 과거의 상처를 떠올려보자. 그 상처를 떠올릴 때마다 불쾌하고 뭔가 끝내지 못한 느낌이 들면서 고통스럽다면 그것이 바로 종결되지 않은 부정 기억이다. 예를 들어 "뭔가 좋은 일이나 대화를 하려고 할 때마다 아내(남편) 또는 상사(동료)가 과거 나에게 고통을 준 사건이 불쑥불쑥 떠올라요", "기분 좋아지는 뭔가를 성취할 때마다 과거의 실패가 떠오르면서 성취보다 실패에 대한 생각에 사로잡혀요", "나에게 상처를 준 아내(남편)를 용서했지만 여전히 그 사람을 믿기가 어려워요", "제일 친한 친구가 정말 중요한 순간에 내 편을 들어주지 않아서 화가 나요" 같은 기억들이다.

이런 기억들이 떠오르면 분노와 원망, 혼란, 슬픔 같은 심각한 부정 정서가 뒤따른다. 특히 가까운 사람으로부터 상처를 받거나 해를 입으면 그런 감정이 더 악화해 상대에게 악감정을 품게 되고, 그 사람이 벌을 받아 모욕과 창피를 당하거나 힘을 잃고 잘못되길 바란다. 그러면 어느 정도 부정 정서가 완화된 것 같은 느낌이 든다. 물론 일시적으로 그럴 수도 있다. 하지만 종결되지 않은 기억을 적극적으로 처리하지 않으면 보통 복수심, 적대감으로 발전한다. 이 경우 안타깝게도 최대 희생자는 감정을 품은 대상이 아니라 자기 자신이다.

이런 부정 기억에 대처하는 1단계 긍정 평가는 '심리적 공간 조성하기', '재강화', '의식적 자기초점화', '전환' 등 네 가지 전략을 통해 종결되지 않은 부정 기억을 해결한다.

첫 번째 '심리적 공간 조성하기'는 쉽게 사라지지 않는 부정 기억과 거리를 두어 심리적 공간을 만드는 것이다. 가슴 아픈 기억을 '나'라는 단어를 사용하지 않고 제삼자 관점에서 묘사하는 것이 한 방법이다. 예를 들어 자신이 저널리스트나 사진작가, 다큐멘터리 영화 제작자라고 상상하면서 종결되지 않은 기억이나 응어리를 제삼자 관점에서 묘사해본다. 이때 중립적인 3인칭 표현을 유지하려 노력하면 종결되지 않은 기억과 어느 정도 거리를 두는 데 효과적이다. 그럼 종결되지 않은 기억을 반복하지 않으면서 그 기억의 의미와 자신의 감정을 수정할 수 있는 기회가 생긴다.

두 번째 '재강화'는 과거의 기억을 재해석해 수정하는 것이다. 부정 기억에 빠져 있다 보면 사고가 좁아져 상황의 모든 측면에 주의를 기울이지 못할 개연성이 크다. 이때 재강화가 도움이 되는데, 먼저 스트레스에 짓눌리지 않는 차분한 상태에서 심호흡을 하고, 종결되지 않은 부정 기억의 세세하고 미묘한 측면을 떠올려본다. 그다음 가능한 한 부정 기억을 차단하고, 놓쳤을지도 모르는 모든 긍정적 측면을 의식적으로 떠올리면서 그 기억을 재해석해 종이에 적는다. 이렇게 재강화는 종결되지 않은 부정 기억의 긍정적 측면을 인정하고 기록하는 데 중점을 두어 자신의 인생에서 가장 중요한 가치를 생각해본 뒤 수정된 기억에 불어넣는 방법이다.

우울증, 불안, 분노로 개인치료를 받는 30대 상수 씨는 아버지의 알코올 중독, 어린 시절 가출 등으로 아버지에 대한 부정 기억을 가지고 있었다. 그런데 단 하나 긍정 기억이 있었는데, 12월만 되면 아버지는 그를 지역 크리스마스 축제에 데려갔다. 그곳에서 두 사람은 축제 관람차를 타려고 오랫동안 기다려야 했다. 상수 씨는 추운 겨울 두툼한 옷을 입고 코코아를 한 잔씩 든 채 아버지와 함께 15분 가까이 기다리던 그때가 1년 중 최고의 시간이었다고 회상했다. 이것이 바로 재강화의 시작점이다. 전체의 10분의 1이라도 긍정적 측면을 떠올려보는 것이다. 치료 시간에 이 추억을 자세히 이야기하는 동안 상수 씨의 감정이 달라졌다. 아버지에 대한 평가가 금세 바뀐 것은 아니지만, 긍정 기억을 묘사하면서 상수 씨 마음속에 부드럽고 작은 긍정의 틈이 생겨난 것이다. 또한 상수 씨는 아버지에 대한 부정 기억, 바꿀 수 없는 과거의 사건을 곱씹는 데 너무 많은 시간을 보냈다는 사실도 깨달았다.

세 번째 '의식적 자기초점화'는 종결되지 않은 부정 기억이 떠오를 때마다 비판단적이고 한결같은 정신 상태를 유지하도록 도와준다. 차분한 마음 상태에서 부정 기억으로 초래된 사건과 경험들에 주의를 기울이는데, 이때 종결되지 않은 부정 기억이 펼쳐지면 그것에 반응하기보다 관찰하려고 노력한다. 즉 뒤로 물러서서 종결되지 않은 부정 기억이 한 편의 영화처럼 눈앞에 펼쳐지게 놓아두고, 기억의 감정에 휩쓸리기보다 관찰자로서 머문다. 불쾌한 기억이 떠오르면 스쳐 지나가게 둔다. 이 과정을 몇 차례 반복한 뒤 종결되지 않은 부정 기억에 익숙해지고 분노가 누그러들었는지를 관찰해 기록한다.

네 번째 '전환'은 안테나를 높이 세운 다음 종결되지 않은 부정 기억을 떠올리게 하는 감각이나 감정의 신호를 인지한 바로 그 순간에 즉시 관심을 다른 데로 돌리는 대처법이다. 즉 다른 흥미로운 신체적·인지적·정서적 과제에 몰두하는 것이다. 어려운 과제로 관심을 빨리 돌릴수록 종결되지 않은 부정 기억을 차단하기가 쉽다. 또 관심을 자주 전환하면 할수록 부정 기억을 불러일으키는 외적 신호들을 더 빠르게, 더 잘 인지하게 된다. 그럼 건전하고 적응적인 행동으로 관심을 돌리는 것이 쉬워진다.

나는 긍정심리치료를 하면서 과거의 상처로 분노를 안고 사는 사람들에게 긍정 평가 방법을 많이 권한다. 과거 트라우마뿐 아니라, 현재 겪고 있는 상처를 해결하는 데도 도움이 되기 때문이다.

부정 기억에 대처하는 2단계는 용서다. 용서는 가해자, 즉 타인을 위한 것이 아니다. 용서는 자신에게 주는 최고의 기회이자 선물이다. 반대로 용서하지 못하는 사람은 삶의 무게를 그대로 짊어진 채 복수나 증오 같은 또 다른 고통을 겪게 되는데, 이때 증오는 자신을 괴롭히는 하나의 감정일 뿐이다. 따라서 용서는 이타적 행위가 아닌, 바로 자기 자신을 위한 것이다.

얼마 전 영국 영화 〈죄와 벌Romans〉을 우연히 봤다. '선으로 악을 이긴다'는 카피도 인상적이었고, 유명 배우의 열연에 대한 기대도 있었다. 가벼운 마음으로 보기 시작한 영화가 끝나는 순간 분노를 해결하는 방법, 즉 용서라는 어려운 문제를 푼 것 같은 느낌이 들었다.

서른일곱 살 말키는 교회 철거 일을 하는 건장한 노동자다. 원래 심성은 친구를 대신해 감옥에 갈 정도로 착하지만, 존경하는 교회 신부로부터 열두 살 때 성적 학대를 당한 트라우마 때문에 괴로운 삶을 살고 있다. 그의 주위에는 아들 걱정뿐인 홀어머니와 진심으로 사랑하는 연인이 있고 자신을 전적으로 신뢰하는 동료들도 있지만, 일상은 불신과 불안으로 위태롭기만 하다. 얼핏 평범해 보이는 그의 모습 뒤에는 계속되는 고통과 누구도 믿지 못하는 불신이 있을 뿐이다.

겨우 버텨 오던 일상의 평화는 그를 학대하던 신부를 25년 만에 우연히 만나면서 산산조각 나고 만다. 과거 트라우마를 해결할 방법이 없던 그는 주체할 수 없는 분노를 주위에 쏟아내고 끝내 자해까지 하기에 이른다. 자신을 학대하던 신부가 고향으로 돌아와 버젓이 신도들의 신망을 받는 모습을 보자 그는 폭력적인 복수밖에는 생각할 수가 없었다. 그러나 극도로 상처받은 말키의 영혼은 신부를 향한 복수심과 살의를 품고 있다는 죄책감 사이에서 방황하고, 이후 말키는 상처받고 무기력한 자신에게 아무런 도움도 주지 않았던 어머니를 원망하게 된다. 사실 생계를 위해 교회 청소를 20년간 해온 어머니는 신부의 도움이 절실한 처지였기에 아들의 상처를 부정하고 신부를 두둔했다. 결국 어머니의 죽음 앞에서 말키는 신부를 용서하기로 한다.

신부가 있는 교회로 찾아가 고해성사를 하는 말키. 그동안 얼마나 고통스러웠는지 고백하고 아주 힘들지만 그를 용서하겠다고 말한다. 고해성사를 마치고 나오는 말키에게 신부는 용서의 악수를 청하고, 그의 손을 천천히 잡고 돌아서는 말키의 얼굴은 슬프지만 후련해 보인다.

이것은 한 편의 영화지만, 용서의 의미와 중요성을 깨달을 수 있는 이야기라고 생각한다. 말키의 경우처럼 깊은 상처와 그에 따른 분노는 시간이나 사랑으로 쉽게 해결되지 않는다. 돌이킬 수 없는 상처와 피해를 준 상대에게는 복수만이 유일한 해답처럼 느껴지기도 한다. 그러나 폭력을 폭력으로 복수하고 분노를 쏟아낸다고 해서 해결되는 것은 하나도 없다. 오히려 복수는 또 다른 복수를 낳고, 지나친 분노는 생명에 치명적인 영향을 미칠 수 있다. 크고 깊은 분노일수록 그것을 해결하는 유일한 방법은 '용서'뿐임을 깨달아야 한다.

물론 깊은 상처로 고통받고 있는 사람에게는 용서가 말처럼 쉬운 일은 아니다. 그렇다 해도 가족이나 친구, 연인 등 가까운 사람과 원만한 관계를 유지하고 스스로 통제할 수 없는 부정 정서에 휘말려 인생을 낭비하지 않으려면 용서가 필요하다. 영화에서 말키는 분노 때문에 사고를 일으키고 연인을 이유 없이 의심해 헤어지는 등 심각한 갈등을 겪는다. 그의 인생이 행복해지려면 사랑하는 사람과 관계를 회복하고 분노 같은 부정 정서를 다스려야 했다. 이때 용서는 돌이킬 수 없는 상처로 망가져가는 인생을 바로잡는 최고의 기회이자 선물이다.

용서는 과거를 부정하는 것이 아니다. 과거를 고스란히 인정하고 현재를 보듬어 살면서 더 나은 미래로 나아가기 위한 새로운 시작이다. 용서를 통해 스스로 마음의 짐을 내려놓지 않으면 남은 감정들이 증오, 앙갚음, 책망 등 치명적인 무기로 변해 자신에게로 돌아오고 만다. 말키가 가해자에게 차마 망치를 내려치지 못하고, 되레 자신의 손을 망가뜨리는 장면은 무척이나 가슴 아프다. 혼자 해결하기에는 너무 큰 상처가 그를 고통스러운 과거에 묶어둔 채 앞으로 나아가지 못하게 하는 것이다.

용서를 베풀려면 마음이 한없이 너그러워야 할까? 아니다. 용서는 오히려 냉정하고 경제적인 방법이다. 그리고 몇 해에 걸쳐 쌓이고 쌓인 마음의 고통과 관계의 단절을 단번에 해결할 수 있는 방법도 바로 용서다. 만약 우리가 용서하기를 거부한다면 지금까지 자신이 받은 수많은 상처로 인한 피해를 스스로 짊어지는 꼴이 된다. 그뿐 아니다. 세월이 가면 갈수록 커지는 부정 정서를 떠안은 채 무거운 마음으로 살아갈 수밖에 없다.

실제로 누군가 의도치 않게 상처를 줬다면 용서가 쉬울 수 있다. 가족이나 아주 가까운 관계의 사람이 실수로 상처를 준 경우 우리는 생각보다 쉽게 용서한다. 하지만 의도적으로 큰 피해를 준 사람을 용서할 수 있다고는 누구도 장담하지 못할 것이다.

내가 진행하는 긍정심리학 교육 과정에서 용서 실습 시간이 되면 가끔 불참하는 교육생들이 있다. 자신에게 상처를 준 가해자를 떠올릴 때마다 분노가 폭발해 도저히 실습에 참여할 수 없다는 이유에서다. 아무리 선하고 너그러운 사람이라도 자신에게 돌이킬 수 없는 피해를 안기고 인생까지 망쳐놓은 상대를 용서하기란 결코 쉽지 않다.

그런데 우리가 누군가를 용서하려 해도 쉽게 그러지 못하는 데는 이유가 있다. 먼저 용서 자체가 몹시 불공평하게 느껴지기 때문이다. 가해자에게 복수할 명분이 분명하고, 다른 희생자를 예방하는 차원에서도 용서는 합당하지 않다는 것이다. 또 하나, 용서는 가해자에게 사랑을 베푸는 행위인데, 가해자는 사랑받을 가치가 없는 존재로 비치기 때문이다. 마지막으로 피해자가 복수하는 것은 감정적으로 무척 당연하건만, 용서는 오히려 복수에 방해가 되는 것 같아서다.

반대로 용서해야 하는 이유 역시 무척이나 분명하다. 용서는 다른 누구도 아닌, 바로 자기 자신을 위한 것이다. 용서함으로써 고통이 줄어들고, 심지어 긍정적 기억으로 전환되는 경험도 할 수 있다. 끝까지 용서하지 않는다고 해서 그 자체가 가해자에 대한 복수가 되는 것도 아니다. 오히려 용서할 경우 과거 상처와 고통으로부터 해방되고, 현재와 미래에 더 큰 행복과 만족을 얻게 된다.

말키가 고해실에서 "내가 그를 용서한 것을 그가 알아야 합니다. 나는 그를 용서합니다"라고 말했을 때 비로소 길고 긴 고통에서 벗어나 자유로워진 말키의 모습을 볼 수 있었다. 말키는 이제 서서히 고통에서 해방되어 자기 인생을 되찾을 것이다. 과거 상처와 고통이 없던 일이 되지는 않겠지만 후퇴하지 않을 테고, 더는 가해자와 자신을 미워하지도 않을 것이다.

영화가 아닌 현실에서 우리는 종종 범죄 피해자들이 분노로 자살에 이르는 경우를 본다. 이렇게 과거 고통 때문에 미래까지 빼앗기는 안타까운 상황을 맞이하기보다 차라리 용서를 생존 수단으로 쓰라고 권하고 싶다. 그러기 위해선 조금 전문적인 영역에서 용서의 개념과 용서 기술을 이해할 필요가 있다. 우리는 대부분 용서를 하나의 사건으로 보곤 한다. 하지만 용서는 하나의 사건이라기보다 변화 과정이다. 즉 분노가 기반이 된 부정 정서와 부정 동기, 부정 인지를 감소시키는 과정인 동시에, 피해자가 부정 기억과 정서적 상처, 아픔을 다루기 위해 사용할 수 있는 심리적 기술이다.

용서의 네 가지 핵심 개념을 살펴보면 첫째, 용서는 상처를 준 사람에게 복수하고 싶은 갈망을 끊어내겠다는 선택이다. 누구나 상처받고 모욕당하고 해를 입으면 그 상대에게 복수하고 싶은 마음이 당연히 생긴다. 하지만 복수한다고 해서 그러한 부정 순환을 끊어낼 수 있을까? 차라리 용서를 선택해 상처 준 사람을 버리고 앞으로 나아가면 어떨까? 즉 복수에 대한 생각과 열망으로 사로잡힌 자신의 감정적·정신적 공간을 용서로 깨끗이 비우고 새롭게 전진해가는 것이다.

둘째, 용서를 선택할 때 그 선택의 미묘한 의미를 이해해야 한다. 용서는 쉬운 선택이 아니다. 따라서 자신이 용서라는 선택을 하고 지켜나갈 수 있는지부터 알아야 한다. 용서와 비슷해 보이는 것들과 용서를 혼동하지 않도록 선택의 미묘한 의미를 파헤쳐볼 필요가 있다.

셋째, 용서는 점진적이다. 강렬한 복수의 감정이 사라지지 않아 용서할 수 없다면 억지로 용서하려 애쓰지 않아도 된다. 용서란 스위치처럼 켰다 껐다 할 수 있는 것이 아니라, 점진적인 과정이다. 용서하더라도 그 결정을 인정하고 받아들이고 지켜나갈 시간이 필요하다. 그러니 서두르지 말고 용서의 잠재적 혜택과 용서하지 않을 경우의 결과를 좀 더 깊이 생각해본다. 또한 용서는 가해자에게 주는 선물로, 가해자를 용서했다고 반드시 가해자의 인정이나 사과를 받게 되는 것은 아님을 알아야 한다. 다만 용서할 만한 죄인지 확실하게 아는 것은 중요하다. 상습적 학대와 지속적 차별, 착취 같은 죄를 용서하는 것은 오히려 해가 될 수도 있다.

넷째, 용서와 용서가 아닌 것을 구분해야 한다. 우리는 흔히 '가해자의 가해 행위를 사한다', '사회적으로 수용 가능한 수단을 이용해 가해자에게 요구할 정의의 기준을 완화한다', '잘못된 것을 잊어버린다', '용납하고 봐준다(가해자를 참고 견디거나 가해 행위를 못 본 척 넘긴다)', '정당화한다(가해자가 옳은 일을 했다고 믿기 시작한다)', '시간이 지나면 괜찮아질 거라고 생각한다', '균형을 맞춘다(다른 뭔가를 해 가해자에게 복수한다)' 같은 방법을 흔히 용서라고 생각한다. 하지만 이 방법들은 용서를 하나의 사건으로 다룬다. 긍정심리치료 맥락에서 용서는 부정 기억과 정서적 상처, 아픔을 다루기 위해 사용하는 단계적 심리 기술이다

대표적인 용서 기술은 미국 버지니아커먼웰스대학교 심리학 교수인 에버렛 워딩턴Everett Worthington이 주장한 '용서에 이르는 길'이다. 다섯 단계로 나뉘는데, 각 단계의 머리글자를 따서 흔히 '리치REACH'라고 부른다. 이제부터는 '리치'를 적용해 구체적이고 전문적인 용서 기술을 살펴볼 것이다. 물론 단숨에 실천 가능할 만큼 쉬운 방법은 아니지만, 용서하고 싶은데 뜻대로 되지 않는 사람이나 어떤 기억을 정말 잊고 싶은 사람에게는 도움이 될 것이다.

- R(Recall): 받은 상처를 돌이켜 생각하기다. 1996년 새해 아침 '용서란 무엇인가?'에 대해 연구하던 워딩턴은 동생으로부터 전화를 받았다. "어머니가 살해됐어요. 카펫에도, 벽에도 온통 피범벅이에요." 워딩턴은 얼굴이 새파랗게 질렸다. 허둥지둥 본가에 도착한 그는 노모가 쇠막대기와 야구방망이에 맞아 돌

아가셨다는 사실을 알았다. 어머니의 음부에는 술병이 꽂혀 있었고 집 안은 난장판이었다. 그가 그토록 용서라는 화두에 매달렸던 이유가 근원을 알 수 없는 영감 때문이었을까? 셀리그만은 그가 용서의 대가로 갈고닦아 정립한 '용서에 이르는 길'이 마치 "숭고한 도덕 교육의 본향에서 캐낸 토산물 같다"고 평가했다.

용서하려면 먼저 자신이 받은 상처를 현실로 불러내야 한다. 괴롭고 고통스러워도 가능한 한 객관적 자세를 취해 천천히 마음을 가라앉히고 사건을 되짚어본다. 자신에게 상처를 준 사람을 나쁘다고 못 박아서는 안 되고, 자기 연민에 휩싸여서도 안 된다. '누가 왜 어머니를 살해했을까?' 워딩턴은 사건을 객관적으로 되짚어봤다.

- E(Empathize): '용서에 이르는 길' 중 가장 중요한 단계인 감정 이입하기로, 상처를 준 가해자가 할 법한 해명을 생각해보는 기술이다. 당시 자신의 언행도 떠올려본다. 입장을 바꿔보는 것이다. 사람은 생존에 위협을 느끼거나 공포와 불안, 고통에 휩싸일 때, 또는 자기 본성 때문이 아니라 어쩔 수 없는 상황에서 자신을 통제하지 못할 때 남을 해치고 상처도 줄 수 있다. 이런 경우에는 대개 제정신이 아니기에 마구잡이로 폭력을 쓰거나, 스스로를 통제하지 못하기도 한다. 우리는 모든 책임을 가해자에게 돌리지만 한 번쯤 "나에게는 책임이 없는가?"라고 되물을 필요가 있다.

- A(Altruistic Gift): 용서는 이타적 선물이다. 자신이 누군가로부터 용서받은 경험과 기분을 떠올려보자. 용서받지 못했다면 평생 괴로웠을 수도 있다. 그런 마음으로 상대방을 용서하는 것은 피해자가 가해자에게 베푸는 일종의 선물로, 결코 이기심의 발로가 아니다. 용서가 자유를 얻는 데 필요한 진정한 선물이 되려면 스스로 마음의 상처와 원한을 극복할 수 있다고 다짐해야 한다.

- C(Commit): 공개적으로 용서 밝히기다. 상대방에게 편지를 쓰거나 일기, 시

등으로 용서를 표현하는 기술이다. 아니면 친한 친구에게 용서한 사실을 털어놓아도 괜찮다. 용서하는 마음을 지키는 데 도움이 될 것이다.

- H(Hold): 용서하는 마음을 굳게 지키기다. 하지만 이것은 생각만큼 그리 쉽지 않다. 불쑥불쑥 기억이 되살아나 고통스럽고 괴로울 수 있다. 그러니 서두르지 말자. 그 대신 셀리그만이 내린 용서의 정의를 떠올리길 권한다. 그는 "용서란 원한을 말끔히 지워 없애는 것이 아니라 기억 끝에 매달려 있는 꼬리말을 긍정적으로 바꾸는 것"이라고 말했다.

참고로 용서편지는 자신이 원하는 대로 써도 되지만 몇 가지 기준을 따르는 것이 효과적이다. 그 기준을 살펴보면, 먼저 용서편지를 쓰는 이유와 무엇에 분노하는지를 구체적으로 표현한다. 그다음 가해자의 행동이 자신에게 어떤 영향을 미쳤는지를 적고, 가해자의 입장과 행동을 이해하려 한다고 쓴다. 마지막으로 계속되는 분노에 어떻게 대응할지를 적은 뒤 용서하겠다는 내용으로 마무리한다. 이때 가능하면 앞으로 모든 일이 잘되기를 바란다는 자신의 진솔한 마음을 담는 것이 좋다. 용서편지는 머리가 아닌 가슴으로 쓰는 것이다. 이 편지는 가해자에게 보내지 말고 일정 기간 보관하면서 가끔씩 읽어본다(물론 상황에 따라 보낼 수도 있다). 그리고 가해자에 대한 부정 정서가 일어나지 않을 때, 즉 "나는 너를 용서했다"는 마음이 생겼을 때 태워 버리면 된다.

나는 2004년 9월 민간 자격으로 클린턴 전 대통령을 처음 한국에 초청했을 때 방송국, 신문사 각각 한 곳과 인터뷰, 그리고 1박 2일 그의 일정을 짜는 옵션을 가지고 있었다. 신문사 선정은 고민도 하지 않았다. 한국 대표 신문사에 아끼는 후배가 있었기 때문이다. 인터뷰 진행 계약서를 작성하고 방한을 일주일 남긴 시점에 클린턴 측으로부터 심장 수술로 방한이 어렵다는 연락이 왔고, 일정이 다음 해 2월로 연기됐다. 그사이 국내 정치 상황이 복잡해져 청와대와 해당 신문사의 관계가 껄끄러워지면서 신문사 회장이 클린턴 인터뷰에 부담을 느꼈다. 결국 인터뷰와 스폰서가 취소되기에 이르렀다. 다른 신문사가 적극적으로 나섰지만, 후배가 특집 기사로 싣게 해달라며 스폰서까지 구해주겠다고 했다. 나는 돈이냐, 인간관계냐로 고민했고 결국 인간관계를 선택했다. 후배를 믿었기 때문이다. 하지만 후배는 스폰서를 구해준다는 약속을 지키지 않았다. 이후 나는 엄청난 경제적 후폭풍을 겪어야 했고 분노가 쌓여갔다. 그래서 그 후배를 대상으로 용서편지를 썼다.

내가 당신에게 이 편지를 쓰는 것은 당신에 대한 분노를 떨쳐버리기 위함입니다. 내가 당신에게 상처를 입은 이유는 당신이 스폰서를 구해주겠다는 약속을 지키지 않아서입니다. 그리고 나를 무시해서입니다. 당신 말만 믿고 당신과의 관계를 위해 몇억 원 손실까지 감수했는데 당신은 너무 쉽게 생각한 것 같습니다. 내가 분노하는 것은 돈보다 당신의 행동입니다. 그런 당신의 행동에 나는 심한 배신감을 느꼈고 상상하기 힘든 정신적 고통을 겪었습니다. 그 고통은 경제적으로 압박을 받을수록 커져만 갔습니다. 나는 당신이 나에게 이렇게까지 할 줄은 몰랐습니다. 내가 너무 순진한 건가요? 당신을 찾아가서 보복하고 싶은 충동도 여러 번 느꼈지요. 언젠가는 반드시 대가를 치르게 하겠다고 다짐하며 분노와 증오를 쌓아갔습니다.

당신 입장에서 본다면, 직업 특수성을 감안한다면 어쩔 수 없는 상황이었는지도 모릅니다. 몇 개월 후 당신은 부서 이동을 했으니까요. 그래서 이해하려고 노력도 했습니다. 이제 당신을 용서하고, 과거의 내 상처를 씻고, 나를 짓눌렀던 무거운 짐을 내려놓고자 합니다. 당신도 그때 생각지 못한 부서 이동으로 힘든 상황이었을 테니까요. 나는 당신을 이제 용서합니다.

　당신은 좋은 사람이었습니다. 인간성도 좋았지요. 특히 붙임성이 좋아 언제나 나를 형님으로 불렀지요. 그런 당신을 나는 좋아했습니다. 가끔 신문이나 인터넷에서 당신의 활동 모습을 봅니다. 앞으로 더 행복한 가정과 행복한 삶을 만들어가길 바랍니다.

　"나는 이제 ○○○를 용서했다!"

나는 이 문제가 기폭제가 되어 절체절명의 시간을 보내야 했다. 매일 후배 기자에 대한 분노와 증오로 고통스러운 나날을 보내던 나는 긍정심리학 실습 시간에 이 용서편지를 쓴 후 마음의 평안을 찾기 시작했고, 재기 발판도 마련했다.

　이렇듯 용서에 이르는 길은 누구에게나 쉽고 편하고 가벼운 일은 아니다. 하지만 용서하지 않는다고 해서 가해자에게 보복이 되는 것도 결코 아니다. 오히려 원한을 곱씹으며 기억에 얽매이기보다 기억에서 헤어 나오기 위해 노력하는 편이 자신에게 훨씬 이로울 수 있다. 직접 작성한 용서편지를 읽으면서 "나는 당신을 용서했다"는 말을 되뇌면 마음이 한결 가벼워질 것이다.

6

약물보다 긍정 정서와 강점 찾기가 먼저:
우울증 극복하기

우울증은 흥미나 즐거움 감소, 슬픔, 공허함, 무기력, 불안과 공포, 비관적 사고 같은 특징을 보인다. 이외에 체중 감소, 불면증, 두뇌 회전 저하, 피로, 절망, 주의집중 불능, 자살 충동 등이 나타나기도 한다. 트라우마로 생기는 PTSD의 주요 감정도 우울증이다. 셀리그만은 "PTSD는 불안과 우울증의 조합"이라고 말했다.

지난 1세기 동안 심리학자들은 우울증에 대한 다양한 원인 분석과 설명을 내놓았고, 지금도 관련 연구가 이어지고 있다. 정신분석Psychoanalytic 창시자인 프로이트는 우울증이 자기 자신에 대한 분노 때문이라고 했다. 행동주의 심리학자 스키너는 보상이 따르지 않을 때 우울증이 생긴다고 주장했다. 인간중심치료 창시자인 칼 랜섬 로저스Carl Ransom Rogers는 내재적 성장 능력과 성취감, 행복이 장기간 심리적으로 억눌렸을 때 우울증이 발생한다고 설명했다.

인지치료 창시자인 에런 벡은 우울증의 원인이 왜곡된 사고 때문이라고 했으며, 생의학^{Biomedical}에서는 우울증이 뇌 신경전달 물질인 세로토닌 부족으로 생긴다고 설명한다. 신경계 부위 앞쪽에 위치한 세로토닌 수송체에서의 재흡수로 신경 연결 부위의 세로토닌 농도가 감소해 우울증이 나타난다는 것이다. 긍정심리학 창시자인 셀리그만은 비관성이 심각하게 드러날 때 우울증이 생긴다고 주장했다. 비관적 설명양식 때문이라는 얘기다. 또한 셀리그만은 비관성이라는 미묘한 현상을 이해하려면 그것이 확장되고 과장된 형태인 우울증을 살펴볼 필요가 있다고 강조했다. 최근 인기를 끌고 있는 셀리그만과 라시드의 긍정심리치료에서는 성격강점의 사용 부족과 남용 때문에 우울증이 나타나는 것이라고 설명한다.

몇몇 사람에게 우울증은 오직 중차대한 희망들이 한꺼번에 무너질 때만 닥쳐오는 드문 경험이다. 그런가 하면 많은 사람에게 우울증이란 이런저런 실패를 경험할 때마다 괴롭게 다가오는 좀 더 친숙한 심리 상태다. 또 어떤 사람들에게는 우울증이 항상 가까이 있으면서 삶의 좋은 시기에조차 기쁨을 메마르게 하고, 힘든 시기에는 더 극심한 고통을 야기하는 원인이 된다. 셀리그만은 우울증을 "정신질환의 감기"라고 부르기도 한다. 그는 오늘날 심각한 우울증에 시달리는 사람의 수가 50년 전보다 10배나 많아졌고, 우울증을 경험하는 여성이 남성보다 2배 많으며, 연령도 한 세대 전과 비교해 평균 10년 빨라졌다고 설명했다. 그만큼 우리는 우울증이라는 유행병에 둘러싸여 있는 셈이다. 이러한 우울증 만연시대에 우울증을 올바르게 이해하는 것은 무엇보다 중요하다.

셀리그만은《낙관성 학습》에서 우울증에 관한 정신분석 이론과 생의학 이론 등 두 가지를 언급했는데, 다음은 그것을 요약한 내용이다.

정신분석 이론은 프로이트가 약 75년 전에 쓴 논문이 바탕이다. 프로이트는 우울증이 자기 자신에 대한 분노라고 주장했다. 우울증 환자는 자신을 쓸모없는 존재라고 비난하면서 스스로를 죽이려 한다는 것이다. 프로이트에 따르면 우울증 환자는 어릴 적 어머니 품안에 있을 때 이미 자신을 미워하는 법을 배운다. 어릴 적 어머니가 아이를 돌보지 않는 순간이 생기면 몇몇 경우에 아이는 크게 분노한다. 그러나 아이는 어머니를 무척 사랑하기에 어머니에게 화를 내지 못한다. 그 대신 좀 더 화를 내기 쉬운 대상에게 분노를 돌리게 되는데, 그것이 바로 자기 자신이다. 이것이 파괴적인 습관으로 굳어 성인이 된 후 누군가로부터 다시 버림을 받으면 실제 가해자 대신 자신에게 분노를 일으키고 그 결과로 자기혐오는 물론, 상실에 대한 반응인 우울증, 자살이 뒤따를 수 있다. 우울증에서 벗어나기도 쉽지 않다. 왜냐하면 우울증이란 미해결 상태로 남아 있는 어릴 적 갈등의 산물로, 그 위에 방어망이 겹겹이 쳐져 있기 때문이다. 오직 이 방어망을 뚫고 들어가 어릴 적 갈등을 해결해야만 우울증 경향이 줄어들 것이라고 프로이트는 믿었다. 수년에 걸친 정신분석, 즉 치료사의 지도 아래 자신을 향한 어릴 적 분노의 기원을 알아가는 투쟁이 프로이트의 우울증 처방이었다.

이는 어처구니없는 이론으로, 우리에게 멀고도 어두침침한 과거에 관해 수년 동안 일면적인 대화를 나눌 것을 강요한다. 하지만 이런 대화를 통해 극복하고자 하는 문제는 대개 몇 달만 지나면 자연히 사라지는 것들이다. 90퍼센트 이상 사례에서 우울증은 일시적으로 생겼다가 사라졌으며 증상 지속 기간은 3~12개월 정도였다.

더 심각한 문제는 정신분석 이론이 사람들을 비난하고 있다는 점이다. 이 이론은 성격 결함 때문에 스스로 우울증에 빠지는 것이라고, 즉 그 사람 스스로 우울해지길 원해서 그런 것이라고 주장한다. 자기 처벌 충동에 사로잡혀 무수한 날을 불행하게 보내면서 할 수만 있다면 자신을 제거하려고 한다는 얘기다. 물론 이 이론이 어처구니없고 과학적이지 않다고 해서 프로이트의 사상을 통째로 비난할 수는 없다. 프로이트는 위대한 해방의 사상가였다.

우울증을 바라보는 좀 더 그럴듯한 시각은 생의학 이론이다. 생물학적 견해를 지닌 정신과 의사들은 우울증을 일종의 신체 질환으로 본다. 우울증을 뇌 신경전달물질의 불균형을 초래하는 생화학적 결함의 결과라고 판단하는 것이다. 이들은 우울증 치료에 약물을 사용한다. 이는 제법 효과가 빠르고 비용이 적게 드는 치료법이다. 실제로 몇몇 우울증은 뇌 기능 결함의 결과로 나타나는 듯하고, 어느 정도 유전된다. 게다가 많은 우울증 환자가 항우울증 약물에 천천히 반응을 보인다. 다만, 이러한 성공은 부분적이고 혼합된 결과에 불과하다. 항우울증 약물 치료는 적잖은 수의 우울증 환자에게 고약하고 견디기 힘든 부작용을 초래하기도 한다. 게다가 생의학 이론은 약물에 반응하는 적은 수의 유전적이고 심각한 우울증을 바탕으로 수많은 사람이 시달리는 일상적이고 훨씬 더 흔한 우울증까지 통째로 일반화하는 경향이 있다. 우울증에 시달리는 상당수의 사람은 부모로부터 우울증이 유전된 것이 아니다. 그리고 이런 경미한 우울증까지 약물로 치료해야 한다는 증거는 아직까지 존재하지 않는다.

생의학 이론의 가장 부정적 측면은 근본적으로 정상인 사람까지 환자로 만든다는 점이다. 나아가 그들을 외부의 힘, 즉 자애로운 의사가 준 알약에 의존하게 만든다. 물론 항우울제가 다 중독성이 있는 것은 아니다. 약 복용을 중단한다고 해서 그것에 대한 갈망이 생기지도 않는다. 하지만 성공적으로 치료 받은 환자가 약 복용을 중단하면 우울증이 재발하곤 한다. 약물에 의존하는 사람은 행복을 개척하고 정상인처럼 행동할 수 있는 자신의 능력보다 알약을 더 신뢰하게 된다. 마음을 안정시키는 진정제나 실제 존재하지 않는 감각을 실제인 것처럼 느끼게 하는 환각제와 마찬가지로 항우울제도 우리 사회의 지나친 약물 의존성을 보여주는 사례다. 자신의 능력과 행위로 충분히 해결할 수 있는 정서적 문제까지 외부 힘에 맡겨버린다는 점에서 그렇다.

셀리그만은 이 두 가지 이론 자체와 그것의 우울증 치료 효과는 인정하면서도 그것이 너무 과장되고 남용되고 있다는 점을 문제점으로 짚었다. 만일 우울증이 정신분석 이론이나 생의학 이론에서 다루는 것보다 훨씬 단순한 질환이라면 우리는 그것에 다르게 접근할 필요가 있다.

- 우울증이 내적 충동에 의해 자신에게 스스로 부과한 증상이 아니라 자신이 그냥 겪게 된 어떤 현상이라면 어떨까?
- 우울증이 병이 아니라 심한 저기압의 심리 상태라면 어떨까?
- 우리의 행동 방식이 과거 갈등에 얽매어 있지 않다면 어떨까?
- 우울증이 사실상 현재의 어려움 때문에 생긴 것이라면 어떨까?
- 우리가 유전자나 뇌의 화학 작용에 얽매어 있지 않다면 어떨까?
- 살다 보면 겪게 마련인 불운과 실패를 잘못 해석함으로써 우울증이 생기는 것이라면 어떨까?
- 우리가 실패 원인을 그저 비관적으로 설명하기 때문에 우울증이 생기는 것이라면 어떨까?
- 학습을 통해 비관성을 떨쳐버리고 실패를 낙관적으로 바라보는 기술을 습득할 수 있다면 어떨까?

이러한 접근을 바탕으로 우울증 같은 심리적 고통을 겪는 와중에도 흔들림 없이 제대로 살아가는 법을 배우는 것이 바로 긍정심리학 기반의 긍정심리치료다. 우울과 불안, 분노는 완화할 수는 있어도 완전히 없애기는 불가능한 유전적 특성을 지닌다. 아침에 일어났는데 기분이 나쁘다면 그 감정을 자연스럽게 받아들여야 하는 것이다. 모든 부정 정서와 부정적 성격에는 강력한 생물학적 한계가 자리하고 있다. 심리치료로 그 한계를 극복할 수 있다고 기대하는 것은 비현실적이다. 전통 심리치료에서 최고 치료법은 우울증을 앓는 사람이 최고치의 우울과 불안, 분노 상태에서도 제대로 살아갈 수 있도록 돕는 것이다. 역사적 인물인 에이브러햄 링컨 전 미국 대통령과 윈스턴 처칠 전 영국 총리는 극심한 우울증을 앓았고 자신의 심각한 정신건강 문제를 스스로 인지하고 있었다. 그럼에도 우울증이라는 정신적 질환에 대한 개념조차 없던 시대에 자신의 능력을 최대한 발휘해 최고의 성과를 낸 대단한 위인들이다.

그렇다면 우울증이 생기는 원인은 무엇일까? 그것을 알기 위해서는 앞에서도 언급했지만 1965년 셀리그만이 발표한 무기력 학습 이론을 살펴볼 필요가 있다. 사람이나 동물이 자신이 원하는 바를 추구하고 변화를 시도할 때 지속적으로 실패하는 경우, 즉 자기 능력으로는 어떤 방법으로도 해결할 수 없다고 판단되는 순간에 나타나는 것이 무기력 학습이다. 이 무기력 학습을 경험한 사람이나 동물은 비관적 사고와 비관적 설명양식을 지니게 된다.

우울증을 겪는 사람들의 증상을 살펴보면 첫 번째로 사고 핵심에 비관적 설명양식이 자리하고 있다. 자기 자신과 미래, 세상에 대해 비관적 사고를 하는 이유는 나쁜 일의 원인을 영속적이고, 항상 존재하며, 개인적 또는 내부 문제로 간주하는 반면, 좋은 일의 원인은 그 반대라고 생각하기 때문이다. 예를 들어 우울증에 시달리는 미숙 씨는 자신이 재능도 없고 매력적이지 않으며 현실이 무의미해 계속 어려움을 겪는다고 생각한다. 또 입사시험에 떨어진 상혁 씨는 취업 실패를 자신의 삶 전체에 문제가 있어서 그런 것이라고 믿는다.

두 번째 증상은 기분의 부정적 변화다. 우울증에 시달리는 사람은 대부분 기분이 몹시 안 좋고, 슬픔과 낙담과 자포자기에 빠지며, 눈물도 많이 흘린다. 특히 기분이 울적한 날이면 침대에서 나오지 않은 채 점심때까지 흐느끼곤 한다. 이들에게는 사는 것이 고통이다. 전에는 재미있던 일들이 무미건조하고 무의미한 짓거리로만 느껴진다. 재미있게 받아넘기던 농담도 신랄하게 다가온다. 그래서 우울한 사람은 과민할 정도로 부정적인 반응을 보이곤 한다. 슬픔이 우울증을 나타내는 기분의 전부는 아니다. 우울한 사람은 종종 불안해하거나 예민해지기도 한다. 그러다 우울증이 매우 심해지면 불안이나 예민한 반응은 줄어주는 대신 무기력과 공허함에 빠져든다.

　세 번째 증상은 행동과 관련 있다. 우울증 환자에게서 나타나는 세 가지 행동 증상은 수동성과 우유부단함, 자살 경향성이다. 이들은 아주 일상적이고 틀에 박힌 일들을 빼고는 무엇을 시작하는 데 종종 어려움을 겪을 뿐 아니라, 일이 막히면 쉽게 포기해버린다. 학생이라면 리포트 제목을 정하는 것이 힘들지 모른다. 겨우 쓰기를 시작하더라도 금방 중단하곤 하는 탓에 기한 내 제출하지 못한다. 우울증에 시달리는 사람은 선택에도 어려움을 느낀다. 하루 안에 처리해야 하는 일이나 이번 주까지 제출해야 할 과제물에 손도 대지 못한 채 힘들어한다. 어떤 일부터, 어느 과목부터 시작해야 할지 결정을 내릴 수 없기 때문이다.

　우울증에 시달리는 사람 중 많은 이가 자살을 생각하고 또 실행에 옮긴다. 셀리그만은 이들의 자살 경향성에 보통 두 가지 동기가 있다고 말한다. 하나는 끝내려는 욕구다. 지금의 삶을 견딜 수 없어 아주 끝장내고 싶은 것이다. 다른 하나는 조작의 욕구다. 스스로 죽음을 선택함으로써 잃었던 사랑을 되찾거나 누군가에게 복수하거나 자신이 옳음을 증명하고자 하는 것이다.

네 번째 증상은 몸과 관련 있다. 우울증에 시달리는 사람은 종종 바람직하지 않은 신체 증상을 보인다. 식사를 못 할 만큼 식욕이 감퇴하고, 사랑하는 연인과 나누는 성관계가 갑자기 역겨워진다. 이들은 잠자는 데도 어려움을 겪는다. 너무 일찍 깨어버린 날은 다시 잠들지 못한 채 이리저리 몸을 뒤척인다. 그러다 자명종이 울리면 잠자리에서 일어나야 한다. 우울한 기분까지는 아니어도 몸과 마음이 이미 지친 상태로 하루를 시작하는 것이다.

그렇다면 우울증은 어떻게 치료할 수 있을까? 가장 좋은 방법은 치료 기술을 익혀 스스로 우울증 다루기를 터득하는 것이다. 이때 비관적 설명양식을 낙관적 설명양식으로 바꾸는 것이 먼저다. 즉 왜곡된 사고를 합리적 사고로 바꿔야 한다. 셀리그만이 이끄는 'PRP'는 세계에서 가장 광범위하게 연구된 우울증 예방 프로그램이다. PRP에 참가한 아동들은 통제 집단보다 훨씬 적게 우울 증상을 보였을 뿐 아니라, 시간이 갈수록 우울증 예방 효과가 증가했다. 후속 연구 결과, 이 프로그램에서 낙관성 키우기를 배운 아동들의 우울증 발병률은 통제 집단 아동의 절반에 불과했다. 이는 성인기까지도 이어져서 어릴 때 낙관성을 익힌 아동은 성인이 된 후에도 통제 집단보다 우울증에 걸린 수가 50퍼센트 적었다.

또 다른 치료법은 긍정 정서를 키우는 것이다. 감사, 자부심, 만족, 기쁨, 사랑, 희망 같은 긍정 정서를 경험하면 기분이 좋아져 △유산소운동 등을 더 열심히 하는 신체적 자원, △스트레스를 감소시키고 회복력을 키우는 심리적 자원, △인간관계를 증진하는 사회적 자원, △문제 해결 능력을 키우는 지적 자원을 구축할 수 있다.

마지막 치료법은 성격강점 활용이다. 긍정심리치료에서는 우울증, 분노, 불안, PTSD 같은 심리적 증상과 정신 장애의 원인이 대부분 성격강점의 사용 부족이나 남용에 있다고 본다. 그래서 정신 장애 진단 및 통계 편람(DSM-5: 미국정신의학협회가 발행한 정신 장애 분류 및 진단 절차)에 대응해 강점 조절 장애 진단표Dysregulation Strengths·DS를 발표하기도 했다. 앨릭스 우드Alex Wood와 스티븐 조지프Stephen Joseph 등 긍정심리학자들의 연구에 따르면 희망과 낙관성, 자기효능감, 감사 등 긍정 특성(강점)이 적은 사람은 그것과 반대의 특성을 보이는 사람에 비해 우울 증상이 나타날 위험이 두 배나 높았다. 이와 마찬가지로 성격강점인 희망과 감상력, 영성 등은 우울증 회복에 크게 기여하는 것으로 나타났다.

창의성 사용 부족이나 열정과 긍정 정서 남용도 우울증의 주요 원인 중 하나다. 창의성을 발휘해 뭔가 새롭게 시도하고 변화하고자 하지만, 환경과 조건이 이를 지나치게 억제하면 무기력해지고 우울해진다. 이런 현상은 학생뿐 아니라 직장인에게서도 빈번히 발생한다. 그리고 열정과 긍정 정서 남용은 기분을 최고조에 이르게 해 자아도취에 빠지게 만든다. 거기에 뒤따르는 것이 공허함과 우울감으로, 유명 연예인이나 운동선수가 자주 겪는다. 이럴 때는 강점의 중용 지혜를 통해 창의성을 발휘할 수 있는 환경으로 바꾸거나, 열정과 긍정 정서를 적절히 조절하는 노력이 필요하다.

셀리그만 역시 우울증에서 벗어나려면 미래에 발생할 사건들이 모두 비관적이지 않다고 믿고, 그 믿음을 유지하면서 희망과 끈기 같은 성격강점을 일상에서 발휘하라고 권했다. 한 사례로 셀리그만은 약 6년 동안 엠마Emma라는 여성을 치료했는데, 엠마는 유아기부터 성장기, 심지어 최근까지 가능한 모든 방식으로 학대를 받았고 중증 우울증에 자살 시도까지 했다. 게다가 얼마 전 유일한 친구가 죽어 몹시 괴로워했다.

셀리그만은 엠마를 위해 치료법에 긍정심리학 연습/개입 도구 두세 가지를 적용했다. 맨 먼저 엠마에게 성격강점 검사를 시행했다. 스스로를 '인간쓰레기'라고 믿는 엠마가 내면 깊이 감춰진 자신의 참모습을 볼 수 있도록 도와주기 위해서였다. 진전은 더뎠지만 엠마는 곧 강점에 대해 이야기하고 자신의 진짜 강점을 찾아냈으며, 그중 몇 가지 강점 때문에 자신이 얼마나 곤란을 겪었는지 알아차렸다. 그리고 그 강점들을 유리하게 활용할 영역을 확인하고 아직 계발되지 않은 강점들을 키우는 데 도움이 될 만한 것이 무엇인지 찾고자 노력했다.

얼마 후 엠마가 종이 두 장을 들고 셀리그만을 찾아왔는데, 스스로 시도하겠다고 마음먹은 일곱 가지 항목과 단계가 적혀 있었다. 여간해선 웃지 않는 엠마의 얼굴에 미소가 가득했다. 엠마는 무기력 학습과 관련된 가장 깊은 수렁에서 벗어나고 있었으며, 우울증의 원인이 된 개인적인 문제들도 조금씩 떨쳐내고 있었다. 엠마는 자신에게서 희망을 봤고, 비관성을 낙관성으로 바꾸면서 조금씩 안정을 찾아갔다.

7

일상의 지옥에서 벗어나는 방법:
불안 극복하기

사람은 누구나 불안을 느낀다. 대부분 늦은 밤까지 업무를 처리해야 하거나 토요일 오후 가족 모임에 어떤 음식을 준비할지 고민하는 정도의 가벼운 불안감이다. 반면 불안 증상이 자주, 심각하게 나타나는 사람들도 있다.

혁진은 성공한 가수다. 예전부터 공황 장애를 앓긴 했지만 최근 유난히 불안감에 압도되는 바람에 공연을 망치곤 해 심리치료실을 찾았다.

"저는 노래하는 걸 정말 좋아해요. 하지만 최근 뭔가 달라졌어요. 혼자 노래를 부르면 불안해요. 무대에 서서 청중을 바라보면 목소리가 떨리고 높은음까지 올라가지 않을 것 같아서 불안하기도 하고요. 그러면 심장이 뛰기 시작하죠. 손이 떨리는 게 느껴질 정도예요. 가슴이 죄는 것 같고, 노래 첫 소절도 생각나지가 않아요. 그럴 때는 청중을 쳐다볼 수가 없어요. 다들 저를 비웃고 경멸하는 것 같아서요. 어쨌든 노래를 시작해야 한다는 것은 알지만 몸이 얼어붙은 느낌이 들어요. 그래도 억지로 노래를 부르죠. 그럴 때는 목소리가 꽉 막혀서 제대로 나오지 않고, 당연히 모든 것이 훨씬 나빠지고 말아요."

이렇듯 불안은 인체의 거의 모든 시스템에 영향을 미친다. 즉 인간의 생리 체계를 변화시키는 것이다. 우선 불안은 심혈관계를 교란한다. 심장이 빠르게 또는 불규칙하게 뛰면서 두근거리고, 혈압이 오르거나 떨어진다. 호흡계도 영향을 받는다. 호흡이 얕아지고 빨라지며, 질식하는 듯한 느낌까지 든다. 바로 이 질식할 것 같은 증상이 '불안anxiety'의 어원이다. 라틴어 '앙게레angere'는 '숨이 막히다' 또는 '목을 조르다'라는 뜻이다. 소화계도 불안의 영향을 받는다. 식욕이 감소하고 배가 아프며, 음식을 먹으면 속이 쓰리다. 근육 및 신경계에도 변화가 나타난다. 자주 깜짝 놀라고, 눈꺼풀이 씰룩거리며, 사지가 후들후들 떨리고, 근육에 경련이 일어나곤 한다. 비뇨기계도 영향을 받아서 소변 마려운 느낌이 자주 들어 시도 때도 없이 화장실로 달려간다. 사고와 행동에도 변화가 생긴다. 말하기 능력이 저하되고 말투가 어눌해지는 것은 물론, 몸놀림이 둔해지면서 자세가 흐트러진다. 정신이 혼미해지고 세상이 비현실적으로 보일 때도 있으며 자꾸 남의 시선을 의식한다. 또한 기억력이 떨어지고 주의가 산만해지는 데다, 추론 능력이 감퇴하고 걱정과 두려움이 증가한다. 중증 불안증을 겪은 적이 있는 사람들이 한결같이 하는 말, 바로 지옥이다.

불행한 일이나 사건, 즉 역경을 겪으면 '실시간 믿음'이 따라온다. 실시간 믿음이란 역경 순간에 곧바로 떠오르는 생각을 말한다. 이 믿음은 개인이 역경, 도전, 새로운 경험에 직면했을 때 어떤 감정을 느끼고 어떤 행동을 취할지를 결정한다. 실시간 믿음에는 '원인 믿음'과 '결과 믿음'이 있다. 불안을 해소하기 위해서는 이 두 범주의 믿음을 알아차리는 것이 특히 중요하다. 원인 믿음은 역경이 일어난 이유를 묻는 '어째서 믿음'이고, 결과 믿음은 그 역경이 미칠 영향을 묻는 '그래서 믿음'이다.

믿음은 불안에 따른 특징일 뿐 아니라, 더 중요하게는 불안의 원인이다. 이것이 사실로 간주된 것은 인지심리학자인 애런 벡이 명성을 얻은 후 일이다. 인지치료사들은 심각한 신체 이상을 동반한다고 해도 불안의 핵심 특징은 개인의 믿음, 구체적으로는 위협과 위험에 대한 믿음이라고 주장했다. 이때 원인 믿음이 주를 이루는 사람은 되돌아보면서 문제 원인을 숙고한다. 반면 결과 믿음을 지닌 사람은 앞을 바라보면서 일어날 가능성이 있는 사건을 응시한다. 후자에 해당한다면 자신의 믿음을 철저히 검토해봐야 한다. 당신은 즐겁고 안전한 미래를 상상하는가, 위압적이고 위협적인 미래를 상상하는가? 불안은 당연히 후자에 뒤따라 일어난다. 즉 자주 불안한 사람은 주로 '결과 믿음'에 치중한다.

그렇다면 결과 믿음은 어떻게 찾아낼까? 가벼운 불안을 느끼는 사람도 그런 감정을 초래하는 결과 믿음을 찾을 수 있다. 즉 바로 그 순간에 드는 믿음을 포착하는 것이다. 회의실에 들어서면서 불안을 느낀다면 "회의가 순조롭게 진행되지 않을 거야" 또는 "나한테 또 다른 업무를 떠맡기겠지. 더는 해낼 여력이 없는데", "프레젠테이션을 제대로 못해내면 어쩌지"라고 중얼거릴지 모른다. 대중 앞에서 강의하기 전 불안하고 초조한 사람은 "내가 잘해낼 수 있을까? 실수는 하지 않을까? 내 강의 내용에 관심을 가져줄까? 강의 평가가 나쁘게 나오지 않을까?"라는 내면의 소리를 들을 수 있을 것이다. 데이트를 가기 전 불안하다면 지금 "그 사람은 나를 따분하다고 여길 거야" 또는 "이번에도 온통 자기 말만 늘어놓을 거야"라는 마음일 수 있다. 코로나19 사태에 불안감을 느꼈다면 "나도 코로나19에 감염될지 몰라. 그러면 우리 가족 모두 걸리겠지. 심하면 죽을 수도 있어"라는 생각이 들기도 했을 것이다.

이렇게 결과 믿음을 찾는 연습을 하다 보면 불안을 촉발하는 생각을 포착할 수 있고, 그럼 그 생각이 임박한 위협에 관한 믿음이라는 사실을 깨닫게 될 것이다.

불안은 대부분 미래 위협에 대한 생각이나 잠재된 위험 속에서 사고 오류로 유발된다. 미래 위협에 사로잡혀 헤어 나오지 못하는 사람, 습관적으로 재앙을 예상하며 위험이 없을 때도 곧 위험이 닥칠 것이라고 믿는 사람이 있다. 그들은 일어나지 않을 나쁜 일을 걱정하느라 귀중한 시간과 에너지를 낭비한다. 게다가 극도의 불안감도 자주 느낀다.

그런데 사실 불안은 정도 차이가 있을 뿐 자연스러운 감정이다. 이러한 감정은 우리 삶에서 자주 나타났다 사라지곤 한다. 만일 불안이나 분노, 우울감이 사라지지 않고 지속적으로 느껴진다면 앞에서 잠시 살펴본 감사일기 쓰기와 낙관성 학습의 ABC 키우기, 그리고 근육 이완하기를 실천해보자. 감사일기는 긍정 정서를 키워 불안을 감소시키는 개입 방법이고, ABC 키우기는 인지적 오류를 바로잡으며, 근육 이완하기는 긴장을 풀어 반응 통제력을 강화해준다.

먼저 감사일기다. 우울과 불안, 분노, 죄책감, 트라우마 같은 심리적 증상을 가진 사람은 대부분 부정적이고 비관적이다. 부정 편향이 있는 것이다. 이렇게 한쪽으로 기운 운동장을 균형 있게 잡아주는 것이 바로 긍정 정서이며, 이 긍정 정서를 키우는 데 감사일기가 큰 도움이 된다. 처음에는 감사일기 쓰기가 어려울 수 있다. 긍정 정서보다 부정 정서가 강해 감사할 만한 일이 없다고 생각하기 때문이다. 또 몇 번 쓰다 보면 식상해지기도 한다. 하지만 끈기를 발휘해 일주일만 해보면 그 후에는 아주 기쁜 마음으로 감사일기를 쓰는 자신을 발견하게 될 것이다.

두 번째는 낙관성 학습의 ABC 키우기다. 먼저 불안을 유발하는 사건이나 역경에 대한 실시간 믿음을 기록하고 그것이 왜곡된 믿음인지, 합리적 믿음인지 확인한다. 불안을 느끼는 사람은 대부분 왜곡된 믿음을 가지고 있다. 그 왜곡된 믿음을 반박하기(명백한 증거, 대안 찾기, 숨은 진실 찾기, 실질적인 접근)를 통해 합리적 믿음으로 바로잡으면 된다.

예를 들어 "우리 아파트(지역)에 코로나19 확진자가 발생했대(A)", "나도 감염되겠네(B)", "불안하고 정상적인 활동도 할 수 없어(C)"라고 ABC를 확인했다면 왜곡된 믿음에 반박하기를 개입해보자. 반박하기는 첫째, '명백한 증거'다. "아파트에 감염자가 나왔다고 입주민이 다 걸리는 것은 아니야. 나만 주의하면 감염될 가능성은 없어." 둘째, '대안 찾기'다. "예방만 잘하면 괜찮아. 방역수칙을 철저히 지켜야겠어." 셋째, '숨은 진실 찾기'다. "지난번 사스(중증급성호흡기증후군)나 신종플루(신종 인플루엔자 A), 메르스(중동호흡기증후군) 때도 아무 일 없이 이겨냈잖아." 넷째, '실질적 접근'이다. "걱정만 하기보다 너무 불안해하지 말고 무기력하지 않게 긍정적으로 대처해야지!" 이렇게 실시간 떠오르는 왜곡된 믿음에 반박하기를 하다 보면 불안, 우울, 분노, 죄책감 같은 심리적 증상들이 점차 사라지는 것을 느낄 수 있다.

세 번째는 근육 이완법이다. 불안은 몸과 마음을 해쳐 사람을 지치고 무기력하게 만든다. 그래서 근육을 이완해 긴장을 줄이고 불안에 대한 반응 통제력을 키우는 것이 중요하다. 근육 이완법이 효과적인 이유는 아주 간단하다. 인체는 이완 상태와 긴장 상태에 동시에 놓일 수 없기 때문이다.

심한 스트레스나 불안감을 느끼면 몸이 딱딱하게 굳고, 등에 통증이 생길 수 있다. 목이 뻣뻣해지기도 한다. 근육이 씰룩거린다는 사람도 있다. 이때 점진적인 근육 이완법을 통해 신체 각 부위의 근육을 체계적으로 조였다 풀면 스트레스와 불안감이 완화된다. 아래에 설명한 방법대로 시행하면서 근육이 긴장될 때와 이완될 때 어떤 느낌이 드는지 비교해보면 더 큰 도움이 된다.

① 편안한 자세를 취한다. 바닥에 눕거나 등을 곧게 편 자세로 의자에 앉는다. 발은 바닥에 붙이고, 두 팔은 무릎 위에 편안히 올려놓는다.

② 두 눈을 감는다. 2분 동안 천천히 심호흡한다.

③ 두 손과 팔 아래쪽부터 시작한다. 주먹을 쥔 채 최대한 마음을 비우고 숨을 들이마시면서 손과 팔 아래쪽 근육을 힘껏 조인다. 다른 신체 부위나 팔뚝 전체를 조이지 말고 오직 두 손과 팔 아래쪽 근육만 긴장시킨다. 근육을 바짝 조여야 하지만 통증이 느껴질 정도여서는 안 된다. 그렇게 15초 동안 손과 팔 아래쪽 근육을 긴장시킨다.

④ 계속 심호흡을 하면서 손과 팔 아래쪽의 느낌에 집중한다. 어느 부위 근육이 가장 탄탄하게 조이는가? 그 근육이 언제 탄탄해지는가? 그 주변 근육은 어떤 느낌인가? 15초 동안 근육을 조인다.

⑤ 숨을 내쉬면서 손과 팔 아래쪽 근육을 이완한다. 근육의 긴장을 재빨리 풀고, 그 이완된 느낌에 집중한다. 이때 계속 심호흡을 하는데, 한두 번 심호흡한 후에는 근육의 긴장이 완전히 풀린 느낌이 들어야 한다. 그렇게 완전히 이완된 상태를 30초 동안 유지한다. 같은 근육에 집중하면서 이 과정을 또 한 번 반복한다.

⑥ 손과 팔 아래쪽 근육을 조였다 푸는 과정을 두 번 실행한 후 1분간 쉰다.

⑦ 이제 다른 부위 근육도 같은 방법으로 긴장과 이완을 반복한다. 즉 15초 동안 바짝 조였다가 30초 동안 완전히 푸는 것이다. 숨을 들이마실 때 근육을 조이고, 한두 번 심호흡한 후 숨을 내쉬면서 근육을 풀어준다. 근육이 조이는 느낌에 집중하고, 목표로 삼은 근육만 긴장시켜야 한다. 근육을 완전히 이완할 때도 그

느낌에 집중한다.

⑧ 한 부위의 근육을 두 번에 걸쳐 긴장과 이완을 반복한 후, 1분 동안 쉬고 다음 근육으로 넘어간다.

이 과정을 모두 마치는 데 20분가량 걸린다. 처음 2주 동안은 몸 전체 근육을 이 방법대로 조였다가 풀어주는 것이 좋다. 적어도 하루에 한 번은 시행해야 한다. 그 후에는 통증이 있거나 뻣뻣한 부위의 근육에만 이 방법을 적용한다. 참고로, 이 점진적인 근육 이완법을 처음 배우고 시행할 때 사람들은 흔히 세 가지 문제에 부딪힌다.

첫째, 한 부위 근육만 따로 조였다가 푸는 것이 어렵다. 어려운 것이 정상이다. 요가나 스트레칭에 익숙한 사람이 아니라면 다양한 근육을 따로따로 구분해본 적이 없기 때문이다. 하지만 꾸준히 하다 보면 점차 능숙해지고, 수많은 근육이 어떻게 연결되어 있는지 좀 더 잘 이해할 수 있다.

둘째, 이완이 오히려 긴장을 증가시킨다. 점진적인 근육 이완법 같은 이완 기법을 처음 두세 번 시행할 때 근육이 더 딱딱하게 굳는 사람들이 있다. 긴장을 풀어야 한다는 생각만으로 심박수가 증가하고 호흡도 얕아진다. 하지만 이완법에 익숙해지면 이런 문제도 같이 사라진다.

셋째, 잠시 뒤 잠들어버리는 것도 문제다. 이 경우 지나치게 피곤한 상태이므로 수면 시간을 늘리는 것이 바람직하다. 낮에 20분간 자는 쪽잠은 아주 달콤하다. 하지만 근육 이완을 시도할 때마다 어김없이 잠든다면 점진적인 근육 이완법의 효과를 결코 볼 수 없다.

점진적인 근육 이완법에 능숙해지고 이완의 정도 차이를 느낄 수 있는 사람은 '고급 단계'의 이완법을 시도해도 좋다. 이 방법은 스트레스 상황에서 최대한 빨리, 완벽하게 이완할 수 있도록 도와준다. 집에서 혼자

20분 동안 긴장을 푸는 것과 혼잡한 구내식당에서 서둘러 점심을 먹어야 하는 5분 동안 푸는 것은 완전히 다른 이야기다. 고급 단계로서 점진적인 근육 이완법을 언제 어디서나 활용하길 원한다면 아주 짧고 간단한 방법으로도 동일한 수준에 도달할 수 있도록 연습해야 한다. 먼저, 모든 근육을 조였다 푸는 데 능숙해지면 긴장시키는 근육 수를 줄여나간다. 그리고 각 부위의 근육을 긴장 정도에 따라 분류한 뒤 긴장 정도가 약한 근육은 제외하고 자주 딱딱하게 굳는 근육 위주로 점진적인 근육 이완법을 연습한다. 이후 연습 시간을 20분에서 15분이나 10분으로 줄인다. 이를 2주가량 연습하면 짧은 시간 안에 20분간 시행했을 때와 동일한 수준으로 몸을 이완할 수 있다. 이렇게 고급 단계를 마스터하면 작은 긴장도 감지할 수 있고, 긴장한 근육만 따로 구별해 곧바로 이완하는 것이 가능하다.

참고로, 감사일기와 낙관성 학습의 ABC 키우기, 근육 이완법은 불안을 극복하는 방법이기도 하지만 감정 조절 능력과 충동 통제 능력을 키우는 데도 도움이 된다.

8
긍정 경험에 집중하고 감상하는 삶: 음미하기

현대 사회는 과도한 물질주의와 치열한 경쟁, 과정보다 결과를 중시하는 분위기, 속도와 미래 지향성만 강조하는 가치관 등이 만연해 있다. 휴대전화와 인공지능, 사물인터넷 같은 첨단기술은 더 빨리, 더 고급스럽게, 더 많은 일을 해낼 것을 재촉한다. 이러한 끊임없는 시간 절약과 미래 설계 요구로 우리는 현재라는 광대한 터전을 잃고 있다.

미국 로욜라대학교 심리학과 교수인 프레드 브라이언트Fred B. Bryant와 미시건대학교 교수인 조지프 베로프Joseph Veroff는 작은 농원을 하나 만들었다. 그리고 현재라는 터전을 잃어버린 현대인이 현재를 되찾고 즐길 수 있도록 이 농원에 '음미하는 곳'이라는 이름을 붙였다. 여기서 '음미하기savoring'란 지금까지 의미를 붙이지 않았던 주변의 사물, 사람, 자연 등을 되새기고 감상하면서 새로운 의미를 부여하고 즐기는 것을 뜻한다. 브라이언트는 "음미하기는 인생의 긍정 경험에 집중하고, 그런 경험을 감상하는 사색 과정"이라고 정의했다.

브라이언트와 베로프는 음미하기와 관련해 연구를 진행했다. 가장 행복했던 순간이나 좋은 경험을 음미하는 사람, 가장 행복했던 순간이나 좋은 경험을 떠올리되 그 기억과 관련된 기념 물품을 보면서 음미하는 사람, 지난 경험을 전혀 음미하지 않는 사람 등 세 집단으로 나눠 누가 가장 행복한지 살펴본 것이다. 그 결과, 기념 물품을 보면서 그때의 좋은 기억을 음미한 사람들이 가장 행복한 것으로 나타났다. 그들은 지난 경험을 전혀 음미하지 않는 사람들에 비하면 월등할 만큼 행복감을 느꼈다.

단, 과거의 긍정 경험을 떠올리는 것만이 음미하기는 아니다. 음미하기는 과거, 현재, 미래를 지향하는 행위로 이루어진다. 결혼식 앨범을 한 장씩 넘길 때 우리는 과거 경험을 음미한다. 추억하는 것이다. 뜨거운 온천에서 느긋하게 쉬고 있을 때 우리는 현재 경험을 음미한다. 즐기는 것이다. 곧 떠날 여행에 잔뜩 흥분하고 어떤 신나는 일이 있을까 즐겁게 상상할 때 우리는 미래 경험을 음미한다. 기대를 하는 것이다. 만약 추억이 담긴 사진 앨범을 자주 들춰보면서 아름다운 기억을 떠올리거나, 가끔 석양을 바라보며 여유를 가지거나, 무언가를 성취한 멋진 미래를 상상하며 즐거워한다면 당신은 행복한 사람일 개연성이 크다. 행복한 사람은 부정 정서를 잘 다스릴 뿐 아니라, 긍정 경험을 충분히 음미하면서 행복을 키워간다.

내가 지난 20여 년 동안 긍정심리학을 연구하고 실천하고 가르치면서 가장 강조해온 것 가운데 하나가 바로 '음미하기'다. 우리나라 심리학 분야의 책에 '음미하기'라는 표현도 내가 《마틴 셀리그만의 긍정심리학》에서 가장 처음 사용한 것 같다. 그동안은 대부분 '향유하기'라는 말을 썼다. 그래서 더 애정이 갈 수도 있지만, 음미하기라는 단어를 더 강조하는 이유는 그만큼 심미적 정서로서 긍정 정서를 키워주기 때문이다.

긍정 정서는 우리의 사고를 유연하게 확장함으로써 살아가는 데 힘이 되는 자원을 구축해주는 요소다. 이 확장과 구축은 행복을 강화하고, 심리적 증상을 완화하며, 역경을 극복하는 회복력을 키운다. 역경이나 트라우마를 겪은 사람에게 우울, 불안, 분노, PTSD 같은 심리적 증상이 생기는 이유는 대부분 긍정 정서가 부족해서다. 이 증상들이 심각한 사람은 긍정 정서가 아예 고갈된 경우가 많다. 이러한 심리적 증상을 치료하기 위해 의사는 대부분 '선택적 세로토닌 재흡수 억제제'를 처방하지만, 긍정심리치료사는 성격강점을 찾아 중용적으로 적용하거나 긍정 정서를 키우는 방법을 사용한다.

앞에서도 살펴봤듯이, 긍정 정서를 키우는 개입 방법에는 여러 가지가 있다. 하지만 상황이나 정도에 따라 선택을 달리해야 한다. 격렬한 트라우마를 겪은 사람이나 심리적 장애가 심각한 사람은 깊이 생각하기, 글쓰기, 의식적으로 행동하기 같은 개입 방법을 받아들이기 쉽지 않다. 분노, 슬픔, 불안 같은 부정 정서와 자신, 세상, 미래에 대한 비관적 사고가 내면을 지배하고 있기 때문이다. 이런 사람에게는 쉽고 편하며 즐겁게 접근할 수 있는 방법을 제안하는 것이 효과적이다. 불안 극복하기 방법인 호흡법과 점진적인 근육 이완법, 긍정 이미지 떠올리기, 마음을 편안하게 안정시키는 마음챙김, 그리고 음미하기가 그것이다. 이 가운데 심미적 정서를 키우는 음미하기는 특히 편안하게 즐기면서 실천할 수 있는 개입 방법이다.

푸른 산, 붓질 없어도 천년 넘는 옛 그림이요
맑은 물, 멘 줄 없어도 만년 넘는 거문고라
– 송나라 종경 선사

나는 이 시를 참 좋아한다. 2016년 국회에서 열린 인성교육 포럼에 발표자로 참석했을 때 서울대학교 정창우 교수가 강의 오프닝으로 이 시를 낭송하는 것을 보고 감동받았던 기억이 지금도 생생하다. 그냥 눈, 귀, 머리로만 보거나 듣거나 이해하면 크게 와 닿지 않는다. 오감과 감정으로 음미해야 그 깊이와 의미가 새로워진다. 단, 음미하기는 기다린다고 저절로 되는 것이 아니다. 의식적으로 관여하고 실천해야 한다. 이때 음미하기 순서를 알면 도움이 된다.

먼저 관심 가지기다. 이는 의식적으로 음미하기 위한 과정으로, 관심을 가지려면 서두르지 말고 여유로울 필요가 있다. 그래야 사물이 보이고, 자연도 보인다. 두 번째는 발견하기다. 꽃이든, 음식이든, 시나 음악이든 음미하기 대상을 발견해야 하는데 이때 몰입이 중요하다. 세 번째는 관찰하기다. 발견한 대상을 관찰하면서 감상도 함께하면 더욱 좋다. 네 번째는 음미하기다. 모습, 향기, 느낌, 맛, 소리 등이 어떤지 오감을 동원해 음미해본다. 마지막 다섯 번째는 정서 기억하기다. 음미하고 난 뒤 어떤 감정과 정서를 느꼈는지 기억해야 나중에 이 경험을 회상할 때 지속적으로 긍정 정서를 키울 수 있다. 이제 다시 종경 선사의 시를 음미하면서 읽어보자. 느낌이 어떤가?

나는 매일 아침 3킬로미터 걷기와 스트레칭을 2시간씩 꼭 한다. 걷기 코스는 주로 경기도 의왕시 왕곡천 길인데, 자연의 사계를 충만하게 음미할 수 있는 곳이다. 나는 아침마다 그곳을 걸으면서 음미하기로 하루를 시작한다. 봄에는 왕곡천 돌 틈 사이로 졸졸 흐르는 물줄기와 개나리, 철쭉을, 초여름에는 왕곡천 길 전체를 뒤덮은 이팝꽃과 길 옆의 이슬 맺힌 노란 민들레를, 그리고 가을에는 길 옆 숲속에 묻혀 고개만 내놓은 들국화 한 송이를 발견하고 그 꽃들과 주변의 이름 모를 잡초들, 그 위에 살

포시 내려앉은 아침이슬을 보면서 20분 동안 음미하곤 한다. 음미하기를 하는 순간에는 꽃과 이슬에 감사하고, 그 후 시간들은 아침 시간의 음미하기를 회상하면서 행복하게 보낸다.

당신은 평소 밥을 먹을 때 허겁지겁 먹는가, 아니면 충분히 맛을 느끼면서 천천히 먹는가? 길을 걸을 때 무심히 걷는가, 아니면 주변을 자세히 살피면서 걷는가? 산을 오를 때 오직 정상에 올라가는 것이 목표인가, 아니면 나무와 계곡, 바람을 감상하면서 올라가는가? 저녁에 친구들과 모임이 있을 때 아무 느낌 없이 약속 장소에 나가는가, 아니면 설레고 흥분되는 기분으로 그 시간을 기다리는가? 만약 후자를 택했다면 이미 일상생활에서 충분히 음미하기를 실천하며 살아가고 있는 사람이다.

이렇게 음미하기는 과거를 긍정적으로 돌아보고, 현재를 충분히 즐기며, 미래를 기대하는 모든 것을 지칭한다. 과거, 현재, 미래의 긍정 정서를 모두 높이는 방법인 것이다. 또한 음미하기는 지금까지 무관심하게 스쳐 지나왔던 것들에 관심을 기울이는 행위이기도 하다. 행복은 자신에게만 관심을 쏟는 것이 아니다. 세상에 관심을 두고 더 깊은 눈을 가지게 될 때 행복도 커지는 법이다. 당신도 음미하기를 해보면 알게 될 것이다. 하찮고 보잘것없어 보이던 모든 것이 의미 있게 다가오고, 이를 통해 더 행복하고 건강해질 수 있다는 것을 말이다.

나는 '음미하는 곳'에서 브라이언트와 베로프, 그리고 학생들이 오감을 총동원해 걷고 있는 모습을 떠올리는 것만으로도 행복하다. 눈으로 보고, 귀로 듣고, 입으로 맛보고, 코로 냄새를 맡고, 피부로 감촉을 느낀다는 것은 그 자체로 살아 있음을 체감하는 일이다. 브라이언트와 베로프에게 음미하기란 즐거움을 발견하고 만족을 느끼는 찰나를 포착하기 위한 의식적인 노력이다. 다음은 브라이언트가 산을 오르다 틈틈이 쉬면서 음미하기를 하는 이야기다.

나는 차가운 공기를 깊이 들이마셨다가 천천히 내쉰다. 그때 어디선가 코를 찌르는 냄새가 풍겨 이리저리 둘러보니 내가 딛고 선 바위 틈새에서 자라고 있는, 하늘거리는 라벤더 한 송이가 눈에 들어온다. 나는 눈을 지그시 감고 저 아래 골짜기에서 불어오는 바람 소리를 듣는다. 높다란 바위에 걸터앉아 온몸으로 따스한 햇볕을 받으며 황홀경에 빠져도 본다. 그리고 이 순간을 영원히 추억할 작은 돌멩이 하나를 주워 온다. 까칠까칠한 것이 사포 같다. 문득 돌멩이의 냄새를 맡아보고 싶은 이상한 충동에 사로잡혀 코를 킁킁거린다. 케케묵은 냄새가 물씬 풍기는 것이 아득히 먼 옛날을 떠올리게 한다. 아마도 이 땅이 생긴 이래 그 자리를 죽 지켜왔으리라.

칙센트 미하이가 몰입Flow 이론을 체계화하기 전까지 사람에게 가장 즐거움을 주는 대상은 먹는 것이었다. 그만큼 먹는 것은 우리의 정서와 행복에 지대한 영향을 미친다. 과거에 나는 성격이 급한 편이라서 식사도 빨리빨리 했다. 맛을 음미하기보다 특별히 의식하지 않고 의무적으로 한 끼를 해결하는 날이 대부분이었다. 하지만 음미하기를 시작하고부터는 감각과 감정을 의식하며 식사를 즐기고 있다. 그러다 보니 식사시간이 전보다 훨씬 여유롭고 행복해졌다.

몇 년 전부터 텔레비전에서 음식과 관련된 프로그램이 많이 방송되고 있다. 출연진은 대부분 대중에게 인기 있는 사람이다. 그만큼 이들의 꾸밈새와 화법, 행동 등은 시청자들에게 많은 영향을 끼친다. 그런데 아쉽게도 음식 프로그램은 이들이 음식을 음미하는 모습보다 많이 먹는 데만 초점을 맞추는 경향이 있다. 나는 내가 진행하는 긍정심리 프로그램에 참가하는 연예인들에게 제발 음식이나 자연 관련 프로그램에 출연하면 음미하기 좀 하라고 간곡히 부탁한다. 그래서일까, 최근 들어 방송에서 '음미'라는 단어가 자주 들리는 것 같아 안도감이 든다.

음미하기는 배워서 구축할 수 있는 자원이다. 이 기술을 배우면 단순히 좋은 일을 받아들이는 것을 넘어 그 일의 본질적인 아름다움을 느끼고 즐거움의 면면을 깊이 감상할 수 있어 긍정 정서가 3배는 증가한다. 한마디로 음미하기는 진정한 즐거움을 의도적으로 발생시키고, 강화하며, 연장하는 방식을 통해 그것을 충분히 여유롭게 감상하는 기술이다.

그렇다면 음미하기를 위한 선행 조건에는 무엇이 있을까? 브라이언트는 세 가지를 강조했다. 첫째, 그 순간에 일어나는 일을 '지금, 여기서here & now'라고 느껴야 한다. 주위에 초점을 맞추어 일몰 등 특정 대상을 감상하고 관찰하거나, 따뜻한 목욕 같은 특정 활동을 하는 것이다. 둘째, 사회적 욕구와 자아존중감, 욕구를 제쳐 놓아야 한다. 다른 사람의 시선이나 출세, 성공, 가족 문제 등을 잊어버리는 것이 조건이다. 셋째, 긍정 경험의 즐거움에 초점을 맞추어야 한다. 여러 가지를 복잡하게 생각하지 말고 지금 음미하는 특정 대상에만 집중해 감상한다.

음미하기는 시간과 공간, 타인과 자아까지 상실하는 '몰입'과는 다르다. 즉 음미하기는 사고에 의한 자각적인 활동이며, 사고 경험을 고양하는 데 치중한다. 다만, 음미하기는 분석이 아니라는 점을 명심해야 한다. 긍정 정서를 높이는 일에 지나치게 정신적으로 개입해서는 안 된다는 뜻이다. 경험을 전체적으로 받아들이고 그것이 전하는 느낌을 감상하되 해부하거나 분석하지 말아야 한다. 과도한 분석은 긍정 정서를 위축시킨다.

음미하기의 효과를 알 수 있는 예로 전화 통화를 들 수 있다. 프레드릭슨이 개최한 긍정심리학 세미나에 참석한 대학원생 존Jone은 자신의 삶에 음미하기를 추가하는 실험을 했다. 그는 당시 대학원 첫 학기라 사랑하는 가족, 여자 친구와 멀리 떨어져 지내면서 전화 통화로만 안부를 묻곤 했다. 전화 통화가 그에게 그토록 중요한 의미를 지녔던 적은 평생 처음이었다. 하지만 그는 이내 자신이 10대 시절부터 나쁜 통화 습관을 가지고 있었음을 깨달았다. 전화 통화를 하면서 대화에 집중할 수 있는 적당한 장소를 찾지 않았고, 인터넷 검색을 하면서 통화할 때도 많았다. 음미하기에 관한 학문적 결과에 고무된 존은 자신에게 문제가 있다는 생각이 들었다. 그래서 이전과는 달라지기로 결심했다. 여자 친구 또는 부모로부터 전화가 오거나 자신이 전화를 걸 때는 노트북컴퓨터를 끄고 안락한 의자가 있는 조용한 곳을 찾았다. 그러자 그들이 자신에게 하는 말과 거기에서 오는 느낌에 주의를 기울일 수 있었고, 대화도 한결 편안해졌다. 이후 긍정 정서도 높아졌다. 사랑과 희망이 샘솟은 것이다. 자신에게 중요한 사람들과 전화 통화를 하는 환경을 바꿈으로써 존은 그들과 나누는 순간을 음미할 수 있었다. 그 느낌이 얼마나 좋고 큰 유대감을 주는지 놀라울 따름이었다.

당신은 누군가로부터 전화가 걸려 왔을 때 어떤 자세로 받는가? 지금은 속도와 편리성을 우선시하는 시대다 보니 시간이나 장소에 상관없이 전화를 주고받는다. 하던 일을 마저 하면서 통화하거나, 때로는 식사하면서도 전화 통화를 한다. 하지만 긍정 정서를 높이고 싶다면 전화 통화 같은 일상적인 일을 할 때도 의식적으로 음미하기를 해보자. 그럼 존처럼 사랑과 희망이 샘솟는 경험을 할 수 있을 것이다.

이제 마지막으로 평소 음미하기가 익숙하지 않은 사람들을 위해 브라이언트와 베로프가 대학생 수천 명을 대상으로 연구해서 알아낸, 음미하기를 증진하는 방법을 살펴보자. 이 다섯 가지 방법을 사용해 자신에게 일어난 좋은 일들을 자주 음미한다면 이전보다 한층 더 행복하고 건강하며 풍요로운 인생이 될 수 있다.

다섯 가지 방법 중 첫째는 공유하기다. 경험이나 추억을 함께 나눌 만한 사람에게 자신이 그 순간을 얼마나 소중히 여기는지 들려주는 것이다. 공유하기는 상대방의 사회적 지지를 통해 자신의 긍정 정서를 높이는 방법으로, 친구뿐 아니라 전문지식이나 가치를 나눌 수 있는 사람과 해도 좋다.

둘째는 추억 만들기다. 등산길에 작은 돌멩이를 하나 주워 오거나, 휴대전화 또는 컴퓨터 바탕화면에 행복한 순간을 담은 사진을 띄워놓거나, 책상에 친구들과 찍은 사진을 놓아두자. 휴대전화와 스크랩북, 앨범을 뒤적이면서 행복했던 순간을 떠올리는 것도 좋다. 기념 물품을 볼 때마다 행복했던 느낌이 되살아날 것이다. 추억 만들기는 나중에 긍정 경험을 회상할 수 있도록 노력을 기울이는 방법이다.

셋째는 자축하기다. 한마디로 자기 자랑 시간이다. 나는 교육이나 상담시간에 지나친 자랑을 권하는 편이 아니다. 하지만 이 시간만큼은 마음껏 자랑할 수 있는 기회를 준다. 당신도 좋은 일이 생기면 수줍어하거나 기쁨을 억제하지 말고 마음껏 자랑하고 기쁨을 누리자. 실적이 좋거나 발표를 훌륭하게 해냈다면 그 일에 다른 사람들이 얼마나 깊은 인상을 받았는지 되새기고, 결과를 위해 자신이 기울인 노력을 칭찬하면서 격려하면 된다. 자축하기는 자신에게 생긴 긍정적인 사건을 스스로 기뻐하고 축하하는 것이다.

넷째는 집중하기다. 지금 자신이 하고 있는 일에만 집중하고 나머지는 완전히 차단한다. 수프를 만들어 먹는다고 상상해보자. 잠시 딴 데 정신을 팔면 수프가 눌어붙고 만다. 그만큼 집중하기는 결과를 완전히 바꿔놓을 때가 있다. 실내에서 음악을 들을 때도 오로지 음악에만 집중하면 음미하기가 훨씬 수월해진다.

다섯째는 심취하기다. 지금 무엇을 하든 거기에만 전념하면서 다른 것은 생각하지 말아야 한다. 다른 일을 떠올리거나, 현재 하는 일이 어떻게 진행될지 궁금해하거나, 더 좋은 방법을 생각하느라 마음을 흩뜨리지 않는 것이 중요하다. 즉 심취하기는 어떤 일을 하든 거기에만 전념해 기쁨을 최대화하는 방법이다.

경계성 성격 장애를 앓고 있는 20대 후반 수연 씨는 긍정심리치료 집단 치료에 참가했다. 그는 자주 짜증을 냈고 잠시도 가만있지를 못했다. 참가자는 대부분 긍정심리치료 실습을 완료한 뒤 적절한 도움을 받는데, 수연 씨는 그중에서도 음미하기를 통해 가장 큰 혜택을 본 사례다. 예전에 수연 씨는 설거지한 그릇을 어디에 놓을지부터 시작해 텔레비전 채널 선택에 이르기까지 사소한 문제로 남편과 자주 다투었다. 두 사람 관계는 전반적으로 안정적이었지만 매일 잦은 다툼으로 함께 지내는 시간의 질이 떨어졌다. 수연 씨는 요리를 좋아했다. 그래서 하루는 남편이 좋아하는 해산물 요리를 만들어 남편을 깜짝 놀라게 했다. 수연 씨는 그 경험을 다음과 같이 묘사했다.

다양한 음미하기 유형과 방법을 배우고 난 뒤 실습으로 내가 좋아하고 남편도 좋아하는 맛있는 음식을 만들어 먹기로 결심했다. 지난 주말에 나는 쉬고 남편만 온종일 일했기 때문에 혼자 수산물 시장에 가서 식재료를 사왔다. 싱싱한 횟감은 물론, 매운탕 거리도 잔뜩 사들고 집으로 돌아왔다. 요리를 만들면서는 재료의 촉감과 요리 과정을 즐겼다. 회를 예쁜 접시에 담았는데, 모양새가 퍽이나 마음에 들었다. 생 고추냉이를 갈자 코가 뻥 뚫리는 특유의 향기가 부엌을 가득 채웠다. 나는 좋아하는 음악이 흐르는 가운데 느긋하게 쌈채소를 씻어 준비해놓고 천천히 매운탕도 끓였다. 퇴근해서 집에 돌아온 남편은 깜짝 놀라면서도 미소를 감추지 못했고, 우리는 천천히 식사하면서 그것들을 하나하나 음미했다. 그 시간이 무척이나 좋아 대화가 끊이지 않았고, 남편과 나는 매달 한 번씩 번갈아가며 요리를 하기로 약속했다.

9

지금 이 순간을 자각하며 살아가는 힘:
마음챙김

현대 사회에서는 무심함을 마치 미덕인 양 취급한다. 그래서 숱한 경험에도 깊이 자각하거나 깨닫지 못한 채 무심하게 행동하고 반응하면서 그것이 바른 길이라고 믿는다. 하지만 이것은 정신적 게으름의 일종이다. 주의력과 자각 수준을 높이지 않으면 충동적으로 행동하게 되고 이것이 쌓이면 부정 정서가 마음 깊이 자리 잡을 수 있다. 이때 필요한 것이 바로 '마음챙김Mindfulness'으로, 이는 자각하는 데서 시작된다.

어느 승려가 3년간 수행을 마친 뒤 스승이 머무는 암자를 찾았다. 문을 열고 안으로 들어설 때 승려는 깊고 오묘한 부처의 가르침을 모두 깨달았다는 자신감에 차 있었다. 스승이 어떤 질문을 하든 문제없다는 태도였다. 그런 그에게 스승이 나직한 목소리로 "하나만 묻겠다"고 하자 승려는 "네, 스승님"이라고 대답했다.

"꽃이 문간에 세워둔 우산 오른쪽에 있더냐? 왼쪽에 있더냐?"

이 질문에 입도 벙긋 못 하고 얼굴만 붉힌 승려는 그대로 물러나 다시 3년간 수행에 들어갔다.

이렇듯 마음챙김은 순간순간 느껴지는 감각, 감정, 생각과 주위 환경을 판단이나 분석하지 않으면서 편견 없이 중립적 태도로 자각하는 과정이다. 자신의 생각과 감정을 그저 관찰만 하는 것이다. 우리는 이러한 마음챙김을 통해 지금 이 순간에 더 주의를 집중하며 의식적으로 살아갈 수 있다.

미국 메사추세츠대학교 의과대학 명예교수이자 마음챙김 창시자인 존 카밧진Jon Kabat-Zinn은 "마음챙김이란 의도적으로 현 순간에 대해 판단하지 않고 있는 그대로 주의를 기울일 때 일어나는 알아차림이다"라고 말했다.

마음챙김을 실천하면 우리는 바꿀 수 없는 것을 받아들이고, 바꿀 수 있는 것을 알아차리게 된다. 우리가 살면서 겪는 특정 사건이나 경험, 교류는 기억에 모두 저장된다. 그런 일들을 의식적으로 떠올릴 때마다 슬픔이나 분노, 불안, 죄책감, 혼란 등의 감정에 휩싸인다. 이때 마음챙김은 우리의 감각과 생각, 감정에 즉각 반응하지 않고 그 흐름을 스스로 관찰하면서 특정 상황, 특히 우리를 괴롭히는 상황에서의 행동이나 반응을 자각하는 능력을 높여준다. 우리는 이를 통해 행동이 어떻게 자신에게 영향을 끼치는지도 배울 수 있다.

마음챙김 연구의 대가이자 하버드대학교 심리학과 교수인 엘런 랭어Ellen Langer는 마음챙김과 관련해 작은 실험을 했다. 사무실 복사기 앞에 줄 서 있는 직원들 사이로 끼어드는 실험이었다. 밑도 끝도 없이 새치기를 하려고 "제가 당신 앞에 끼어도 되겠습니까?"라고 물었을 때는 모두로부터 거절당했다. 반면 "중요한 자료를 급히 복사해야 하는데 제가 당신 앞에 끼어도 되겠습니까?"라고 물었을 때는 모두가 허락했다. 직원들이 상대방에게 관심을 가져준 것이다. 이렇듯 마음챙김에서 핵심은 알아차림을 통해 진부한 상황을 새롭게 인식하는 관점 전환의 원칙이다.

앤서니 그랜트가 강조한 마음챙김 명상의 목적은 무엇을 얻거나 분석하는 것이 아니다. 온전히 현재에 있으면서 자각하는 것이 목적이다. 지금 자신이 있는 바로 그곳에 존재하는 연습을 하는 것이다. 한마디로, 당신이 어디에 가든 당신은 거기에 있다는 뜻이다. 그랜트는 마음챙김 명상에 세 가지 기본 기술이 있다고 했다. 연결(오감), 분리(생각), 확장(감정)이 그것이다. 연결은 오감을 모두 활용해 지금 어디서 무엇을 하든 경험과 연결시키는 기술이다. 분리는 생각을 있는 그대로 바라보면서 어떤 상황이 벌어지든 휘둘리지 않는 것이다. 확장은 마음을 열어 감정을 위한 공간을 만드는 기술이다. 부정 감정이든, 긍정 감정이든, 고통스러운 감정이든 밀어내려 하지 않고 자유롭게 흘러들어 오게 하면서, 그냥 자각만 하면 된다.

3년 전 가을 아내와 산책을 하는데, 아내가 매미 소리가 크게 들린다고 했다. 나는 그 소리를 듣지 못했다. 의식적으로 집중하니 정말 매미 소리가 들리긴 했는데, 그 전에 수많은 벌레 소리가 오른쪽 귀를 먹먹하게 했다. 그것이 무슨 소리인지 확인하기 위해 집중할수록 더 크게 들려왔고, 왼쪽 귀에서도 작게 소리가 들렸다. 직감적으로 이명임을 알 수 있었다.

시간이 지날수록 이명 증상이 심해져 집중이 잘 안 되고 스트레스까지 쌓이는 데다 머리도 멍했다. 바로 대학병원 이비인후과에 가서 검진을 받았다. 예상대로 이명 진단을 받았고, 원인은 신경계통 이상이나 지나친 소음 노출, 기력 저하에 따른 노인성 난청일 수 있다고 했다. 치료법으로는 우울, 불안, 수면장애를 줄이는 약물 복용과 보청기 착용 등이 있다고 했다. 원인에 맞는 뾰족한 치료법이 없다고 하니 참 답답했다.

이에 나는 이명이 비록 신체적 문제이긴 하지만, 긍정심리와의 연관성을 탐색해봤다. 뇌 기능 자체도 심리와 밀접한 연관성이 있기 때문이다. 그래서 평소 긍정 정서를 더 많이 키워 스트레스를 예방하고, 그 개입 도구로 마음챙김 명상을 적용하기로 했다. 스트레스는 그것이 발생했을 때 맞서거나 저항하면 할수록 강도가 세지는 경향이 있다. 반면 그대로 수용하거나 흘려버리면 오히려 강도가 약해지면서 소멸되기도 한다. 그 역할을 바로 긍정 정서가 하게 되며, 나는 그것에 대한 개입 도구로 마음챙김 명상의 세 가지 기본 기술을 적용한 것이다. 즉 이명 증상이 나타날 때마다 오감을 지금 이 순간의 이명 경험과 연결하고 소리, 단어, 상황에 대한 생각을 분석하거나 그것에 휘둘리지 않았으며, 있는 그대로 바라만 보면서 나타났다 사라지도록 그냥 두었고, 감정이 유발될 때도 저항하지 않은 채 그대로 받아들였다. 그렇게 지속적으로 적용하다 보니 지금은 이명 증상으로 스트레스를 받는 경우가 거의 없다.

내가 마음챙김을 처음 접한 것은 2005년 마음챙김 명상의 원전이라 할 카밧진의 《당신이 어디에 가든 당신은 그곳에 있다 Wherever You Go There You Are》를 번역 출간하면서다. 당시에는 마음챙김에 대한 관심보다 그냥 내용이 좋아서 그 책을 선택했다. 하지만 긍정심리학을 전문적으로 연구하고, 사업적으로 어려움에 처하면서 마음챙김에 관심을 가지게 됐다. 처음에는 독학으로 공부하다 2017년 VIA성격연구소 VIA Institute on Character 교육이사이자 심리학자인 리안 니믹 Ryan Niemiec이 미국에서 진행하는 강점 기반의 마음챙김 프로그램 'MBSP Mindful Based Strength Practice' 8주 과정에 참가했고, 한국에서 카밧진의 MBSP 8주 과정을 이수한 뒤 마음챙김을 교육과 상담치료에 적용하고 있다.

긍정심리학을 연구하면서 10년 이상 마음챙김을 배우고 가르치며 터득한 것은 카밧진의 책 제목이기도 한 '당신이 어디에 가든 당신은 그곳에 있다'는 점이다. 언제 어디를 가든 감각, 생각, 감정을 자각하고 주의를 기울이는 것은 그만큼 중요하다. 사실 나도 마음챙김 기술을 사용 하기 전에는 신중하지 못한 편이었다. 그러다 보니 나 자신이나 주위에 대한 자각이 부족했고 실수도 종종 했다. 다행히 지금은 실수가 많이 줄고, 나 자신뿐 아니라 관계에서도 좀 더 발전적으로 변화가 이루어졌다.

마음챙김은 우울증의 두 가지 특성인 정서적 반응과 반추에도 도움을 준다. 마음챙김을 통해 자신의 사고와 감정 패턴을 자각하면 중립적 태도를 취할 수 있기 때문이다. 많은 사람이 역경에 처하면 그것을 부정적이고 비관적으로 받아들이면서 저항하려 든다. 그럼 오히려 스트레스가 강하게 폭발한다. 마음챙김은 스트레스 반응이 아닌 결과 반응, 즉 어떻게 해결할지에 대한 대응 능력을 키워준다.

그런데 이 마음챙김이 우울, 불안, 분노 등 심리적 장애는 물론, 만성통증과 섬유 근육통, 암 같은 신체적 장애를 치료하는 데도 효과가 있다는 사실이 과학적으로 증명됐다. 카밧진은 1970년대 후반 매사추세츠대학교에 MBSP 프로그램을 신설했다. 이 프로그램은 총 8회기로 구성되어 있으며 건포도 명상, 호흡 명상, 정좌 명상, 요가, 바디 스캔, 걷기 명상 등으로 진행된다. 심리적·신체적 장애를 가진 사람들이 이 프로그램에 참가했고, 이후 치료 효과를 경험했다는 결과가 나왔다. 마음챙김이 단순히 심리적 측면에만 도움이 되는 것이 아니라는 점이 과학적으로 입증된 셈이다. 이를 계기 삼아 MBSP를 기반으로 인지치료와 통합한 마음챙김 인지치료MBCT, 인간 중심 치료의 수용과 통합한 수용전념치료ACT 경계성 장애 치료를 중심으로 한 변증법적 행동치료DBT 프로그램이 개발되어 활발히 적용되고 있다.

　뇌과학 연구계의 대표 주자이자 미국 위스콘신대학교 심리학과 교수인 리처드 데이비드슨Richard Davidson은 명상이 뇌에 미치는 영향을 오랫동안 연구한 끝에 정서와 관련된 뇌의 설정 값이 오른쪽과 왼쪽으로 나뉘어 있다는 사실을 확인했다. 사람이 불안이나 우울 같은 부정 정서를 느낄 때 가장 활발한 뇌 영역은 편도체와 우측 전전두피질이고, 기쁨이나 만족 등 긍정 정서를 느낄 때 가장 활발한 영역은 좌측 전전두피질이라는 것이다. 그는 사람의 좌측, 우측 전전두피질의 활동 수준만 봐도 그 사람의 평소 정서 수준을 알 수 있다고 설명했다. 좌측 활동량이 많을수록 행복할 확률이 높다는 것이다. 실제로 수도승을 포함해 평소 규칙적으로 명상하는 사람의 뇌를 스캔한 결과, 뇌의 좌측 전전두피질의 활성화 수준이 일반인보다 높게 나타났다.

　마음챙김은 긍정심리학의 팔마스 중 긍정 정서에서 중요하게 다루는 주제다. MBSP를 기반으로 한 심리치료 프로그램들도 긍정심리학은 물론, 긍정심리학을 바탕으로 하는 긍정심리치료와 상호 보완적인 역할을 할 수 있다. 긍정심리치료는 인간의 감각, 사고, 감정, 행동 등을 다루는 통합적인 치료 프로그램이기 때문이다. 다음은 긍정심리치료에서 하는 마음챙김 명상 실습이다.

① 편안한 자세로 의자에 앉아 양발을 바닥에 두고 양손은 허벅지에 올린 다음 머리와 목, 가슴을 일직선으로 세운다.
② 자신의 숨을 느낀다. 공기가 몸속으로 들어오고 나가는 것을 의식하고, 숨을 들이마시고 내쉴 때 가슴의 팽창과 수축이 반복되는 것에 집중한다.
③ 조심스럽게 숨을 배 속 깊은 곳까지 들이마시고 내쉬기를 반복한다. 숨을 최소

6~8초 간격으로 쉬고 이 사이클을 반복한다.

④ 생각을 비우려 억지로 애쓰지 말고 집중을 유지하면서 조용히 머릿속으로 숫자를 센다. 의식이 자연스레 다른 곳으로 흐를 때 다시 돌아와 집중한다. 이 실습은 집중력 연습일 뿐 아니라 마음챙김의 출발점이다.

앞만 보며 정신없이 달리기보다 느긋하고 여유로운 자세를 가진다면 우리는 현재라는 시간에 훨씬 더 마음을 쏟을 수 있다. 동양 명상법은 종류가 다양하지만 날마다 규칙적으로 수행할 수 있는 것이 대부분이다. 이런 명상법은 속도와 전쟁을 벌이는 현대인의 조급한 마음을 차분히 가라앉히는 데 더없이 좋다. 명상은 불안이나 분노, 슬픔 같은 부정 정서를 다스리는 데도 효과적이다. 자신이 어디에 있든 차분하고 여유로울 때 비로소 거기에 관심을 기울일 수 있기 때문이다.

5장

인지 회복력 기술

1

역경과 믿음, 결과를 알아내는 방법:
ABC 확인하기

우리는 각자 어느 정도의 회복력을 가지고 있을까? 관련 연구 결과에 따르면 사람은 대부분 자신의 회복력 수준이 매우 높다고 평가하는 경향이 있다. 하지만 진실은 우리 기대와 다르다. 사실 갑작스러운 역경이나 트라우마를 헤쳐 나갈 만큼 감정적·사고적·육체적으로 준비된 사람은 극히 드물다. 이는 곧 우리가 확신을 가지고 트라우마에 용감히 맞서는 것이 아니라, 포기하고 무기력하게 대응한다는 뜻이기도 하다. 이때 회복력 기술을 사용하면 자신의 사고가 감정과 행동에 어떤 영향을 미치는지 확인할 수 있을뿐더러, 의사소통 방식과 의사결정 방식, 일상적인 역경에 대응하는 방식도 극적으로 바꿀 수 있다. 우리 인생을 결정하는 것은 현실에서 부딪히는 역경이 아니라 그것에 대응하는 방식이다.

레이비치와 섀테가 연구한 바에 따르면 회복력은 일곱 가지 기술로 이루어져 있다. 그러나 그 기술을 모두 갖춘 사람은 거의 없었다. 그렇다고 미리 실망할 필요는 없다. 회복력을 높일 방법이 있기 때문이다. 그 중에서도 인지 회복력을 높이는 비결은 '정확한 사고'다. 정확한 사고를 바탕으로 한 인지 회복력 기술은 두 범주로 나뉜다. '자신을 알기'와 '변화하기'다. 자신을 알기 기술에는 △ABC 확인하기 △사고의 함정 피하기 △빙산 믿음 찾아내기가 있고, 변화하기 기술에는 △믿음에 반박하기 △진상 파악하기 △진정하기 △집중하기 △실시간 회복력이 있다.

자신을 알기 기술은 마음의 작동 방식을 잘 파악하도록 우리를 이끌고 자기 인식도 돕는다. 우리는 대부분 사고 오류를 범하는 '사고의 함정', 그리고 세상을 살아가는 자신만의 관점과 마음의 작동 방식인 '빙산 믿음'을 가지고 있다. 사고의 함정을 피하고 빙산 믿음을 찾아내는 기술을 배우면 불행한 사건, 즉 역경을 겪은 후 나타나는 실시간 믿음(자동적 사고)과 그것에 따르는 왜곡된 믿음, 그 후 발생하는 감정과 행동까지 알아차릴 수 있다. 자기 분석을 할 수 있는 것이다. 자신을 알기 기술은 자기 믿음, 감정, 행동을 자세히 탐구하고 그것들이 어떻게 연결되어 있는지를 알게 해준다. 따라서 이 기술을 숙지하면 자신이 어떤 사건에 특정 방식으로 대응하는 이유를 정확히 통찰할 수 있다.

하지만 통찰만으로는 충분하지 않다. 긍정심리학 기반의 회복력은 머리로 이해하고 가슴으로 느끼는 것을 넘어 행동으로 실천해 습관화하는 단계까지 원한다. 따라서 자신을 알기 기술을 배운 후 변화하기 기술을 익힐 필요가 있다. 문제의 진짜 원인을 짚어내고 스스로 수정하거나 만회할 수 있는 영역을 정확히 판단한 뒤, 문제로 인해 초래될 결과를 올바르게 예측하는 법과 비합리적인 믿음에 실시간 반박하는 법을 배우는 것이다. 변화하기 기술은 개인이 좌절을 딛고 일어서도록 돕기도 하지만 더 플로리시한 삶을 살게 해준다. 이 기술을 적용해 인생의 중대한 변화에 올바르게 대처한 사람은 문제가 생겨도 예전처럼 당황하지 않는다.

그럼 순서대로 자신을 알기 기술 중 'ABC 확인하기'를 먼저 살펴보자. 사람들은 역경을 겪으면 그 역경에 대한 실시간 믿음을 갖는다. 그 믿음에는 역경이 발생한 이유를 찾는 원인 믿음이 있고, 어떻게 될 것인지 결과를 찾는 결과 믿음이 있다. 이런 믿음은 어떤 감정을 느끼고 어떤 행동을 할지를 결정한다. 따라서 믿음에 따라 결과도 크게 달라진다. 그 믿음이 올바르고 합리적이라면 큰 문제가 없지만, 대부분 왜곡된 믿음을 가지고 있는 탓에 불안, 분노, 슬픔, 죄책감 같은 부정 감정을 유발하고 잘못된 결과에 이르게 된다.

앞에서도 살펴봤지만, 역경(A)은 마치 도미노처럼 왜곡된 믿음(B)을 낳고 이는 다시 잘못된 결과(C)로 연결된다. 역경보다 오히려 왜곡된 믿음이 부정 감정과 행동을 유발해 잘못된 결과를 가져오는 것이다. 이 악순환 고리를 끊지 않고서는 낙관성이나 회복력을 키우기 어렵다. 세상은 A-C가 아닌 A-B-C로 작동하기 때문이다.

원래 ABC 모델은 합리적 정서 행동치료 창시자인 엘리스가 개발했으며, 이 모델을 낙관성 학습, 회복력 기술, 인지치료 영역에서 각각 특성에 맞게 변형해 사용하고 있다. 우선 역경을 극복하는 데 필수적인 회복력을 키우기 위해선 낙관성 학습의 'ABC 키우기'와 회복력 기술의 'ABC 확인하기'를 이해해야 한다. ABC 키우기는 낙관성 학습의 설명양식인 비관적 설명양식을 낙관적 설명양식으로 바꿔 낙관성을 키우는 방법이다. 즉 역경을 겪을 때 낙관적 설명양식을 통해 역경을 왜곡하지 않고 합리적 믿음으로 올바른 결과를 도출해내 낙관성을 키우는 것이다.

ABC 확인하기는 역경과 믿음, 결과, 그리고 믿음과 결과 사이에 연결되는 감정을 확인하는 기술이다. 이것을 사용하면 역경을 겪을 때 생기는 실시간 믿음이 진실한지, 합리적인지는 물론, 그 믿음으로 인해 나타나는 감정이 수긍할 만한지, 그 감정에 의해 나타나는 행동이 올바른지를 알 수 있다. 또한 믿음과 결과 사이에 연결되는 감정이 왜 유발됐는지도 파악할 수 있다.

예를 들어 회사에서 지친 몸으로 집에 돌아왔는데, 배우자가 먼저 퇴근하고도 저녁식사를 차릴 생각은커녕 그냥 누워만 있다면 어떤 감정이 들겠는가? 만일 그 순간에 화가 났다고 가정하고, 왜 그런 감정을 느꼈느냐고 묻는다면 당신은 빈 식탁을 가리키면서 "저것 보세요. 나보다 일찍 왔는데도 식사 준비를 하나도 안 했잖아요. 언제나 저래요"라고 말할 것이다. 여기서 ABC 키우기와 ABC 확인하기를 적용해보자.

ABC 키우기

A(역경): 배우자가 일찍 퇴근하고도 저녁식사를 준비하지 않았다.

B(믿음): 언제나 그렇지 뭐.

C(결과): 화가 났다.

비관적 설명양식이 왜곡된 믿음을 낳았고 화를 유발했다. 그렇다면 어떻게 해야 할까? 낙관적 설명양식으로 바꾸는 것이다.

A(역경): 배우자가 일찍 퇴근하고도 저녁식사를 준비하지 않았다.

B(믿음): 오늘 급하게 처리할 일이 있었나 보네.

C(결과): 배우자와 함께 저녁식사를 만들어 맛있게 먹는다.

ABC 확인하기

A(역경) : 배우자가 일찍 퇴근하고도 저녁식사를 준비하지 않았다.

B(믿음) : 나를 무시하는구나.

C(결과) : 화가 났다.

이것을 보면 화가 난 이유는 배우자가 저녁식사를 준비하지 않아서가 아니다. 배우자의 그런 행동을 당신 자신의 권리에 대한 침해로 해석했기 때문에 화가 난 것이다. 그래서 ABC 확인하기에서는 믿음과 결과를 아는 것도 중요하지만, 믿음과 결과 사이에 연결되는 감정이 왜 유발됐는지 확인하는 것이 더 중요하다. 또한 회복력을 방해하는 역경이 무엇인지도 알아야 한다. 역경에 뒤따르는 부정 정서와 행동은 그 강도가 다양하고, 역경이 빼앗아가는 회복력 정도 역시 사람마다 다르다. 이 사람에게는 역경이 저 사람에게는 긍정적 사건일 수도 있다.

사람은 누구나 정도 차이만 있을 뿐 하루하루 역경과 씨름하며 살아간다. 출근길 차가 막혀서 꼼짝 못 할 때 울화통이 터지고, 아침부터 네 살배기 딸이 투정을 부리면 짜증이 치민다. 예기치 못한 사고를 당하거나 질병을 진단받았을 때도, 가까운 가족 또는 친구가 아프다는 소식을 들었을 때도 불안하고 슬퍼진다. 누구나 스트레스를 겪는 것이다. 이렇게 극심한 스트레스를 유발하는 사건에 직면하면 우리는 쉽게 혼란에 빠진다. 사고 체계가 뒤엉키고 문제 해결 능력이 둔해진다.

그리고 우리는 대부분 자신만의 역경 패턴을 가지고 있다. 당신은 삶의 어떤 영역에서 역경을 많이 겪는 편인가? 개인적인 삶인가, 직업적인 삶인가? 심리적 증상, 부부간 갈등, 시간 관리, 상사와 관계 등 유난히 대응하기 어려운 특정 주제가 있는가? 아니면 특정 감정에서 잘 헤어 나오지 못하는가? 잠시 시간을 내서 자신의 역경 패턴을 살펴보고, 그것에 공통점이 있는지 확인해보면 회복력을 키우는 데 큰 도움이 된다. 회복력은 긍정적이고 진취적인 정신을 자아내는 것은 물론, 자신감과 자기효능감을 부여해 역경을 극복하게 해준다. 한마디로 회복력을 키워야 더 멀리 뻗어나갈 수 있고, 적극적으로 도전함으로써 삶이 더욱 풍요로워지며, 타인과 관계가 깊어지고, 자기 세계도 넓어진다.

다음은 역경 패턴을 확인할 수 있는 목록으로, 4점이나 5점을 매긴 항목이 당신이 지금 겪고 있는 역경이다.

(1=결코 어렵지 않다 / 2=조금 어렵지 않다 / 3=보통이다 / 4=조금 어렵다 / 5=매우 어렵다)

직장 동료(전우)와 갈등	____	사교 모임에 참석하기	____
직장 상사와 갈등	____	직업, 개인적 삶의 균형 이루기	____
가족과 갈등	____	타인의 부정 감정에 대응하기	____
친구와 갈등	____	타인의 긍정 감정에 대응하기	____
긍정 피드백	____	자신의 감정 다루기	____
부정 피드백	____	분노	____
성공	____	슬픔	____
실패	____	불안	____
도전하기	____	공포심	____
자신을 위한 시간 부족	____	당혹감	____
직장에서 새로운 책임 맡기	____	죄책감	____
빠듯한 스케줄	____	권태	____
많은 일을 동시에 처리하기	____	좌절감	____
변화에 적응하기	____	수치심	____

자신이 어떤 부분에서 역경을 겪는지 확인했다면 다음은 믿음이다. 여기서 믿음은 역경을 겪을 때 드러나는 실시간 믿음으로, 특정 감정을 느

끼고 특정 행동을 하게 만든다. 그 감정과 행동 때문에 우리는 역경을 해결할 수도, 역경에 걸려 넘어질 수도 있다. 즉 실시간 믿음은 역경에 대해 우리가 느끼는 감정과 취하는 행동에 직접적으로 영향을 미친다.

이 실시간 믿음에는 원인 믿음과 결과 믿음이 있다. 원인 믿음은 "이 일이 어째서 일어난 것일까?"라고 이유를 묻는 '어째서 믿음'이다. 문제가 생기면 우리는 자발적으로 "이 일이 어째서, 왜 일어났을까?"라고 자문한다. 성공을 예상했는데 실패하는 등 뜻밖의 결과를 맞거나 욕구가 충족되지 않을 때 특히 그렇다. 발생한 문제와 예상치 못한 결과의 원인을 알아내려는 것은 합리적이다. 이를 통해 문제 상황을 해결하고, 목표를 달성할 확률을 높일 수 있기 때문이다.

결과 믿음은 "그래서 이제 무슨 일이 일어날까?"라고 역경이 미칠 영향에 대해 묻는 '그래서 믿음'이다. 원인 믿음이 과거에 초점을 맞춘다면 결과 믿음은 미래에 초점을 맞춘다. 그렇다 보니 지나치게 비극적이고 일어날 가능성도 거의 없는 결과 믿음을 가진 사람이 아주 많다. 이러한 믿음은 도움은커녕 오히려 불안감을 유발해 문제 해결 능력과 회복력을 저하시킨다.

앞에서 확인한 자신의 역경 중 가장 높은 점수가 나온 것은 무엇인가? 역경이 닥친 순간 어떤 생각이 떠올랐고, 어떤 감정을 느꼈으며, 어떤 행동을 했는지 각각 써보자. 부부 갈등이나 상사와 갈등이라면 갈등이 일어난 '바로 그 순간' 실제로 떠오른 믿음이 무엇인지를 알아야 하는데, 그러기 위해선 진실해야 한다. 실시간 믿음은 역경 순간에 바로 떠오른 생각이라서 자신조차 알아차리지 못할 때가 있다. 하지만 그 믿음은 개인이 역경, 도전, 새로운 경험에 직면했을 때 어떤 감정을 느끼고 어떤 행동을 할지를 결정한다. 그래서 회복력 기술을 적용할 때 자주 초점을 맞춰야 하는 것이 바로 이 실시간 믿음이다. 실시간 믿음에는 자신만의 패턴이 있다. 어떤 실시간 믿음은 여러 측면이 있는가 하면 판단, 묘사, 이유, 예측이 모두 조금씩 들어가 있기도 하다. 하지만 대체로 한 가지 측면이 우세하다.

역경을 있는 그대로 묘사하거나 그 역경에 대한 자신의 감정을 판단하는 실시간 믿음을 확인했다면, 이제 역경의 원인과 결과를 숙고하는 훈련이 필요하다. 회복력을 키우는 데는 과거에 골똘하는 것과 미래를 계획하는 것의 균형이 필요하기 때문이다. 역경이 닥쳤을 때 그 원인에 초점을 맞추는지, 역경이 미칠 영향에 초점을 맞추는지, 그리고 사건을 자세히 묘사하는 일에 정신적 에너지를 쏟는지, 감정을 판단하는 일에 치중하는지 등 자신의 사고 양식을 정확히 아는 것은 중요하다. 그것을 수정하고 바꾸는 과정은 나중 일이다.

우리는 2장 회복력 사고와 3장 회복력 능력에서 원인 믿음을 알아보면서 설명양식의 내재성 차원(내 탓 vs 남 탓)과 영속성 차원(항상 vs 가끔), 만연성 차원(전부 vs 일부)을 살펴봤다. 사람들은 '어째서' 질문에 거의 언제나 동일한 양식으로 대답하기 때문에 자신의 원인 믿음 패턴을 먼저 파악할 필요가 있다. 예를 들어 역경에 처했을 때 당신은 자신을 비난하는가, 타인을 비난하는가? 문제의 원인이 영구적이라고 여기는가, 일시적이라고 여기는가? 그 원인이 인생의 모든 영역에 해를 끼칠 것이라고 믿는가, 아니면 단지 그 한 가지 역경을 일으켰을 뿐이라고 믿는가? 원인 믿음을 정확히 찾아내고 구별할수록 그 믿음이 역경 대응 능력을 방해할 때 좀 더 쉽게 바꿀 수 있다.

믿음은 감정의 종류와 강도를 결정하고 행동을 유도한다. 역경이나 난제에 직면하는 바로 그 순간에 느끼는 감정과 취하는 행동이 그것의 결과다. 우리는 감정과 행동을 대단히 중요시한다. 그 이유는 직장에서 성공, 원만한 인간관계, 정신 건강, 심지어 신체 건강도 감정과 행동이 복합적으로 작용한 결과이기 때문이다. 새로운 경험이나 문제에 직면한 바로 그 순간 자신이 어떤 감정을 느끼고 어떻게 행동하는지를 떠올려보자. 한 가지 감정에 사로잡혀 옴짝달싹 못 하는가? 분노, 불안, 죄책감을 떨쳐내기 어려운가? 행동 면에서 똑같은 실수를 되풀이하는가? 자꾸 미루거나 너무 강하게 밀어붙이거나 쉽게 포기하는가? 효과가 없는데도 한 방법을 계속 고수하는가? 아니면 문제는 성공적으로 해결하지만 안전지대 밖으로 나서는 것을 망설이는가? 회복력이 강한 사람은 감정 조절과 행동 통제를 통해 어떤 역경에든 적절히 대응한다. 다만, 이때 목표는 절대 포기하지 않는 것, 그리고 유익한 감정을 느끼고 생산적인 행동을 하는 것이다.

ABC 확인하기에서는 B(믿음)-C(결과) 연결 관계부터 파악해야 자기 자신에 대해 정확히 알 수 있다. 사람마다 다르긴 하지만, 실시간 믿음을 범주화함으로써 해당 범주의 믿음이 어떤 감정과 행동을 일으킬지 예측하는 것이 가능하다. 이것을 'B-C 연결 관계'라고 한다. B-C 연결 관계를 이해해야만 왜 감정 조절과 충동 통제가 안 되는지, 공감을 못 하는지, 자기효능감이 떨어지는지를 확인할 수 있다. 다음은 B-C 연결 관계의 다섯 가지 결과다.

① 분노(화): 자기 권리에 대한 침해는 분노와 화를 낳는다.
② 슬픔(우울감): 일반적인 상실 또는 자기 가치 상실은 슬픔과 우울감을 낳는다.
③ 죄책감: 타인 권리에 대한 침해는 죄책감을 낳는다.
④ 불안(두려움): 미래 위협은 불안과 두려움을 낳는다.

⑤ 당혹감: 타인과의 부정적 비교는 당혹감을 낳는다.

이렇듯 B-C 연결 관계의 다섯 가지 결과는 모두 부정 정서다. 긍정 정서는 인생에서 중요한 부분이긴 하지만, 인지 회복력에서는 부정 정서를 더 중요하게 본다. 회복력 기술에서 주요하게 다루는 것이 역경에 대응하는 방식이기 때문이다. 그리고 역경은 보통 부정 정서를 낳는다.

ABC 확인하기에서 B-C 연결 관계를 사용하는 목적은 두 가지다. 첫 번째는 역경에 처했을 때 느끼는 여러 감정을 따로따로 구별하기 위해서다. 두 번째는 특정 감정에 사로잡히게 하는 믿음을 찾아내고, 그 감정에 사로잡히는 이유를 파악하며, 극심한 스트레스 상황에서도 침착해지는 법을 배우기 위해서다. ABC 확인하기에서는 언제, 누가, 무엇을, 어떻게 등을 과장하지 않고 진실되게 사실만 다루는 것이 중요하다.

민 변호사는 대도시 대형 로펌으로 이직해 가족과 함께 해당 도시로 이사했다. 그 로펌을 선택한 이유는 일과 가정의 균형을 이룰 수 있도록 배려해주겠다고 했기 때문이다. 이직 후 6개월 동안 민 변호사는 자신이 일을 잘하고 동료 변호사들과도 친밀하게 지내고 있다고 믿었다. 그 무렵 13개월 된 딸이 감기에 걸렸고, 아내는 근무 중인 민 변호사에게 전화해 딸을 병원에 데려가 달라고 부탁했다. 요즘 아내가 아이들 양육 문제로 조퇴와 지각이 너무 많았기 때문이다. 이에 민 변호사가 사정이 있어 조금 일찍 퇴근하겠다고 하자 파트너 변호사가 비난조로 "습관이 되면 곤란해"라고 말했다. 민 변호사는 여러 감정이 일제히 솟구쳤다. 분노, 죄책감, 당혹감, 심지어 수치심까지 한데 뒤섞여 밀려왔다. 그는 자신의 복합적인 감정에 어리둥절했다.

"저는 아주 냉철한 사람이에요. 무엇이든 사실 그대로 받아들이는 타입이죠. 그래서 그 일이 정말 의외였어요. 빈정대는 말 한마디에 왜 그렇게 많은 감정이 한꺼번에 밀려왔는지 이유를 알 수가 없었어요. 저 자신에게 충격을 받았죠."

민 변호사는 동시에 밀려든 여러 감정에 압도됐다. B-C 연결 관계는 민 변호사가 그 역경을 파악하는 데 도움이 됐다. 그는 자신의 사고 과정을 정확히 묘사해 압도적인 감정들을 하나씩 확인했고, 그 덕분에 감정을 통제할 수 있었다. 즉 감정을 일으킨 믿음을 하나씩 체계적으로 확인함으로써 빈정대는 단 한마디가 끄집어낸 자신의 다양한 감정과 문제를 명확히 이해하게 됐고, 결론적으로 "제가 분노한 이유는 파트너 변호사의 말이 로펌의 위선적 태도를 반영한다고 믿었기 때문이에요"라고 말했다.

이제 B-C 연결 관계를 사용하는 세 가지 방법을 살펴볼 차례다. 첫째, 감정을 구별하는 것이다. 민 변호사 사례에서 봤듯이 감정은 언제나 하나씩만 오는 것은 아니다. 가끔은 떼 지어 몰려오는데, 극도의 스트레스를 받은 후에는 특히 여러 감정이 어지럽게 뒤섞여서 나타난다. 이때 B-C 연결 관계를 사용하면 얽히고설킨 감정을 하나하나 떼어놓는 것이 가능해 자기 인식 수준이 높아지고 문제 해결에 필요한 정보도 얻어 갈등을 효과적으로 헤쳐 나갈 수 있다.

둘째, 편향적인 믿음을 확인하는 것이다. B-C 연결 관계는 문제를 파악하고 적절히 대응하게 도와주지만, 사람들은 편견을 쌓아올리고 한두 가지 믿음에 집착할 때가 있다. 애매한 상황들을 모두 같은 묶음으로 처리해버리는 것이다. B-C 연결 관계를 일종의 레이더로 생각하는 사람들도 있다. 어린 시절 경험을 바탕으로 세상을 훑어보면서 자신에게 해가 될지도 모르는 위험을 끊임없이 찾는 것이다. 이들은 미래 위협을 포착하는 레이더 때문에 불안감을 느낄 때가 많고, 늘 가벼운 불안과 극단적인 불안을 오간다. 예를 들어 전화 연결이 안 된 친구가 회신 전화를 하지 않으면 자기가 언짢게 한 것은 아닐까 걱정하고, 두 번째 전화에도 회신하지 않으면 친구가 단단히 화가 나서 더는 연락하지 않으려 한다고 확신한다. 며칠 후 친구가 전화해 출장을 다녀왔다고 말하면 쓸데없는 걱정에 너무 많은 에너지를 허비해버린 자신에게 짜증이 난다. 이런 사람은 건강과 안전에 대한 걱정도 끝이 없다. 또 권리 침해 레이더를 가진 사람은 거의 언제나 자기가 피해자라고 믿는다.

물론 우리가 모두 부정 감정을 일으키는 믿음에만 집착하는 것은 아니다. 자긍심에 갇혀 있기도 하다. 긍정 정서에 '갇혀' 있다는 표현이 조금 의아하게 들릴지 모른다. 하지만 문제가 생길 때마다 불안이나 분노를 느끼는 것과 마찬가지로, 같은 문제에서 특정 긍정 감정만 느끼는 사람들도 있다. 그 감정을 느끼는 것이 당연하지 않을 때도 말이다.

송 과장은 당당하고 쾌활하며 크게 성취한 사람이지만 자긍심에 갇혀 있다. 그는 일이 잘 풀린 순간, 즉 계약에 성공하거나 회의가 순조롭게 끝나거나 소프트볼 게임에서 이길 때마다 그 성공을 자기 공으로 돌리곤 한다. 다른 사람들의 공로를 깨닫지 못하는 것이다. 처음에 사람들은 송 과장 주변으로 모여들었다. 활기차고 자신감 넘치는 그의 태도에 주변 사람들까지 유쾌해졌기 때문이다. 하지만 얼마 못 가 송 과장을 불편해했다. 그가 오만하고 잘난 척하며 명예욕에 눈이 멀어 동료를 배신한다고 본 것이다. 송 과장의 편향적인 믿음은 긍정 감정을 가져왔지만, 직장과 인간관계에서 문제를 일으키고 말았다.

물론 부적절한 분노와 불안, 또는 자긍심을 촉발하는 편향적 믿음에 집착하지 않을 수도 있다. 하지만 자신이 겪은 좋은 사건과 나쁜 사건을 해석할 때 편향적 믿음이 작용한다면, 이는 회복력을 훼손하고 있는 셈이다. 편견은 사건의 객관적 사실을 보지 못하게 방해하기 때문이다.

셋째, 일주일 동안 감정 일지를 적고 우세한 감정을 찾아내는 것이다. B-C연결 관계를 사용하면 정서적 삶을 제한하는 믿음의 패턴을 확인할 수 있다. 이를 위해서는 일주일 동안 감정 일지를 쓰는 것이 효과적이다. 어떤 감정이 강렬하게 일어나거나 감정이 갑자기 바뀔 때마다 무엇을 느끼는지, 그 감정이 얼마나 강렬한지를 즉시 적는다. 그런 다음 일주일 동안 다양한 감정을 골고루 느꼈는지, 아니면 감정들이 대체로 한 범주에 속하는지 확인한다. 감정들이 한 범주에 속한다면 편향적 사고 양식을 가지고 있어 B-C 연결 관계의 다섯 가지 결과 중 하나에 지나치게 집착하고 있을 개연성이 크다. 특히 극심한 스트레스를 초래하는 역경에 뒤따르는 감정에 유의할 필요가 있다. 그 역경은 회복력을 가장 크게 키워야 하는 영역이다. 이런 역경을 비교적 드물게 겪을 때는 정서적 삶이 다채로워지지만, 극심한 스트레스 사건을 자주 접할 때는 한 가지 감정이 정서적 삶을 지배한다.

이제 마지막으로 역경에 대응할 때 ABC 확인하기 기술을 활용하는 방법을 정리해보자. ABC 확인하기의 목표는 자신의 경험을 A, B, C로 분석하는 것이다. 사건의 객관적 사실과 믿음은 물론, 그 사건에 대한 반응도 구별해야 한다. 최근에 겪은 역경 가운데 제대로 해결하지 못한 사건을 떠올려보자. 그리고 첫 번째로 그 역경(A)을 묘사한다. 머릿속으로 묘사할 수도 있지만 종이에 적는 것이 효과적이다. 두 번째로는 결과(C)를 확인한다. 사건이 일어났을 때 어떤 감정을 느끼고 어떤 행동을 했는가? 감정과 행동 두 가지를 모두 확인하고, 그 감정의 강도를 판단한다. 세 번째로 A와 C를 잇는 단편적 사실들에서 결론을 도출해낸다. 그리고 역경과 결과를 확인한 다음에는 A와 C를 연결하는 믿음(B)을 알아내야 한다.

ABC 확인하기는 회복력 기술의 토대다. 즉 ABC 확인하기를 활용하면 유난히 힘든 역경도 제대로 파악하고 실시간 믿음, 즉 역경에 처할 때 속으로 하는 말을 알아차릴 수 있다. 또한 그 믿음이 어떻게 감정과 행동을 촉발하는지도 깨닫게 되어 "그렇게 죄책감을 느끼는 것도 당연해. 그게 전부 내 탓이라고 믿으니까 그럴 수밖에 없지"라고 말할 수 있다. 그리고 B-C 연결 관계를 참고하면 타인의 반응에 더 깊이 공감하게 된다. 예를 들어 "그 친구는 자기를 나와 비교하는 게 틀림없어. 그러니까 그렇게 당혹스러워하는 거야. 이젠 괜찮아졌을까? 조금 다독여주는 게 좋을 것 같아"라는 식이다.

이 기술을 매일 연습하고, 일상생활에서 기분이 갑자기 변할 때 자신이 지금 어떤 생각을 해서 그런 감정이 드는지 자문해보자. 까다로운 동료와 대화 등 역경이 곧 닥치리라는 것을 안다면 실시간 믿음에 반드시 귀 기울이고 그것이 초래할 결과를 알아차리자. 역경이 닥친 순간에 떠오른 믿음을 정확히 포착해야 한다. 그럼 왜곡된 믿음을 좀 더 쉽게 바꿔 정상 궤도를 유지할 수 있다.

2

속단 스트레스에서 벗어나는 길:
사고의 함정 피하기

인간은 지구상에서 가장 영리한 동물이다. 특히 큰 뇌와 높은 지능은 인간이 다른 모든 종을 능가할 수 있도록 진화적 이점을 제공했다. 다만 뇌의 정보 처리 용량은 1,500시시cc 정도에 불과하다고 한다. 오히려 오감五感이 뇌보다 훨씬 많은 정보를 받아들이기 때문에 우리는 눈과 귀 등을 통해 들어오는 무수한 정보를 먼저 단순화한다. 즉 엄청난 양의 감각 정보를 처리하기 위해 우리는 사고 과정에서 일부 정보를 무시하고 지름길을 택하는데, 이것이 '사고의 함정'이 되곤 한다.

사고의 함정은 우리 주변 곳곳에 자리하고 있으며, 우리는 어쩌다 한 번씩 자신도 모르는 사이 그 함정에 빠져버린다. 특히 저마다 유독 자주 빠지는 한두 가지 사고의 함정이 있다. 이러한 함정은 회복력을 방해하고 일상생활에서 역경과 스트레스를 다루는 방법에도 악영향을 미친다.

사고의 함정에는 여덟 가지가 있다. 첫째, 속단 함정이다. 이는 관련 정보 없이 가정하는 사고의 함정을 말한다. 미진 씨는 입사한 지 6개월 된

신입 사원으로, 업무와 관련해 부장과 우호적인 관계를 맺고 있다. 부장은 피드백을 공정하게 전달하는 사람이다. 일에서 어떤 점을 개선하면 좋을지 구체적으로 알려주고, 기대에 부응하거나 우수한 성과를 내면 칭찬을 아끼지 않았다. 그들은 스트레스가 심한 환경에서 마감 시한이 빠듯한 여러 업무를 동시에 진행하고 있었다. 그러던 어느 날 아침, 부장으로부터 한 줄짜리 이메일이 도착했다. "최대한 빨리 전화 요망." 미진 씨는 '내가 무슨 잘못을 저지른 게 분명해'라고 생각했다. 즉 미진 씨는 아무런 관련 정보도 없이 부장이 부정적인 이유로 이메일을 보냈고, 어떤 잘못이나 문제 때문에 화가 났다고 가정하는 '속단 함정'에 빠진 것이다. 이렇게 자주 속단하는 사람은 속도가 적이다. 따라서 속도 늦추기를 목표로 삼아야 한다. 그리고 그렇게 결론을 내린 근거가 무엇인지, 그 근거가 사실인지 스스로 확인하는 과정도 필요하다.

둘째, 터널 시야 함정이다. 이는 특정 정보만 생각하고 바라봐 그것이 부정적 결과로 직결되는 사고의 함정이다. 금융회사 중간 관리자인 건우 씨는 동료들과 회의실 긴 탁자에 앉아 상사에게 프로젝트 진행 상황을 보고했다. 그 공간에 떠도는 모든 감각 정보를 인식하고 처리할 능력이 있다면 건우 씨는 동료들의 수많은 행동을 빠짐없이 감지할 것이다. 영준 씨와 민우 씨는 처음부터 끝까지 건우 씨와 눈을 맞추고 있었다. 미숙 씨와 정수 씨는 보고 내용에 관심이 있음을 암시하는 질문을 했다. 문영 씨는 회의 도중에 휴대전화를 받더니 나가서 돌아오지 않았다. 성진 씨와 정미 씨는 회의를 시작할 때부터 내내 속닥거렸다. 상사는 자주 고개를 끄덕이거나 한두 마디를 던졌다. 중간에 하품도 한 번 했다. 보고가 거의 끝나갈 때 건우 씨는 생각했다. '너무 형편없이 보고했어.'

건우 씨는 터널 시야 함정의 피해자다. 상황의 부정적 측면만 바라보고 정보를 편향적으로 선별해 취한 탓에 자신의 보고 내용이 형편없었다는 잘못된 결론에 이른 것이다. 이렇게 터널 시야 함정에 빠진 사람은 역경 순간을 재검토하면서 큰 그림에 초점을 맞추고, 자기 생각이 전체 상황을 공정하게 판단한 것인지 자문해야 한다. 숲속 나무만 보지 말고 숲 전체를 보라는 의미다.

셋째, 확대와 축소 함정이다. 일어난 사건을 실제보다 지나치게 크거나 작게 보는 사고의 함정을 말한다. 인생의 부정적 측면을 확대하고 긍정적 측면을 축소하는 사람은 자신이 사고의 함정에 빠져 있다는 사실을 깨닫지 못한다. 터널 시야 함정에 빠진 사람과 달리, 이들은 일어난 사건을 대부분 인식하고 기억하지만 어떤 사건은 중시하고 또 어떤 사건은 경시한다. 반대로 긍정 사건은 확대하고 부정 사건은 축소하는 사람도 있다. 예를 들어 친구와 말다툼한 부정적 사건의 중요성을 묵살한 채 "별일 아니야. 곧 괜찮아질 거야"라고 말한다. 또 건강 이상 신호를 "혈압과 콜레스테롤 수치는 높지만 의사는 내 체중이 적정하다고 했어. 그 점이 중요한 거야"라고 판단한다. 확대와 축소 함정에 자주 빠지는 사람은 직장에서 인간관계에 문제가 생기곤 한다. 따라서 자신이 잘한 부분이 있는지, 간과한 문제는 없는지 자문하면서 균형 감각을 키워야 한다.

넷째, 개인화 함정이다. 이는 문제 원인이 자신에게 있다고 믿는 사고의 함정이다. 이런 성향은 자기 가치가 상실됐다는 믿음과 함께 언제나 큰 슬픔을 가져온다. ABC 확인하기와 B-C 연결 관계 관점에서 이 사고의 함정을 바라보면 그 이유를 알 수 있다. 친구나 연인과 갈등을 겪을 때 개인화 함정은 타인의 권리를 침해했다는 믿음으로 이어지고, 죄책감이 들게 한다. 슬픔과 죄책감은 개인화 함정에 빠진 사람에게는 너무나 익숙한 감정이다.

개인화 함정에 자주 빠지는 사람은 자신의 믿음을 철저히 추적해 문제 원인을 통제 가능하고 바꿀 수 있는 행동에 돌리는지, 바꿀 수 없는 확고한 성격 특성에 돌리는지를 파악해야 한다. 문제 원인을 자신에게 돌리는 것이 회복력을 낮추는 경우는 크게 두 가지다. 하나는 개인화 함정에 자주 빠지는 사람처럼 문제의 내적 원인만 중시하고 외적 원인은 의도적으로 무시하는 경우다. 다른 하나는 문제의 내적 원인을 바꿀 수 없다고 믿는 경우다. 따라서 개인화 함정에 빠진 사람은 외부 내다보기를 배워야 한다. 문제 원인에서 자신의 책임과 다른 사람의 책임이 어느 정도인지 자문하는 습관을 지니는 것도 중요하다.

다섯째, 외현화 함정이다. 이는 개인화 함정과 정반대로 문제 원인이 남에게 있다고 믿는 사고의 함정이다. 이것 역시 대가를 치른다. 다양한 분야에서 일하는 영업 사원들의 사고 양식을 조사한 결과, 분명한 패턴을 관찰할 수 있었다. 즉 그들이 보기에 문제 원인은 대부분 자기 잘못이 아니다. "어느 누구도 이런 가게에서는 물건을 사지 않아." "이런 싸구려 제품을 살 사람은 없지." "월간 영업 목표가 너무 높아." "마케팅 부서가 그럴듯하게 광고만 했더라도…." 이런 사고 양식은 영업 사원의 자부심을 해치지 않고 자신에 대한 의심도 막아준다. 자기 의심은 자신감과 자기효능감을 떨어뜨리기 때문에 영업 사원들에게는 특히 악영향을 끼친다. 그러나 반사적인 외현화 역시 결점을 지닌다. 타인의 부정적 행동만 눈에 보이는 것이다.

B-C 연결 관계 측면에서 보면 외현화 함정에 빠진 사람은 슬픔과 죄책감을 피할 수 있지만, 그 대신 자주 분노한다. 자신의 권리를 침해당했다고 믿기 때문이다. 따라서 자신을 돌아보는 과정이 반드시 필요하다. 이제는 자기 자신에게도 책임을 물어야 한다는 뜻이다.

여섯째, 과잉 일반화 함정이다. 직접적인 관계가 없음에도 모두 일반화하는 사고의 함정이다. 초등학교 교사인 영선 씨는 딸 은이와 요즘 들어 자주 다툰다. 은이의 옷차림, 귀가 시간 등 다투는 원인은 대체로 사소하다. 적어도 영선 씨가 보기에는 그렇다. 하지만 몇 달 전부터 다툼이 잦아지고 격렬해졌다. 은이가 수학시험에서 D 점수를 받아온 어제는 싸움이 극에 달했다. 평소 영선 씨는 자신이 은이를 다그친다고 믿었지만, 어제는 열심히 공부하지도 않고 귀가 시간도 어기는 은이에게 분노가 치밀어 불같이 화를 냈다. 하지만 실시간 믿음처럼 딸과 싸울 때마다 '나는 나쁜 엄마야'라는 생각에 사로잡히곤 한다. 영선 씨의 설명에 의하면 딸과 싸우는 이유는 자신이 나쁜 엄마이기 때문이다. 빠른 시간 안에 쉽게 바뀌지 않는 자신의 성격적 결함을 탓하는 것이다.

과잉 일반화 함정에 잘 빠지는 사람은 사건과 관련된 자신의 행동을 더욱 자세히 관찰할 필요가 있다. 자기가 기정사실로 받아들인 원인보다 더 직접적인 원인이 있는지 자문해봐야 하는 것이다.

일곱째, 마음 읽기 함정이다. 자신이 아는 것을 상대방도 알고 있다고 믿는 사고의 함정이다. 우리는 대부분 주변 사람들이 어떤 생각을 하는지 알고 있다고 믿으며 그것에 따라 행동한다. 그리고 자기가 무슨 생각을 하는지 상대방도 알고 있을 것이라고 믿는다.

이것은 부부가 가장 쉽게 빠지는 사고의 함정이기도 하다. 직장에서 밤늦게까지 스트레스 받으며 일하고 오면 배우자가 그런 자신을 알아줄 것이라고 생각하지만, 막상 집에 도착하면 기대와는 정반대 상황이 펼쳐지곤 한다. 그럴 때 갈등이 악화된다. 자녀를 둔 부부가 특히 그렇다. "어떻게 오늘 같은 날 외식을 하자는 거지? 회사에서 얼마나 힘들었는데. 나는 그저 따뜻한 물로 샤워하고 조용히 쉬고 싶은데 어떻게 그걸 모를 수 있지?" "나더러 아이들을 데리고 놀이터에 가라니 도저히 이해할 수가 없어. 오늘 하루는 정말 지옥이었는데, 아내(남편)는 내가 얼마나 힘들고 피곤한지 모르는 걸까?" 그렇다. 아내(남편)는 당신이 얼마나 힘들고 피곤한지 모른다. 당신이 따뜻한 물로 샤워한 뒤 조용히 쉬고 싶어 한다는 것을 알지 못한다. 사람들은 타인의 마음을 읽지 못하면서 읽을 수 있다고 믿는다. 타인도 마찬가지다. 그것이 마음 읽기 함정이다.

마음 읽기 함정에 빠진 사람은 타인에게 솔직하고 정확히 말하면서 질문하는 법을 배워야 한다. 다음번에 누군가가 당신의 마음을 헤아리지 못해서, 또는 당신이 누군가의 마음을 정확히 알고 있다고 믿어서 화가 치민다면 잠시 시간을 가지고 진정하자. 그런 다음 상대방에게 질문해 어느 지점에서 소통이 단절됐는지 정확히 찾아내면 된다.

마지막으로, 감정적 추론 함정이다. 객관적 증거 없이 자기감정을 토대로 결론을 내리는 사고의 함정을 가리킨다.

심 부장은 통신회사 마케팅 부장이다. 그는 자신이 제안한 마케팅 전략의 이점을 다른 사람들에게 확신시키는 것이 삶의 원동력이다. 이는 심 부장의 가장 큰 능력 중 하나고, 지금까지 그의 실적은 놀라울 정도로 뛰어났다. 그런데 요즘 들어 심 부장의 설득 방식이 먹혀들지가 않았다. 얼마 전 그는 마케팅 부서 임원진과 부사장 앞에서 새로운 마케팅 전략을 발표했다.

"저는 늘 임원진을 설득했다고 믿으며 회의실을 나서요. 그렇지만 나중에 제가 그 프로젝트를 따내지 못했다는 걸 알게 되죠. 얼마 전 한 임원에게 다른 사람의 마케팅 전략을 채택한 것이 뜻밖이라고 말했어요. 그랬더니 회의 자리에서 저를 지지한 사람이 거의 없었다고 하더군요. 어안이 벙벙했어요."

사실 심 부장은 마케팅 환경과 상황이 변하고 있는데도 자신의 기본 생각과 감정을 토대로 동일하게 일을 진행하다 보니 거듭된 실패를 맛보는 것이었다.

감정적 추론 함정에 잘 빠지는 사람은 사실을 외면한 채 감정적으로 평가하고 판단하는 경향이 있는 만큼 감정과 사실을 구별하는 연습을 해야 한다. 감정적 추론이 아닌 환경의 변화와 상황을 직시하는 연습이 그것이다.

지금까지 여덟 가지 사고의 함정과 그것을 피하는 방법을 알아봤다. 우리는 이 같은 사고의 함정에 언제 자주 빠질까? 바로 극심한 스트레스를 유발하는 역경에 처할 때다. 다음은 사고의 함정에서 빠져나오는 단계다.

① 역경에 직면했을 때 실시간 믿음에 열심히 귀 기울인다.
② 자주 빠지는 사고의 함정이 감정과 행동에 미치는 영향을 확인한다(본인 침해, 타인 침해, 상실, 미래 위협, 타인 비교).
③ 사고의 함정을 정확히 짚어낼 수 있다면 왜곡된 믿음을 실시간으로 찾아내는 연습을 한다.
④ 사고의 함정을 확인하자마자 거기에서 벗어나는 질문을 던진다.

참고로, 여덟 가지 사고의 함정은 특정 사건에서 동시에 발생하거나 몇 가지가 결합해 나타나기도 한다. 개인화 함정과 과잉 일반화 함정이 주로 동시에 나타나는데, 속단 경향이 있는 마음 읽기 함정도 다른 사고의 함정과 자주 결합하곤 한다.

고 팀장은 의과대학교 행정팀장으로, 그의 팀에는 정식 직원 일곱 명과 임시직 세 명이 있다. 업무가 많지 않은 평상시에 고 팀장은 부하 직원들의 말을 진심으로 경청하고 그들에게 자상하며 공정하다. 그런데 새해 예산 산정 마감 시한을 2주가량 앞둔 11월 말이 되자 행정팀은 정신없이 바빠지기 시작했다. 수십억 원짜리 연구 20개의 각 예산안을 처리해야 했기 때문이다. 예산 산정 기간은 고 팀장에게 가장 힘든 역경이다. 그런데 정오에 정신의학과 학과장으로부터 이메일이 왔다. 다음 날 정오까지 일부 예산안이 필요하다는 것이었다. 원래 일정보다 열흘가량 빠른 요구였다. 고 팀장은 외부 회의에 참석하기 위해 일찍 퇴근해야 했다. 그래서 직원들에게 각각 이메일을 보내 그날 오후에 처리해야 할 일들을 구체적으로 지시했다. 다음 날 아침 고 팀장은 출근하자마자 직원들이 일을 어떻게 처리했는지 보고받았는데, 영숙 씨가 주어진 일을 다 끝내지 못했다고 했다. 그 순간 고 팀장은 '그게 얼마나 다급한 일인지 뻔히 알면서 하나도 안 했어. 어떻게 저럴 수 있지?'라는 생각이 들어 화가 치밀었고 감정을 통제할 수 없어 그대로 폭발하고 말았다.

그렇다면 영숙 씨는 시간이 촉박하다는 사실을 알고 있었을까? 고 팀장은 일정이 앞당겨졌다는 정보를 직원들에게 전달하지 않았다. 이메일에도 그런 언급이 없었다. 그는 영숙 씨가 자신의 마음을 읽지 못했다는 점에 화가 난 것이다. 마음 읽기 함정에 빠지자 고 팀장은 너무 쉽게 속단해버렸다. 고 팀장의 실시간 믿음은 계속되어 '내가 지시한 것을 따르지 않았어. 우리 부서를 위해 헌신적으로 일하지 않는 거야. 나는 그런 사람과는 절대 같이 일하고 싶지 않아'라고 생각했다. 평소 직원들의 말을 잘 경청하던 고 팀장은 이번에는 영숙 씨에게 말할 기회조차 주지 않았다. 영숙 씨가 일을 끝내지 못한 이유를 설명하려 하자 그 순간을 모면하려는 거짓말로 치부하고 눈에 띄게 경멸하는 표정으로 그의 말을 묵살해버렸다. 사고의 함정 때문에 고 팀장은 충동적으로 행동했고, 그런 행동으로 권위가 손상되고 말았다. 고 팀장이 빠진 사고의 함정은 영숙 씨에게는 부당한 처사였으며, 더 큰 문제는 문제 해결을 방해한다는 것이었다. 고 팀장은 화가 나 영숙 씨를 더욱 불신했다. 그래서 예산안 처리 업무를 영숙 씨에게 맡기지 않고 이미 일을 많이 배당받은 다른 직원에게 넘겨버렸다.

마음 읽기 함정에 빠진 고 팀장 같은 경우 인지 회복력 기술이 필요하다. 단, 이 같은 새로운 기술은 역경에 처한 순간이 아니라, 그 후에 익히는 것이 좋다. 감정이 가라앉고 시간이 어느 정도 지난 다음에 기술을 연습해야 쉽게 능숙해지기 때문이다. 출퇴근 시간에 도로에서 운전 연습을 하지 않는 것처럼 감정에 압도됐을 때 회복력 기술을 익히려 해서는 안 된다. 처음 기술을 연습할 때는 과거에 겪었던 역경에 적용하자. 그렇게 몇 번 연습한 다음, 역경이 닥쳤을 때 가능한 한 빨리 회복력 기술을 활용하면 된다. 3주가량 하다 보면 사고의 함정을 거의 즉시 알아차릴 수 있다.

사고의 함정에 빠지지 않기 위해 회복력 기술을 적용할 때는 먼저 상황을 ABC로 나눈다. 최근에 겪은 역경을 하나 선택한 다음 고 팀장이 실천한 방식을 따라 해보자. 처음 하는 것이라 어렵게 느껴진다면 펜과 종이를 활용해도 좋다. 고 팀장은 다음과 같이 적었다.

A(역경): 다음 날 아침 나는 사무실에 출근했다. 영숙 씨는 내가 이메일로 지시한 일을 하나도 끝내지 않았다.

→ 역경을 잘 묘사했다. 객관적이고 구체적이며 자신의 믿음도 주입하지 않았다. 이렇듯 역경을 절대 과장하지 않고 자신의 믿음을 배제한 채 상황

을 반드시 객관적으로 묘사해야 한다.

B(믿음): 영숙 씨는 시간이 촉박하다는 것을 알고 있었어. 하지만 전혀 개의치 않은 것이 분명해. 어떻게 그렇게 무책임하지? 도저히 이해할 수가 없어. 영숙 씨는 성실하지 못하고 우리 팀을 위해 헌신하지도 않아. 나는 그런 사람과는 절대 함께 일하고 싶지 않아.

→ 믿음 묘사도 잘했다. 믿음을 검열하지 않았고 진실해 보인다. 실시간 믿음을 적을 때는 역경이 닥친 순간에 속으로 한 말을 있는 그대로 옮겨 써야 한다. 거친 표현을 듣기 좋게 바꿔서는 안 된다.

C(결과): 나는 머리끝까지 화가 나서 영숙 씨가 이유를 설명하려고 들 때마다 말을 잘랐다. 영숙 씨가 당황하고 있다는 것을 알았지만 솔직히 아무 상관없었다. 5분 정도 영숙 씨에게 불같이 화를 낸 다음 영숙 씨 업무를 재은 씨에게 맡겼다. 그날 하루 종일 영숙 씨를 외면했지만, 그가 힘들어하고 있으며 다른 직원들이 영숙 씨에게 모두 동조한다는 것도 눈치챘다. 어쨌든 이 일은 결코 바람직하지 않은 직원 관리 방식을 보여준 하나의 사례였다.

→ 고 팀장은 역경 결과로 생겨난 감정과 행동을 잘 묘사했다. 또한 자신의 믿음이 다른 직원들에게 어떤 영향을 미쳤는지도 썼다. 역경 순간에 어떤 감정을 느꼈는지 정확히 기억나지 않을 때는 B-C 연결 관계를 참고하면 거의 정확한 추정이 가능하다.

이렇게 상황을 ABC 확인하기로 분석하는 사람은 자신의 믿음을 자세히 검토할 수 있다. 이 기술을 연습할 때 여덟 가지 사고의 함정을 리스트로 만들어 가까이 두면 유용하다.

참고로, 고 팀장은 세 가지 함정에 빠져 있다. 먼저 그는 영숙 씨가 자기 마음을 읽을 것이라고 생각했다. 하지만 마감 시한이 앞당겨졌다는 사실을 고 팀장이 알려주지 않아 영숙 씨는 모르고 있었다. 고 팀장은 또한 속단해버렸다. 지시한 일을 하지 않았다고 영숙 씨를 팀에 헌신하지 않는 직원이라고 결론 내린 것이다. 그러면서 영숙 씨가 일을 끝내지 못한 이유가 불성실, 무책임, 헌신성 결여 등 성격적 결함 때문이라고 여기는 세 번째 함정에도 빠졌다. 시간 관리 실패, 따르기 어려운 지시 사항 등 구체적이고 변화 가능한 원인은 고려하지 않았다. 즉 고 팀장은 사건의 객관적 사실을 하나도 모르면서 반사적으로 영숙 씨의 성격을 비난하는 과잉 일반화 함정에 빠진 것이다.

3

마음 깊이 자리해 나를 움직이는 힘:
빙산 믿음 찾기

어느 누구나 세상이 어떻게 작동해야 하는지, 인간관계는 어때야 하는지, 또 자신은 어떤 사람이 되어야 하는지 등에 대한 확고한 믿음을 가지고 있다. 그런 뿌리 깊은 믿음을 '빙산 믿음'이라고 한다. ABC 확인하기에서 실시간 믿음이 '표현 믿음'이라면, 빙산 믿음은 내면 깊이 자리한 '기저 믿음'이다. 빙산 믿음은 의식의 저 밑에 자리하기 때문에 우리는 그 존재를 깨닫지 못한다. 따라서 자신의 뿌리 깊은 빙산 믿음을 들춰내고, 그것이 언제 유익하고 해로운지 판단하는 방법을 배워야 한다.

하지만 빙산 믿음은 종종 ABC 확인하기의 B-C 연결 관계를 끊는다. 그래서 전혀 엉뚱한 결과로 이어질 때가 많다. 게다가 자꾸 특정 감정에 휩싸이게 만든다. 만약 당신이 죄책감을 느낄 만한 상황이 아닌데도 끔찍한 죄책감에 시달린다면 빙산 믿음 때문이다. 빙산 믿음을 가진 사람은 다음과 같이 세 범주로 나눌 수 있는데, 이들의 빙산 믿음은 아주 강한 편이다.

첫 번째, 성취 욕구가 강한 사람은 "성공하는 것이 가장 중요해", "실패는 약하다는 증거야", "나는 결코 포기하지 않아" 같은 빙산 믿음을 지니고 있다. "실패보다 나쁜 것은 없어"라는 빙산 믿음은 직장에서 열망이 너무 앞선 나머지 해고되게 만들 수 있고, "완벽에 조금이라도 못 미치는 것은 곧 실패야"라는 빙산 믿음은 불안감을 유발하고 상황을 회피하게 한다.

두 번째, 인정 욕구가 강한 사람은 "인생에서 가장 중요한 일은 사랑받는 거야", "사람들을 즐겁고 기쁘게 해주는 것이 내 임무지", "사람들이 언제나 나의 긍정적인 면만 떠올리면 좋겠어" 같은 빙산 믿음을 지니고 있다. "누가 나를 좋아하지 않는다는 것은 내게 큰 문제가 있다는 뜻이야"라는 빙산 믿음은 비참함을 느끼게 하고, "내가 해낸 일은 칭찬받아 마땅해" 같은 빙산 믿음은 좋은 인간관계를 오래 유지할 수 없게 만든다.

세 번째, 통제 욕구가 강한 사람은 "자기 문제를 해결하지 못하는 사람은 나약해", "도움 요청은 책임감이 없다는 증거야", "통제력이 없는 사람은 의지가 약해" 같은 빙산 믿음을 지니고 있다. "나는 언제나 책임을 다해야 해. 소극적 태도는 나약하고 비겁하다는 뜻이야"라는 빙산 믿음은 성격적 결함과 죄책감을 유발한다.

이처럼 모든 믿음이 도움이 되는 것은 아니다. 역경에 효과적으로 대응하는 능력을 약화시키고, 심지어 심각한 정서 장애를 초래하는 빙산 믿음도 많다. 물론 "타인을 존중하는 것이 중요해", "나는 정직을 중시해", "일이 어렵다고 금방 포기해서는 안 돼" 등은 무척 유용한 빙산 믿음으로, 행복과 성공을 촉진하는 행동을 부추긴다.

별명이 '울화통'인 용수 씨에게는 확고한 믿음이 하나 있다. "사람들을 믿을 수 없어. 기회가 있을 때마다 나를 이용할 거야"라는 믿음이다. 이렇게 단단히 얼어붙은 빙산 믿음은 알아차리기 어렵고, 수많은 표면 믿음에 영향을 미쳐 모든 사건을 편향적으로 해석하게 만든다. 또한 "세상이 위험해서는 안 돼" 같은 일반적인 삶의 규칙으로도 작용하기 때문에 이런 빙산 믿음을 가진 사람은 결국 스스로 가라앉을 수 있고, 대인관계에서도 공감력이 떨어지며, 스트레스를 많이 받아 우울증에 빠질 가능성이 크다.

그렇다면 빙산 믿음은 어떤 문제를 초래할까? 빙산 믿음은 네 가지 문제를 일으키며, 각 문제는 회복력을 약화시킨다.

첫째, 빙산 믿음은 예기치 않은 순간에 활성화되어 부적절한 감정과 반응을 촉발하며, B-C 연결 관계를 단절시킨다.

상철 씨와 윤주 씨는 약혼한 사이다. "당신 머그잔이 내 탁자에 있어. 바깥쪽에 물이 잔뜩 묻어서 뚝뚝 떨어지는 머그잔이 내 깔끔한 원목 탁자에 놓여 있다고. 거기 쌓아둔 컵받침 안 보여? 상철 씨를 도저히 이해할수가 없어. 젖은 머그잔을 컵받침도 깔지 않고 내 원목 탁자에 자꾸 올려놓는 이유가 뭐야? 제발 설명 좀 해줘. 정말로 궁금해!" 윤주 씨는 날카로운 말투로 꼬치꼬치 따지고 들었다. 침착하게 말하려고 안간힘을 썼지만화가 머리끝까지 치밀었다. 상철 씨는 거센 공격에 말문이 막혀 우두커니 서 있었다. 그 순간에 침착하게 대꾸할 수가 없었다. 상철 씨는 완전히이성을 잃었다.

'B-C 단절 관계'란 실시간 믿음으로는 강렬한 감정과 행동을 설명할수 없는 상태를 말한다. 이런 B-C 단절 관계에서는 감정이 사건과 어울리지 않고 행동은 부적절해 보인다. 실시간 믿음을 찾아낸 후에도 자신의 반응을 이해할 수 없어 여전히 혼란스럽다. 이 같은 일이 일어나는 이유는 빙산 믿음이 활성화되어 침입했기 때문이다. 윤주 씨의 빙산 믿음은 "나는 있는 그대로, 정말로 있는 그대로 사랑받아야 해"이다. 윤주 씨는 상철 씨가 컵받침을 쓰지 않아서 화가 난 것이 아니다. 그 일을 자신이 있는 그대로 사랑받지 못하고 있다는 뜻으로 해석해서 격분한 것이다. 윤주 씨의 빙산 믿음인 "나는 있는 그대로, 정말로 있는 그대로 사랑받아야 해"가 상철 씨의 사소한 거부 행위에 의해 활성화된 것이다.

둘째, 활성화된 빙산 믿음은 그 사건에 어울리지 않는 감정과 행동으로 이어진다.

컨설팅 회사 임원인 재건 씨는 학력이 높고 의욕이 충만하며 크게 성취한 사람이다. 하지만 끝없이 되풀이되는 한 가지 역경 때문에 당황하고 절망하곤 한다. 그의 아내는 페인트칠을 하거나 물이 새는 수도꼭지를 고치는 등 집 안팎을 손봐야 할 때 늘 재건 씨에게 부탁한다. 재건 씨도 공구로 집 안에 고장 난 부분을 수리하는 것을 좋아해 즐거운 마음으로 일한다. 그런데 요즘 어째서인지 일하면서 웃음이 사라졌고 점차 집안일에, 자신에게, 아내에게 절망감을 느낀다. 재건 씨는 지난주 일요일에도 똑같은 경험을 했다.

"아내가 손님방에 블라인드를 달아달라고 했어요. 쉬워 보였죠. 저는 줄자와 수평계를 들고 일을 시작했습니다. 나사못 박을 지점을 정확히 표시하고 드릴로 못을 박았어요. 다 끝내고 제 작품을 보며 감탄하는데 아내가 들어왔어요. 바로 그때 블라인드가 삐뚤어졌다는 걸 깨달았죠. 왼쪽이 오른쪽보다 많이 내려왔더라고요. 아내도 당연히 그것을 봤고요. 그런데 빙긋 웃더니 아주 잘했다고 하더군요. 표정은 전혀 그렇지 않은데 말이죠. 아내는 제가 해놓은 일은 물론, 저에게도 크게 실망했어요."

재건 씨의 역경은 블라인드 수평이 맞지 않는다는 것이었다. 아내 표정을 봤을 때 떠오른 실시간 믿음은 "이 일을 괜히 했어. 차라리 쉬면서 아내더러 직접 하라고 하는 게 백번은 나을 뻔했어. 일을 해줬으면 예의상으로라도 고맙다는 말쯤은 해야 하는 거 아니야?"였다.

이 실시간 믿음을 고려할 때 재건 씨가 어떤 감정과 행동을 보였을지 예상해보자. B-C 연결 관계에서 보면 재건 씨의 믿음은 어떤 범주에 들어갈까? 그는 아내가 고마워하지도 않고 예의도 없다고 믿는다. 이 두 가지 믿음은 자신의 권리 침해와 관련 있다. 그러므로 재건 씨가 분노할 것이라고 예상할 수 있다. 하지만 그는 너무 속상해서 아내의 얼굴을 마주할 수 없었다. 아내의 실망하는 표정을 보자마자 뛰쳐나와 주차장에서 자동차를 손봤다. 그는 하루 종일 아내를 피했다. 자신이 느낀 모욕감을 떨칠 수 없었기 때문이다.

사실 재건 씨 집안은 남자에 대한 특정 기대치가 있었다. 그의 아버지는 어떤 문제든 척척 처리하는 남자 중 남자였다. 자동차나 전기 설비, 수도 배관에 문제가 생겨도 기사를 부를 필요가 전혀 없었다. 아버지는 스스로 그 점을 자랑스러워했고, 자식들을 그렇게 키웠다. 자기 집을 완벽하게 돌보는 남자가 진짜 사나이라는 메시지를 확실하게 전달한 것이다. 이것이 재건 씨의 빙산 믿음이다. 그가 모욕감을 느끼고 아내를 피한 이유는 블라인드를 똑바로 달지 못해서가 아니라 자신이 진짜 사나이가 아니라는 점이 드러났다고 믿었기 때문이다.

셋째, 상반되는 빙산 믿음들은 의사 결정을 어렵게 만든다. 특정 사건이 빙산 믿음을 하나 이상 활성화하는 경우는 생각보다 많다. 성취 지향적인 빙산 믿음과 인정 지향적인 빙산 믿음이 충돌하면 의사 결정 불능 상태에 빠지기도 한다. 최 교장이 바로 그 피해자다. 최 교장은 대도시 고등학교 교장이지만 두 어린 자녀가 있어 자신의 사회적 경력에 중요한 결정을 내리지 못하고 있다.

"현 교육감이 내년에 퇴직할 예정이에요. 주변 사람들은 저더러 그 자리에 출마하라고 격려하고요. 하지만 저는 출마해야 할지 말아야 할지 도무지 결정할 수가 없어요. 아침에는 출마하겠다고 결정했다가도 저녁에는 출마하지 않겠다고 번복하는 식이에요. 이것 때문에 다른 업무에 몰두할 수 없어 피곤할 정도예요."

여기에는 두 가지 빙산 믿음이 동시에 활성화되고 있다. 최 교장은 여성도 남성과 똑같이 기회를 추구하고 최고의 경력을 쌓아야 한다는 핵심 믿음을 토대로 지금까지 일해왔다. 그리고 "여성도 야망을 품고 성공해야 한다"는 빙산 믿음이 거의 모든 상황에서 작동했다. 반면 "내 아이들이 최우선이어야 해"라는 빙산 믿음도 기저에 깔려 있다. 그래서 의사 결정에 어려움을 겪고 있는 것이다.

넷째, 빙산 믿음은 점점 단단해지고, 그로 인해 자꾸 동일한 감정에 휩싸이게 된다. 그 감정을 느끼는 것이 당연하지 않은 순간에도 그렇다. 즉 빙산 믿음이 활성화되면 특정 감정을 지나치게 많이, 다른 감정들은 지나치게 적게 느끼는 것이다.

현성 씨는 걸핏하면 분노한다. 그를 조종하는 빙산 믿음은 "사람들을 믿을 수가 없어"다. 이것은 분노를 촉발하는 실시간 믿음을 부추긴다. 자주 분노할수록 직장에서 일의 효율성이 떨어지고, 현성 씨를 좋아하던 사람들은 점점 멀어진다. 어느 날 집에서 아침식사를 하는데 청구서가 그의 눈에 띄었다. 아내가 깜박 잊고 처리하지 않은 청구서였다. 잠을 설친 탓인지, 조금 전에 다퉈서인지 "사람들을 믿을 수가 없어" 빙산 믿음이 쉽게 활성화됐다. 그 빙산 믿음은 아내의 실수를 해석하는 방식에 영향을 미쳐 현성 씨는 '아내한테는 어떤 것도 믿고 맡길 수가 없어'라고 생각했다. 그는 짜증이 난 채로 집을 나섰다. 이처럼 이미 활성화된 빙산 믿음은 일종의 레이더가 되어 주변을 훑어보며 권리 침해 사례를 찾게 만든다. 빙산 믿음 레이더는 미묘하면서도 은밀하게 작동한다.

출근길에 현성 씨는 교통 체증에 시달렸다. 오전 9시로 예정된 동료와의 회의에 늦지 않으려고 헐레벌떡 사무실로 달려갔다. 정각에 도착하니 그 동료로부터 길이 너무 막혀 20분가량 늦을 것이라는 음성 메시지가 와 있었다. 그러자 "사람들을 믿을 수가 없어" 빙산 믿음이 권리 침해 사례를 포착하고 경고음을 냈다. 그의 실시간 믿음은 "나는 늦지 않으려고 정신없이 뛰었는데 그는 산책하듯 한가하게 걸어오다니, 이건 옳지 않아"였다. 다른 날 같으면 동료의 지각을 크게 문제 삼지 않았을지 모른다. 하지만 오늘 그것은 명백한 권리 침해 사례로 각인됐다. 빙산 믿음이 먼저 활성화되어 현성 씨가 그 사소한 사건을 고의적인 권리 침해로 해석하도록 이미 터를 닦아놓았기 때문이다.

그렇다면 빙산 믿음 레이더를 없애는 일이 왜 그렇게 힘든 것일까? 바로 '동화'와 '확증 편향' 때문이다. 동화란 개인의 레이더가 경계 태세에 돌입한 경우 평소에 긍정 사건으로 간주하던 일조차 왜곡하거나 재해석해 자신의 믿음에 끼워 맞추는 것을 말한다. 확증 편향은 자신의 믿음을 반박하는 증거보다 지지하는 증거를 훨씬 더 잘 인식하고 기억하는 것을 가리킨다. 특히 확증 편향은 의식적이 아닌, 무의식적으로 일어나기 때문에 극복하기가 어렵다.

그래서 중요한 것이 자신과 타인의 '빙산 믿음 찾기'다. 빙산 믿음 찾기 기술의 목표는 빙산 믿음을 깨닫는 것이다. 윤주 씨처럼 실시간 믿음의 예측과는 다른 방식으로 무심하게 반응하거나 과잉 반응하게 하는 믿음, 최 교장처럼 의사 결정 능력을 방해하는 믿음, 현성 씨처럼 특정 감정을 지나치게 자주 촉발하는 믿음 등을 찾아야 한다.

그럼 빙산 믿음을 찾는 것이 왜 중요할까? 먼저 행동을 부추기는 믿음을 확인하지 않으면 그것의 옳고 그름을 판단할 수 없고, 필요할 때 그 믿음을 바꿀 수도 없기 때문이다. 그리고 특정 사건에 대한 반응이 부적절할 경우 그 반응을 촉발한 것이 실시간 믿음이 아니라면 실시간 믿음을 바꾸는 것은 어리석은 짓이기 때문이다. 마지막으로, 반응을 일으키는 것이 무엇인지 통찰하기 전에는 감정과 행동을 통제할 수도, 회복력을 높일 수도 없기 때문이다. 물론 의식 밑에 얼어붙어 있는 빙산 믿음을 탐구하는 것이 불안하고 두려울 수 있다. 그렇지만 반드시 탐구해야 한다. 빙산 믿음 찾기 기술은 자신이 간직한 핵심 가치들을 명확히 알려주고 자신과 세상에 대한 근저 믿음을 찾아줌으로써 오래전부터 혼란스럽던 감정과 행동 반응을 마침내 이해하도록 돕는다.

빙산 믿음을 찾는 첫 번째 단계는 ABC 확인하기로 표현하는 것이다. 모든 회복력 기술이 그렇듯, 제일 먼저 사건을 객관적 사실들로 쪼개고 실시간 믿음을 나열해 그 순간의 감정과 행동을 확인해야 한다. 윤주 씨 사례를 ABC 확인하기로 표현해보자.

- A(역경): 컵받침이 바로 앞에 있는데도 상철 씨는 그것을 깔지 않고 머그잔을 탁자에 올려놓았다.
- B(믿음): 나는 다른 사람들이 컵받침을 쓰기를 원하고, 상철 씨도 그것을 알고 있다. 그런데 그는 컵받침을 보고도 쓰지 않았다. 그것은 분명히 잘못이다.
- C(결과): 극도로 화가 치밀었다. 분노 지수 10점 만점에 10점. 10분가량 고함치면서 따진 후 밖으로 나가 집 주변을 걸으며 마음을 가라앉혔다.

ABC를 묘사한 후에는 B-C 연결 관계를 확인한다. 이때 세 가지 주제에 초점을 맞춰야 한다.

첫째, 결과의 강도가 실시간 믿음에 걸맞은지 확인한다. 윤주 씨는 극도로 화가 치밀어 폭발했다. 둘째, 결과의 종류가 실시간 믿음의 범주에서 벗어나는지 확인한다. 즉 실시간 믿음은 분노를 일으켜야 하는데 슬픔을 느끼는 경우, 실시간 믿음은 타인 권리 침해에 관한 것인데 죄책감 대신 당혹감을 느끼는 경우가 그렇다. 재건 씨는 분노해야 하지만 오히려 모욕감을 느껴 아내를 피했다. 셋째, 겉보기에는 사소해도 도저히 결정할 수 없는 일인지 확인한다. 최 교장은 상반된 빙산 믿음으로 의사 결정에 어려움을 겪고 있다.

이 세 가지 가운데 하나라도 해당한다면 이때가 바로 빙산 믿음 찾기 기술을 적용할 최적의 타이밍이다. 어디에도 해당하지 않는 사람은 빙산 믿음을 찾을 필요가 없다. 빙산 믿음 찾기 기술을 적용할 때 사람들이 자주 겪는 문제는 실시간 믿음으로 반응을 충분히 설명할 수 있는데도 빙산 믿음을 찾으려 애쓴다는 것이다. 믿음이 결과에 합당하다면 더 깊이 파고들 필요가 없다.

4

역경을 극복하는 드라마틱한 해결책:
믿음에 반박하기

역경이 닥친 순간 우리는 맨 먼저 어떻게 반응할까? 관련
연구에 따르면 문제에 부딪힐 때 사람들은 대체로 문제 원인과 관련된 질
문을 던진다. "이 일이 왜 일어났을까?", "내 잘못일까?", "이것을 해결
할 수 있을까?" 같은 질문이 저절로 떠오른다는 것이다. 그리고 그 질문
에 대한 대답이 바로 해당 역경의 원인을 바라보는 실시간 믿음이다.

도전 실패, 실직, 데이트 요청 거절 등 일상의 실패는 물론, 잘하리라고
예상한 일을 잘하지 못하거나 정직하다고 믿은 사람의 부정직한 행동을 목
격한 경우 같은 예기치 못한 사건, 동료나 상사와 갈등 또는 부부나 연인과
싸움 등 대인 갈등을 겪을 때 실시간 믿음 중 원인 믿음이 가장 자주 등장
한다. 반대로 계획한 일들이 성공하고, 예상한 일을 잘해내며, 정직하다
고 믿었던 사람의 정직한 행동을 목격했을 때는 보통 이유를 묻지 않는다.

그렇다면 실패와 예기치 못한 사건이 원인 믿음을 끌어내는 반면, 성공
과 예상했던 사건은 그렇지 않은 이유가 무엇일까? 이는 일반적으로 우

리의 생존이 부정 사건을 끝내거나 예방하는 방법을 찾는 능력에 달려 있어서 긍정 사건에 대응하는 방식은 그리 중요하지 않다고 생각하기 때문일 것이다. 생존에 관한 한 우리 선조들은 사냥에 성공한 이유보다 실패한 이유를 더 중요하게 여겼다. 실패에 주의를 기울이는 경향은 진화적 반응인 셈이다. 진화는 인간에게 왜 역경을 겪는지 숙고하게 했고, 이를 바탕으로 인간은 문제 해결 능력을 키웠다.

원인을 찾지 못하면 문제를 해결할 수 없다. 문제의 진짜 원인을 빨리 찾을수록 해결책도 금방 내놓을 수 있다. 그래서 '사고의 함정 피하기'에서 봤듯이 우리는 원인을 재빨리, 사실상 거의 즉시 확인할 수 있는 정신적 지름길을 찾아 발전시킨다. 이때 정신적 지름길인 속단, 마음 읽기, 감정 추론 같은 체험적 지식은 때때로 실수를 낳는다. 엉뚱한 원인을 찾으면 엉뚱한 해결책을 내놓을 수밖에 없는 것이다.

우리는 앞에서 ABC 확인하기, 사고의 함정 피하기, 빙산 믿음 찾기에 대해 알아봤다. 이 기술들은 모두 자신을 알아가는 과정, 즉 자기 분석 과정이다. 자기 분석은 자신의 생활방식, 개성, 성격까지 스냅사진처럼 보여준다. 이미 앞에서 세 가지 회복력 기술을 통해 확인한 바지만, 회복력을 키울 때는 약점과 결점을 인정하는 것도 중요하다. 강점과 장점을 인정하기는 쉽지만, 약점과 결점을 인정하는 것은 생각보다 쉽지 않다. 그래서 자기 분석에는 진실을 인정하는 용기도 필요하다.

지금까지 과정을 통해 우리는 자신이 어떤 사고방식을 지녔는지 알게 됐다. 이제부터는 자신을 변화시킬 회복력 기술을 알아볼 차례다. 먼저 이 기술들이 앞의 자기 분석 과정에서 확인한 약점과 결점의 어떤 면에 개입될 수 있는지, 즉 무엇을 바로잡을 수 있는지 결정해야 한다. 회복력 기술을 배우면 이전에는 없었던 선택의 자유가 생긴다. 자신을 있는 그대로 받아들여 살아온 대로 계속 살거나, 아니면 변할 수도 있다. 지금부터 살펴볼 회복력 기술들은 그 변화를 가능케 하는 방법을 알려줄 것이다.

첫 번째 기술은 '믿음에 반박하기'다. 믿음에 반박하려면 역경을 당한 순간에 실시간으로 나타나는 왜곡된 믿음이 무엇인지부터 알아야 한다. 믿음에 따라 어떤 감정을 느끼고 어떤 행동을 하는지 확인해야 하는 것이다. 믿음에 반박하기는 일곱 단계로 이루어지며, 문제를 명확히 이해한 뒤 더 효과적이고 영구적인 해결책을 찾도록 도와준다. 따라서 슬픔, 분노, 죄책감, 당혹감 같은 감정과 씨름하는 사람에게 매우 유용하다. 그럼 이제부터 믿음에 반박하기의 일곱 단계를 사례를 통해 살펴보자.

- 역경: 오 차장이 오랫동안 해외 출장을 마치고 귀국하려는데 사장이 갑자기 일주일 동안 다른 지역으로 출장을 더 가라고 한다. 그 일주일은 오 차장이 가족과 함께 보내기로 약속한 기간이다.

① 1단계 ABC 분석하기: 사장이 갑자기 일주일 동안 다른 지역으로 출장을 가라고 했다(A). 사장은 내 사생활을 존중하지 않는다(B). 나는 무척 화가 났다. 화가 나서 호텔방을 서성거리고 텔레비전 채널을 마구 돌렸다(C).

② 2단계 원인 믿음 분석하기: 오 차장은 사장과 통화하는 순간 자신이 겪는 '일과 가정의 균형' 문제에서 사장의 태도가 주요 원인이라고 믿었다.

③ 3단계 설명양식 확인하기: 사장 탓(남 탓), 항상 그럴 것이다(항상), 내 인생 모든 것에 영향을 미친다(전부).

④ 4단계 유연한 사고(다양한 원인): 오 차장은 다른 원인 믿음을 알아봐야 한다.

⑤ 5단계 정확한 사고(초기/대안 원인 믿음 검증하기): 초기 원인 믿음(사장은 내 사생활을 존중하지 않아)과 대안 원인 믿음(나는 사장의 지시를 거부하지 못해)을 확인한다.

⑥ 6단계 원인 믿음 재분석하기: 오 차장의 원인 믿음을 원그래프로 나타낸다. 내용은 '35퍼센트: 사장은 내 사생활을 존중하지 않아 / 30퍼센트: 나는 사장의 지시를 거부하지 못해 / 20퍼센트: 나는 무리하게 일을 떠맡아 / 15퍼센트: 나는 시간 관리를 잘 못해'다.

⑦ 7단계 새로운 해결책 찾기: △해결책1: 일과 가정의 균형 문제에 관한 여러 가지 주제, 자기 의견 등을 구체적으로 정리해 사장과 대화한다. △해결책2: 시간 관리법을 찾아 일과 가정의 균형을 맞춰나간다.

이제 믿음에 반박하기 일곱 단계를 구체적으로 살펴볼 차례다.

1단계: ABC 분석하기

요즘 자신이 겪고 있는 역경을 하나 골라보자. 스트레스를 가장 많이 받는 일이나 점점 무기력해지고 절망감이 느껴지는 사건 가운데 하나를 고르면 된다. 최근 승진에서 밀렸거나, 사춘기 아들과 매일 주도권 싸움을 할 수도 있다. 예기치 못한 사고 또는 사건이 발생했을 수도 있다. 어떤 역경이든 아래에 나오는 'ABC 워크시트'에 적어보자. 이때 반드시 객관적인 사실만 적어야 한다. ABC 확인하기 기술에서 배웠듯이, 그 역경과 관련해 '누가, 언제, 어디서, 무엇을' 이것만 적으면 된다.

ABC 워크시트

역경 :

믿음 :

결과 :

감정 :

행동 :

사례를 참고해 따라 하면 쉬울 것이다. 오 차장은 중견기업의 해외영업 팀장이다. 3주가량 빡빡하게 이어진 북미 일정을 마치고 마지막 출장지인 미국 중서부 한 호텔방에 머물고 있었다. 그는 아내에게 다음 주에는 집에서 함께 시간을 보내자고 약속해둔 상태였다. 호텔에서 잠시 휴식을 취하는데 사장으로부터 전화가 걸려왔다. 캐나다 토론토에 있는 한 고객이 사업을 제안해왔고, 다음 주 안으로 만나지 않으면 기회가 다른 회사로 넘어갈 수도 있으니 누군가가 서둘러서 그곳으로 가야 한다는 것이었다. 오 차장에게 가라는 의미였다. 그는 아무 말 없이 듣고만 있었다. 분노가 끓어올랐다. 심장이 요동치고 얼굴이 벌겋게 달아올랐다. 전화에 대고 고함치고 싶은 충동을 억누르는 데는 강한 의지력이 필요했다. 그는 극도로 스트레스를 받았다.

- 역경: 사장이 전화해 일주일 동안 다른 지역으로 출장을 더 다녀오라고 나에게 '부탁'했다. 그 일주일은 내가 아내에게 가족과 함께 보내겠다고 약속한 기간이다.

역경을 적었다면 그 역경을 겪을 때 떠오른 실시간 믿음을 찾아낼 차례다. 그것을 워크시트의 '믿음' 칸에 써넣으면 된다. 오 차장의 실시간 믿음은 다음과 같다.

- 믿음1: 지금 참을 수 없이 화가 나.
- 믿음2: 아내가 이 일을 알면 정말 화낼 거야.
- 믿음3: 사장은 내 사생활을 존중하지 않아.
- 믿음4: 아내는 내게 너무 많은 것을 기대해.

끝으로, 그 결과로 일어난 감정과 행동을 오 차장처럼 적으면 된다.

- 결과(감정): 나는 무척 화가 났다. 분노 지수 10점 만점에 7점 또는 8점.
- 결과(행동): 화가 나서 씩씩거리며 호텔방을 서성거렸고, 아무 생각 없이 텔레비전 채널을 여기저기 돌렸다.

최근 겪은 역경의 ABC를 모두 적었다면 이제 믿음(B)에 주목하자. 실시간 믿음은 종류가 다양하다. 오 차장은 먼저 실시간 믿음으로 감정 변화를 있는 그대로 적었다. 두 번째 믿음은 결과 믿음으로, 아내의 반응을 예측한 것이다. 세 번째와 네 번째 믿음은 원인 믿음이다. 그가 겪고 있는, 즉 일과 가정의 균형 문제의 원인을 가리킨다. 믿음에 반박할 때는 원인 믿음에 초점을 맞춘다.

2단계: 원인 믿음 분석하기

믿음에 반박하기 두 번째 단계는 원인 믿음과 그것이 문제 해결에 미치는 영향을 명확히 파악하는 것이다. ABC 워크시트를 보면서 역경 순간에 떠오른 실시간 믿음을 검토해보자. 이때 원인 믿음은 따로 떼어놓는다. 그것이 실제로 원인 믿음인지, 즉 역경을 일으킨 원인인지 자문하고, 맨 먼저 떠오른 원인 믿음을 적은 뒤 그것을 초기 원인 믿음으로 삼는다.

오 차장의 실시간 믿음에서 원인 믿음은 두 가지다. "사장은 내 사생활을 존중하지 않아"와 "아내는 내게 너무 많은 것을 기대해"다. 이 믿음들이 떠오른 순간 오 차장이 깨닫지 못한 부분이 있다. 잠재의식은 둘 중 어느 것이 역경의 주요 원인인지 이미 파악하고 있다는 점이다. 문제의 주요 원인을 확인했다면 당연히 그것을 바로잡는 데 모든 에너지를 투입해야 한다. 그러기 위해서는 확인한 원인들이 문제에 각각 어느 정도 책임이 있는지 추정할 필요가 있다. 이때 원그래프가 유용한데, 조각 크기는 해당 원인이 그 문제에 상대적으로 어느 정도 책임이 있는지를 보여준다.

오 차장은 호텔방에서 사장과 통화할 때 자신이 겪고 있는 일과 가정의 균형 문제의 주요 원인이 사장의 태도라고 믿었다. 그것이 해당 문제에 75퍼센트 정도 책임이 있고, 아내의 과도한 기대는 덜 중요한 원인으로 책임이 25퍼센트쯤 된다고 믿었다.

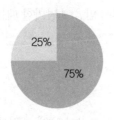

"사장은 내 사생활을 존중하지 않아." 75%
"아내는 내게 너무 많은 것을 기대해." 25%

역경 순간에 맨 처음 떠오른 원인 믿음들은 역경의 원인에 관한 초기 믿음이다. 역경이 닥친 순간에 역경을 어떻게 바라보는지를 바탕으로 각 원인이 역경 발생에 어느 정도 책임이 있는지를 원그래프에 표시하면 된다. 그 원인들의 책임 정도를 모두 합하면 100퍼센트가 돼야 한다.

지금까지 맨 처음 떠오른 원인 믿음을 찾아냈고, 각 원인 믿음의 책임 정도를 백분율로 나타내 원그래프로 표시했다. 그런데 곤란한 점이 있다. 문제 원인을 모두 바꾸거나 바로잡을 수 없다는 것이다. 문제를 해결할 때 우리의 잠재의식은 그 원인을 자기가 얼마나 바꿀 수 있는지를 끊임없이 자문한다. 오 차장은 사장의 독단적 태도를 자신이 바꿀 수 없다는 사실을 직감적으로 알고 있다. 사장의 태도를 바꾸기 위해 오 차장이 할 수 있는 일은 거의 없다. 그래서 부부금슬이 좋으니 차라리 아내의 기대치를 낮추는 것이 더 가능성 있다고 판단한다. 이런 상황에서는 변화 가능성이 가장 큰 원인에 치중해 문제 해결을 시도하는 것이 최선이다.

이제 당신도 해보자. 원그래프를 보면서 역경 순간에 떠오른 원인들을 자신이 얼마나 바꿀 수 있다고 믿는지 별표 개수로 표시하면 된다. 즉 그 원인을 결코 바꿀 수 없는지(☆), 조금 바꿀 수 있는지(☆☆), 얼마든지 바꿀 수 있는지(☆☆☆)를 판단해 변화 가능성이 가장 큰 원인에 주목하는 것이다. 역경이 발생한 초기에 이 과정이 문제 해결 노선을 결정한다.

오 차장은 역경이 닥친 순간 그것을 재빨리 검토하면서 두 가지 원인을 떠올렸다. 그리고 그중 하나는 바꿀 수 있다고 인식했다. 이 재빠른 검토는 오 차장이 어떤 해결책을 떠올릴지를 좌우한다. 자신의 원인 믿음을 토대로 오 차장은 쓸쓸한 호텔방에서 아내에게 전화를 걸어 다음 주 캐나다로 추가 출장을 가야 한다는 소식을 전하면서 계획했던 외식과 외출 일정을 미룰 수밖에 없다고 말할 것이다. 아내의 분노와 실망을 예상하면서 오 차장 역시 분노와 좌절이 밴 목소리로 자기도 계속 출장을 다니는 것이 싫지만 가족을 위해 어쩔 수 없다고, 그래야 원하는 삶을 살 수 있다고 말할지 모른다. 이제 부부 싸움이 이어질 수도 있다.

다행히 오 차장은 충동적으로 행동하지 않았다. 아직 문제의 진짜 원인을 확인하지 않았다는 것을 알기 때문이다. 그는 자신이 터널 시야 함정 또는 확대와 축소 함정처럼 특정 원인에 초점을 맞추고 다른 원인들은 의도적으로 외면하는 설명양식을 가지고 있다는 사실을 잘 안다. 오 차장과 마찬가지로 우리도 각자 고유한 설명양식을 가지고 있다. 그 설명양식이 내가 문제를 어떤 식으로 바라보는지, 어떤 해결책을 선택하는지에 영향을 미친다.

3단계: 설명양식 확인하기

앞에서 몇 차례 다루었지만, 설명양식은 사건의 원인을 습관적으로 설명하는 방식을 뜻하며 내재성(내 탓 vs 남 탓), 영속성(항상 vs 가끔), 만연성(전부 vs 일부) 등 세 가지 차원이 있다. 단, 세 가지 차원의 설명양식은 역경이 발생한 원인에 초점을 맞추고 적용하게 함으로써 문제를 해결하지만, 때로는 제한적이기도 한다. 따라서 이번 3단계에서는 설명양식이 문제 해결 능력을 어떻게 제한하는지 살펴볼 것이다. 세 가지 차원을 이용하는 연습을 하면서 자신의 설명양식을 확인해보자.

• 원인의 내재성: 내 탓 vs 남 탓

당신은 역경이 닥쳤을 때 보통 그 원인이 자신에게 있다고 믿는가, 아니면 타인 또는 상황에서 비롯됐다고 생각하는가? 복도에서 상사와 마주쳤다. 당신이 "안녕하세요"라고 인사했는데, 상사는 아무런 반응이 없다. 어떤 생각이 들겠는가? 상사의 침묵을 당신이 저지른 어떤 잘못 때문이라고 여길지도 모른다. "지난번 보고서에서 내가 무슨 실수를 한 게 틀림없어. 나한테 화가 난 건가?"라는 생각이 비관적인 '내 탓' 믿음이다. 반대로 사건의 원인을 상사 또는 다른 상황으로 돌릴 수도 있다. "부장이 오늘 기분이 안 좋아 보이네. 누군가와 다툰 모양이야" 또는 "부장은 원래 월요일 아침마다 자기만의 세계에 빠져 있잖아" 등은 낙관적인 '남 탓' 믿음이다. 이것이 보편적인 낙관성 학습의 내재성(개인적) 차원 설명양식이다.

물론 자신의 설명양식이 한 가지 패턴을 가지지 않고 상황에 따라 달라진다고 주장할지도 모른다. 옳은 말이다. 역경의 원인을 알려주는 명확한 정보가 존재할 때가 있기 때문이다. 복도에서 마주친 상사에게 "안녕하세요"라고 인사했더니 그가 버럭 소리를 지른다. "안녕할 수 있겠어? 자네 보고서는 엉망진창이야. 그걸 사장님에게 그대로 올렸다면 우리 부서 전체가 웃음거리가 됐을 거야. 자네 같은 사람한테 왜 월급을 주는지 모르겠어." 이 정보를 고려하면, 그리고 상사가 지금 남들 앞에서 지나치게 가혹하다는 사실을 배제하면 제아무리 '남 탓'에 익숙한 사람도 '내 탓' 믿음을 가질 것이다. 하지만 기존 설명양식은 가끔 우리 눈을 가려서 제삼자가 보기에는 절대적으로 사실인 원인을 못 보게 만들기도 한다. 그 영향은 무척 강하다.

20대인 심 씨는 아주 완고한 '남 탓, 가끔, 일부' 설명양식을 가지고 있다. 그는 그룹미팅에서 만난 여성이 전화번호를 알려줘 대여섯 번 음성 메시지를 남겼지만 한 번도 응답 메시지를 받지 못했다. 그러다 마침내 음성 메시지가 왔다. "이제 그만 전화하세요. 당신과 말하거나 만나고 싶지 않아요. 미안해요. 사귀고 싶은 마음이 전혀 없어요. 다시는 전화하지 않았으면 고맙겠어요." 그 여성이 어째서 심 씨와 만나고 싶지 않은지는 음성 메시지만으론 알 수 없다. 하지만 진짜 만나고 싶지 않다는 사실은 알 수 있다. 그런데 완고한 '남 탓, 가끔' 설명양식 때문에 심 씨는 '내 탓, 항상' 원인을 인정하지 못한다. "어째서 음성 메시지로 그렇게 말한 걸까? 스트레스 받은 일이 생겨서 그런 걸 테니까 일주일쯤 후 다시 전화하면 되겠지?" 이렇듯 확고한 설명양식은 정보를 해석하는 방식에 영향을 미치곤 한다. 정보를 왜곡해서 해석하는 것이다.

• 원인의 영속성: 항상 vs 가끔

당신이 확인한 원인은 영속적인가, 아니면 비교적 일시적인가? 영업 사원이 중요한 고객들에게 제품을 설명한다고 해보자. 제품 설명회가 끝나자 고객들은 그가 열심히 설명해준 것에 고마워하면서도 구매 의사가 없음을 확실히 알린다. 이때 그 사원이 '항상' 설명양식을 가지고 있다면 이렇게 생각할 것이다. "나는 잠재 고객을 실구매자로 만드는 방법을 모르고 있어." '가끔' 설명양식에 치중한다면 어깨를 으쓱하며 "오늘 제품 설명회는 조금 미흡했어. 어젯밤에 잠을 충분히 못 자서 그런 것 같아"라고 말할 것이다.

만일 회사에서 상사와 의견 대립이 있을 때 당신은 '항상' 설명양식에 치우쳐 "부장은 전문가야. 나는 이 업무에 그렇게 유능하지 않은 게 틀림없어"라고 생각하는가? 아니면 '가끔' 설명양식에 몰두해 "업무 우선순위가 잘못됐다고 부장이 여러 번 알려줬는데, 내가 너무 가볍게 흘려들었어"라고 믿는가? 이 두 가지 모두 '내 탓' 설명양식이지만 '항상 vs 가끔' 차원에서 차이가 있다는 점에 주의해야 한다. 일상적인 역경을 재빨리 훑어보는 것만으로도 자신의 설명양식이 '항상' 또는 '가끔' 차원인지 직감적으로 알 수 있다.

• 원인의 만연성: 전부 vs 일부

특정 문제의 원인이 인생 모든 영역에 영향을 미칠 수 있다고 믿는지, 일부 영역에만 영향을 미친다고 믿는지 그 정도를 판단하는 것이 만연성 차원이다. 어떤 문제가 일어났을 때 당신은 그것이 직장 생활, 결혼 생활, 친목 생활 등 인생 전반에 영향을 미칠 것이라고 믿는가? 아니면 대체로 일부적인 영향을 예상하는가? 팀원들이 프로젝트를 제날짜에 끝내지 못한 경우 '전부' 설명양식을 가진 책임자는 "나는 무책임해"라고 믿는다. 이 설명양식은 당면한 문제에만 국한되지 않고 모든 업무에, 여가생활에, 친구나 가족 관계에까지 적용된다. '일부' 설명양식을 가졌다면 "나는 이런 종류의 프로젝트를 제대로 해낸 적이 없어. 잘하는 법을 아예 모르는 것 같아"라고 생각할 것이다. 그런데 이 두 가지 원인 믿음 모두 '내 탓'과 '항상' 차원이다.

친구가 부엌을 리모델링한다며 인테리어 업체 인부를 고용했다. 일이 절반가량 끝났을 때 친구는 리모델링 비용을 전부 지급했다. 인부는 서너 달 후에야 일을 마무리했다. 이에 친구는 "그 인부를 믿을 수가 없어"나 "일을 끝내기도 전에 돈을 받은 인부를 믿을 수가 없어" 또는 "인부는 믿을 수가 없어"라고 하지 않고 "사람들을 당최 믿을 수가 없어"라고 말했다. 친구의 자동적인 첫 번째 믿음은 이 사건을 모든 사람에게 만연화한 것이다. 이것은 매우 확고한 '전부' 차원이다. 단지 부엌 리모델링만이 아니라 친구 인생의 모든 영역에 영향을 미치기 때문이다.

이처럼 역경에 처했을 때 저절로 떠오르는 믿음이 설명양식을 반영하는 만큼 자신의 설명양식을 파악하는 것이 무엇보다 중요하다. 설명양식이 문제 원인을 전방위적으로 고찰하지 못하게 방해하면서 문제에 건설적으로 대응하는 능력을 제한할 수 있기 때문이다.

오 차장 사례로 돌아가서 그가 확인한 두 가지 원인 믿음을 다시 살펴보자. 먼저 '7점 척도'를 이용해 그 두 가지 믿음을 세 가지 차원에서 측정할 것이다. 절대적인 '내 탓', '항상', '전부' 믿음은 1점으로 정한다. 절대적인 '남 탓', '가끔', '일부' 믿음은 7점이다. 물론 1점에서 7점 사이 점수를 모두 사용할 수 있다. 예를 들어 어떤 원인 믿음에서 문제의 원인에 대한 책임을 자신과 타인에게 절반씩 돌린다면 7점 척도에서 그 믿음은 4점이 된다. 오 차장의 원인 믿음을 측정해보자.

'원인 믿음1'은 "사장은 내 사생활을 존중하지 않아"로, 오 차장은 "사장은 내 사생활을 존중하지 않고, 나는 사장이 일을 맡기면 제대로 선을 긋지 못해"라고 말하지 않는다. 이것은 거의 절대적인 '남 탓' 차원이다. 그러니 이 믿음은 6점으로 매기자. 또한 이 믿음은 '항상' 차원이다. 오 차장은 일과 가정 균형 문제의 원인이 사장의 태도라고 믿고 있다. 이 믿음은 장기간에 걸쳐 굳어졌을 개연성이 크고, 따라서 바뀔 여지가 별로 없다. 영속성 차원에서 이 믿음은 2점으로 정하자. 끝으로 이것은 '전부' 차원처럼 보인다. 일과 가정의 균형 문제에 관한 사장의 태도는 오 차장 인생에서 가장 중요한 모든 영역에 영향을 미친다. 따라서 1점으로 매길 수 있다.

원인 믿음1: "사장은 내 사생활을 존중하지 않아."		
전적으로 내 탓이다.	1 2 3 4 5 ⑥ 7	전적으로 타인 또는 상황 탓이다.
항상 그럴 것이다.	1 ② 3 4 5 6 7	이번 한 번으로 끝날 것이다.
내 인생의 모든 것에 영향을 미친다.	① 2 3 4 5 6 7	오직 이 상황에만 영향을 미친다.

'원인 믿음2'는 "아내는 내게 너무 많은 것을 기대해"로, 오 차장은 아내의 높은 기대치에 대한 책임을 자신에게 돌리지 않는다. 따라서 절대적인 '남 탓'에 가까운 6점짜리 믿음이다. 또한 원인 믿음1과 똑같이 '항상' 차원이다. 기대치는 대체로 장시간에 걸쳐 형성되고, 변화에도 시간이 걸린다. 따라서 영속성 차원에서는 3점을 매긴다. 아내의 기대치는 오 차장의 가정 생활 전반에, 그리고 직장 생활에도 어느 정도 영향을 미친다. 따라서 만연성 차원에서는 이 믿음을 3점으로 한다.

원인 믿음2 : "아내는 내게 너무 많은 것을 기대해."		
전적으로 **내 탓**이다.	1 2 3 4 5 ⑥ 7	전적으로 **타인 또는 상황** 탓이다.
항상 그럴 것이다.	1 2 ③ 4 5 6 7	이번 **한 번**으로 끝날 것이다.
내 인생의 **모든** 것에 영향을 미친다.	1 2 ③ 4 5 6 7	오직 **이 상황에만** 영향을 미친다.

오 차장의 두 가지 원인 믿음은 모두 '남 탓, 항상, 전부' 차원이다. 다른 역경들의 원인 믿음을 측정하더라도 거의 동일한 결과가 나올 것이다.

당신의 설명양식도 이런 식으로 각 믿음에 점수를 매겨 측정할 수 있다. 단, 앞에서도 강조했듯이 자신의 설명양식을 더욱 정확히 알기 위해서는 역경이 닥쳤을 때 떠오른 여러 가지 원인 믿음을 확인해야 한다. 그것이 중요하다. 직장에서 역경에 처했을 때와 가정에서 역경에 처했을 때 완전히 다른 설명양식에 의지하는 사람들이 있기 때문이다. 예를 들어 직장에서 어떤 일이 어긋났을 때는 타인을 비난하는 사람이 가정에서 일어난 문제에 대해서는 주로 자신을 비난할 수도 있다. 따라서 설명양식을 정확히 확인하려면 실제로 겪은 부정 경험 가운데 직업적 삶과 관련된 사건, 개인적 삶과 관련된 사건을 골고루 섞어 적어도 열 가지 이상을 철저히 검토해 일정 패턴을 찾아야 한다. 물론 두루뭉술한 패턴도 설명양식의 하나다. 역경에 처할 때마다 주로 자기를 탓하거나 타인을 탓하는 것처럼, 자신과 타인을 절반씩 비난하는 것도 설명양식이 될 수 있다는 뜻이다.

그런데 설명양식을 확인할 때 사람들은 공통적으로 "그렇다면 제가 가져야 할 바람직한 설명양식은 무엇입니까?"라고 질문한다. 지난 50년 동안 심리학자들은 이 질문의 답을 찾아왔다. 관련 연구에 따르면 각 설명양식은 그 나름 장점과 단점이 있고, 어떤 설명양식이든 한계를 지닌다. 따라서 우리는 유연하고 정확한 사고의 중요성을 간과해서는 안 된다. 특히 인지 회복력 기술의 '믿음에 반박하기' 부분에서 그렇다.

예전 심리학자들은 사람이 통제 불가능한 역경에 처하는 순간 금방 무기력해진다는 사실을 관찰했다. 그들은 무기력에 침잠했고, 자신이 실제로 통제할 수 있는 역경에도 무기력하게 대응했다. 셀리그만 연구진은 1978년 그 이유를 알아냈다. 어떤 사람이 무기력해지고, 어떤 사람이 회복력을 발휘하는지를 결정하는 것은 역경의 종류가 아니었다. 바로 역경 원인을 설명하는 방식이었다. 무기력과 회복력의 차이는 개인의 설명양식 차이에서 비롯됐던 것이다. '내 탓, 항상, 전부' 설명양식을 가진 비관적인 사람은 자주 무기력하고 우울해했다. '남 탓, 가끔, 일부' 설명양식을 가진 낙관적인 사람은 회복력을 유지하고 우울증도 없었다.

그런데 최근 연구들은 낙관성도 걸림돌이 될 수 있다는 점을 밝혀냈다. 대학생들을 대상으로 조사한 결과, 비현실적으로 낙관적인 사람은 보통 수준의 낙관적인 사람보다 성적이 낮았다. 이를 바탕으로 심리학자들은 막연한 태도와 확고한 설명양식을 수정할 필요가 있다고 주장했다. 즉 현실적 낙관성이어야 한다는 뜻이다. 셀리그만도 낙관성을 옹호했지만, 실생활에서는 오직 현실이 허락하는 범위에서 비관성이 나쁘고 낙관성은 좋다고 가정했다. 즉 역경 원인을 현실적으로 정확히 짚어내야 한다는 것이다.

4단계: 유연한 사고

새로운 문제를 케케묵은 옛날 방식으로 해결하려다 좌절한 경험이 누구에게나 있을 테다. 우리가 의지하는 설명양식은 우리의 감정과 행동을 이끈다. 그런데 우리는 자신의 설명양식이 외면하는 원인은 보지 못한 채 눈에 익은 원인에 주목하고, 또 익숙한 해결책으로 원인을 개선하려다 실패하곤 한다. 이 악순환에서 벗어나려면 자신의 설명양식에 더욱 유연하면서도 정확히 대처해야 한다.

우리는 일상에서 종종 역경을 맞닥뜨리는데 그중에서도 심각한 역경은 대개 원인이 하나가 아니다. 서로 다른 수많은 원인이 그 역경을 일으킨 것이다. 그중 일부는 자신과 관련 있고, 또 다른 일부는 타인 또는 상황과 관련 있다. 아주 다루기 힘든 원인이 있는가 하면, 비교적 쉽게 바꿀 수 있는 원인도 있다. 후자의 경우라도 단호하고 철저하게 노력을 기울여야 해결이 가능하다.

오 차장의 사례로 돌아가보면, 일과 가정의 균형 문제에 관한 그의 두 가지 원인 믿음은 모두 '남 탓, 항상, 전부' 차원이며, 그의 설명양식과 일치한다. 이것을 깨달았다면 세 가지 차원을 이용해 이 문제의 다른 원인들을 확인해야 한다. 자신의 설명양식이 골라서 보여주는 것에만 집중할 경우 일과 가정의 균형 문제의 원인 중 일부분만 보게 되기 때문이다. 그럼 문제도 일부만 해결할 수 있다. 문제를 정말로 해결하고 싶다면 오 차장은 원인들을 포괄적으로 바라보고 가장 쉽게 바꿀 수 있는 원인에 집중해야 한다.

오 차장은 외현화 함정에도 빠져 있어서 역경 원인을 자신에게 돌리지 않는다. 호텔방에서 순간적으로 떠오른 두 가지 원인 믿음을 보면 자신에 대한 언급은 하나도 없다. 따라서 설명양식에서 벗어나 유연하게 사고하기 위해 가장 먼저 해야 할 일은 '내 탓' 믿음을 여러 개 찾아내는 것이다. 더불어 '가끔' 믿음과 '일부' 믿음까지 찾는다면 효과가 더 크다. 오 차장은 문제의 잠재 원인을 더 많이 떠올리려고 노력했다. 이 단계에서는 아예 터무니없지만 않으면 모든 잠재 원인을 빠짐없이 고려하는 것이 중요하다. 자신의 설명양식 틀에서 벗어나 창의성을 발휘해 사고하는 것은 쉬운 일이 아니다. 오 차장은 5단계 '정확한 사고'를 활용해 현실과 맞지 않는 원인 믿음은 모두 제외할 것이다.

오 차장은 일과 가정의 균형 문제에 대한 '내 탓' 차원의 대안 믿음을 몇 가지 떠올릴 수 있었다. 그 문제에서 자기 책임일 수도 있는 부분을 알아챈 것이다. 그리고 '내 탓' 믿음을 떠올리는 도중에 '항상 vs 가끔' 차원과 '전부 vs 일부' 차원의 믿음도 찾아냈다.

'대안 원인 믿음1'은 "나는 사장의 지시를 거부하지 못해"인데, 이것이 과연 좋은 대안 원인 믿음일까? 오 차장의 '남 탓, 항상, 전부' 설명양식에 해당하지 않는다면 그렇다. 자신의 책임도 있을지 모른다는 점을 암시하기에 확실한 '내 탓' 믿음이다.

그렇다면 '항상 vs 가끔' 차원에서 이 믿음은 몇 점일까? 그것은 "나는 왜 사장의 지시를 거부하지 못할까?"라는 질문에 오 차장이 어떻게 대답하느냐에 따라 달라진다. 만약 "내가 나약해서"라고 대답한다면 이는 고정적인 성격 결함을 의미하기에 이 믿음은 '항상' 차원에 가깝다. 하지만 "사장의 지시를 거부하고 내가 원하는 결과를 얻는 최선의 방법을 모르기 때문에"라고 대답한다면 '가끔' 차원이라고 할 수 있다. 만일 사장의 요구를 피하는 효과적인 방법을 아는 회사 동료가 있다면 사장의 지시를 거부하지 못하는 문제는 그에게 조언을 구하는 것으로 간단히 해결할 수 있다. 이 경우 오 차장은 자신이 수동적인 사람이어서가 아니라 사장에게 대응하는 방법을 몰라서라고 원인을 판단할 것이기에 '항상 vs 가끔' 차원에서 이 믿음은 5점이다.

이 믿음을 '전부 vs 일부' 차원에서 점수를 매기면 보통 수준이다. 오 차장은 자신이 모든 사람의 지시를 거부하지 못한다고 말하지는 않는다. 그저 사장의 지시를 거부하지 못할 뿐이다. 하지만 사장의 지시를 거부하지 못함으로써 일과 가정의 균형이 깨지고, 그 불균형이 인생의 많은 영역에 영향을 미치고 있다. 따라서 오 차장의 수동적 태도는 더욱 광범위한 영향력을 지닌다고 할 수 있다. '전부 vs 일부' 차원에서 오 차장은 이 믿음을 4점이라고 판단했다.

대안 원인 믿음1: "나는 사장의 지시를 거부하지 못해."		
전적으로 **내 탓**이다.	1②34567	전적으로 **타인 또는 상황** 탓이다.
항상 그럴 것이다.	1234⑤67	이번 **한 번**으로 끝날 것이다.
내 인생의 **모든** 것에 영향을 미친다.	123④567	오직 **이 상황에만** 영향을 미친다.

오 차장은 '내 탓' 믿음을 하나 더 생각해냈다. '대안 원인 믿음2'는 "나는 시간 관리를 잘 못해. 주중 계획을 잘 세운다면 그렇게 주말마다 일할 필요가 없을 테고, 가족이나 친구들과 좀 더 많은 시간을 보낼 수 있을 거야"다.

오 차장은 이렇게 원인 믿음을 하나씩 파악하면서 점점 더 신속하고 능숙하게 점수를 매길 수 있게 됐다. 다른 두세 가지 역경에서도 대안 원인 믿음을 확인한 그는 이렇게 말했다.

"이것은 확실히 '내 탓' 믿음이에요. 주로 저와 관련 있죠. 쉴 새 없이 위기가 이어지는 근무 환경 탓에 스트레스가 조금 심하긴 하지만, 그래도 제가 주요 원인입니다. 그래서 '내 탓 vs 남 탓' 차원은 2점을 매겼어요. 그리고 시간 관리 능력 부족은 사실 직장에만 해당하는 원인이에요. 제 개인적인 삶에 전반적으로 영향을 미치긴 하지만요. 그래서 '전부 vs 일부' 차원은 5점으로 봤죠. 또 이것은 '가끔' 믿음이에요. 시간 관리 방법은 배울 수 있으니까요. 타고나야만 가질 수 있는 능력은 아니잖아요. 그래서 '항상 vs 가끔' 차원은 6점으로 매겼어요."

대안 원인 믿음2 : "나는 시간 관리를 잘 못해. 주중 계획을 잘 세운다면 그렇게 주말마다 일할 필요가 없을 테고, 가족이나 친구들과 좀 더 많은 시간을 보낼 수 있을 거야."		
전적으로 **내 탓**이다.	1②34567	전적으로 **타인** 또는 **상황** 탓이다.
항상 그럴 것이다.	12345⑥7	이번 **한 번**으로 끝날 것이다.
내 인생의 **모든** 것에 영향을 미친다.	1234⑤67	오직 **이 상황**에만 영향을 미친다.

오 차장은 유연한 사고 단계, 즉 '남 탓, 항상, 전부' 설명양식에서 벗어나는 과제를 아주 훌륭히 해냈다. 이제 정확한 사고 단계로 나아갈 준비가 된 것이다.

5단계: 정확한 사고

원인 믿음의 정확성을 확인하는 일은 '믿음에 반박하기' 과정에서 꼭 필요한 단계다. 그런데 우리는 확증 편향 때문에 자신의 설명양식과 일치하는 증거는 수용하고 모순되는 증거는 배제한다. 또 이미 굳어진 믿음을 옹호하지 않는 일부 증거들을 외면한다. 따라서 확증 편향에서 벗어나 각 믿음을 지지하는 증거와 반박하는 증거를 모두 찾는 것이 중요하다.

이 단계를 연습할 때 어떤 사람들은 증거를 객관적으로 검토해 역경의 진짜 원인을 찾아내고자 자신을 과학자나 탐정, 판사라고 상상한다. 가장 친한 친구가 각 믿음에 지지하는 증거와 반박하는 증거로 어떤 것을 제시할지 추측해보는 사람도 있다.

정확한 사고를 연습할 때는 다음 표를 활용하자. 원인 믿음을 지지하는 증거와 반박하는 증거를 체계적으로 정리하는 데 유용하다.

원인 믿음	지지 증거	반대 증거
믿음1		
믿음2		
믿음3		
믿음4		

오 차장의 사례에서 '초기 원인 믿음1'은 "사장은 내 사생활을 존중하지 않아"인데, 이 믿음에서는 어떤 것을 증거로 내세울 수 있을까? 사장이 오 차장에게 주말 근무를 자주 강요하고 명절에 장거리 출장을 지시하며 줄곧 야근을 시킨다면 이것은 사장이 오 차장의 사생활을 존중하지 않는다고 믿을 만한 충분한 증거다. 하지만 이 원인 믿음을 좀 더 검토해보니 그것에 반박할 수 있는 증거가 떠오른다. 오 차장이 아내와 주말여행을 떠났을 때 사장이 호텔방으로 샴페인을 보내준 적이 있었다. 또한 디너파티에 오 차장 부부를 초대하기도 했다. 휴가철에 오 차장과 아내가 예정대로 여행을 떠날 수 있도록 사장이 휴가 계획을 바꾼 일도 있었다. 이런 사례를 하나씩 써봄으로써 오 차장은 사장이 많은 것을 요구하기는 하지만 사생활을 존중해준 적도 여러 번 있었다는 사실을 확인했다. 지지 증거와 반대 증거가 각각 서너 개씩 있었다.

'대안 원인 믿음1'은 "나는 사장의 지시를 거부하지 못해"인데, 오 차장은 사장의 지시를 몇 번이나 거부했을까? 업무에 관해서는 사장 의견에 얼마든지 반대하지만, 근무 시간과 관련해서는 그렇게 하지 못했다. 이 증거는 오 차장이 원인 믿음을 구체화하고 수정하는 데 큰 도움이 된다. 오 차장은 사장에게 고분고분하지만은 않다. 오직 일과 가정의 균형 문제에서만 자기주장을 못 할 뿐이다. 따라서 이 믿음은 '일부' 차원에 가깝다. 이 점을 깨달은 오 차장이 예전 직장에서도 일과 가정의 균형 문제로 힘들었던 기억을 떠올린다면 이는 빙산 믿음을 탐구할 완벽한 기회다. 즉 사생활 문제와 관련된 윗사람의 부당한 처사에 맞서는 능력에 절대적 영향을 미치고 있는 빙산 믿음을 찾아야 하는 것이다.

6단계: 원인 믿음 재분석하기

정확한 사고 단계에서 각 원인 믿음의 지지 증거와 반대 증거를 나열하다 보면 그 원인이 어느 정도 중요한지 직감적으로 아는 능력이 생기고, 또 발전도 한다. 특정 원인 믿음을 지지하는 증거를 많이 찾아낼수록 그것을 역경의 진짜 원인으로 삼을 가능성이 크다. 그 반대도 마찬가지다. 특정 원인 믿음에 반박하는 증거가 많을수록 그것을 진짜 원인으로 볼 가능성이 작아지는 것이다. 원인 믿음 중 어떤 것은 지지 증거가 하나도 없을 수도 있다. 이 경우 원그래프를 새로 그려야 한다. 4단계 '유연한 사고'는 첫 번째 원그래프에 적어 넣을 원인 믿음을 더 많이 찾게 해준다. 6단계 '원인 믿음 재분석하기'에서 그리는 두 번째 원그래프는 자신의 설명양식이 유도한 원인 믿음을 제압하는 좀 더 정확하고 종합적인 분석을 반영해야 한다.

역경에 관한 두 번째 원그래프는 지지 증거가 있는 초기 원인 믿음 또는 대안 원인 믿음만 써 넣는다. 오 차장은 정확하고 종합적인 분석을 토대로 두 번째 원그래프를 다음과 같이 그렸다. 앞서 확인한 원인 믿음뿐 아니라, 지지 증거가 있는 믿음들을 모두 포함하고 있다.

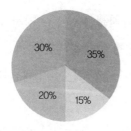

사장은 내 사생활을 존중하지 않아. 35%
나는 사장의 지시를 거부하지 못해. 15%
나는 무리하게 일을 떠맡아. 20%
나는 시간 관리를 잘 못해. 30%

처음에 오 차장은 아내의 높은 기대치가 문제 발생에서 25퍼센트 책임이 있다고 믿었다. 그런데 분석하다 보니 그 믿음을 지지하는 증거가 하나도 없었다. 그래서 두 번째 원그래프에서는 그 원인 믿음을 제외했다. 반면 이 문제를 일으켰을 만한 새로운 원인을 세 가지 더 확인했다.

만일 당신이 그린 첫 번째, 두 번째 원그래프가 똑같은 모양이라면 처음부터 정확하고 종합적인 관점에서 문제를 검토한 것이다. '믿음에 반박하기'를 통해 문제 원인에 대한 추가 정보를 얻지는 못했지만 증거를 모음으로써 초기 관점이 정확했다고 확신할 수 있다. 하지만 통계에 따르면 약 95퍼센트의 사람이 두 번째 원그래프에 새로운 조각을 그려 넣는다. 거의 대부분의 사람이 역경과 관련해 증거에 기초한 새로운 원인을 찾아낸다는 뜻이다. '정확한 사고' 단계 없이 설명양식이 유도한 원인 믿음을 토대로 문제 해결을 시도했다면 새로운 원인들은 전혀 고려되지 않았을 것이다. 뒤늦게 찾아낸 원인 믿음들은 새로운 해결책을 보여준다. 즉 선택할 수 있는 해결책이 많을수록 올바른 선택을 할 가능성이 커진다.

그럼 이제 두 번째 원그래프에 적어 넣은 각 원인의 변화 가능성을 따져보자. 오 차장은 여전히 사장의 태도를 바꿀 수 없다고 믿을지 모른다. 하지만 사장이 다른 동료들보다 자신의 사생활을 좀 더 경시하는 경향이 있다는 생각이 든다면 일과 가정의 균형 문제에 관한 여러 가지 내용과 자기 의견을 구체적으로 정리해 사장과 대화하는 것이 해결책일 수 있다.

바꿀 수 있는 또 다른 원인이 있을까? 오 차장은 효율적인 시간 관리 방법을 틀림없이 찾을 수 있다. 좋아하는 업무에 쓰는 시간을 줄이고, 좋아하는 업무와 싫어하는 업무를 번갈아가며 하는 것도 방법이다. 골치 아픈 업무를 끝낸 후 그 보상으로 좋아하는 업무에 몰입하는 방식도 괜찮다. 믿을 만한 부하 직원에게 업무를 일부 맡길 수도 있다. 오 차장은 또한 자기가 무리하게 일을 떠맡는다는 믿음을 인정하고 대체로 어떤 상황에서 능력 이상으로 일을 떠맡는지 확인해야 한다. 그러면 다음번에 똑같은 상황에 처했을 때 그 믿음에 반박하고 회복력을 극대화할 수 있다.

지금까지 살펴본 것처럼 '믿음에 반박하기' 기술은 오 차장이 선택할 수 있는 해결책 범위를 드라마틱하게 바꿔놓았다. 이 과정에 앞서 그가 확인한 유일한 해결책은 아내에게 기대치를 낮추라고 요구하는 것뿐이었다. 이제 몇 가지 해결책이 드러났다. 여기서 중요한 점은 새로운 해결책이 역경을 바라보는 더욱 정확하고 종합적인 관점에서 나왔다는 것이다. 참고로, 이와 같은 믿음에 반박하기 기술은 슬픔, 불안, 분노, 죄책감, 당혹감과 씨름하는 사람에게 특히 유용하다.

5

최악의 시나리오를 피하는 방법:
진상 파악하기

혹시 일어나지도 않은 일을 걱정하고 불안해한 적이 있는가? 꼭두새벽에 깨어나 걱정과 불안으로 뒤척인 적이 있는가? 이런 경험을 한 사람에게 그 이유를 물어보면 대부분 생각이 끊임없이 이어져서라고 대답한다. 직장, 사업, 시험, 결혼, 자녀, 부모님 건강 등 꼬리에 꼬리를 물고 이어지는 생각을 결코 떨칠 수가 없었다는 것이다. "이런 불황기에 직장을 잃으면 어쩌지?" "나와 잘 맞는 배우자를 찾을 수 있을까?" "우리의 결혼 생활이 오래 이어질까?" "내가 없으면 아이들은 어떻게 될까?" "우리 부부가 아기를 가질 수 없다면 어떡하지?" 아주 많은 사람이 이런 불안한 질문들에 사로잡혀 파국을 예상한다. 지금 겪고 있는 역경에 몰두하고, 비극적 사건이 연달아 일어날 것이라고 상상한다. '만약에…'라는 가정법을 자주 쓰는 사람도 많다. 이들은 역경이 닥쳤을 때 극복하려 하기보다 오히려 크게 부풀리면서 더 불행한 일이 벌어질 것이라고 걱정한다. 긍정적 상상이라면 삶에 활력이 되기도 하지만, 미래에 대한 부정적 상상이라면 불안과 두려움, 슬픔, 우울, 분노, 죄책감 등이 뒤따르고 회복력도 저하된다.

진애 씨는 10대인 아들과 끝없는 말다툼으로 괴로운 시간을 보내는 동시에 악화된 모자 관계로 초래될 수 있는 끔찍한 일들에 골몰했다.

"이렇게 매일 싸우다 보면 아들은 집을 나갈 거예요. 그리고 불량한 친구들과 더 자주 어울리겠죠. 담배를 피우고 마약도 할지 몰라요. 지금은 하지 않지만 곧 그렇게 될 거예요. 경찰에 잡혀가면 어쩌죠? 대학에 보내려는 꿈도 무너지고 말겠죠. 아들은 패스트푸드점에서 파트타임으로 일할 테고요. 직업이라도 하나 얻을 수 있다면 말이에요. 수시로 취업 포털 사이트를 들락거리고, 어디에 취업하든 잠깐 일하다 그만두겠죠. 그 아이는 자기 문제를 모두 부모 탓으로 돌리고 우리와 아예 절연할 수도 있어요."

이 연이은 파국적 믿음과 그것이 촉발하는 극렬한 불안은 영혼을 잠식하는 어두운 그림자가 된다. 역경을 겪은 사람은 대부분 이렇듯 최악의 시나리오를 써나간다. 파국적 사고를 하는 것이다.

만일 사소한 일을 지나치게 과장하고, 시도 때도 없이 거기에 몰두하면서 불안에 휩싸인다면 현 시점에 가장 걱정되는 문제가 무엇인지 적어보자. 걱정거리를 정확히 알아야 회복력 기술을 즉시 적용할 수 있다. 습관적인 '만약에…'라는 가정법을 고치는 데는 '진상 파악하기' 기술이 효과적이다.

ABC 확인하기 기술의 B-C 연결 관계에서 살펴봤듯이, 불안은 앞으로 다가올 위협에 대비할 수 있게 해준다. 하지만 불안이 그런 역할을 하지 않을 때도 있다. 꼭두새벽에 눈을 떠 불안에 사로잡힐 때, 닥칠지도 모를 비극적 사건에 골몰할 때 우리의 육체와 정신과 정서는 그 위협을 피할 수 있는 행동을 준비하지 못한다. 육체는 지치고, 사고는 뒤죽박죽이며, 정서는 황폐해 있기 때문이다. 문제나 실패에 생산적으로 대응할 상태가 아닌 것이다. '진상 파악하기'는 미래 위협에 대한 믿음을 바꿈으로써 불안을 위험도에 걸맞은 수준으로 낮추는 기술이다. 불안이 가라앉아야 역경이 초래할 결과에도 대비할 수 있다.

믿음에 반박하기 기술처럼 진상 파악하기 기술 역시 더욱 정확한 사고를 가능케 한다. 믿음에 반박하기는 슬픔, 분노, 죄책감에 시달릴 때 사용하는 기술로, 역경의 원인이 무엇이라고 믿느냐에 따라 경험하는 감정이 달라진다. 진상 파악하기 기술 역시 이와 많이 비슷하지만, 미래에 대한 믿음을 바꾸는 과정이라고 할 수 있다. 즉 믿음에 반박하기 기술은 역경이 일어난 이유를 찾는 원인 믿음에 적용되는 반면, 진상 파악하기 기술은 그 역경이 미치는 영향에 관한 결과 믿음을 다룬다. 지금 닥친 역경 때문에 앞으로 일어날 일에 대한 결과 믿음에 초점을 맞추는 것이다.

설명양식과 미래에 대한 믿음, 즉 결과 믿음은 당연히 밀접한 관계가 있다. '항상, 전부' 설명양식을 가진 사람은 비극적 결과 믿음을 떠올릴 위험성이 있다. '항상' 믿음에 익숙한 경우 지금 겪는 역경의 원인이 앞날에 중요한 역할을 할 것이라고 예상한다. 또한 '전부' 믿음을 자주 떠올리는 사람은 문제가 장기간 지속되고, 인생의 모든 영역에 영향을 미칠 것이라고 여긴다. 예를 들어 연인과 이별 원인을 "나는 그와 잘 맞지 않았어"라고 생각한다면 이는 다음 연애를 부정적으로 예측하는 것이 아니다. 하지만 이별 원인이 "나는 어떤 사람과도 결코 가까워질 수 없어"라고 믿는 사람은 미래 연애에도 문제가 있으리라 예측하는 셈이다.

진상 파악하기 기술은 여러 방면에 도움이 된다. 먼저, 당혹감에 대한 두려움과 불안을 줄여준다. 그리고 역경 순간에 기정사실인 양 처음 떠오르는 미래 위협 믿음에 사로잡히지 않는 법도 가르쳐준다. 또한 최악의 경우를 예상함으로써 생긴 두려움을 감소시켜 미래에 대한 낙관적 태도를 가지게 한다. 진상 파악하기 기술을 사용해 두려움을 검토하고 그 수준을 낮춘다면 마음껏 더 멀리 뻗어나가 자기 앞에 놓인 수많은 기회를 활용할 수 있다.

반대로, 미래에 겪을 위험을 축소하는 사람도 있다. 그들은 불안을 지나치게 적게 느낀다. 이 경우에도 진상 파악하기 기술을 통해 인간관계, 경력, 건강 등을 실제로 위협하는 요인들을 확인하고, 비현실적 낙관성을 현실적 낙관성으로 바꾸는 것이 가능하다.

황 대리는 대단히 성공한 영업 사원이다. 회복력 수준이 상당히 높고 영업 경력도 풍부해 회사에서 최우수 영업 사원으로 선정되기도 했다. 그러던 어느 날, 중요한 잠재 고객에게 제품 팸플릿을 편집해 보내주겠다고 약속해놓고 깜빡 잊어버렸다. 다음 날 새벽 3시 30분에야 불현듯 기억이 났다. 그 순간 그는 미래 위협 믿음이 확신으로 번져 대출금을 갚지 못해 가족이 집에서 쫓겨나 거리로 나앉을 것이라고 상상했다. 황 대리는 결국 침대에서 일어나 거실로 나왔고, 아내도 걱정이 되어 따라 나왔다. 그는 팸플릿 사건을 간단히 설명하고 자신의 파국적 믿음을 한두 가지 슬쩍 언급했다. 아내는 남편을 위로하려 애쓰면서 그 믿음이 근거도 없고 과잉 반응하고 있는 것이라고 말했다. 이 말은 오히려 황 대리의 화를 돋울 뿐이었다. 해결책을 함께 고민하지 않는 것도 서운한데 엄연히 닥친 문제까지 부인한다고 생각하니 울화통이 치밀었다. 두 사람은 말다툼을 벌였고, 결국 아내는 체념한 채 침실로 들어갔다. 그날 아침 출근한 황 대리는 고객을 만나러 간다는 핑계를 대고 오후 3시에 퇴근해 낮잠을 잤다.

이것은 누가 봐도 무척 비생산적인 결과다. 황 대리가 현실을 직시하고 불안을 더 잘 다룰 수 있는 방법은 없었을까? 물론 있다. 진상 파악하기 기술이 그 방법을 알려줄 것이다. 황 대리의 파국적 사고가 어떻게 시작됐는지 보려면 역경을 ABC 확인하기로 분석하는 것이 먼저다.

- 역경: 아주 중요한 잠재 고객에게 핵심 제품을 소개하는 팸플릿을 보내야 하는데 잊었다.
- 믿음: 직장에서 해고되고 결혼 생활이 위기에 빠져 이혼하게 될 것이다.
- 결과(감정): 극도의 불안(불안지수 10점 만점에 10점).
- 결과(행동): 3시간 동안 거실을 서성였다. 잠에서 깬 아내와 다투었다. 결국 회사에서 실적도 못 올리고 비생산적인 하루를 보냈다.

이제 진상 파악하기 기술의 다섯 단계를 확인할 차례다. 최근 자신이 경험한 사례를 대입해 '표'에 단계별로 적어가면서 파국적 믿음에 굴복한 순간을 분석해보자.

1단계: 실시간 믿음을 적는다

1단계에는 그 순간에 떠오른 미래 위협의 실시간 믿음을 적는다. 꼬리를 물고 이어지는 파국적 믿음을 하나씩 써보자. 황 대리의 역경은 깜빡 잊고 고객에게 제품 팸플릿을 발송하지 않은 것이다. 이 역경 때문에 그는 파국적 사고에 빠져버렸다. 제품 팸플릿을 하루 늦게 보낸다고 여생을 노숙자로 지내는 것은 아니다. 우리는 이것이 비약적 논리라는 사실을 알지만, 황 대리는 파국적 사고라고 생각지 않는다. 오히려 앞으로 일어날 일을 정확히 예측하고 있다고 판단한다. 황 대리의 실시간 믿음은 파국적 사고의 일반적인 세 가지 특징을 지닌다. 첫째, 실시간 믿음은 곧 미래에 일어날 사건에 대한 예상이다. 둘째, 한 사건과 그다음 사건이 비교적 서로 밀접하게 연결되어 있다. 셋째, 연달아 생기는 파국적 사고의 유혹은 점차 강렬해진다.

역경: 잠재 고객에게 제품 팸플릿 보내는 것을 잊었다.				
1단계: 최악의 시나리오	2단계: 실현 확률	3단계: 최상의 시나리오	4단계: 실현 확률이 가장 높은 사건	5단계: 해결책
판촉 전화를 할 시간이 부족할 것이다. 그래서 ↓				
판촉 전화를 하지 못한다. 그래서 ↓				
주도권을 놓친다. 그래서 ↓				
제품을 팔지 못한다. 그래서 ↓				
판매 수수료를 받지 못한다. 그래서 ↓				
직장에서 해고된다. 그래서 ↓				
여러 직업을 전전하고 생활비가 모자라서 부업을 하다가 다른 직장에서도 해고될 것이다. 그래서 ↓				
주택 대출금을 갚지 못할 것이다. 그래서 ↓				
결혼 생활이 위기에 빠진다. 그래서 ↓				
아내와 이혼한다. 그래서 ↓				
노숙자가 되어 거리에서 지낼 것이다.				

2단계: 최악의 시나리오가 실현될 확률을 추정한다

파국적 사고를 중단하는 비결은 당연히 미래 위협 믿음의 연쇄 고리를 끊는 것이다. 그리고 그 고리를 끊는 최선의 방법은 객관적 사실이라고 믿는 부분에 밑줄을 긋는 것이다. 황 대리가 온전히 확신할 수 있는 객관적 사실은 팸플릿 발송을 잊었다는 것뿐이다. 나머지는 추측이고 가정이다. 그렇다면 그 객관적 사실을 이용해 황 대리의 미래 위협 믿음이 실제로 일어날 확률을 추정해보자.

　이튿날 팸플릿 편집 때문에 판촉 전화를 할 시간이 줄어들 확률은 얼마일까? 그것이 꽤 높다는 것에 누구나 동의할 것이다. 황 대리가 하루에 9시간 일하고 팸플릿 편집에 한두 시간을 소비한다면 전화할 시간이 조금 줄어들 것이다. 따라서 75퍼센트 정도 확률로 추정할 수 있다. 팸플릿 발송을 잊어서 하루 종일 판촉 전화를 아예 하지 못할 확률은 얼마일

역경 : 잠재 고객에게 제품 팸플릿 보내는 것을 잊었다.				
1단계 : 최악의 시나리오	2단계 : 실현 확률	3단계 : 최상의 시나리오	4단계 : 실현 확률이 가장 높은 사건	5단계 : 해결책
판촉 전화를 할 시간이 부족할 것이다. 그래서 ↓	75%			
판촉 전화를 하지 못한다. 그래서 ↓	100만 분의 1			
주도권을 놓친다. 그래서 ↓	100만 분의 1			
제품을 팔지 못한다. 그래서 ↓	100만 분의 1			
판매 수수료를 받지 못한다. 그래서 ↓	100만 분의 1			
직장에서 해고된다. 그래서 ↓	100만 분의 1			
여러 직업을 전전하고 생활비가 모자라서 부업을 하다가 다른 직장에서도 해고될 것이다. 그래서 ↓	200만 분의 1			
주택 대출금을 갚지 못할 것이다. 그래서 ↓	300만 분의 1			
결혼 생활이 위기에 빠진다. 그래서 ↓	300만 분의 1			
아내와 이혼한다. 그래서 ↓	500만 분의 1			
노숙자가 되어 거리에서 지낼 것이다.	1,000만 분의 1			

까? 황 대리의 부정 사고와 불안이 자기 충족적 예언을 조장하지 않는 이상, 그날 내내 판촉 전화를 한 통도 못 할 확률은 매우 낮다. 아마도 1,000분의 1 정도일 것이다. 하지만 이것이 끝이 아니다. 그는 판매 수당을 받지 못해 해고될 것이라고도 예측했다. 고작 하루 동안 판촉 전화를 하지 않았다는 이유로 진짜 해고될까?

3단계: 최상의 시나리오를 구상한다

파국적 사고에 빠지면서 황 대리는 이혼하고 노숙자로 산다는 등 미래 위협 믿음의 실현 확률을 처음에는 60퍼센트라고 추정했다. 하지만 2단계를 거치면서 그 확률이 실제로는 100만 분의 1이라는 사실을 깨달았다. 이 깨달음만으로도 다시 정상 궤도에 들어서고, 실현 확률이 가장 높은 사건도 확인할 수 있다. 다만 이것으로는 충분하지 않다. 파국적 사고에서 벗어나기 위해서는 최상의 경우를 예상한 시나리오를 구상해야 한다.

최악의 시나리오처럼 실현 가능성이 희박한 최상의 시나리오를 상상해보는 것은 두 가지 이점이 있다. 첫째, 최악의 경우를 예상하는 파국적 사고가 일단 중지된다. 그리고 터무니없이 환상적인 미래를 잠깐 상상해봄으로써 실제로 일어날 사건에 대해 좀 더 명확히 사고할 수 있다. 둘째, 당신을 웃게 만든다. 불안 수준을 낮추고 진짜 문제를 좀 더 잘 다루게 하는 데 유머만큼 좋은 수단도 없다. 최상의 시나리오에 웃음이 나지 않으면 그것은 환상적인 시나리오가 아니다.

황 대리는 아주 창의적인 최상의 시나리오를 내놓았다.

			4단계:	5단계:
1단계: 최악의 시나리오	2단계: 실현 확률	3단계: 최상의 시나리오	실현 확률이 가장 높은 사건	해결책

역경 : 잠재 고객에게 제품 팸플릿 보내는 것을 잊었다.

1단계: 최악의 시나리오	2단계: 실현 확률	3단계: 최상의 시나리오
판촉 전화를 할 시간이 부족할 것이다. 그래서 ↓	75%	나는 해고된다. 그래서↓
판촉 전화를 하지 못한다. 그래서 ↓	100만 분의 1	퇴직금을 들고 미국 실리콘밸리로 간다. 그리고↓
주도권을 놓친다. 그래서 ↓	100만 분의 1	
제품을 팔지 못한다. 그래서 ↓	100만 분의 1	내가 겪은 역경에 착안해 제품 팸플릿을 제작, 발송하는 벤처기업을 세운다. 그리고↓
판매 수수료를 받지 못한다. 그래서 ↓	100만 분의 1	
직장에서 해고된다. 그래서 ↓	100만 분의 1	
여러 직업을 전전하고 생활비가 모자라서 부업을 하다가 다른 직장에서도 해고될 것이다. 그래서 ↓	200만 분의 1	그 기업을 상장한다. 그리고 ↓
주택 대출금을 갚지 못할 것이다. 그래서↓	300만 분의 1	백만장자가 된다.
결혼 생활이 위기에 빠진다. 그래서 ↓	300만 분의 1	
아내와 이혼한다. 그래서 ↓	500만 분의 1	
노숙자가 되어 거리에서 지낼 것이다.	1,000만 분의 1	

4단계: 실현 확률이 가장 높은 사건을 확인한다

최악의 시나리오와 최상의 시나리오를 '표'에 일목요연하게 적으면 실제로 일어날 확률이 가장 높은 사건을 쉽게 찾을 수 있다. 시간을 돌려서 황 대리에게 다시 한 번 기회를 주자. 일주일 전 새벽 3시 30분으로 돌아가 황 대리가 진상 파악하기 기술을 알고 있었다면 극도의 불안에 어떻게 대응했을까?

"지금 내가 예상하는 비극 가운데 실제로 일어날 일은 하나도 없어. 팸플릿 발송을 잊은 건 경력에 오점이 되겠지. 그건 안타까운 일이야. 하지만 이 실수로 해고될 가능성은 거의 없어. 내가 벤처기업을 차려서 백만장자가 될 가능성만큼이나 희박해. 확실한 사실은 내가 팸플릿 발송을 잊었다는 거야. 엄청난 실수지. 그리고 팸플릿 편집에 아마 두세 시간 정도 시간이 소요될 거야. 판촉 전화할 시간은 그만큼 줄어들 테고. 하지만 그게 전부야. 그래도 전화 몇 통은 할 수 있잖아."

황 대리는 실현 확률이 가장 높은 사건을 '표'에 적었다. 그 실수 때문에 실제로 일어날 가능성이 큰 사건을 하나씩 써본 그는 진짜 문제는 고작

역경 : 잠재 고객에게 제품 팸플릿 보내는 것을 잊었다.				
1단계 : 최악의 시나리오	2단계 : 실현 확률	3단계 : 최상의 시나리오	4단계 : 실현 확률이 가장 높은 사건	5단계 : 해결책
판촉 전화를 할 시간이 부족할 것이다. 그래서 ↓	75%	나는 해고된다. 그래서 ↓ 퇴직금을 들고 미국 실리콘밸리로 간다. 그리고 ↓	오늘 안에 제품 팸플릿을 편집해 발송해야 한다.	
판촉 전화를 하지 못한다. 그래서 ↓	100만 분의 1		판촉 전화할 시간이 두세 시간 정도 줄어든다.	
주도권을 놓친다. 그래서 ↓	100만 분의 1	내가 겪은 역경에 착안해 제품 팸플릿을 제작, 발송하는 벤처기업을 세운다. 그리고 ↓		
제품을 팔지 못한다. 그래서 ↓	100만 분의 1		내가 실수한 것을 알면 영업부장은 무척 화가 나서 호통을 칠 것이다.	
판매 수수료를 받지 못한다. 그래서 ↓	100만 분의 1			
직장에서 해고된다. 그래서 ↓	100만 분의 1	그 기업을 상장한다. 그리고 ↓		
여러 직업을 전전하고 생활비가 모자라서 부업을 하다가 다른 직장에서도 해고될 것이다. 그래서 ↓	200만 분의 1	백만장자가 된다.		
주택 대출금을 갚지 못할 것이다. 그래서 ↓	300만 분의 1			
결혼 생활이 위기에 빠진다. 그래서 ↓	300만 분의 1			
아내와 이혼한다. 그래서 ↓	500만 분의 1			
노숙자가 되어 거리에서 지낼 것이다.	1,000만 분의 1			

두 가지라는 사실을 깨달았다. 팸플릿을 편집해 발송하고 판촉 전화를 할 시간을 최대한 확보하는 것과 영업부장의 분노에 대처하는 것이었다. 이제 무엇이 문제인지 확인했으니 문제 해결에 나설 수 있다.

5단계: 진짜 문제를 해결한다

이처럼 진상 파악하기 기술을 익히면 최악의 시나리오를 떨쳐낼 수 있다. 황 대리처럼 미래 위협 믿음에 골몰하는 사람이 이 기술을 모른다면 파국적 사고 함정에 빠질 수밖에 없다. 그날 새벽 3시 30분에 이 기술을 알고 있었다면 황 대리는 완전히 다르게 행동했을 것이다. 그는 '표'의 다섯 번째 칸에 해결책을 적었다.

"저는 최악의 경우를 예상하며 겁에 질려 있었어요. 실제로 일어날 확률이 가장 높은 일에 초점을 맞췄다면 명확한 해결책이 보였을 테고, 그때 이 기술을 알고 있었다면 다른 문제도 달리 해결했을 거예요. 하루 종일 영업부장을 피하는 대신 당당하게 먼저 찾아가서 있었던 일을 보고했겠죠. '부장님, 제가 실수했습니다. 하지만 이러이러해서 그 일을 바로잡았습니다.' 영업부장은 제 행동에 감탄했을 겁니다."

회복력 높은 사람은 바로 이렇게 행동한다.

진상 파악하기는 비현실적으로 낙관적인 사람에게도 유용한 기술이다. 파국적 사고가 개인을 곤경에 빠뜨리듯이, 비현실적 낙관성도 그에 못지않게 재앙을 초래할 수 있기 때문이다. 결코 불안해하는 법이 없는 사람, 만사가 언제나 잘될 것이라고 믿는 사람, 뻔히 보이는 위험을 감수하고 투자해 재정적 위기에 빠진 적이 있는 사람, 정크 푸드를 먹고 운동도 안 하면서 언제나 건강할 것이라고 자신하는 사람 등처럼 비현실적으

역경 : 잠재 고객에게 제품 팸플릿 보내는 것을 잊었다.				
1단계 : 최악의 시나리오	2단계 : 실현 확률	3단계 : 최상의 시나리오	4단계 : 실현 확률이 가장 높은 사건	5단계 : 해결책
판촉 전화를 할 시간이 부족할 것이다. 그래서 ↓	75%	나는 해고된다. 그래서↓	오늘 안에 제품 팸플릿을 편집해 발송해야 한다.	한두 시간 정도 일찍 출근해 팸플릿을 편집, 발송한 후 일정대로 판촉 전화를 한다.
판촉 전화를 하지 못한다. 그래서 ↓	100만 분의 1	퇴직금을 들고 미국 실리콘밸리로 간다. 그리고↓	판촉 전화할 시간이 두세 시간 정도 줄어든다.	
주도권을 놓친다. 그래서 ↓	100만 분의 1	내가 겪은 역경에 착안해 제품 팸플릿을 제작, 발송하는 벤처기업을 세운다. 그리고↓	내가 실수한 것을 알면 영업부장은 무척 화가 나서 호통을 칠 것이다.	그 잠재 고객에게 전화해서 팸플릿 발송을 잊었다고 사과한다. 고객과 관계가 어긋나지 않게 조심한다. 팸플릿을 들고 직접 찾아가겠다고 말한다.
제품을 팔지 못한다. 그래서↓	100만 분의 1			
판매 수수료를 받지 못한다. 그래서 ↓	100만 분의 1			
직장에서 해고된다. 그래서 ↓	100만 분의 1	그 기업을 상장한다. 그리고 ↓		
여러 직업을 전전하고 생활비가 모자라서 부업을 하다가 다른 직장에서도 해고될 것이다. 그래서 ↓	200만 분의 1	백만장자가 된다.		
주택 대출금을 갚지 못할 것이다. 그래서↓	300만 분의 1			영업부장에게 내 실수와 그것을 바로잡기 위해 취한 행동을 보고한다.
결혼 생활이 위기에 빠진다. 그래서 ↓	300만 분의 1			
아내와 이혼한다. 그래서 ↓	500만 분의 1			
노숙자가 되어 거리에서 지낼 것이다.	1,000만 분의 1			

로 낙관하는 이들도 진상 파악하기 기술을 활용할 수 있다.

단, 반대로 적용해야 한다. 최악의 시나리오를 작성할 필요는 없다. 하지만 지금 닥친 역경이 초래할 수 있는 부정 사건을 생각해내는 것은 중요하다. 회복력 기술이 언제나 그렇듯 그 비결은 유연성과 정확성이다. 유연한 사고를 통해 지나친 낙관성에서 벗어나야 한다. 그래야 잠재 위험을 확인하고 그것에 필요한 계획도 세울 수 있다.

20여 년 전 3월 초, 경상남도 창원공단 전시장에서 열린 '공장자동화 전시회'에 내가 운영하는 출판사는 《공장자동화(FA)》 시리즈를 출품했다. 나는 개막식에 참석하려고 그날 새벽에 출발했다. 창원까지는 꼬박 5시간 이상을 달려야 하는 먼 거리였다. 평소 장거리 운전을 즐기지 않는 데다 그날따라 진눈깨비가 심하게 내려 평소보다 더 조심조심 운전을 했다.

대구를 지나 마산으로 가는 고속도로에 접어들어 안전 운행을 했고, 잠시 후 주의가 필요한 긴 커브 길이 나왔다. 우측으로 작은 공단이 보이고 도로 아래는 절벽이었다. 바짝 긴장하고 조심스럽게 커브를 도는데 뒤에서 관광버스가 갑자기 요란하게 빵빵 경적을 울려댔다. 너무 놀라 급브레이크를 밟았다. 정신을 차리고 보니 차가 도로 난간에 걸쳐 있고 아래는 100미터 이상 되는 까마득한 절벽이었다. 순간 다리가 풀리고 온몸에 힘이 쭉 빠지면서 현기증이 났다. 간신히 마음을 추슬러 후진한 뒤 다시 출발했는데 오금이 당기고 온몸이 움츠러들어 제대로 운전을 할 수가 없었다. 수십 번 쉬다 가다를 반복해 겨우 목적지에 도착했다.

사흘간 전시회를 마치고 서울로 올라가야 하는데 걱정이 앞섰다. "괜찮을 거야." 스스로를 안심시키며 고속도로에 진입하는 순간 몸이 경직돼 더는 운전을 할 수가 없었다. 결국 도로관리소에 들어가 대리운전을 부탁해 집으로 돌아왔다. 그때부터 고속도로는 말할 것도 없고, 일반도로에서조차 운전을 할 수가 없었다. 트라우마는 결국 PTSD로 이어졌다. 신경정신과 전문의, 한의사, 심리치료사를 찾아가봤지만 효과가 없었다. 몇 년 후 회복력에 관심이 생기면서 인지 회복력 기술인 ABC 확인하기, 사고의 함정 피하기, 믿음에 반박하기, 진상 파악하기 등 회복력 기술들을 적용해 자가 치료를 시작했다. 그중 진상 파악하기를 적용한 내용을 살펴보면, 당시 일반도로에서조차 불안과 두려움으로 운전을 하지 못한 이유는 1단계에서 '차가 뒤에서 나를 덮칠 것이다 → 나는 죽는다 → 내가 죽으면 우리 가족은 엄청난 고통을 받는다' 같은 파국적 사고로 최악의 시나리오를 쓰고 있어서였다. 2단계로 이 시나리오가 실현될 확률을 확인해봤다. 가능성은 대부분 100만 분의 1 이상이었다. 3단계에서는 '수익을 극대화한다, 운전자를 채용한다, 운전을 하지 않는다' 등 최상의 시나리오를 써봤다. 그리고 4단계에서는 실현 확률이 높은 사건으로 '운전할 때마다 스트레스 받기, 외부 업무 수행에 지장 초래하기, PTSD 증상(재경험, 공포, 불안, 회피, 마비) 지속되기' 등을 떠올렸다. 마지막으로 5단계에서는 정서 회복력 기술과 인지 회복력 기술 가운데 내 증상에 맞는 것을 사용해 마음의 근육을 키워 PTSD를 치료하는 해결책을 내놓았다. 이렇게 회복력 기술을 적용하고 6개월 후 일반도로에서 다시 운전을 시작했고, 1년이 지나면서부터 고속도로를 달릴 수 있게 됐다.

6

자신에게 통제력이 있다는 믿음:
진정하기 및 집중하기

자신을 변화시켜 회복력을 높이는 '믿음에 반박하기'와 '진상 파악하기'는 거의 모든 상황에 적용할 수 있지만 강렬한 감정에 휩싸여 아무 생각도 할 수 없을 때, 사건을 찬찬히 분석할 시간적 여유가 없을 때, 혼란의 와중에 마음을 가라앉힐 간단하고도 효과적인 방법이 필요할 때는 그렇게 적절한 기술이 아니다. 특히 불안, 분노 등으로 감정 조절이 어렵거나 충동 통제가 안 될 때는 더욱 그렇다. 이런 경우에는 좀 더 빠른 기술이 필요하다. 한마디로 왜곡된 감정이나 행동이 시작되자마자 그것을 바꾸는 데 신속히 활용할 수 있는 속성 기술이다. 먼저 속성 기술이 필요한 세 사람의 사례를 보자.

① 승찬 씨는 누구와 만나든 언제나 천천히 하라는 말을 듣는다. 아침에 일어나는 순간부터 밤에 잠들 때까지 그는 마치 시간과 경쟁하듯이 움직인다. 면도하면서 커피를 홀짝이고 운전하면서 아침을 먹는다. 사무실에서 늦게까지 일

하고 집에 와서는 가족이 모두 잠든 자정 이후에도 계속 일을 한다. 잠은 고작 5시간 잔다. 그는 뭐든 빨리빨리 하는 것을 좋아한다. 그런데 얼마 전부터 스트레스가 부쩍 심해졌다. 최근 몇 주 동안은 지난 5년간 앓은 것보다 더 자주 아팠다. 아프지 않을 때도 몸이 썩 좋은 상태가 아니었다. 활기차고 낙관적이던 태도가 변덕스럽고 침울하게 변했다. 승찬 씨는 스트레스가 매우 심하다고 투덜대지만 그것을 어떻게 해결해야 할지 모른다.

② 찬열 씨는 다혈질이다. 감정이 순식간에 치솟는다. 그 속도는 스포츠카보다 빨라서 눈 깜짝할 사이 시속 0에서 100킬로미터까지 도달한다. 직장 동료들 사이에서 그는 요주의 인물이다. 아내와 아이들도 그가 주위에 있으면 혹시라도 화를 내지 않을까 전전긍긍한다. 다른 사람들은 무심하게 넘길 일에도 그는 적대적이고 공격적으로 반응한다. 주차 공간을 찾지 못하거나, 어린아이가 참견하거나, 자신과 의견이 다를 때도 그렇다. 화가 나지 않을 때는 한 걸음 물러서서 자기가 과잉 반응하고 있다는 사실을 알아차리지만, 어떻게 통제력을 되찾아야 하는지는 모른다. 그가 아는 유일한 방법은 감정이 스스로 놓아줄 때까지 무작정 기다리는 것이다.

③ 은정 씨의 문제는 자기 대화가 너무 많다는 것이다. 한마디로 걱정꾼이다. 광고회사 영업부장으로서 그가 해야 할 일은 무척 다양하다. 세심하게 경청해야 하고 유능하게 설득해야 한다. 하지만 마음속에서 들려오는 목소리를 무시하기 어려울 때가 많다. 중요한 프레젠테이션 도중에도 걱정이 끊이지 않는다. '내가 저 광고주에게 우리 회사가 적임자라는 확신을 심어줄 수 있을까? 내가 지금 자신만만하게 말하고 있는 걸까? 내가 질문에 명확하게 대답한 걸까? 내가 지금 괜찮아 보일까?' 그 후에는 또 곰곰이 되씹는다. '나는 명확하게 설명하지 못했어. 어째서 제대로 하지 못하는 걸까?' 이런 자기 의심은 활력과 재능을 해친다. 은정 씨는 집중력을 되찾고 초점을 맞추는 방법을

알지 못한다.

이 사례들은 각각 평정심 상실, 통제력 상실, 집중력 상실 등 세 가지 문제를 보여주는 것으로 모두 회복력을 떨어뜨린다. 이 문제들은 직장에서 소중한 시간을 허비하게 만들고, 인간관계를 크게 훼손하며, 심지어 심리적 증상까지 일으킬 수 있다.

자신의 스트레스 정도를 가늠해보자. 승찬 씨처럼 몸이 아프고 쑤시지만 병원에 갈 시간이 없는가? 집중력이나 기억력이 예전에 비해 떨어졌는가? 수면에 문제가 있는가? 이 모두가 스트레스를 암시한다. 스트레스를 줄이는 법을 배우지 않으면 건강에 심각한 이상이 생길 수 있다. 스트레스가 회복력을 훼손하지 않도록 스트레스 수준을 최소화하는 방법을 배울 필요가 있다.

지난 두 주일을 돌아보자. 찬열 씨처럼 버럭 화를 내거나 두려움에 사로잡힌 적이 있는가? 당신이 곁에 있을 때는 가족이 살얼음판을 걷듯 극도로 조심하는가? "감정을 자제할 필요가 있다"는 말을 들은 적이 있는가? 격렬한 감정이 사라지면 그제야 상황을 다른 관점에서 바라보고, 감정에 휘말려 있을 때는 보지 못했던 중요한 정보를 알아차리는가? 어느 경우에 해당하든 강렬한 감정에 휩쓸린 즉시 상황을 파악하는 법과 감정을 가라앉히는 법을 배워야 한다. 그럼 다시 논리적으로 사고할 수 있다.

아니면 감정을 통제하지 못한 적은 없어도, 정신이 산란해 당면한 과제에 집중하기 어려울 때가 있었는가? 은정 씨처럼 당신의 실시간 믿음은 온통 걱정투성이인가? 소가 되새김질을 하듯이 지난 경험을 떠올리고 세세하게 수없이 반추하지만 정작 해결책은 하나도 찾아내지 못하는가? 업무, 건강, 인간관계에 대해 지나치게 걱정하는가? 주제에서 벗어난 생각, 해야 할 일과는 무관한 생각 때문에 불안하고 사고의 흐름이 끊기며, 그 수많은 생각에 짓눌려 간단한 아이디어도 내놓지 못하는가? 잡다한 생각에 빠져서 할 일을 미루는가? 실시간 믿음이 불안을 초래하고 현재를 즐기지 못하게 만들 때가 있다. 이 경우 집중력을 되찾고 해야 할 일에 초점을 맞추는 방법을 배워야 한다.

먼저 스트레스가 회복력에 미치는 영향부터 살펴보자. 스트레스는 정신 건강과 신체 건강을 심각하게 위협한다. 분명한 사실은 나이가 몇 살이든, 직업이 무엇이든, 돌봐야 할 가족이 몇 명이든 누구나 스트레스를 받는다는 점이다. 스트레스는 사람이라면 누구나 피할 수 없는 삶의 일부다. 물론 스트레스가 불안을 야기하기에 문제가 되지만, 다룰 수 있는 수준의 불안은 훌륭한 동기 유발 요인이 되기도 한다. 중요한 회의를 앞두고 조금도 불안하지 않다면 따로 시간을 내 굳이 연습하려 들지 않을 테고, 승리에 대한 불안감이 없다면 골프 스윙 연습을 수없이 반복하지도 않을 것이다. 스트레스가 문제가 되는 순간은 그것을 통제하지 못하고 오히려 압도당하기 시작할 때다. 이때 중요한 것이 회복력이다.

회복력 수준이 높은 사람은 삶에서 일어나는 사건들에 자신이 직접 영향을 미칠 수 있다고 믿고, 그 믿음을 행동으로 옮긴다. 자신에게 통제력이 있다고 확신하는 것이다. 이런 사람들은 맡은 업무에 더욱 헌신한다. 그들에게 직업은 단순히 해야 할 일이 아니라 인생에 의미를 부여하는 원천이기 때문이다. 이렇게 회복력 수준이 높은 사람은 변화를 스트레스 요인이 아닌 성장 기회로 삼을 가능성이 크다. 반면, 일어난 사건을 통제할 수 없는 사람, 자신에게 통제력이 없다고 믿는 사람은 역경에 처했을 때 스트레스를 더 많이 받는다.

이렇게 중요한 회복력 수준을 높이기 위해서는 스트레스를 잘 다룰 줄 알아야 한다. 스트레스를 예방하거나 최소화하는 방법을 배우면 도움이 되겠지만, 사실 스트레스를 완전히 피할 수는 없다. 그래서 스트레스에 짓눌릴 때 마음을 가라앉히는 법을 배울 필요가 있다.

우리는 가끔 갑작스러운 분노와 격렬한 충동에 무방비 상태가 되곤 한다. 그리고 통제력을 상실한 순간이나, 상황을 미처 파악하기도 전 감정과 행동이 제멋대로 작동하는 순간을 한 번쯤 경험했을 수 있다. 이것은 누구에게나 닥칠 수 있는 정상적인 상태로, 그런 순간이 빈번하지 않다면 회복력은 훼손되지 않는다. 하지만 찬열 씨처럼 통제 불능 순간을 지나치게 자주 경험하는 사람은 회복력이 크게 훼손된 상태라 인간관계에서 심각한 문제를 겪을 확률이 높고, 직장에서 '상종하기 힘든' 사람으로 간주될지도 모른다. 이런 경우 '진정하기 및 집중하기' 기술을 배우면 큰 도움이 된다.

'진정하기' 기술은 감정이 너무 격렬해 합리적으로 사고하기 어려운 순간에 사용할 수 있는 완벽한 도구다. 나쁜 소식을 들었을 때, 두려울 때, 10대 아들이 술에 취한 채 휘청거리며 들어서는 것을 봤을 때 진정하기 기술이 절대적으로 필요하다. 마음이 진정되면 격렬한 감정이 가라앉아 합리적 사고가 가능하다. 그리고 알맞은 기술을 적용해 격렬한 반응을 일으킨 원인이 무엇인지 정확히 파악할 수 있다. 찬열 씨는 화가 나기 시작한다는 것을 감지한 순간 즉시 심호흡을 통해 긴장을 이완하는 법을 배웠다. 이 방법만으로도 분노가 격렬해지는 것을 자주 막을 수 있었다. 하지만 그는 진정하기 기술이 필요한 순간에 즉시 적용하지 못하는 상황들이 생기자 호흡법에 이어 '실시간 회복력 기술'도 사용해야 했다. 이 기술은 뒤에서 자세히 살펴볼 것이다.

이처럼 스트레스 감소 기법은 대개 긴장 상태에서 이완 상태로 돌아가는 방법을 익힘으로써 몸과 마음의 스트레스 반응 통제력을 키우는 데 치중한다. 이완이 효과적인 이유는 아주 간단하다. 인체는 이완 상태와 긴장 상태에 동시에 놓일 수 없기 때문이다. 두 상태는 양립할 수 없기에 이완하는 방법을 배우면 스트레스 수준을 통제할 수 있다.

'진정하기 및 집중하기' 기술을 효율적으로 사용하기 위해서는 평소 스트레스에 대응하는 방식을 개선할 필요가 있다. 그 대표적인 방법으로는 마음챙김, 근육 이완법, 호흡법, 긍정 이미지 만들기 등이 있다. 마음챙김과 근육 이완법은 '불안 극복하기'에서 이미 살펴봤으니, 여기에서는 호흡법과 긍정 이미지 만들기에 대해 알아보자.

호흡법

보통 우리는 스트레스와 불안감이 커지면 호흡이 얕아지고 빨라진다. 폐 밑에 있는 반구 모양의 근육인 횡격막을 통해 호흡하지 않고 가슴으로 호흡하기 때문이다. 공기가 폐의 맨 윗부분만 채운다는 얘기다. 폐로 들어가는 산소가 줄어들면 혈관을 통해 순환되는 산소도 감소한다. 산소량 변화는 뇌가 경고 신호를 보내는 원인이 되고, 아드레날린도 더 많이 분비되게 만든다. 이로 인해 불안감이 커지고, 호흡은 계속 얕아지고 빨라지며, 순환되는 산소량은 더 적어진다. 악순환이 되는 것이다.

횡격막으로 호흡할 때 인체는 다르게 반응한다. 호흡이 깊고 느리며 충만해지기에 호흡으로 노폐물을 씻어내는 느낌이 든다. 그리고 숨을 들이쉬면 배가 나오고, 내쉬면 배가 꺼진다. 자신이 복식호흡을 하는지, 흉식호흡을 하는지 알아보는 가장 좋은 방법은 바닥에 반듯이 누워 손을 배에 올려놓은 다음 숨을 들이쉬고 내쉴 때 배가 올라가고 내려가는지를 확인하는 것이다. 호흡해도 배에 움직임이 없다면 복식호흡이 아니다.

심호흡하는 방법은 다양하다. 불안 증상 정도에 따라 다를 수 있는데, 극심한 트라우마로 불안 증상이 심한 경우에는 일정한 규칙에 따라 호흡하기가 쉽지 않다. 이럴 때는 자유롭게 호흡하는 것이 더 효과적이다. 불안감이 들 때 깊고 크게 한 번 호흡한 뒤 잠시 쉬고, 스스로 마음이 내키면 다시 시도하는 것이다. 이는 PTG의 권위자인 리처드 테데스키 Richard Tedeschi가 개발한 호흡법이다.

하지만 일반적인 불안 상태에서는 다음과 같은 호흡법이 가장 유용하다. 이렇게 기본기를 완전히 익힌 후 다양한 호흡법을 시도하면서 자신에게 맞는 방법을 찾으면 좀 더 큰 효과를 볼 수 있다. 적어도 하루에 한 번은 이 호흡법을 실천해보자.

① 팔걸이 없는 의자에 똑바로 앉아 두 발을 바닥에 붙인다. 두 손은 무릎 위에 편안하게 올려놓는다.
② 배가 팽창하는 느낌이 들 때까지 코로 숨을 들이마신다.
③ 숨을 들이마시면서 아주 천천히 하나부터 넷까지 센다. 풍선이 부푸는 상상을 하면 도움이 될 수 있다. 이 과정 내내 반드시 가슴과 어깨의 긴장을 풀어야 한다.
④ 코로 천천히 숨을 내쉰다. 역시 하나부터 넷까지 천천히 세면서 숨을 완전히 내쉰다.
⑤ 천천히 심호흡하는 이 과정을 적어도 3분 동안 반복한다.
⑥ 생각을 멈추고 호흡에 집중한다. 어깨, 등, 배, 다리에 어떤 느낌이 드는지 주목한다. 어떤 생각이 떠오르기 시작하면 의식적으로 호흡에 다시 집중한다. 이 단계가 가장 어렵다. 그러니 인내심을 가지고 지속하자. 심호흡 연습이 익숙해지면 호흡에 집중하기가 더 쉬워진다.

지

먼저 눈을 감고 한 장소를 상상한다. 그 장소는 실내일 수도 있고 실외일 수도 있지만, 자신이 편안하다고 느낄 만한 장소를 선별해야 한다. 안정된 숨쉬기를 몇 번 반복해 자신이 정말 그 장소에 도착했다고 느낀다. 그리고 한 번에 하나의 감각에 집중할 수 있는지 스스로 확인한다.

그곳에 지금 무엇이 보이는가? (잠시 정지) 주위를 한 번 천천히 둘러보자. (잠시 정지) 무엇이 들리는가? 가까운 곳에서, 조금 멀리 떨어진 곳에서 또는 아주 먼 곳에서 나는 소리일 수도 있다. 다음은 후각 차례다. 자연스러운 냄새가 나는가, 아니면 뭔가 인위적인 냄새가 나는가? (잠시 정지) 이제 무언가를 만져보자. 물체의 촉감이 부드러운지 거친지, 딱딱한지 물렁한지, 가벼운지 무거운지 느껴본다.

이제 주위를 둘러보고 어떤 물건이나 형체가 있는지 찾아보자. 만약 어떤 것을 발견했다면 한 번 만져보고, 가능하면 그것들로 무언가를 만들어보자. 완벽한 모양이거나 균형을 맞출 필요는 없다. 원하지 않는다면 아무것도 하지 않아도 괜찮다. 무엇을 하든, 하지 않든 부담감을 가지지 말고 안정을 취한다.

깊은 숨쉬기를 몇 번 반복하면서 그 장소의 세부적인 부분을 기억하려고 노력하자. 마치 머리로 사진을 찍듯이 말이다. 그곳은 오로지 당신의 장소이자 당신이 안정을 취하는 곳이다.

들어온 과정과 같은 방법으로 천천히 발걸음을 떼어 그 장소를 떠난다.

이와 같은 긍정 이미지 만들기는 자주 실행할수록 더 쉽게 몸과 마음을 이완할 수 있다. 당신이 상상한 이미지와 이완 상태를 마음이 연합시키기 때문이다. 즉 이미지와 이완 상태가 연합하게끔 몸을 조건형성(자극과 자극, 또는 자극과 반응의 관계를 형성하는 절차나 과정) 하는 것이다. 시각화 개입을 몇 주 동안 하고 나면 상상한 이미지를 떠올리자마자 긴장이 풀리는 것을 확인할 수 있다.

긍정 이미지 만들기를 사용해 곧 있을 스트레스 사건에 미리 대비할 수도 있다. 이미 생겨난 스트레스를 줄일 목적이 아니라, 예방 차원에서 활용하는 것이다. 먼저 심호흡으로 시작한다. 단, 특정 이미지를 상상하지 말고 곧 겪게 될 스트레스 사건을 떠올리면서 자기효능감을 발휘해 그 역경을 자신 있고 유능하게 다루는 모습을 상상한다.

다가올 스트레스 사건을 능숙하게 해결하는 자신을 시각화하는 이 과정은 해당 사건을 실제로 겪기 전 몇 번 미리 연습하면 최고 효과를 얻을 수 있다. 이때 자세하게 시각화할수록 좋다. 그 사건이 실제로 일어나면 반드시 해야 할 일이 무엇인지 구체적으로 숙고하고, 그것을 실천하는 모습을 상상해본다. 면접, 비즈니스 상담, 사장이나 친구와의 곤란한 대화 등 미리 대비해야 할 사건이 대인관계와 연관 있는 경우 그 자리에서 실제로 해야 할 말을 연습하고 상대방 질문에 자신 있게 대답하는 모습을 상상하면 도움이 된다.

혼란하고 산만한 환경에서도 근육을 풀고 평온을 유지하는 것은 매우 생산적인 대응 방법이다. 역경으로 몸과 마음이 스트레스 반응을 보일 때마다 이 방법을 사용할 것을 권한다. 자주 활용할수록 스트레스에 압도되는 것을 쉽게 피할 수 있다.

마지막으로, 집중하기 기술을 위한 '심리 게임'을 알아볼 것이다. 심리 게임의 목적은 역경이나 트라우마 발생 시 실시간으로 일어나는 왜곡된 믿음으로부터 주의를 돌리고, 시도 때도 없이 끼어드는 생각을 차단하는 것이다. 스트레스 자체는 큰 문제가 아닌데 불쑥불쑥 떠오르는 생각 때문에 고생하는 사람이 예상외로 많다. 앞선 사례에서 은정 씨가 그렇다.

그는 잡다한 생각이 끊임없이 이어져 당장 해야 할 일에도 집중할 수가 없다.

운동선수에게 가장 큰 문제 중 하나도 집중력 부족이다. 농구에서 자유투를 하든, 골프에서 퍼트를 하든, 야구에서 타자로 공을 치든 집중력이 그날 승부를 결정지을 수 있기 때문이다. 성관계 도중에 다른 생각에 골몰한다는 여성도 많다. 끝내야 할 업무나 식료품점에서 사야 할 물건이 자꾸 생각난다는 것이다. 이렇게 불쑥 끼어드는 생각은 당연히 쾌감을 방해한다. 이러한 생각 침투 사고는 세 가지 방식으로 회복력을 약화한다.

① 침투 사고는 주로 부정 경험에 관한 것이라 당신을 우울하게 한다.
② 침투 사고는 당신의 주의를 사로잡고 문제 해결을 방해한다.
③ 침투 사고는 당신의 시간을 허비한다.

집중력을 키우는 데 심리 게임이 효과가 있으려면 개인의 도전 의식을 자극해야 하지만, 절망하거나 부정적으로 변할 만큼 너무 어려워서는 안되고 또 재미있어야 한다. 그래야 불안, 분노, 슬픔이 긍정 정서로 바뀐다. 심리 게임 시행 시간은 상황에 따라 다르지만, 아무리 길어도 2분 안에 끝나야 한다. 심리 게임에 능숙해지면 몇 가지를 조합해 자신만의 게임을 만들어도 좋다.

• 가나다 게임: 가나다순으로 두 글자씩 짝지은 후 그 철자에 이름을 붙인다. 예를 들어 '①가나: 가수, 나라 ②다라: 다람쥐, 라디오' 같은 식이다. 2~3회쯤 하면 무척 쉬워질 것이다. 그럼 특정 범주에 속하는 이름을 붙이는 것으로 룰을 바꿔 좀 더 어렵게 할 수 있다. 운동선수 이름만 붙이거나 작가 또는 가수, 영화배

우 이름을 붙여도 재미있다.

- 범주: 범주를 하나 고르고, 그 범주에 속하는 것을 2분 안에 최대한 많이 생각해 내면 된다. 범주의 예는 채소, 과일, 도시, 유명 작가, 연예인, 운동선수 등 다양하다. 게임을 좀 더 어렵게 하려면 그 범주에 속하는 것을 가나다순으로 나열한다.
- 끝말잇기: 낱말을 먼저 하나 고르고 2분 안에 최대한 많이 잇는다.
- 숫자 세기: 1,000에서 시작해 5단위 또는 7단위로 거꾸로 센다. 1,000 → 995 → 990 또는 1,000 → 993 → 986이 될 것이다.
- 추억: 당신을 가르친 교사의 이름을 모두 떠올린다. 유치원 교사부터 시작하되, 행복했던 순간들(자부심을 느낀 일, 성취한 일, 기뻤던 일, 감사한 일)을 함께 생각해본다.
- 노랫말: 기분을 바꾸는 아주 훌륭한 방법이다. 가장 좋아하는 노래 가사를 외우되, 가급적 통속적인 이별 노래나 블루스 같은 우울한 곡은 피하고 신나고 활기찬 노래를 선택한다.
- 시: 희망과 기쁨을 주제로 한 시를 한 편 외워두었다가 집중이 필요할 때 떠올린다.
- 마음챙김: 실시간 왜곡된 믿음 또는 침투 사고가 발생하면 믿음과 사고를 분석하거나 휘둘리지 말고 그냥 자각만 한 채 흘려버린다.

7

감정에 압도당할 때 필요한 도구: 실시간 회복력 발휘하기

'진정히기 및 집중하기' 기술은 신속하고, 언제 어디서나 활용할 수 있으며, 효과적이라는 점에서 아주 유용하다. 다만, 이 기술은 업무 수행을 방해하고 격렬한 감정을 촉발하는 오랜 믿음에 적용하기에는 적합하지 않다. 역경의 순간을 무사히 통과하게 해주지만 불합리한 믿음이 또다시 떠오르는 것을 막지는 못하기 때문이다. 한마디로 임시방편인 기술이다. 일곱 번째 기술인 '실시간 회복력'은 진정하기 및 집중하기 기술 못지않게 왜곡된 믿음이 떠오르는 즉시 그것에 반박함으로써 효과를 가져온다. 이 기술에 능숙해지면 왜곡된 믿음의 수가 적어지고, 문득 그것이 떠올라도 강도가 약해졌음을 느낄 수 있다.

집중하기 기술이 유용한 모든 상황에 실시간 회복력 기술을 사용할 수 있다. 사실 거의 모든 사람이 실시간 회복력 기술이 더 효과적이라고 말한다. 찬열 씨처럼 진정하기 기술을 우선 적용해 긴장을 푼 다음, 실시간 회복력 기술을 사용할 수도 있다. 이 기술은 감정이 너무 격렬해 압도당할 위험이 있는 상황에서 특히 유용하다.

실시간 회복력 기술은 '믿음에 반박하기'와 '진상 파악하기'의 핵심 요소들을 취합해 즉시 적용하게 함으로써 효과를 극대화한다. 따라서 이 두 기술을 많이 연습하면 실시간 회복력 기술에 능숙해질 수 있다. 앞에서 살펴봤지만, 믿음에 반박하기 기술과 진상 파악하기 기술은 복잡한 상황을 더욱 철저히 파악할 수 있게 한다. 철저하고 정확한 상황 파악은 그것이 초래할 결과를 해결하는 방법을 모색하는 데 도움이 된다. 다만, 이 두 기술은 역경이 지속되는 와중에 일어난 사건들을 해결할 때 유용하다. 반면, 실시간 회복력 기술은 역경이 닥친 바로 그 순간에 사용하는 것이라 더없이 강력한 도구다.

실시간 회복력은 부정 믿음을 단순히 긍정 믿음으로 대체하는 것이 아니다. 믿음에 반박하기 기술과 진상 파악하기 기술과 마찬가지로, 목표는 정확성이다. 실시간 회복력 기술의 임무는 왜곡된 믿음을 아주 정확하고 강력한 믿음으로 바꿔 일거에 몰아내는 것이다. 이 기술에서는 세 가지 반박을 통해 믿음을 바꿀 수 있다.

첫째, 대안 믿음을 통해 사건을 더욱 현실적으로 바라본다. 믿음에 반박하기 기술의 목표는 설명양식의 세 가지 차원에서 다양한 대안 믿음을 떠올리는 것이다. 그럼 틀에 박힌 설명양식에서 벗어날 수 있다. 이에 비해 실시간 회복력 기술의 목표는 자신의 설명양식과는 다른 양식을 동원해 초기 믿음보다 더 정확한 믿음을 떠올리는 것이다. "이 일을 더욱 현실적으로 바라보자"라는 반박은 대안 믿음을 구성하는 데 도움이 된다.

예를 들어, 역경 순간에 떠오른 부정 믿음이 "나는 너무 긴장해서 바보 같은 소리만 늘어놓을 테고, 그러면 이번 데이트는 완전히 망칠 거야"라고 해보자. 반박을 통해 그 믿음에 다음과 같이 대응할 수 있다. "이 일은 현실적으로 바라봐야 해. 나는 데이트 초반에는 조금 긴장해서 실수할지도 몰라. 그 사람도 그럴 테지. 하지만 조금 지나면 둘 다 긴장을 풀고 즐겁게 보낼 거야."

둘째, 증거를 토대로 믿음의 정확성을 검증한다. 믿음에 반박하기 기술의 목표는 역경의 진짜 원인을 알려주는 증거를 최대한 많이 찾아내고 증거를 공정하게 수집하는 것이다. 하지만 우리는 확증 편향 때문에 왜곡된 믿음을 지지하는 증거를 더 쉽게 찾아낸다. 그래서 "그렇지 않아. 왜냐하면…" 같은 반박이 필요하다. 이 반박으로 시작해 실시간 믿음에 대응한다면 사고에 초점을 맞추고 확증 편향과 싸울 수 있다. 여기서 목표는 가능한 한 증거가 자세하면서도 구체적이어야 한다는 것이다. 그래야 더욱 효과적이다.

왜곡된 믿음이 "아이들은 내가 해주는 것에 하나도 고마워하지 않아"라고 해보자. 반박을 통해 그 믿음에 대응할 수 있다. "그렇지 않아. 왜냐하면 어제 딸아이가 내가 분수 덧셈을 아주 쉽게 설명해줘 좋았다고 했거든."

셋째, 결과를 따진다. "일어날 가능성이 더 높은 일은 무엇인가? 그걸 해결하기 위해 내가 할 수 있는 것은 무엇인가?"로 대응하는 것이다.

진상 파악하기 기술은 세 단계를 거친다. 1단계, 최악의 경우를 예상하는 믿음을 모두 나열한다. 2단계, 최상의 경우를 예상하는 믿음을 모두 나열한다. 3단계, 실제로 일어날 확률이 가장 높은 사건을 확인하고 해결할 방법을 계획한다.

실시간 회복력 기술은 이것보다 훨씬 간단하다. 실현 가능성이 가장 높은 사건 가운데 하나만 찾아내고 그 해결책 역시 하나만 있으면 그만이다. 이것을 쉽게 하는 방법이 있다. "일어날 가능성이 더 높은 일은? 그걸 해결하기 위해 내가 할 수 있는 것은?"과 같이 반박으로 대응하는 것이다.

부정 믿음이 "나는 해고될 테고, 더는 내가 좋아하는 일을 할 수 없을 거야"라고 한다면 "일어날 가능성이 더 높은 일은 내가 마감 시한을 넘겨서 부장이 화낼 거라는 점이야. 그걸 해결하기 위해 내가 할 수 있는 일은 먼저 죄송하다고 말하고 내가 맡은 업무의 우선순위를 정하는 것을 도와달라고 부탁하는 거야" 처럼 대응할 수 있다.

실시간 회복력 기술을 처음 사용할 때 사람들은 특정 실수를 저지른다. 그것을 제대로 바로잡지 않으면 그 실수들은 어떤 실수도 하지 않았다는 착각을 조장하고 모든 염려와 걱정을 차단한다. 하지만 흔히 범하는 이 실수들을 경계하고 바로잡는 방법을 배우면 실수는 곧바로 사라지고, 이 기술은 회복력 수준을 극적으로 끌어올린다. 실시간 회복력 기술을 처음 사용할 때 저지르는 특정 실수는 네 가지다.

첫 번째 실수는 비현실적 낙관성이다. 가장 흔히 범하는 실수로, 이런 사람들은 부정 믿음을 비현실적 낙관성으로 대체한다. 비현실적 낙관성은 역경에 대한 객관적 사실과는 아무런 상관이 없으며, 공허하고 입에 발린 소리처럼 들린다. 영업팀장인 은정 씨도 이 실수를 하곤 한다. 예를 들어 "우리 팀원들은 너무 게으르고 불만이 많아. 더는 같이 일을 못 하겠어"라는 믿음이 떠오를 때마다 그는 이 부정 믿음을 얼른 이렇게 바꾼다. "나는 팀원들과 아무런 문제도 없어. 실제로 나는 그들과 함께 일하는 것이 정말 좋아." 하지만 이것은 다른 사람이라면 몰라도 은정 씨에게는 결코 해당하지 않는 사실이다. 즉 비현실적 낙관성일 뿐이다. 그리고 '행복한' 믿음이 반드시 회복력을 높이는 것도 아니다. 실시간 회복력 기술을 사용할 때는 이 기술의 목표가 정확성이지 낙관성이 아니라는 점을 기억할 필요가 있다.

두 번째 실수는 진실 묵살이다. 증거를 토대로 왜곡된 믿음에 반박할 때 이 실수를 종종 범한다. 비현실적인 실시간 믿음의 주요 내용은 지나친 과장이다. 하지만 그 과장된 표현 아래 진실이 묻혀 있을 수 있다. 그 진실을 인정하지 않으면 새로운 대안 믿음을 신뢰하지 못해 초기 믿음이 다시 떠오른다. 근본적인 문제를 해결하지 않았기 때문이다.

세 번째 실수는 비난 게임이다. 실시간 믿음이 가지고 있는 작은 진실을 좀 더 구체적으로 묵살하는 실수로, 개인화 또는 외현화 함정에 빠진 사람이 자주 저지른다. 개인화 함정에 빠져서 '내 탓' 설명양식을 고수하는 사람의 실시간 믿음 내용은 주로 자기 비난이다. 외현화 함정에 빠져서 '남 탓' 설명양식에 집착하는 사람의 실시간 믿음은 문제 원인으로 언제나 타인을 지목한다. 이 둘 중 어느 것에든 해당하는 사람은 자신이 부정적인 실시간 믿음을 어떤 식으로 바꾸는지에 유의해야 한다. 예를 들어 언제나 자신을 비난하던 사람은 믿음을 바꾼답시고 타인을 비난한다. 타인을 비난하던 사람은 이제 자신을 비난한다. 이렇게 무분별하게 비난 대상을 바꾸는 것은 역경을 통제하는 데 아무런 도움이 되지 않는다.

네 번째 실수는 최소화다. 진상 파악하기 기술을 올바르게 사용한다면 역경 때문에 실제로 일어날 확률이 가장 높은 문제를 파악하고 효과적인 해결책을 적어도 한 개는 찾아낼 수 있다. 이때 하지 말아야 할 일이 역경의 중요성을 축소하는 것이다. 예를 들어 당신이 해낸 일이 기대에 한참 못 미쳤다고 사장이 말할 경우 "그래, 맞아. 내가 부족했어. 곧 해고될지도 몰라"라고 생각할 수 있다. 그런데 이 믿음에 "사장이 나한테 화가 났나? 상관없어. 해고하라지. 그게 뭐 대수야. 직장이야 또 구하면 그만이지"라고 대응한다면 문제의 중요성을 최소화하는 것이다. 이런 대응은 왜곡된 실시간 믿음을 완전히 없애지 못한다. 현실을 무시하고 있기 때문이다.

따라서 진상 파악하기 기술을 사용할 때는 새로운 대안 믿음이 역경의 중요성을 경시하고 있지는 않은지, 실현 가능성이 희박한 최악의 시나리오를 터무니없는 최상의 시나리오로 대체하고 있지는 않은지 확인해야 한다. 실시간 회복력 기술의 목표는 실제로 일어날 확률이 가장 높은 사건을 파악한 다음 해결에 전념하는 것이다.

이제 일상에서 실시간 회복력 기술을 활용하는 방법을 살펴보자. 다른 기술들과 마찬가지로 이 기술 역시 자주 사용할수록 효과적이다. 단, 실시간 회복력 기술은 마스터하기가 가장 어렵다. 따라서 이 기술을 사용할 때는 현실적인 목표를 세우는 것이 중요하다. 다음 방법을 실천하면 실시간 회복력 기술 향상에 도움이 될 것이다.

① 믿음에 반박하기 기술과 진상 파악하기 기술부터 먼저 사용한다. 두 기술에 능숙해지기 전에는 실시간 회복력 기술을 사용하지 말아야 한다. 실시간 회복력 기술을 효과적으로 활용하려면 대안 믿음을 구성하고, 증거를 명확히 적용하며, 실현 확률이 높은 사건을 정확하게 찾아낼 수 있어야 한다.

② 반박을 이용한다. 처음 몇 주 동안은 반박을 통해 실시간 믿음에 대응할 필요가 있다. 그 반박들은 대응력을 높인다.

③ 구체적이고 자세한 증거를 찾는다. 구체적인 증거 하나가 일반적인 믿음 여러 개보다 강력하다. 자신의 원인 믿음이 거짓이라는 사실을 스스로에게 입증해야 한다. 그럴듯한 눈속임은 아무런 효과가 없다.

④ 가장 효과적인 반박을 이용한다. 세 가지 반박으로 세 번에 걸쳐 대응할 필요는 없다.

⑤ 속도보다 유효성이 중요하다는 점을 기억한다. 이 기술을 적용하다 보면 왜
   곡된 실시간 믿음이 떠오르는 즉시 그것에 저절로 대응하기를 원하게 된다.
   하지만 속도 때문에 유효성을 희생해서는 안 된다. 이 기술을 익히는 동안에
   는 일종의 예술 작품으로 여기는 편이 좋다. 작품을 다듬고 또 다듬듯이, 몇 번
   이고 다듬고 다듬어서 왜곡된 믿음을 쉽게 물리칠 수 있어야 한다.

⑥ 매일 실행한다. 이 기술을 마스터한 사람과 그렇지 못한 사람은 실행 시간에
   서 차이가 난다. 매일 10분을 할애해 이 기술을 실행할 것을 권한다. 그리고
   역경 순간에 즉시 적용하려고 노력하자. 단, 역경 순간에 왜곡된 실시간 믿
   음을 포착하지 못했다면 부정 믿음을 몇 가지 만들어내고 그것에 대응해야
   한다.

6장

관계 회복력 기술

1

인간관계와 행복,
회복력의 상관관계

약 50만 년 전 인간의 뇌는 600시시(600세제곱센티미터) 정도 크기였지만 현대에 이르러 1,350시시로 두 배 이상 커졌다. 인간의 뇌가 커진 이유는 무엇일까? 지금까지 가장 설득력 있는 설명은 도구와 무기를 만들기 위해 커졌다는 것이다. 도구를 사용해 물리적 세계를 다루려면 정말로 똑똑해야 하기 때문이다. 그런데 영국 이론심리학자인 닉 험프리Nick Humphrey는 다른 주장을 내놓았다. 두뇌는 물리적 문제가 아닌 사회적 문제를 해결하기 위해 커졌다는 것이다. 그만큼 사회가 갈수록 다양하고 복잡해지고 있다는 이유에서다.

예를 들어 현대 사회에서는 교수가 학생들과 토론할 때 어떻게 하면 은경이의 주장이 말도 안 된다는 사실을 알려주고, 성진이가 불쾌해하지 않게 틀린 점을 지적하며, 성훈이가 창피해하지 않으면서도 자신의 오류를 인정하게끔 설득할 수 있을까 등 한 부분 안에서도 여러 문제가 극도로 복잡하게 얽혀 있다. 학교뿐 아니라 가정이나 직장에서도 마찬가지다. 이러한 문제들은 순식간에 무기와 도구를 설계할 수 있는 컴퓨터도 결코 풀지 못한다. 하지만 인간은 매일, 매순간 사회적 문제들을 해결해야 하고 또 해결해낸다. 두뇌의 거대한 전전두엽은 수십억 개의 신경망을 쉬지 않고 이용해 발생 가능한 사회적 문제들을 모의시험한 다음, 가장 적절한 행동 방식을 선택한다. 한마디로 뇌는 사회적 관계를 모의시험하는 장치이며, 진화는 조화로우면서도 효과적인 관계를 고안하고 실행하는 바로 그 기능 때문에 커다란 뇌를 선택했다. 다만 인간의 다양한 성격, 여러 환경에서 나타나는 사고와 감정과 행동으로 인해 그 기능에도 한계가 있을 수밖에 없다. 또한 어느 날 갑자기 닥친 사고나 사건을 제외하고 역경은 대부분 인간관계에서 비롯된다. 따라서 역경을 극복하는 데 중요한 회복력을 키우기 위해서는 관계 회복력 기술이 필요하다.

당신에게는 혹시 새벽 4시에 전화해 마음 놓고 고민을 털어놓을 친구가 있는가? 아니면 무언가를 성취했을 때 사심 없이 기뻐하고 축하해줄 친구가 있는가? 직장에서 진정으로 내 편이 되어줄 동료는 어떤가? 그런 상대가 있는 사람은 그렇지 않은 사람보다 더 행복하고 역경을 극복하는 힘이 강할 개연성이 크다. 그만큼 인간관계가 행복과 회복력에 많은 영향을 끼친다는 뜻이다.

셀리그만과 디너는 행복하다고 응답한 상위 10퍼센트 학생들을 공동 연구했고, 그 결과 행복한 사람들은 인간관계가 좋다는 사실을 밝혀냈다. '가장 행복한' 사람은 혼자 있는 시간보다 사회활동을 하는 시간이 많았으며, 자타가 공인할 만큼 대인관계도 좋았다. 즉 일반 사람이나 불행한 사람과는 확연히 구분될 만큼 인간관계가 폭넓었다. 이들은 또한 외향적이고 사교적인 성격을 바탕으로 어떤 일에든 열정적으로 동참해 관계를 맺을 기회가 많았으며, 상대방으로부터 긍정적 피드백을 받아 행복지수도 높았다. 긍정 관계가 행복의 요소라고 말하는 학자는 셀리그만과 디너만이 아니다. 《행복의 가설 The Happiness Hypothesis》 저자이자 심리학자인 조너선 하이트 Jonathan Haidt도 "행복은 사이(관계)에서 온다"고 주장했다. 그만큼 복잡한 사회일수록 관계가 중요하다는 뜻이다.

  놀라운 사실은 사업이나 결혼의 성공 및 실패도 그 원인이 인간관계에 있다는 점이다. 하버드대학교 교수인 위간 A. E. Wiggan은 사회 각 분야에서 실패한 사람들을 조사했고, 그 결과 전문 지식이 부족해서 실패한 사람은 15퍼센트에 불과하며 나머지 85퍼센트는 인간관계를 잘못해서 그렇다는 결과를 얻었다. 미국 카네기재단 또한 사회적으로 성공한 사람 1만 명을 대상으로 '성공 비결'이 무엇인지를 조사했는데, 그중 85퍼센트가 인간관계를 잘해서 성공했다는 결론에 이르렀다. 이러한 결과들은 역경의 원인과 회복력 기술에서 관계 회복력 기술이 얼마나 중요한지를 보여주는 것이라고 할 수 있다. 이제부터는 관계 회복력을 위한 여섯 가지 관계 기술을 살펴볼 것이다.

2

스스로 멋진 '나'를 만드는 비법:
진정한 '나' 찾기

우리는 대부분 자기 자신을 잘 안다고 생각한다. 하지만 정작 자신을 잘 아는 사람은 많지 않다. 요즘처럼 다양성이 커진 사회에서는 본인의 성격 특성과 관계 패턴이 어떤지, 좋아하고 잘하는 것은 무엇인지, 리더십 스타일은 어떤지, 역경을 겪었을 때 어떻게 대처하는지, 설명양식은 무엇인지 등 자신을 객관적으로 파악하는 것이 중요하다. 자신이 어떤 사람인지를 알면 갈등과 분열이 만연한 사회에서도 긍정 관계를 유지하고 증진할 수 있기 때문이다.

집단 긍정심리치료에 참가한 유영 씨는 두 자녀가 성장하면서 고민이 많다고 했다. 자신은 아이들에게 한없이 사랑을 주고 싶은데 아이들이 어떻게 생각하고 받아들일지 확신이 서지 않는다는 것이었다. 때로는 자신의 사랑 표현이 아이들에게 부담을 지우는 것 같고, 미안하게 느껴질 때도 있다고 했다. 유영 씨는 자신의 정체성에 혼란을 겪고 있었으며, 특히 사랑을 주는 것에 익숙지 않았다. 사실 사랑은 주고받는 능력으로, 사랑을 받지 못한 사람은 대부분 타인에게도 사랑을 잘 주지 못한다. 이런 사람은 우울증을 겪을 가능성이 크다. 반면 사랑은 심리 증상을 치료하는 가장 강력한 수단이다. 유영 씨는 강점 검사 결과 자신의 대표강점이 사랑과 친절인 것을 알았고, 대표강점의 특성과 사용 부족 및 남용에 대해 배우면서 자신의 고통스러웠던 지난 일들을 떠올리며 많이 울었다. 이후 치료를 받으면서 자신이 어떤 사람인지 알게 됐다는 그는 마치 긴 터널을 빠져 나온 것 같다며 밝게 웃었고 일상을 되찾았다.

비관적이고 부정적으로 편향된 사람은 대인관계에 어려움을 많이 겪는다. 상대방의 호의도 비관적이고 부정적으로 받아들이곤 하기 때문이다. 그런데 문제는 자신이 편향적이지 않고 오히려 낙관적이며 긍정적이라고 믿는다는 것이다. 이런 사람은 대인관계에서 심한 갈등을 겪게 되고 심리적으로도 우울, 불안, 분노 증상이 나타날 수 있다. 이 경우 '진정한 나'를 찾는 것이 무엇보다 중요하다. 심리적 문제뿐 아니라, 전반적인 대인관계에서도 마찬가지다.

"나는 어떤 사람인가?"라는 질문을 스스로에게 던져보자. 우선 원초적으로 "나는 살아 있는가, 죽어 있는가?", "나는 인간인가, 동물인가?"라고 물으면 당연히 살아 있고, 인간이라고 대답할 것이다. 하지만 우리는 살아 있지만 죽은 사람처럼 무기력하게 행동하거나, 이성적이고 도덕적인 삶을 추구하지만 감정적이면서 본능적인 모습을 보이기도 한다.

개인적으로 나는 경영학 박사 과정 리더십 세미나에서 대학 총장님으로부터 이 두 가지 질문을 받은 적이 있다. 이 질문에 나는 "어떨 때는 살아 있는 것 같기도 하고, 죽어 있는 것 같기도 하다. 어떨 때는 사람인 것 같고, 또 동물인 것도 같다"고 대답했다. 당시 총장님은 나와 프로젝트를 함께할 정도로 친분이 있었는데, 곧바로 불벼락이 떨어졌다. 리더가 자신에 대한 확신도 없느냐는 것이었다. 그 순간 일시적으로 모욕감과 수치심을 느꼈지만 내 인생에 터닝 포인트가 됐다. "나는 살아 있고, 나는 인간이다"라는 확신이 선 것이다. 이 세상에서 가장 무서운 존재는 누구인가? 신神, 남편, 아내, 상사, 스승, 폭력배? 아니다. 바로 자신이다. 사람은 변명의 귀재요, 합리화의 귀재다. 어떤 이유를 들어서라도 변명할 수 있고 합리화할 수 있다. 변명과 합리화는 인간관계뿐 아니라, 자신의 정체성 확립에도 악영향을 미친다.

당시 경영학 박사 과정 리더십 세미나에 '나 자신을 PR(피아르)하라'는 시간이 있었다. 자신을 가장 가치 있는 상품으로 팔라는 내용이었다. 나는 지금까지 이룬 성취, 강점, 역경 극복 사례 등 내가 할 수 있는 자랑거리를 전부 적었다. 그리고 당당하게 첫 주자로 발표했다. 그런데 발표하면서 총장님의 시선을 너무 의식해서일까, 점점 목소리가 낮아졌고 위축되기 시작했다. 얼마 전에 불벼락을 맞은 것도 신경 쓰였다. 3~4분 정도 시간이었는데 고통스럽기까지 했다. 간신히 발표를 마치자 총장님은 약간 묘한 웃음을 지으며 "그러세요?"라고 반응하고는 다음 발표자를 지목했다. 발표자는 삼성전자 부사장 출신인 박사 과정 동기였다. 그는 "나는 아름다운 삶을 살고 싶다. 아름다운 삶을 살고 싶은 사람은 나를 사라"고 자신을 홍보했다. 모든 발표가 끝나자 총장님은 단호한 목소리로 "우 대표님 보셨죠?"라고 말했다. 그 순간 지금까지 자만하고 과장하고 교만하며, 때로는 기만하면서 살아온 나 자신이 가엽게 느껴졌다. 화도 났다. 나는 어려운 환경에서도 여기까지 온 나 자신을 누구보다 사랑하고 자랑스럽게 생각했다. 자신감도 있었다. 하지만 지나치게 인정받기를 원했고, 과시하고 싶어 했으며, 잘 보이길 바랐다. 그날 마음이 너무 아파서 밤새도록 울었다. 그리고 진정한 나를 다시 찾자고 다짐했다. 이것이 바로 '멋진 나 만들기'의 한 사례다.

누구나 멋진 나가 되길 원할 것이다. 행복을 스스로 만들 수 있는 것처럼 멋진 나도 노력과 실천으로 얼마든지 만들 수 있다. 이를 위해서는 첫째, 나부터 변해야 한다. 우리는 가정에서나 직장에서나 타인이 변하기를 원하는 경향이 강하다. 하지만 멋진 나를 위해서는 먼저 자신부터 돌아보고 변할 필요가 있다.

둘째, 정직해야 한다. 정직은 인간관계에서 최고 자산임에도 사람들은 늘 변명하고 정당화하려 한다. "나는 그래도 정직한 편이야", "이 정도면 다른 사람보다 정직하잖아"라는 생각이 든다면 가상의 나를 한 명 세워 보자. 그에게 옳고 그름을 물어보면 정확한 답을 줄 것이다.

셋째, 100퍼센트 최선을 다하는 것도 중요하다. 집안 농사일을 돕기 위해 중학교 진학을 포기한다고 했을 때 초등학교 6학년 담임이었던 송인수 선생님이 6킬로미터 넘는 시골길을 수차례 찾아와 공부를 계속해야 한다고 나와 부모님을 설득한 적이 있다. 그럼에도 끝내 내 뜻을 굽히지 않자 마지막으로 하신 말씀이 "문식아, 네가 어디에서 어떤 일을 하든 최선을 다해라"였다. 그러면 성공한다는 것이었다. 이후 '최선을 다하자'가 내 좌우명이 됐고, 50~60퍼센트만 하고 만족하는 일 없이 매사, 언제나 최선을 다하는 삶을 살려고 지금도 실천 중이다.

넷째, 자기 자리를 빛내는 사람이 되려고 노력한다. 어떤 위치에 있든 자신이 있는 곳, 자신이 맡은 일이 반짝반짝 빛나도록 힘쓴다면 멋진 '나'가 될 수 있다.

다섯째, 자기효능감을 키운다. 자기효능감이란 어떠한 문제도 해결할 수 있는 능력을 지녔다는 믿음과 어떠한 상황에서도 자신을 통제할 수 있다는 확신을 뜻하기도 한다. 이 믿음과 확신은 역경이 닥친 순간 자신감보다 더 큰 힘을 발휘해 불안감에서 벗어나게 해줄 것이다.

마지막으로, 플로리시가 필요하다. 플로리시는 지속적인 성장으로 표현할 수도 있다. 어떤 분야에서 어떤 일을 하든 지속적인 성장을 이룰 때 진정한 '나'를 찾게 되고, 그럼 점점 더 플로리시할 수 있어 선순환이 만들어진다.

3

일상에서 긍정 관계를 키우는 방법:
상대의 강점 보기

우리는 대부분 상내의 약점이나 단점에 초점을 맞추는 데 익숙하다. 상대가 동성이든, 이성이든 처음에 느낀 그 사람의 강점과 장점이 시간이 지남에 따라 약점과 단점으로 바뀐다. 이때쯤이면 관계에 심각한 균열이 일어나고 있을 것이다. 그럴 때는 상대의 약점보다 강점을 먼저 보고, 단점보다 장점을 눈여겨봐야 한다. 그래야 관계도 긍정적으로 발전한다.

미국 코넬대학교 심리학과 교수인 신디 헤이잔Cindy Hazan은 "사랑에는 세 가지가 있다"고 말했다. 첫째는 자식을 인정하고 도와주고 자신감을 심어주면서 편안하게 이끄는 부모의 사랑이고, 둘째는 물질적·정신적 양식을 주면서 의지가 되어준 부모에 대한 자식의 사랑이며, 마지막은 남녀 간 사랑이다.

남녀 간 사랑은 셋 중 가장 이상적인 것으로, 연인이나 배우자와 교감하는 안정적인 사랑은 그 자체로 큰 행복이자 인생의 고난과 역경을 헤쳐 나가는 버팀목이다. 사랑에 빠지면 상대방의 약점이나 단점은 보이지 않고 설령 발견한다 해도 대수롭지 않게 여긴다. 결국 상대방의 강점과 장점에 끌리는 셈인데, 이렇게 사랑의 본질은 상대가 가진 강점과 잠재력을 알아가는 과정이다. 반대로 우리가 자신의 장점을 모르고 살아왔어도 애인이나 배우자는 이미 내 강점과 장점을 알아차렸을 것이다.

　하지만 안타깝게도 사랑의 열정은 어느 순간 식어버린다. 처음에는 긍정적으로 작용하던 상대방의 강점이 시간이 지나면서 당연하게 여겨지거나 보기 싫어지기도 한다. 이는 상대방이 변한 것이 아니라 자신의 관점이 변해서 그렇다. 따라서 원만한 연인 관계나 결혼 생활을 유지하고 싶다면 자신의 대표강점을 찾아 적극적으로 발휘해야 한다. 대표강점이 '용서'라면 배우자가 실수했거나 잘못했을 때 너그럽게 용서함으로써 다시 기회를 주는 식이다.

　단, 좋은 관계를 만들려고 아무리 노력해도 상대방이 달라지지 않으면 얼마 못 가 지쳐 포기하게 된다. 사랑은 혼자 하는 것이 아니기 때문이다. 그럴 땐 상대방의 강점을 활용해보자. 애인이나 배우자에게도 그들만의 독특한 성격 특성이 있다. 그 강점을 찾아 자주 격려하면 좋은데, 그러기 위해서는 상대방에 대해 진지하게 생각해보면서 그의 강점을 찾는 것이 먼저다. 강점 검사를 함께 받아보는 것도 도움이 된다. 상대방의 강점 세 가지 정도를 골라 최근에 그 강점들을 발휘한 일을 떠올려보자. 배우자의 강점이 '용감성'이라면 용기를 발휘한 순간이 있었을 것이다. '용서'가 강점이라면 당신이 저지른 실수를 너그럽게 용서했을 수 있고, '학구열'이 강점이라면 퇴근 후 밤늦게까지 책을 읽었을 수도 있다.

　미국 뉴욕주립대학교 심리학과 교수인 샌드라 머리Sandra Murray의 연구에 따르면 연인이나 배우자를 이상화하는 낙관적인 사람이 더 행복하고, 이들은 친한 친구조차 전혀 강점으로 여기지 않는 부분을 서로 강점으로 본다고 한다. 배우자의 약점도 호의적으로 보는 것이다. 반면 서로 만족하지 못하는 부부는 상대방에 대한 '일그러진 이미지'를 가지고 있고, 친구들이 평가한 것보다 배우자의 강점을 훨씬 과소평가했다. 결국 행복한 부부는 배우자를 긍정적으로 대하고 약점보다 강점을 부각하면서 불행한 일도 함께 극복할 수 있다고 믿는다. 이런 부부들은 일상의 피곤함을 다소 도발적으로 표출해도 서로 너그러이 받아주는가 하면, 실수를 눈감아주고 약점을 강점으로 바꿀 수 있도록 격려한다.

이렇게 인간은 사랑을 나누는 것을 넘어 수동적으로든, 적극적으로든 다른 사람들과 어울리기를 좋아한다. 그만큼 그 부분에 시간도 많이 할애하는데, 이때 중요한 것이 관계의 질이다. 타인과의 긍정적인 상호작용은 많은 심리적 문제, 그중에서도 우울증을 완화하는 효과가 있는 것으로 알려졌으며, 최근 증거들에 따르면 안정적인 관계는 건강 지표와도 밀접하게 연관되어 있다. 즉 타인과 제대로 긍정적인 상호작용을 해나가면 플로리시를 누릴 수 있는 것이다.

긍정 관계는 많은 형태로 나타난다. 먼저 가족부터 살펴보면 모든 가족 구성원은 각각 강점과 자원을 가지고 있다. 다만 부정적 귀인歸因(왜곡된 인지)과 부정 편향 때문에 그것들이 잘 드러나지 않을 뿐이다. 우울, 불안, 분노, 죄책감, 수치심 같은 심리적 증상을 겪고 있는 사람은 더욱 그렇다. 상대방을 이해하고 좀 더 깊이 배려하기 위해서는 그의 강점을 알아차리는 것이 무엇보다 중요하다. 그래야 개인의 성격 특성과 행동의 의도를 좀 더 잘 이해할 수 있기 때문이다.

예를 들어 아내가 남편의 성격강점인 정직과 공정성, 용감성을 발견했다고 해보자. 그럼 아내는 남편이 채소 가게에서 거스름돈으로 더 받은

1,000원을 돌려주려고 자동차를 돌려 다시 가게로 향하는 이유를 이해할 수 있다. 남편의 그런 행동이 비논리적이라기보다 자신의 성격강점을 발휘했을 뿐이라는 사실을 아는 것이다. 또 평상시 아내가 사교모임에 참석하기를 좋아하고, 말을 많이 하며, 과잉 친절을 보여 오지랖이 넓다고 불평하던 남편이 아내의 대표강점이 유머, 친절, 열정/활력이라는 사실을 안다면 그런 행동들을 모두 이해할 수 있다. 대표강점은 자신이 가장 편안해하고 잘하는 성격 특성이기 때문이다. 아이의 대표강점이 호기심과 개방성이라는 사실을 발견한 부모는 모든 것이 왜, 어떻게 돌아가는지를 끊임없이 묻는 아이의 수많은 질문을 더욱 잘 견뎌내고, 심지어 즐길 수도 있다.

이렇게 상대의 대표강점을 알면 그 사람의 의견과 말투, 반응이 달리 다가오기 때문에 긍정 관계를 유지하고 발전시키는 데 큰 도움이 된다. 이는 가족뿐 아니라, 조직에서도 마찬가지다. 조직에서는 갈등이나 스트레스의 원인이 업무적인 부분일 때도 있지만 대부분 관계에서 비롯된다. 평소 화를 자주 내는 팀장을 보고 성격이 참 더럽다 또는 나쁘다고 불평한 팀원들이 팀장의 대표강점이 정직과 공정성이라는 사실을 안다면 그를 조금은 다른 관점에서 바라볼 수 있을 것이다. 물론 자신이나 상대방의 강점을 파악하는 것이 쉽지는 않다. 다행히 긍정심리학 기반의 긍정심리치료는 자신의 강점뿐 아니라 사랑하는 사람의 강점까지도 쉽게 알아차릴 수 있도록 도와준다.

동료나 친구, 가족의 강점을 발견하면 그들을 이해하고 그들과 더욱 친밀한 관계를 맺을 가능성이 커진다. 이때 '긍정 관계 나무'가 도움이 된다. 긍정 관계 나무는 나 자신과 가족, 동료, 친구들이 서로의 강점을 더 잘 이해할 수 있도록 돕는 일종의 도구다. 다음 스물네 가지 성격강점 설명을 읽고 가족이나 친구, 동료의 성격에 가장 가까운 다섯 가지를 골라 긍정 관계 나무에 옮겨보자.

	강점 설명	대표강점
1	○○는 새롭고 더 나은 방식을 잘 생각해낸다.	
2	○○는 탐구하고 질문하기를 좋아하고, 색다른 경험과 활동에 개방적이다.	
3	○○는 융통성이 있고 개방적이다. 결정을 내리기 전 모든 측면을 충분히 생각하고 검토한다.	
4	○○는 학교에서 또는 혼자 새로운 아이디어와 개념, 사실 등을 배우기를 좋아한다.	
5	친구들이 ○○를 또래보다 현명하다고 생각해 중요한 문제를 ○○한테 상의한다.	
6	○○는 두려워도 역경이나 도전 앞에서 포기하지 않는다.	
7	○○는 산만해져도 대부분의 일을 끝까지 해낸다. 과정에 다시 집중해 완성할 수 있다.	
8	○○는 진실하고 정직하며 신뢰할 수 있는 사람이다.	
9	○○는 활동적이고 쾌활하며 생기발랄하다.	
10	○○는 진실한 사랑과 애정을 자연스럽게 표현하고 받아들일 수 있다.	
11	○○는 부탁받지 않아도 다른 사람에게 친절 베풀기를 좋아한다.	
12	○○는 사회적 상황에서 내 정서를 잘 관리하고 대인관계 기술이 좋다고 평가받는다.	
13	○○는 활동적인 지역 구성원이자 팀 구성원이며 집단의 성공에 기여한다.	
14	○○는 부당한 대우를 받거나 괴롭힘을 당하거나 조롱받는 사람들 편에 선다.	
15	○○는 리더십이 있다는 평가를 받기 때문에 다른 사람들이 종종 ○○를 리더로 선택한다.	

16	○○는 앙심을 품지 않는다. ○○는 자신의 기분을 상하게 한 사람을 쉽게 용서한다.
17	○○는 주목받기 싫어하고 다른 사람들에게 빛나는 주역을 넘기기를 좋아한다.
18	○○는 신중하고 조심스럽다. ○○는 행동의 위험과 문제를 예측해 그 것에 따라 대응할 수 있다.
19	○○는 힘든 상황에서도 감정과 행동을 관리한다. 일반 규칙과 일상적 인 일과를 따른다.
20	○○는 자연과 예술(그림, 음악, 연극 등)에서나, 많은 인생 분야의 탁월 함에서 또는 이 모두에서 아름다움에 깊이 감동받는다.
21	○○는 좋은 것들에 대한 감사를 말과 행동으로 표현한다.
22	○○는 나쁜 일보다 좋은 일이 더 많이 일어나길 바라고, 그렇게 될 것 이라고 믿는다.
23	○○는 쾌활하고 재미있다. 유머로 다른 사람들과 관계를 맺는다.
24	○○는 더 큰 힘이 존재한다고 믿고, 종교나 영적 실습(기도, 명상 등)에 기꺼이 참여한다.

성격강점					
1	창의성	9	열정(활력)	17	겸손
2	호기심	10	사랑	18	신중성
3	개방성(판단력)	11	친절	19	자기 통제력
4	학구열	12	사회성	20	감상력(심미안)
5	예견력(지혜)	13	협동심(팀워크)	21	감사
6	용감성(용기)	14	공정성	22	희망(낙관성)
7	끈기(인내)	15	지도력(리더십)	23	유머(쾌활함)
8	정직(진정성)	16	용서	24	영성

아빠
개방성, 리더십, 친절

엄마
예견력(지혜), 용감성, 겸손

선규(남자 형제)
학구열, 용감성, 감사

미진(친구)
겸손, 영성, 학구열

민성(남자 친구)
공정성, 정직, 신중성

나
감상력, 열정, 학구열

진아(친구)
유머, 호기심, 협동심(팀워크)

긍정 관계 나무 사례

긍정 관계 나무를 완성했다면 다음 질문들에 대한 답을 한두 가지씩 써 본다.

① 사랑하는 사람의 강점을 잘 보여주는 구체적인 사건은 무엇인가?

② 긍정 관계 나무에서 당신의 강점을 키워주는 사람들을 찾아낼 수 있는가?

③ 사랑하는 사람들의 대표강점 중 당신의 대표강점도 있는가?

④ 사랑하는 사람들과 공통된 강점이 있는가?

⑤ 친한 사람들의 강점에 특정 패턴이 나타나는가?

⑥ 자주 갈등을 겪는 상대와 당신의 대표강점에는 어떤 차이가 있는가?

⑦ 당신은 긍정 관계 나무 속 사람들에게는 없는 강점을 가지고 있는가?

⑧ 당신의 강점들을 어떻게 사용해야 관계를 더욱 강화할 수 있겠는가?

두 아이의 엄마인 40대 후반 선영 씨는 개인 긍정심리치료에서 긍정 관계 나무 실습을 했다. 그는 일과 학업을 병행하고 있는데, 남편과 아들의 지지를 충분히 받지 못해 우울증으로 심리치료(상담)를 받았다. 선영 씨는 이 실습이 끝난 후 어떤 지혜를 얻었는지에 대해 다음과 같이 치료사와 이야기를 나누었다.

치료사 긍정 관계 나무 실습을 어떻게 시작하셨나요?

선영 사실 저는 제 이야기를 잘 안 하는 편이에요. 그래서인지 처음엔 긍정 관계 나무를 만든다는 게 우습게 느껴졌어요.

치료사 어떤 점이 그랬나요?

선영 뭔가 거창하고 좀 부질없는 짓 같았어요. 잘 아시겠지만 저는 남편과 아들 때문에 힘들어하고 있어요. 게다가 행복한 어린 시절을 보낸 것도 아니고요. 아버지는 고집스러운 데다 내성적이었고, 어머니는 우울증과 불안증을 앓았어요. 그래서 제 인생에 긍정 관계라는 것이 있는지 늘 의심스러웠죠. 뭔가 새로운 걸 발견할 수 있을지 모른다는 생각은 했지만요.

치료사 그래서 뭔가를 찾아냈나요?

선영 음, 처음에는 남편과 아들에게 온라인 강점 테스트를 시키려고 했는데 실패했어요. 둘 다 저를 조롱하기만 했죠. 제가 치료받는다는 걸 알고 있었거든요. 남편은 "정신과 의사가 우리가 얼마나 미쳤는지 알고 싶은 게 분명해"라고 말하더라고요. 그러더니 둘 다 테스트를 거부했어요.

치료사 그들이 강점 테스트를 하긴 했나요?

선영 네, 2주 전에 했어요. 요즘 제가 끝마쳐야 하는 큰 학업 과제가 있는데 회사 일도 아주 바쁘거든요. 그래서 사흘 전 남편에게는 저녁식사 준비를, 아들한테는 설거지를 시켰죠. 그런데 학교에서 과제 때문에 토의를 하고 집에 들어간 첫날이었어요. 둘 다 좋아하는 스포츠 채널을 보고 있더라고요. 저녁식사는 보이지도 않았죠. 집에 있던 간식은 다 먹어치웠고요.

치료사 그래서 어떻게 했나요?

선영 저는 그들이 정말 한심해서 조용히 있다가 재빨리 저녁식사를 차렸어요. 하지만 식사 후에도 마음을 진정할 수 없어 그들에게 얼마나 실망했는지 이야기했죠. 둘 다 조금 당황하더라고요. 남편은 제가 일과 공부를 하고 집에 돌아와 요리까지 하는 게 공정하지 않다는 데 동의했어요. 두 사람은 저한테 보상을 해주고 싶다면서 평일에는 저녁식사를 준비하겠다고 약속했어요. 저는 잠시 생각하다가 그렇다면 저녁식사 준비보다 긍정 관계 나무 실습을 완료할 수 있게 도와달라고 했죠. 저는 이미 긍정심리치료 실습들을 통해 긍정적인 변화를 실감하고 있었거든요. 그래서 남편과 아들이 온라인 강점 테스트를 정직하게 받았으면 좋겠다 싶었어요.

치료사 당신의 공정성 강점을 아주 멋지게 활용해 가족과 책임감을 나눈 것 같네요(선영 씨의 대표강점 중 하나가 공정성이다).

선영 네. 하지만 두 사람은 사실 죄의식 때문에 그 테스트를 한 것 같아요. 어쨌든 지난주 저는 남편과 아들에게 좋아하는 요리를 해줬어요. 식사 직후 모두가 온라인 강점 테스트를 완료했죠. 그러고는 후식을 먹으려고 모인 김에 각자의 강점에 대한 피드백을 나누고 식탁 중앙에 플립 차트를 올려놓은 뒤 커다란 나무를 그렸어요. 제가 먼저 나무에 제 대표강점을 적었죠. 뒤이어 남편과 아들도 자신들의 강점을 썼고, 10분도 지나지 않아 모두의 대표강점이 나무를 꽉 채웠어요.

치료사 다음에는 어떻게 됐는지 궁금하군요.

선영 저희 세 사람이 끈기라는 한 가지 강점을 공통적으로 가지고 있다는 사실을 알고 깜짝 놀랐어요. 남편은 협동심과 신중성, 자기 통제력 점수가 높았고, 아들은 유머와 쾌활함, 열정, 창의성, 학구열 점수가 높았고요. 두 사람 모두 그런 강점들이 자신을 잘 설명해준다고 했어요.

치료사 강점들이 원활한 가정생활에 얼마나 큰 힘이 되는지에 대해서도 토의했나요?

선영 네. 먼저 저희가 끈기를 어떻게 사용하는지 이야기했죠. 세 사람 모두 각자 다른 맥락에서 다른 방식으로 끈기를 사용했어요. 아들은 스포츠에, 남편은 일에 끈기를 발휘했더라고요. 때로는 지나치다 싶을 정도로요. 저는 두 사람이 집안일에도 좀 더 끈기를 보여줄 수 있다면 좋겠다고 말했어요. 제가 끈기 있게 일하면서도 학교에 다닐 수 있다면 두 사람도 집안일을 끝내는 끈기를 보여줄 수 있다고도 했고요. 두 사람은 제 말이 무슨 뜻인지 이해했어요. 남편은 재빨리 "여보, 당신은 끈기 있고 공정한 사람이야. 사실 끈기 있게 공정하지"라고 말하더라고요. 이 말에 모두가 웃었어요. 남편은 자기 인생에서 처음으로 폭넓은 시야를 가지게 됐어요. 그 전까지만 해도 제가 지나칠 만큼 일을 균등하게 분배하고, 모두가 집안일을 도와야 한다고 고집스레 주장한다며 비난했거든요. 하지만 이제는 제 공정성을 잘 이해해요.

치료사 아들은 어땠나요?

선영 아들은 강점 결과에 정말 놀란 것 같아요. 지금 스물한 살인데, 언제나 에너지가 넘치고 모험심이 강하며 야외 스포츠를 좋아할 만큼 활동적이에요. 어렸을 때는 협업 능력이 부족한 편이었어요. 지금도 그렇고요. 남편과 저는 아들이 ADHD(주의력결핍 과잉행동 장애)가 아닌지 의심했어요. 초등학생 때는 담임교사까지 그렇게 의심해 검사도 받아봤어요. 하지만 몇 가지 특징이 있긴 해도 완전히 진행된 ADHD는 아니라는 결과가 나왔죠. 아들은 뭔가에 꽂히면 집중을 잘하고 끈기 있게 해나가긴 하는데, 사실 오랫동안 아들이 ADHD일까 봐 두려웠어요. 검사 결과가 충분히 자세하게 나오지 않아서….

치료사 아들한테서 최고의 모습을 기대했을 텐데 현실은 그렇지 않아 슬펐겠군요. 한 가지 물어볼게요. 아들이 '미확진' ADHD일지도 모른다는 두려움이 아들과의 관계에 영향을 미쳤나요?

선영 물론이에요. 저는 아들이 부적응적이라 생각했고, 어렸을 때 아이와 충분히 놀아주지도 못한 데다 집중력도 길러주지 못했다고 수없이 저 자신과 남편을 탓했어요.

치료사 그 심정이 어땠을지 상상이 가네요. 줄곧 그런 감정을 느껴왔군요.

선영 긍정 관계 나무를 그리고 나서야 제가 아들은 물론, 남편까지 부적응적인 사람으로 보고 있다는 사실을 깨달았어요. 저 자신도 그런 사람으로 취급했고요. 오랜 세월 동안 말이죠. 이번 치료를 통해 제 강점을 평가하고 나서야 그 강점들을 믿기 시작했어요. 제가 사랑하는 사람들의 강점도 이제 믿어야 할 것 같아요.

치료사 맞아요. 인생의 다양한 부분을 어떻게 통합하고 있는지 스스로 살펴보면 만족감이 더 커지죠. 지금은 아들을 어떻게 보고 있나요? 이 실습을 통해 아이와의 관계가 달라졌나요?

선영 아들이 미확진 ADHD라는 생각을 더는 하지 않아요. 아들의 과잉 활동보다 열정과 활력, 에너지를 더 보게 됐죠. 돌이켜보면 아들은 자신의 열정을 대부분 생산적으로 발휘했어요. 결코 공부를 많이 하지는 않았지만 성적도 늘 좋았고요. 아들의 에너지가 많은 친구를 끌어들인다는 것도 알게 됐어요. 우리 아들은 언제나 파티의 스타였거든요.

치료사 아들에 대한 새로운 통찰이 가족 간 상호작용에 영향을 미치고 있다고 보나요?

선영 아들의 강점을 알고 나서 남편이 자기 아버지를 닮았다고 하더라고요. 옛날에는 ADHD라는 용어를 다들 몰랐잖아요? 그래서 사람들은 시아버지를 언제나 멋진 일을 하고 싶어 하는 '유쾌한 친구'라고 생각했대요. 실제로도 그러셨고요. 시아버지는 뛰어난 선원이었어요.

치료사 이 실습을 출발점 삼아 사랑하는 가족끼리 서로의 강점을 찾아보는 과정을 부질없는 짓이라고 생각하지 않았으면 좋겠어요.

이렇듯 긍정 관계를 강화하는 한 가지 방법은 사랑하는 사람의 강점을 찾아 인정하고 칭찬하는 것이다. 단, 이때 자발적인 활동과 조직적인 활동이 모두 중요하다. 자발적인 활동은 최소한의 계획이 필요하고, 격식이 없으며, 가족 구성원이 대부분 포함되는 행위다. 예를 들어 가족이 함께 공원이나 야외에서 식사하기, 보드 게임이나 전자게임 즐기기, 집 앞 공터에서 농구나 배드민턴 같은 일상적인 스포츠 하기 등이다. 조직적인 가족 활동으로는 가족 여행뿐 아니라 소풍과 캠핑 같은 야외 모험 즐기기, 스포츠나 문화 행사 참여하기, 다른 도시나 나라에 사는 가족 또는 친구 방문하기 등이 있다. 몇몇 가족에게는 종교적·영적으로, 또는 예술적·정치적·문화적으로 중요한 특정 장소나 현장을 방문하는 것이 조직적인 활동이 될 수 있다. 사랑하는 사람과 함께하는 자발적인 활동과 조직적인 활동만큼 긍정 관계를 강화하는 것도 없다.

인생은 화려한 테마파크나 유람선 같지 않다. 저녁 식탁에서 나누는 소소한 이야기, 함께하는 여행, 집과 마당 가꾸기, 농담하기, 서로 배려하기, 빈둥거리기, 꿈꾸기 등 시시각각 일어나는 자잘한 일들로 꾸며진다. 이것이 실제 상황에서 펼쳐지는 실제 인생이다.

참고로, 강점 테스트 이외에 가족으로부터 직접 회복력을 발휘한 경험 담을 듣는 것도 그의 강점을 파악하고 이해하는 데 유용한 방법이다. 사랑하는 사람이 과거에 어떻게 어려움을 극복했는지 알면 그의 강점을 좀 더 깊이 이해할 수 있어 긍정 관계 강화에 도움이 된다.

4

결국 나 자신을 위한 길:
공감·경청·배려하기

'공감'은 상대에게 감정을 이입해 함께 느끼는 것이다. "정말 잘했어. 어떻게 해낸 거야?", "진짜? 많이 힘들었겠다", "와, 축하해! 정말 행복하겠네", "참, 어려운 결정을 내려주셨네요"라는 말에는 공감이 녹아들어 있다. 상대에게 공감할 때는 공감적 대화, 공감적 경청, 공감적 반응이 중요하다. 공감력이 높은 사람은 대인관계가 좋고 역경을 극복하는 힘도 뛰어나다. 중요한 문제를 해결할 때도 상대의 체면을 살려주고, 양쪽 모두가 원하는 결과를 얻었다는 뿌듯한 감정을 느끼게 해준다. 그리고 더 행복하다.

다만, '경청 Listening'은 '듣기 Hearing'와 다르다. 듣기는 소극적이고 수동적이며 에너지와 노력이 필요 없는 단순한 생리生理 과정인 반면, 경청은 수용을 동반하는 중요하고 적극적인 의사소통 과정이다. 그리고 경청에는 수준이 있다. 즉 '무시 < 듣는 척 < 선택적 경청 < 적극적 경청 < 공감적 경청' 순으로 높아진다. 무시는 들으려고 하지 않는 상태다. 듣는 척은

그저 듣는 시늉을 하는 것이고, 선택적 경청은 흥미 있는 부분만 골라서 듣는 것이다. 대화에 관심을 기울이고 집중하며 자신의 경험과 비교하면서 듣는 것이 공감적 경청Empathic Listening이다. 공감적 경청은 상대방의 말, 의도, 감정을 이해하기 위해 눈높이를 맞추고 그 사람의 생각과 감정을 마음으로 이해하는 태도를 말한다. 갈등이 있는 곳에서는 공감적 경청을 찾아보기 힘들다.

말하는 사람이 가장 궁금해하는 부분은 자신의 말을 상대방이 이해하느냐 여부다. 아울러 듣는 이가 동의하는지, 적어도 동정하는지를 알고자 한다. '정당성의 인정'을 원하는 것이다. 따라서 듣는 사람은 상대방의 말을 제멋대로 무시해서는 곤란하다. 심각한 문제일수록 말하는 이의 의견을 존중하는 태도를 보여야 한다.

링컨 미국 전 대통령은 다른 사람의 말을 경청하기로 유명했다. 이를테면 그는 상대방의 말을 귀담아들은 뒤 "그게 당신 탓은 아니지 않습니까?" 또는 "그건 당연한 일입니다"처럼 상대방 입장을 이해하고 동정하는 표현을 곧잘 사용했다고 한다. 내가 링컨을 존경하는 것도 바로 이러한 경청하고 공감하는 태도 때문이다.

만일 감정이 격해지기 쉬운 문제, 예를 들어 돈, 섹스, 시댁 혹은 처갓집 일 등으로 의견이 충돌할 때는 격렬한 감정을 다스릴 도구인 '화자와 청자의 의식'을 따르기 위해 노력할 필요가 있다. '화자와 청자의 의식'은 말하는 사람과 듣는 사람이 지켜야 하는 일종의 원칙으로, 우선 말하는 사람은 자기 생각과 감정만 언급하고 자신이 판단한 상대방의 생각이나 감정을 거론해서는 안 된다. 성급한 해결책 제시도 곤란하다. 그리고 문제를 해결하기에 앞서 감정적 대립을 완화해야 하는데, 그러려면 '당신'보다 '나'를 중심으로 말하는 편이 좋다. "당신이 끔찍하게 느껴져"보다 "당신이 그런 행동을 하는 순간 나 자신이 정말 혼란스러웠어", "거봐, 당신은 바뀐 게 없잖아"보다 "당신이 변하려고 노력하는 건 인정해. 하지만 나는 당신이 좀 더 노력해줬으면 좋겠어"처럼 자신의 생각이나 기분, 감정을 전달하는 방식으로 말하는 것이다. 또한 두서없이 장황하게 설명하지 말고, 시간을 충분히 가지면서 조리 있게 말하는 자세도 중요하다. 이따금 호흡을 가다듬고 듣는 사람에게 대꾸할 기회도 줘야 한다.

또한 듣는 사람은 말하는 이가 요청했을 때 들은 내용을 자기 나름대로 정리해 되짚듯이 언급하되, 반박하거나 해결책을 제시해서는 안 된다. 거부의 몸짓이나 표정도 곤란하다. 상대방이 한 말을 이해했다는 표시만 하면 된다. 반박은 자신에게 발언권이 있을 때 한다. 이는 학교 생활이나 사회생활에도 적용되지만, 특히 부부간 대화에서 중요하다. 직장에서 받은 스트레스로 서로를 바라보는 시선이 곱지 않은 데다 상대가 나를 전혀 배려하지 않는다는 생각까지 들면 불신의 골이 생길 수밖에 없고, 이 불신의 골이 더 깊은 수렁을 만들곤 하기 때문이다. 이런 갈등 관계에서는 공감적 경청을 찾아보기 힘들다. 공감적 경청은 습관화해야 일회성으로 끝나지 않고 오랫동안 유지될 수 있다.

경옥 씨와 태형 씨는 아들의 유치원 입학 문제로 감정이 격해 있다. 그동안 대화를 회피하던 남편이 텔레비전 앞에 서 있자 아내는 아이의 유치원 입학에 대해 이야기해보라고 말했다. 다음은 남편 태형 씨가 화자, 아내 경옥 씨가 청자 입장에서 나눈 대화다.

태형 나도 아이를 어느 유치원에 보내야 할지, 올해 꼭 보내야 할지 생각을 많이 했어.

경옥 생각을 많이 했는데, 유치원에 보내기엔 조금 이를 수도 있다는 말이
     야?

태형 응. 나이에 비해 철이 아직 덜 들어서 제대로 된 환경이 아니면 그 애가
     어떻게 행동할지 확신이 안 서거든.

     → 남편이 다른 말을 꺼내기 전 자신의 생각을 되묻는 아내의 말을 인정
     했다는 사실에 주목해야 한다.

경옥 나이에 비해 성숙한 아이들 속에서 잘 지낼 수 있을지 걱정된다는 뜻
     이지?

     → 남편이 한 말을 정확히 이해했는지 확신이 서지 않는 아내가 다시 남
     편의 말을 요약해서 묻는다.

태형 글쎄, 그것보다는 그렇게 오랫동안 엄마랑 떨어져 지낼 준비가 됐는지
     모르겠다는 거야. 물론 지나치게 의존적인 아이가 되기를 바라지도 않고,
     또….

     → 이쯤에서 남편은 발언권을 아내에게 넘긴다.

경옥 아무튼 당신이 그렇게 말해주니 고마워. 나는 사실 당신이 이 문제에
     대해 그토록 진지하게 생각하는 줄 몰랐거든. 당신이 아이 문제에 전혀 신
     경 쓰지 않는 것 같아 속상했어.

     → 아내는 발언권을 넘겨받자 남편이 한 말의 정당성을 인정한다.

태형 내가 걱정하는 게 반갑다는 소리 같네.

경옥 그럼. 이게 어디 쉽게 결정할 문제야? 만일 올해 아이를 유치원에 보내
     야 한다면 적합한 유치원을 찾아봐야 돼.

태형 아이에게 적합한 유치원을 찾으면 올해 보내는 게 좋겠단 뜻이야?

경옥 그렇지. 아주 좋은 유치원만 찾으면 한번 시도해볼 만하다고 봐.

     → 남편이 자신의 말을 귀담아듣는 것에 기분 좋아진 아내는 그런 자신

의 기분을 남편에게 전한다.

태형 좋은 유치원을 찾기만 하면 보내겠단 얘기네.

경옥 해보면 좋겠다는 것뿐이지, 아직 결심한 건 아니야.

태형 그러니까 맘에 쏙 드는 유치원이 있어도 선뜻 결정하기는 힘들다는 거
　　야?

경옥 응 맞아. 당신 생각은 어때?

이 대화에서 알 수 있는 원만한 부부관계를 위한 두 가지 원칙은 배우
자에 대한 '배려'와 어느 누구도 자신을 대신하지 못한다는 '대리 불가능
성'이다. 태형 씨와 경옥 씨의 대화 기술을 참고하면 상대방의 말에 공감
하고 배려하는 태도를 체화할 수 있다. 이런 공감과 배려는 특히 부부 사
이에서 자신만이 할 수 있는, 누가 대신해줄 수 없는 관계 향상 기술이라
는 점도 잊어서는 안 된다. 단, 잘하는 것 못지않게 자주 하는 것도 중요
하다. 셀리그만은 "사랑에 관한 한 '효과적인 시간 활용'이라는 편리한
개념을 적용해서는 안 된다"고 말했다. 사랑하는 사람끼리 상대방의 말
을 얼마나 '잘' 들어주느냐 못지않게 얼마나 '자주' 들어주느냐도 중요하
다는 뜻이다.

'배려'는 여러모로 자상하게 마음을 써주는 것을 의미한다. 우리는 생
각보다 상대방을 배려하는 데 익숙지 않다. 치열한 경쟁에서 어떻게든
살아남으려 애쓰다 보니 이기적이 된 측면도 있다. 혹시 자신이 가장이
라서, 또는 어려운 시험을 준비하는 수험생이라서 가족이 당신을 배려하
고 희생을 감수해야 한다고 생각한 적은 없는가? 힘들게 일하면서 고생
하니까 가족 모임이나 집안일에 신경을 못 쓰는 것이 당연하다고 여기지
는 않는가? 남이 나를 배려해주길 바라면 끝이 없다. 내가 남을 먼저 배

려하는 것이 결국 나를 위한 길이다. 어떤 상황에서든 서로를 향한 배려가 있어야 관계를 강화하고 구축할 수 있다.

사경을 헤매던 한 노인이 저승사자를 만나 황천길에 올랐다. 처음 간 곳은 지옥문이었는데, 마침 점심시간이었다. 커다란 원탁 가운데에 맛있는 음식이 놓여 있었고, 식탁 주변에는 사람들이 죽 둘러 앉아 있었다. 그런데 그들 손에는 1미터가 넘는 긴 젓가락이 들려 있었다. 사람들은 음식을 먹으려고 안간힘을 썼지만 아무도 음식을 먹을 수 없었다. 결국 모두가 굶은 채 식사시간이 끝나버렸다.

노인이 지옥문을 나와 들어간 곳은 천국문이었다. 천국문을 열고 들어서니 지옥보다 한결 깨끗하고, 사람들 모습도 편안해 보였다. 잠시 후 저녁식사 시간이 됐다. 지옥과 마찬가지로 커다란 원탁에 맛있는 음식이 차려졌고, 1미터 넘는 젓가락이 놓였다. 노인은 속으로 '이곳 사람들도 굶겠구나' 생각했다. 그런데 사람들은 노인의 생각과 달리 여유 있게 음식을 먹었다. 노인이 깜짝 놀라 살펴보니 이쪽에 앉아 있는 사람이 테이블 너머에 앉아 있는 사람에게 음식을 먹여주고 있었다. 서로의 입에 음식을 넣어주면서 자기 배도, 상대방 배도 채우는 것이었다.

많은 사람이 배려를 무조건적인 희생이자 남을 위한 것이라고 생각하지만, 사실 배려는 자신에게 이로운 사랑의 한 종류다. 누군가 당신 입에 음식을 넣어주는데 꿀꺽 받아먹기만 하고 말겠는가? 그 사람 입에 음식을 넣어주고 싶게 만드는 것이 배려의 힘이다. 상대방을 사랑하고 존중하고 인정하며 관심을 가질 때 서로를 향한 배려도 가능하다. 배려는 크고 거창한 것이 아니다. 자신보다 상대방을 먼저 보살피는 것, 그것이 진정한 배려다.

5

긍정 관계의 시작이자 중심:
시간 선물하기

최근 들어 누군가와 갑자기 어색해지거나 특별한 이유 없이 관계가 냉랭해졌다면 시간을 선물하지 않아서 그럴 개연성이 크다. 인간관계에 균열이 생기는 이유는 서로가 원할 때 공감하지 못하고, 소통하지 못하며, 함께하지 못해서다. 이때 바로 '시간 선물하기'가 필요하다. 시간 선물하기에는 상대방에 대한 사랑, 배려, 공감, 관심, 소통이 포함되어 있다. 그래서 긍정 관계의 시작이라고 할 수 있으며, 이것만큼 서로의 관계를 회복하고 아름답게 만드는 요소도 드물다.

2013년 5월 8일 축구계 최고 명장으로 손꼽히는 잉글리시프리미어리그EPL 맨체스터 유나이티드의 앨릭스 퍼거슨Alex Ferguson 감독이 돌연 은퇴를 선언했다. 무려 27년간 맨체스터 유나이티드를 명문 팀으로 이끈 그가 은퇴를 결심한 이유는 딱 하나, 아내 때문이었다. 그는 "작년 크리스마스 때 은퇴를 결심했습니다. 처형이 세상을 떠나면서 아내가 홀로 보내는 시간이 많아졌거든요. 처형은 아내에게 최고의 친구였죠. 하지만 이젠 내가 아내와 함께 있어야겠다는 생각이 들었습니다"라고 은퇴 이유를 설명했다. 퍼거슨의 이 말은 사람들에게 깊은 울림을 주었다.

현대 사회에서 많은 사람이 가족을 사랑하면서도 정작 가족과 함께 보내는 시간은 적은 편이다. 물론 늘 함께 있지는 못해도 자신의 시간을 대부분 가족을 위해 쓰고 있을 것이다. 아침부터 밤늦게까지 열심히 일하고, 때론 주말에도 회사에 나가는 것은 결국 사랑하는 가족의 행복을 위해서다. 하지만 가족은 관계를 원한다. 필요할 때 함께 있길 바라고, 자신들의 이야기에 공감해주길 원한다. 이러한 가족의 바람을 간과할 때 관계의 균형이 깨진다.

나는 다양한 분야의 사람들을 대상으로 긍정심리 및 회복력 강의와 교육을 진행하고 있다. 때로는 고위 공직자나 기업 임원들이 참가하기도 한다. 교육 과정에서 그들과 이야기를 나누다 보면 최근 들어서야 일과 가정의 균형이 얼마나 중요한지 알게 됐다고 고백하는 경우가 많다. 그동안 직업과 일에만 중점을 두다 보니 가정에서 자기 자리가 없어졌다는 것이다.

지난해 한 중견기업에서 임원들을 대상으로 교육을 진행했는데, 그중 한 임원은 대기업 출신으로 누구보다 능력 있고 회사에 대한 충성심도 높았다. 그래서 경영진으로부터 인정받아 전무 자리에 오를 때까지 한 번도 누락된 적 없이 고속 승진을 했고 직원들의 부러움을 샀다. 전무로 승진한 날 여기저기에서 축하 전화가 걸려 왔다. 그는 지방에서 근무하다 보니 토요일이 되어서야 서울 집에 갈 수 있었다. 가족에게 줄 선물까지 사서 기분 좋게 집에 도착했지만 왠지 집 안 분위기가 낯설게 느껴졌다. 방금 전까지 아내와 아이들이 즐겁게 텔레비전을 보고 있었는데, 자기가 오자마자 간단하게 인사만 하고는 서로 눈치를 보면서 각자 자기 방으로 들어가버렸다. 이틀간 휴가까지 잡은 그는 오랜만에 가족과 시간을 보내고 싶었지만 그것은 자신의 생각일 뿐, 아이들은 아빠와 함께하는 시간보다 엄마하고만 보내는 시간이 더 즐겁고 편안한 듯했다. 그는 자신이 없는 것에 가족이 익숙해졌다고 생각하니 너무 화가 나고 우울하기도 해 혼자 소주만 들이켰다.

사회적으로 성공한 사람은 대부분 직장에 다니든, 사업을 하든 일에 비중을 크게 둔다. 자신의 일을 목숨만큼 소중하게 생각하는 사람도 많다. 그래서 가정보다 일을 우선시하는 것이다. 자신을 위해 일하는 사람도 물론 있겠지만, 대다수는 가정을 위해 열심히 일한다. 단, 이것이 한쪽으로 지나치게 치우칠 경우 일과 가정의 균형이 깨지기 시작한다. 가족이 공감과 소통, 사랑을 원할 때 시간을 함께하지 못하면 관계가 소원해질 수밖에 없다. 간혹 물질로 보상이 가능하다고 생각하는 이들도 있는데, 그것은 어디까지나 자기중심적 사고일 뿐이다. 사람은 보통 관계에서 물질보다 함께하는 시간을 원한다.

최근 들어 30년 이상 같이 살다 갈라서는 황혼 이혼율이 20.6퍼센트로 결혼 4년 내 헤어지는 신혼 이혼율 17.6퍼센트보다 높아졌다고 한다. 이는 2000년 2.8퍼센트였던 것에 비하면 10배가량 높아진 수치다. 황혼 이혼은 주로 여성 쪽에서 원한다. 그래서 일본에서는 '퇴직 남편의 생존법'이라는 것이 회자되기도 했다. 이 생존법을 살펴보면 '집안일을 배운다, 아내 말에 귀 기울이고 고맙다고 말한다, 아내의 눈을 보며 이름을 부른다' 등이 포함되어 있다. 이렇게라도 관계 회복법을 익히는 것이 다행이라는 생각도 들지만 왠지 씁쓸한 마음이 앞선다. 평소 아내와 자녀들에게 좀 더 신경을 썼다면, 좀 더 많은 시간을 선물했다면 굳이 이렇게까지 할 필요가 없을 텐데 말이다.

나는 자기중심적 사고가 강한 편이다. 모든 면에서 내가 먼저고 내 일이 우선이다. 어릴 때부터 누구의 도움을 받아본 적 없이 혼자서 결정하고 행동해서일 것이다. 그만큼 지금까지 살아오면서 노력으로 이루고자 한 것은 대부분 성취했다고 자부한다. 그런데 딱 한 가지 안 되는 것이 있었다. 바로 돈이다. 지금은 많이 좋아졌지만 야속하리만큼 돈은 마음대로 되지 않았다. 그래서 늘 경제적 고통을 감내해야 하는 아내에게 미안함과 고마움을 느끼며 살았다. 자기중심적이라서 남을 따라 하기보다 새로운 것을 시도하길 좋아하다 보니 너무 앞서간다는 이야기도 많이 들었다. 돈을 벌려면 적당히 앞서가야 하는데 너무 앞서가는 바람에 고생은 고생대로 하고 돈은 뒤에 따라오는 사람들이 모두 챙기곤 했다.

　1980년대 초 다른 출판사들이 유행에 편승해 제목에 '컴퓨터'라는 단어를 넣어 책을 내고 돈을 벌 때 나는 일본의 공장자동화에 관한 책을 출간해 경제적으로 어려움을 겪었다. 또 자기개발 서적이 절정을 이루던 2010년대에는 거의 긍정심리학 분야 책만 출간했다. 과학을 바탕으로 행복을 만드는 긍정심리학이 한국인의 행복도를 높여줄 수 있다고 확신했기 때문이다. 하지만 확신은 결실로 돌아오지 않았고, 결국 부도를 맞아 경제적 어려움을 겪었다. 부도는 사업장뿐 아니라 가정경제에도 치명적인 영향을 미쳤다. 아내가 대기업 간부로 근무하고 있었지만 두 아이의 유학비를 포함해 지출 비용이 워낙 많았기에 혼자 감당하기 벅차고 힘들 수밖에 없었다. 게다가 일시적인 것도 아니고 몇 년 동안 지속되다 보니 아내는 지치고 무기력해져 우울 증상까지 겪었다. 이런 상황에서도 나는 오로지 돈만 있으면 해결될 문제라고 생각했다. 그래서 아내에게 늘 조금만 더 기다려달라고 했다. 처음에는 아내도 믿고 기다렸지만 시간이 흐르면서 나에 대한 믿음이 깨지고 슬픔과 불안, 우울감만 커졌다. 급기야 최악의 상황으로 치달았고, 경제적 어려움을 해결할 방법은 어디에도 없었다. 나는 이때 간절한 마음으로 시간을 선물하기로 마음먹었다.

처음에는 역효과가 났다. 자신의 생활 패턴에 익숙해 있던 아내는 나의 시간 선물을 오히려 불편해했다. 이미 아내의 일상에는 내가 차지할 수 있는 공간이 제한적이었던 것이다. 그렇다고 포기할 수는 없었다. 시간 선물하기가 긍정 관계를 가져오는 검증된 도구이기도 하고, 더는 다른 해결 방법도 없었기 때문이다. 일상에서 돈이 아닌 시간으로 할 수 있는 일들 가운데 아내가 원하는 것, 아내에게 도움이 되는 것, 아내가 좋아하는 것, 아내가 기뻐하는 것을 찾아 행동으로 옮겼다. 아침식사 챙겨주기, 분리수거하기, 같이 운동하기, 책 선물하기, 장모님에게 안부 전화 자주하기 등이다. 조찬 모임을 대부분 줄이면서까지 아내에게 시간을 선물했다. 조찬 모임을 통해 새로운 정보와 지식을 습득하고 인간관계를 확장하는 일도 중요하지만, 이제는 아내에게 시간을 선물하는 것이 더 의미 있다고 판단한 것이다. 그렇게 하길 2년. 물론 남편으로서, 한 개인으로서 인내하기 힘든 순간도 있었지만 희망을 가지고 노력한 결과 아내 마음이 조금씩 열리기 시작했다. 그리고 3년이 지나자 아내와의 관계가 정상으로 회복됐고 아이들과도 사이가 좋아졌다. 지난 몇 년을 돌아봐도 나와 우리 가족에게 가장 행복한 시간이었다.

많은 사람이 나이가 들면 가족 관계, 특히 자녀와의 관계 개선을 포기하려 한다. 서로가 불편하고 어렵기 때문이다. 하지만 진정한 행복을 원한다면 진심 어린 마음으로 시간 선물하기를 통해 관계 개선을 시도해보길 권한다. 가족뿐 아니라 친구나 직장 동료들에게도 마찬가지다.

리서치 전문업체 한국갤럽조사연구소가 조사한 바에 따르면, 행복한 사람은 보통 6시간을 인간관계에 투자한다고 한다. 24시간 중 잠자는 시간을 제외하고 6시간이면 결코 적은 시간이 아니다. 하지만 시간 선물하기는 많이 하면 할수록 좋다. 함께 많은 시간을 보낼수록 관계가 돈독해지고 또 긍정적으로 변하기 때문이다. 시간 선물하기는 긍정 관계를 강화하는 도구지만, 누군가에게 이타성을 베푸는 수단으로도 매우 유용하다.

40대 후반인 미애 씨는 세 아이의 엄마이자 회사를 운영하는 경영자다. 그는 사흘 동안 긍정심리치료 수련 과정에 참가했으며, 도구 실천 과제 중 시간 선물하기 과제를 완성했다. 다음은 그가 들려주는 시간 선물하기 경험 사례다.

아주 어렸을 때부터 엄마는 우리가 언제나 긍정적인 뭔가를 다른 사람들에게 줄 수 있다는 생각을 심어줬다. 처음에는 근근이 먹고사는 우리 형편에 어떻게 그럴 수 있냐며 이해하지 못했지만, 돌이켜보면 엄마는 언제나 짬을 내서 다른 사람들을 도왔다. 엄마는 남을 도울 시간을 낼 수 있는지가 자신의 가치를 결정짓는다고 믿었던 것이다. 동네 어르신이 혼자 쓰레기를 버리지 못할 때 대신 버려주고, 주말에 푸드뱅크나 쉼터에 음식을 가져다주는 일은 일상이었다. 엄마는 선행을 좋아했지만, 그런 엄마의 성격을 악용하는 사람들이 있었다. 그런 사람들에게도 사랑과 돌봄을 베푸는 엄마를 볼 때마다 나는 속으로 화가 많이 났다.

우리 가족은 힘든 세월을 보냈다. 그러나 나는 좋은 학업 성적과 스포츠 성과를 바탕으로 집에서 멀리 떨어진 대학교에 장학금을 받고 입학했다. 나는 새롭게 얻은 자유가 좋아서 공부도, 수영 훈련도 열심히 했고 대표팀에서 수영선수로 활약했다. 그러던 어느 날 저녁 훈련을 마치고 돌아가는 길에 기숙사의 대리석 바닥 복도에서 넘어져 정신을 잃었다. 눈을 떴을 때는 병원이었는데 어깨와 머리에 붕대가 감겨 있었다. 이후 몇 주 동안 나는 선수권대회에 참가할 수 없다는 절망감과 장학금을 놓칠지도 모른다는 걱정에 사로잡혀 지냈다.

석 달 후 수영장에 갔지만 수영을 할 수 없었고 자꾸 눈물만 났다. 그때 한 할아버지가 다가와 왜 물 밖에 있느냐고 물었다. 그분은 지역주민 전용 레인에서 수영을 하던 할아버지로, 훈련할 때 종종 얼굴을 뵌 적이 있었다. 나는 할아버지에게 사고 이야기를 했다. 그러자 할아버지는 자신도 국가 수영대회에서 세 번 우승을 차지했지만 부상으로 고생한 적이 있다며 무료로 재활을 도와주겠다고 했다. 대학 재활팀에서 해주는 것보다 훨씬 좋은 재활 프로그램이었다. 나는 그 놀라운 제의를 감사한 마음으로 받아들였다.

그 후 석 달 동안 할아버지와 나는 매일 최소 한 시간씩 내 신체 상태와 부상에 맞는 재활훈련을 실시했다. 빈틈없는 관찰자이자 노련한 수영선수였던 할아버지 덕분에 나는 점차 회복됐고, 6개월 만에 예전 기량을 거의 되찾을 수 있었다. 어느 날 나는 할아버지에게 왜 그렇게 많은 시간을 나에게 할애했는지를 물어봤다. 할아버지는 이렇게 대답하셨다.

"내 결혼 생활은 아주 엉망이었단다. 이혼 후 자식들이 나한테 신경도 쓰지 않을 정도로. 하지만 내 어머니는 아주 행복한 분이셨어. 전쟁에서 살아남은 어머니는 가난해 물질적으로 나눠줄 게 거의 없었지만 넓은 마음을 지닌 분이셨지. 그래서 많은 시간을 남을 돕는 데 쓰셨단다. 그때는 어머니가 왜 그렇게 남을 돕는지 이해하지 못했어. 사실 그런 어머니한테 화도 났었고. 하지만 지금은 어머니가 왜 그렇게 행복해했는지 이해할 수 있단다. 너와 함께 시간을 보내면서 남을 도우면 얼마나 행복해질 수 있는지 깨달았거든."

6

만족스러운 관계를 위한 도구:
적극적·건설적으로 반응하기

손바닥도 마주쳐야 소리가 나듯이 인간관계도 어느 한쪽만 노력해서는 긍정 관계를 만들기 어렵다. 상대방이 이야기할 때 어떻게 반응하느냐에 따라 그 사람과의 관계가 좋게 발전하기도 하고, 오히려 나빠지기도 한다. 그래서 적극적이고 건설적인 반응이 필요한 것이다. 특히 우울, 불안, 분노 같은 심리적 증상을 가진 사람에게는 상대의 긍정적인 반응이 필요하다. 그들은 대부분 심리적으로 나약하고 누군가로부터 지지를 받고 싶어 하기 때문이다.

상대방이 긍정적인 이야기를 할 때 반응하는 방식은 크게 네 가지다. 첫째, 적극적이고 건설적인 반응이다. 열광적인 지지를 진실되게 보내면서 진정한 미소 등을 통해 감정을 표현하고 눈 맞춤을 유지하는 것이다. 이 경우 상대의 기분이 좋아지는 것은 물론, 자신에 대한 우호적 감정도 강화할 수 있다. 둘째, 소극적이고 건설적인 반응으로, 절제된 지지를 보내면서 적극적인 감정 표현을 거의 하지 않는 방식이다. 셋째, 적극적이고 파괴적인 반응이다. 이야기의 부정적 측면을 지적하면서 눈썹을 찡그리거나 인상을 쓰는 등 부정 정서를 표현한다. 넷째, 소극적이고 파괴적인 반응이다. 긍정적인 이야기를 무시하면서 눈 맞춤조차 하지 않고 고개를 돌려 대화 주제에서 벗어난다.

당신은 상대가 이야기하는 순간에 대체로 어떤 반응을 보이는 편인가? 친구가 자동차를 샀다고 자랑할 때, 자녀가 학교에서 좋은 성적을 받았다고 말할 때, 형제나 자매가 새집을 장만했다고 뿌듯해할 때 어떻게 반응했는지 떠올려봐도 좋다. 만약 친구가 다이어트에 성공해 들떠서 이야기한다면 다음 중 어떤 반응을 보일지 골라보자.

① "한눈에 날씬해진 걸 알겠어. 축하해!" – 적극적이고 건설적인 반응
② "잘됐네." – 소극적이고 건설적인 반응
③ "얼마 못 가서 금방 다시 살이 찔걸?" – 적극적이고 파괴적인 반응
④ "우리, 뭐 먹으러 갈까?" – 소극적이고 파괴적인 반응

만약 ②, ③, ④번 가운데 하나를 골랐다면 친구는 이야기한 것을 곧 후회하거나 만남이 불편해질지도 모른다. ①번을 골랐다면 관계가 더욱 친밀해질 수 있다. 사람들은 어떤 이야기를 할 때 상대방에게 부정적이고 무시하는 반응보다 긍정적이고 공감하는 반응을 기대한다. 예를 들어 새 차를 뽑고 잔뜩 기대에 부풀어 "이 차 어때?"라고 물었는데 상대가 시큰둥하게 "응, 괜찮네"라고 대답한다면 물어본 입장에서는 기분이 별로일 수밖에 없다. 반대로 "정말 끝내주는데! 시승식은 누구와 했어? 제일 먼저 어디 가보고 싶어?"라는 반응을 보인다면 기분이 절로 좋아진다.

긍정 관계를 원한다면 사촌이 땅을 사도 함께 웃고 자기 일처럼 기쁘게

반응해야 한다. 그러니 이제부터는 누군가 자신이 겪은 좋은 일을 들려줄 때마다 세심하게 경청하면서 적극적이고 건설적인 반응을 보이자. 당신의 반응에 상대는 신바람이 나서 이야기를 이어갈 것이다.

나는 낙관적이고 긍정적인 성격 특성을 가졌지만 자기중심적으로 살아오고 대화 기술도 부족해 가족과 관계에서 소통 문제가 자주 발생하곤 했다. 주로 소극적이고 건설적인 반응 아니면, 소극적이고 파괴적인 반응을 보였다. 상대방이 긍정적인 이야기를 해도 절제된 반응을 보이거나 무시하는 경향이 강했다. 내 안에 빙산 믿음이 견고히 자리 잡고 있어 늘 제한적이고 절제된 경청을 했고 공감력을 발휘하지 못했다. 가족 간 대화에서도 "어, 그래?"가 아닌, "왜?"라는 반응이 먼저 나오다 보니 공감적인 대화보다 방어적이고 공격적인 대화가 됐다. 이러한 대화 방법이나 반응 기술은 상대에게 뭔가 공격받고 추궁당하는 듯한 느낌을 줄 수 있다. 게다가 아이들과 성격 차이, 세대 차이까지 겹쳐 가족 간 대화가 즐겁지 않았다.

그러다 더는 안 되겠다 싶어 아내나 아이들이 긍정적인 이야기를 할 때면 무조건 적극적이고 건설적으로 반응했다. 처음에는 '너무 과장되게 표현한 것이 아닐까?'라는 의구심이 들어 어색했지만, 시간이 갈수록 자연스럽게 적응할 수 있었다. 이후 유학 중이던 작은아들이 방학을 맞아 귀국했고, 내가 아내에게 "어, 그래? 잘 됐네. 그래서?"라며 매번 적극적이고 건설적인 반응을 보이자 "아빠, 언제부터 엄마한테 그렇게 예스맨이 됐어?"라고 물었다. 나는 간단하게나마 예스맨이 아니라, 긍정심리학에서 강조하는 공감 및 대화 도구라는 사실을 알려주었다. 지금은 이런 반응 기술에 익숙해져 가족 간 어떤 대화든 자연스럽고 부드럽게 이어갈 수 있게 됐고, 그만큼 대화 분위기도 한결 좋아졌다.

또 다른 사례로, 경아는 남편 남우로부터 계속 무시당하고 인정받지 못하는 것 같아 심리치료(상담)를 받았다. 두 사람은 같은 회사에서 만나 2년 넘게 연애한 후 결혼했다. 경아는 결혼 전에는 자신의 지성과 꼼꼼하고 집중하는 성격, 일에 대한 헌신, 직업적 진실성을 남우가 인정하고 존중했지만, 지금은 열심히 일하고 돈도 많이 버는데도 자신의 가치를 오히려 무시하는 것 같은 느낌이 자꾸 들었다. 지난주에는 회사에 큰 성과를 안긴 덕에 상사로부터 칭찬을 듣고, 보너스와 이틀 휴가까지 포상으로 받아 행복한 마음으로 그 소식을 남편에게 전했다. 하지만 남편은 텔레비전 야구 중계에 푹 빠져 눈도 마주치지 않은 채 건성으로 칭찬했다. 그러고는 재빨리 저녁식사로 화제를 돌렸다. 풀이 죽은 경아는 이후 며칠 동안 속마음을 표현하기 힘들어 안으로 삭이기만 했다. 자신의 성취와 감정이 남편에게는 중요하지 않다는 생각이 들었고, 남편이 자기를 사랑하는지도 의심스러웠다.

경아는 남우에게 몇 회기만이라도 심리치료를 함께 받자고 제안했다. 남우는 처음에는 주저하다 동의하긴 했지만 계속해서 부부 사이에 아무런 문제도 없다고 강조했다. 심리치료사는 두 사람이 스스로 가치 있거나 없다고 여길 때, 인정받거나 인정받지 못한다고 느낄 때에 대한 이야기를 진솔하게 나눌 수 있는 분위기를 만드는 데 주력했다. 예상대로 경아가 남우보다 이야기를 훨씬 많이 했다. 지금까지 별 탈 없이 살아왔다고 생각한 남우는 경아의 이야기를 듣고 깜짝 놀랐다. 그리고 두 가지 사실을 깨달았다. 첫 번째는 자신이 지속해서 아내와 소통했다는 점이다. 무슨 말을 하거나 전혀 하지 않고, 미소를 짓거나 무표정을 유지하고, 시선을 마주치거나 피하고, 아내를 만지거나 신체적 접촉을 피하는 식으로 소통한 것이다. 경아는 그 모든 소통에 의미를 부여했다. 두 번째는 자신의 소통 방식 때문에 아내가 큰 스트레스를 받았다는 점이다.

치료사는 경아에게 지난 2주 동안 자신에게 일어난 중요하고 긍정적인 일들을 남편에게 이야기해보라고 했다. 이어서 남우에게는 스스로 진정성이 느껴지고, 아내도 인정받고 있다고 생각할 수 있도록 적극적이고 건설적인 반응을 적용해보라고 권했다. 처음 몇 차례 그의 반응은 열정적이거나 진실했지만 꾸준하지는 않았다. 남우가 아내에게 인정과 지지를 보내야 할 때는 약간의 코칭이 필요했다. 남우는 다소 실망해 자신은 변할 수 없다면서 "저는 원래 이런 사람이에요"라고 말했다. 하지만 점점 자연스러워졌고, 결국 적극적이고 건설적인 반응을 쉽게 할 수 있게 됐다.

인간은 본래 부정적 표정과 어조, 몸짓, 자세를 긍정적인 것보다 훨씬 쉽게 감지하면서도 자신의 그런 성향은 종종 인지하지 못한다. 이런 부정 편향은 비판적 사고를 키우는 데 도움이 되지만 친밀한 관계에서 남용하면 해가 되기도 한다. 다행히 인간은 그런 성향을 없앨 수 있는 심리적 세련성을 타고난 데다, 적극적·건설적으로 반응하기 기술을 사용하면 인간관계를 더욱 만족스럽게 강화할 수 있다. 경아와 남우도 그런 노력을 시작한 것이다.

미 육군의 '회복력 전문가 훈련MRT'에서 적극적·건설적으로 반응하기 기술은 '칭찬', '확신에 찬assertive 의사소통'과 함께 견고한 관계 구축 중 특히 다른 대원들과 관계, 가족과 관계를 강화하는 방법에 초점을 맞춘다.

다음은 회복력 전문가 훈련에 참가한 군인들이 견고한 관계 구축을 통해 회복력을 키우는 과정이다. 훈련은 일련의 역할극을 통해 각 반응 기술을 설명하는 방식으로 이루어지는데, 첫 번째 역할극은 가까운 친구

사이인 두 부사관의 반응 기술에 관한 것이다.

"아내한테서 전화가 왔어. 우체국에 새로 취직했는데, 정말 좋은 자리래."

① "와, 진짜 잘 됐네. 어떤 일을 하는 자리래? 언제부터 출근한다고 그래? 어떻게 해서 거기에 취직했는지는 얘기 안 해? 어떤 자격을 갖춰야 거기 취직할 수 있는 거야?" – 적극적이고 건설적인 반응

② "잘 됐군." – 소극적이고 건설적인 반응

③ "그럼 이제 자네 아들은 누가 돌봐? 나는 보모는 도무지 못 믿겠더라고. 보모가 어린아이들을 끔찍하게 학대한 이야기를 자네도 수없이 들었을 거야." – 적극적이고 파괴적인 반응

④ "우리 아들이 재밌는 이메일을 보내왔어. 무슨 내용이냐면…." – 소극적이고 파괴적인 반응

역할극을 모두 마친 부사관들은 각자 자신의 전형적인 반응 방식을 적은 워크시트를 완성한 후 자신이 적극적이고 건설적으로 반응하기 어려운 이유를 확인했다. 또한 적극적이고 건설적인 반응을 위해 자신의 대표강점을 활용하는 방법도 알게 됐다. 예를 들어 호기심 강점을 발휘해 질문하기, 열정 강점을 발휘해 반응하기, 지혜 강점을 발휘해 그 사건에서 배울 수 있는 교훈 깨닫기 등이다.

우리가 대부분 적극적이고 건설적인 반응이라고 생각하는 것 중에 '칭찬'도 있다. 한때 《칭찬은 고래도 춤추게 한다Whale Done!》가 서점가에서 밀리언셀러가 됐을 정도로 칭찬하기가 사회, 교육, 문화, 산업 등 다양한 분야에서 붐을 일으키기도 했다. 유치원은 물론 기업 조직 내에도 칭찬은 좋은 것이고 반드시 해야 하는 것이라는 인식이 퍼졌을 정도다.

그런데 미국 스탠퍼드대학교 심리학과 교수인 캐럴 드웩Carol Dweck이 2006년 '과도한 칭찬이 오히려 아이를 망친다'는 연구 결과를 발표해 많은 사람을 경악하게 했다. 나는 당시 이 논문을 기반으로 한《양육쇼크 Nurture Shock》를 기획 출판했고, 이 책은 베스트셀러가 됐다.

부모들은 흔히 자녀의 지능을 칭찬하면서 문제 해결 능력을 제시하고 있다고 믿는다. 드웩이 실시한 설문조사 결과에 따르면 미국 부모의 85퍼센트는 자녀에게 똑똑하다는 칭찬을 하는 것이 매우 중요하다고 생각했다. 실제로 뉴욕 시내와 그 주변 지역에 사는 드웩의 지인들은 거의 매일 습관적으로 아이를 칭찬했다. "똑똑하기도 하지, 내 새끼"라는 말을 입에 달고 산다고 해도 과언이 아니었다. 그리고 대부분 잦은 칭찬을 당연한 것으로 여겼다. 칭찬도 여러 방법으로 이어졌다. 도시락 가방에 칭찬 쪽지를 매일 넣어두기나 냉장고에 칭찬 스티커를 붙여놓는 가정도 있었다.

남자아이들은 저녁 설거지를 한 대가로 칭찬과 함께 야구장 티켓을 받았고, 여자아이들은 숙제를 한 대가로 매니큐어를 받았다. 이 아이들은 자신이 언제나 잘하고 있으며, 그렇게 타고났기 때문에 잘하는 것이라고 생각했다. 필요한 것은 이미 다 갖추고 태어났다고 믿었다.

부모들은 똑똑하다는 소리를 반복적으로 듣고 자라 자기가 정말 똑똑하다고 믿는 아이는 학교 공부에서 어려운 문제를 만나도 결코 굴복하지 않을 것이라고 여긴다. 지속적으로 칭찬해주면 아이의 재능이 살아나리라는 믿음이 지배적이다. 하지만 이 부분에 대한 광범위한 연구 조사들은 결코 그렇지 않다는 결과를 나타내고 있다. '똑똑한 아이'라는 칭찬 딱지가 학력 부진을 막지는 못한 것이다.

드웩이 발표한 '칭찬의 부작용'이라는 주제에 관한 연구를 살펴보면,

드웩 연구팀은 10년간 뉴욕의 스무 군데 학교 학생들을 대상으로 칭찬의 효과를 추적, 관찰했다. 초등학교 5학년생 400명을 연속적으로 살펴 연구에 정확성을 기했다. 이 연구가 있기 전에는 많은 사람이 칭찬이 아이의 자신감을 높인다고 믿었다. 반면 드웩은 과도한 칭찬이 오히려 아이들이 처음 실패나 난관에 봉착했을 때 부작용으로 작용할 수도 있다는 가정하에서 실험에 돌입했다.

드웩은 연구 대상인 초등학교 5학년 교실들에 연구자 4명을 파견했다. 연구자들은 각 교실에서 아동을 한 명씩 선발해 일련의 퍼즐로 되어 있는 비언어식 시험을 보게 했다. 이때 퍼즐은 누구나 쉽게 풀 수 있는 문제들이었다. 아이들이 검사를 마치면 연구자들은 각 학생에게 점수를 알려주면서 한마디씩 칭찬을 덧붙였다. 이때 무작위로 집단을 나눈 뒤 한쪽 집단에는 똑똑하다는 칭찬을 했다. 또 다른 집단에는 열심히 했다며 노력을 칭찬했다. 그런데 왜 단 한마디의 칭찬만 했을까? 드웩은 "아이들이 얼마나 예민한지 보고 싶었습니다. 효과를 보려면 단 한마디로도 충분하다는 생각이 들었죠"라고 설명했다.

이제 학생들에게 두 번째 시험을 선택하게 했다. 하나는 첫 번째 시험보다 어렵지만 퍼즐을 풀어봤으니 전보다 실력이 나아질 것이라고 설명했다. 또 다른 하나는 첫 번째 시험과 거의 같은 수준으로 쉬운 문제라고 알려줬다. 노력을 칭찬받은 아이의 90퍼센트는 더 어려운 문제를 선택했다. 똑똑하다는 칭찬을 받은 아이는 대부분 쉬운 쪽 문제를 골랐다. '똑똑한' 아이들이 오히려 회피를 선택한 것이다. 이런 의외의 결과에 대해 드웩은 "아이의 지능을 칭찬하면 '똑똑하게 보이기'가 도전 과제가 되기 때문에 아이들이 실수할 수도 있는 모험에 나서지 않는 것입니다"라고 설명했다. 이것이 바로 초등학교 5학년 학생들의 현실로, 이들은 똑똑해 보이는 쪽을 선택하고 당황스러울 수도 있는 모험은 회피했다.

세 번째 시험은 누구에게든 선택의 여지가 없었다. 2년 이상 앞선 단계의 학생들이 푸는 매우 어려운 문제였다. 다들 시험을 망쳤지만 집단별로 반응이 달랐다. 첫 번째 시험을 치른 뒤 노력을 칭찬받은 아이들은 세 번째 시험을 못 본 이유가 충분히 집중하지 않았기 때문이라고 생각했다. 드웩은 "이 아이들은 매우 열심히 문제를 풀었고 온갖 해결책을 적극적으로 시도했습니다. 상당수가 '내가 좋아하는 문제다'라고 말했기도 했고요"라고 이야기했다. 하지만 똑똑하다는 칭찬을 받은 아이들의 반응은 사뭇 달랐다. 이들은 어려운 시험을 망친 이유가 자신이 똑똑하지 않기 때문이라고 생각했다. 드웩은 "한눈에 봐도 긴장감이 고스란히 드러나고 있었어요. 땀을 뻘뻘 흘리며 괴로워했죠"라고 상황을 설명했다.

어려운 문제로 일부러 실패를 유도한 드웩 연구팀은 마지막 시험은 첫 번째 시험만큼 쉬운 문제를 냈다. 노력을 칭찬받은 아이들은 첫 번째 시험에 비해 30퍼센트 정도 성적이 향상됐다. 똑똑하다고 칭찬받은 아이들은 첫 번째 시험보다 약 20퍼센트 성적이 하락했다. 칭찬이 역효과를 낸 것은 아닐까라는 의문을 품고 시작한 연구였지만 막상 드러난 결과에 드웩 자신도 깜짝 놀랐다. 드웩은 이 상황을 다음과 같이 설명했다.

"노력을 강조하면 아이에게 스스로 통제할 수 있다는 변수를 주는 셈입니다. 아이는 자신이 성공을 통제할 수 있다고 믿게 되죠. 그러나 타고난 지능을 강조하면 오히려 통제력을 앗아갈 수 있습니다. 실패에 대처할 수 있는 좋은 대비책을 주지 못하는 것입니다."

이어진 면담을 통해 드웩은 타고난 지능이 성공 비결이라고 믿는 아이들은 노력을 별로 중요시하지 않는다는 사실을 알아냈다. 이 아이들은

"나는 똑똑하다. 고로 노력할 필요가 없다"는 논리를 가지고 있었다. 즉 열심히 노력한다는 것은 타고난 재능으로 해결하지 못한다는 뜻이라며 노력 자체를 폄하했다. 이 같은 결과는 대학생이나 취학 전 아동을 대상으로 한 실험에서도 똑같이 나타났다.

1984년 미국 캘리포니아주 의회는 시민들의 자부심이 향상되면 사회 복지제도에 대한 의존성이 낮아지고 10대 청소년의 비행과 임신율도 감소할 것이라 믿고 '자부심 특별위원회'를 공식 출범했다. 이후 '아동에게 자부심은 멈추지 않고 달리는 기관차와 같다'는 사회 분위기가 조성됐으며, 아이의 자부심에 잠재적으로 상처를 입힐 수 있는 것들은 모두 통제됐다. 특히 경쟁은 사회악이 된 분위기였다. 축구 코치들은 골 득점수를 세지 않았고 선수 전원에게 트로피를 수여했다. 교사들은 빨간 펜을 던져버렸다. 비판 대신 언제 어디서나 칭찬이, 때로는 합당하지 않은 칭찬까지 난무했다. 심지어 매사추세츠주의 어느 학군은 체육시간에 줄넘기를 배우다 아이가 줄에 걸려 넘어지면 당혹감을 느낄까 봐 줄넘기 없이 줄넘기 수업을 하기도 했다. 이 시도는 결국 실패로 끝났다. 지나친 칭찬은 아이를 병들게 한다는 결론에 이른 것이다. 한마디로 칭찬은 상대의 기분을 좋게 해주는 수단이 아니라, 주어진 일을 우수하게 수행할 수 있도록 유도하는 건설적인 긍정 도구다.

군을 예로 들면 "이번에 상사로 진급했습니다", "체력 검사에서 우수한 점수를 받았습니다", "인명 피해 없이 그 건물을 수색 완료했습니다" 등 칭찬이 마땅한 순간에 부사관들은 막연하게 "잘했군!" 또는 "대단해!"라고 말하지 않는다. 그 대신 구체적으로 칭찬하는 기술을 배워 실천한다. 군에서 칭찬은 첫째, 상관이 실제로 지켜보고 있었다는 것을 인식하게 한다. 둘째, 상관이 일부러 시간을 내서 해당 군인이 수행한 것을 정확히 봤다는 사실을 알려준다. 셋째, 형식적인 "잘했군"과는 반대로 진실된 마음을 부하 대원에게 입증해 보이는 수단이다. 넷째, 수행한 것에 대한 격려다.

이렇듯 긍정 관계를 유지하고 발전시키는 데 큰 도움이 되는 적극적이고 건설적인 반응 기술은 가정과 학교, 부대 등 언제 어디서나 필요한 도구다. 그중에서도 소위 칭찬은 상대방에게 힘이 되기도 하지만, 때로는 부작용을 낳을 수도 있다는 점을 기억하면서 적절한 순간에 올바르게 적용해야 한다. 칭찬을 하는 사람에게도, 듣는 사람에게도 효과적이고 건설적인 긍정 도구가 될 수 있도록 말이다.

7

관계에 신뢰를 더하는 마법:
확신에 찬 의사소통

견고한 관계 구축을 통해 회복력을 키우는 방법으로 '확신에 찬 의사소통'도 있다. 의사소통은 크게 △수동적 방식 △공격적 방식 △소극적 방식 △확신에 찬 방식으로 나뉜다. 각 방식의 단어, 어투, 속도, 몸짓을 살펴보면서 어떤 메시지를 전달하는지 알아보자.

먼저 수동적 방식은 "어쨌든 당신은 내 말에 절대 귀 기울이지 않을 거야"라는 메시지를 전달한다. 공격적 방식을 지향하는 사람은 "남들은 내가 조금만 약점을 보여도 나를 이용할 거야"라는 빙산 믿음을 가지고 있다. 반면 소극적 방식을 따르는 사람은 "불평하는 것은 나빠"라는 빙산 믿음이 자리하며, 확신에 찬 방식을 가진 사람은 "세상에는 신뢰할 만한 상대가 많아"라는 믿음을 지니고 있다.

우리는 대부분 이 네 가지 의사소통 방식 가운데 하나를 따르며, 그것이 어떤 방식이냐에 따라 관계가 좋아지기도, 나빠지기도 한다. 자신의 의사소통 방식을 확신에 찬 방식으로 바꾸고 싶다면 그 방식을 실천하지 못하게 만드는 빙산 믿음을 찾아내는 것이 먼저다. 그리고 다음 다섯 단계를 통해 확신에 찬 의사소통 방식을 익히면 된다.

① 상황을 확인하고 이해하기 위해 노력한다.
② 그 상황을 객관적으로 정확히 묘사한다.
③ 우려를 표현한다.
④ 상대방의 견해를 묻고, 가능하면 그것을 받아들이려 노력한다.
⑤ 상대방의 견해를 받아들일 때 얻게 될 이점을 목록화한다.

이 단계는 미 육군의 회복력 전문가 훈련에 포함된 것으로, 이 과정에 참가한 부사관들은 역할극을 통해 의사소통 방식을 연습하게 된다. 역할극 내용은 전우가 만취 상태로 운전하려 한다, 아내가 별 필요도 없는 물건을 자꾸 사들인다, 동료 대원이 물어보지도 않고 자신의 소지품을 계속 가져다 쓴다, 동료 대원이 너무 게임에 빠져 있다 등등 다양하다.

역할극에 이어 참가자들은 자신이 실제로 직면한 곤란한 상황을 확인하고 확신에 찬 의사소통 방식을 적용해본다. 특히 가족과의 소통 방식을 살펴보는 과정에서는 자신이 아내에게 너무 공격적으로 말하고, 자녀에게는 강압적으로 말한다고 고백하는 참가자가 많았다. 매사 신속하고 명령을 지향하는 군대에서 일하다 보니 가정에서도 이 같은 경향이 드러나고 있었던 것이다. 이 과정을 마친 한 부사관은 복도에서 회복력 교육 책임자를 만나 고마움을 전하면서 "3년 전에 이걸 배웠더라면 저는 이혼하지 않았을 겁니다"라고 말했다. 군대만이 아니다. 어느 조직의 구성원이든 의사소통 방식 때문에 가정에서 어려움을 겪는다. 다양한 환경에서 경쟁하고 성과를 내야 하는 조직 특성에 익숙한 사람은 가정에서 의사소통 방식을 바꾸기가 힘들다.

다음은 회복력 전문가 훈련을 마친 미 육군 중사 에드워드 커밍스Edward Cummings가 전한 이야기다.

11월에 회복력 전문가 훈련을 받았는데, 이 교육은 하나부터 열까지 유용했다. 군대 생활은 물론, 개인 생활에도 무척 큰 도움이 됐다. 군인으로서 나의 신조는 '행복하고 성공적인 가정생활이 내가 부대에서 책무를 다하는 데 일조한다'는 것이다. 교육 첫날부터 나는 이 신조를 일상생활에 끼워 넣는 방법을 배웠다. 그것은 내가 아내와 대화할 수 있는, 더 중요하게는 아내의 말을 경청할 수 있는 새로운 문을 열어주었다. 나는 지금까지 해야 할 말을 자제하면서 소극적이고 건설적으로 반응해왔다. 이것이 내 결혼 생활을 망치고 있다는 생각을 한 번도 해본 적이 없었다. 하지만 교육을 받은 후 그동안 사소하다고 여겼던 아내의 말에 귀 기울였을 뿐인데 아내의 일상이 바뀌었다. 더 즐거워하고 행복해했다. 누구나 알고 있듯이 '아내가 행복하지 않으면 아무도 행복하지 않다!'

나는 부대에서 일어나는 문제들도 훨씬 더 쉽게 해결할 수 있게 됐다. 예전에는 상황이 내 생각대로 돌아가지 않으면 무척 당황스러워하고 과민하게 반응했다. 지금은 경솔하게 결정을 내리기 전 한 걸음 뒤로 물러서서 모든 정보를 취합하려고 노력한다. 그럼 흥분이 가라앉고 그 상황을 다른 방향에서 바라볼 수 있다. 나는 빙산 믿음도 많이 찾아내 그것을 바꾸거나 떨쳐내고 있다.

나는 사실 부모님처럼 36년 이상 결혼 생활을 유지할 수 있을지 자신이 없었다. 하지만 지금은 그렇게 될 것이라고 확신한다. 그동안 군인으로서도 내 경력을 걱정하고 매순간 과연 올바른 결정을 내린 것인지, 군대에서 성공할 수 있을지 의심했다. 지금은 어떤 도전에 직면하든지 잘 맞설 수 있으리라고 확신한다. 그만큼 부하 대원들도 잘 보살필 수 있을 것이다. 자신도 보살피지 못하는 군인이 어떻게 다른 군인을 보살필 수 있겠는가? 사랑하는 사람들과 멀리 떨어진 탓에 군대 생활에 잘 적응하지 못하는 신병이 많다. 나도 예전에 그랬다. 지금 배운 것을 그때 알았더라면 훨씬 잘 견디고 여러 도전에도 잘 대처할 수 있었을 것이다. 그것을 잘 알기에 나는 어려움을 겪는 부하 대원이 찾아오면 ABC 확인하기, 빙산 믿음 찾기, 진상 파악하기 같은 다양한 기술 중 몇 가지를 활용해 그들을 돕고 간부로서 임무도 다할 생각이다.

회복력 전문가 훈련은 전반적으로 대단히 성공적이었다. 긍정심리학을 활용하는 것은 경이로움 그 자체다.

7장

행동(성격강점) 회복력 기술

1

학습으로 성격을 바꾸는 심리적 도구,
성격강점

'성격강점'은 3,000년 동안 세세에 누누 버져 있던 200가지 미덕을 찾아 압축한 '6가지 미덕'과 그 미덕 안에서 찾은 18,000가지 강점 가운데서 뽑은 '24가지 강점'으로 구성되어 있다. 여기서 6가지 미덕은 시대와 문화를 막론하고 철학가, 종교사상가 등이 인정한 핵심 가치인 △지혜와 지식 △용기 △사랑과 인간애 △정의감 △절제력 △영성과 초월성을 가리킨다. 여기에는 도덕적 개념과 선한 품성의 개념이 포함되어 있다. 그래서 2015년 우리나라에 '인성교육진흥법'이 제정될 당시 인성교육에서 핵심인 인성덕목을 선정할 때 가장 큰 영향을 미친 이론이 긍정심리학의 성격강점이다. 당시 인성교육 실무를 총괄한 서울대 정찬우 교수는 "긍정심리학의 성격강점은 고전적인 지혜, 정의, 절제를 덕목에 넣으면서도 현대 인성교육과 배려 윤리적인 인간적 성격은 물론, 심리학 특유의 감성지능EQ, 사회지능SQ 개념을 포함하고 있다"고 설명했다. 참고로 성격강점은 인성강점으로도 불린다.

6가지 미덕은 각 미덕을 함양하는 확실한 방법들을 가지고 있다. 그 실천 방법이 바로 '24가지 강점'이다. 성격강점은 셀리그만과 피터슨의 오랜 노력으로 만들어졌다. 하버드대학교 교육대학원 원장이자 다중지능 창시자인 하워드 가드너Howard Gardner는 "셀리그만과 피터슨의 성격강점 발견은 심리학의 지난 반세기에서 가장 위대한 업적"이라고 칭송했다. 성격강점의 유용성을 인정한 것이다. 구체적으로 6가지 미덕과 24가지 성격강점은 다음과 같다.

- 지혜와 지식: 창의성, 호기심, 개방성(판단력), 학구열, 예견력(지혜)
- 용기: 용감성, 끈기, 정직, 열정
- 사랑과 인간애: 사랑, 친절, 사회성 지능
- 정의감: 팀워크(협동심), 공정성, 리더십
- 절제력: 용서, 겸손, 신중성, 자기 통제력
- 영성과 초월성: 감상력(심미안), 감사, 희망, 유머, 영성

셀리그만과 피터슨은 성격강점을 만들 때 가치를 중요하게 생각했으며, 24가지 강점을 선정하면서 세 가지에 주목했다.

첫째, 대다수 문화권에서 중요하게 여기는지다. 보편성을 중시한 것이다. 예를 들어 철저한 시간 관리는 우리나라 등 자본주의 국가에서는 무척 필요한 강점이지만, 인도나 아프리카 같은 나라에서는 그 필요성을 잘 느끼지 못한다.

둘째, 목적을 위한 수단이 아닌, 그 자체로 가치가 있는지다. 지능과 시간 관리가 성격강점이 되지 못하는 이유는 목적을 위한 수단으로 사용되기 때문이다. 24가지 강점은 각각 독립적·과학적 검증을 마쳤기에 강점

하나하나가 가치를 지닌다.

셋째, 학습으로 변화될 가능성이 있는지다. 'MBTI'나 'DISC 평가' 같은 성격유형검사는 대부분 성격을 유형별로 나누고 그 유형별 성격은 바뀌지 않는다고 본다. 반면 긍정심리학의 성격강점은 유형이 아니라 정도의 차이를 나타낸다. 세상에는 성자도 없고 악인도 없다. 더 성자 같고 더 악인 같은 사람만 있을 뿐이다. 성격강점은 환경의 영향으로 바뀌기도 하고, 자신이 원하는 강점은 학습과 노력으로 키울 수도 있다.

그렇다면 성격강점은 구체적으로 무엇을 말하는 것일까? 사람은 저마다 성격 특성을 지닌다. 인도 콜카타Kolkata에서 평생을 가난하고 병든 사람들을 위해 봉사한 마더 테레사Teresa와 제2차 세계대전을 승리로 이끌며 영국의 국민적 영웅이 된 처칠 전 총리의 성격 특성은 다르다. 테레사 수녀가 친절과 사랑, 친절, 영성 등의 성격 특성이 깅했다면 처칠은 리더십, 열정, 용감성 같은 성격 특성이 강했다고 할 수 있다. 또 천재 발명가 토머스 에디슨Thomas Edison이나 인류 최초로 비행기를 만들어 하늘을 날았던 라이트Wright 형제, 애플 신화를 창조한 스티브 잡스Steve Jobs는 창의성과 호기심이 남다르고 끈기와 학구열도 뛰어났다고 볼 수 있다. 우리나라의 반도체 신화를 이끈 이병철 삼성전자 창업주는 예견력과 창의성이, 자동차 신화를 이끈 정주영 현대그룹 창업주는 용감성과 열정이 남달랐다.

이렇게 사람은 저마다 성격 특성이 다 다르다. 같은 유전자를 물려받은 형제나 자매도 전혀 다른 경우가 많다. 그리고 꼭 좋은 성격 특성만 있는 것은 아니다. 긍정적 특성이 있는가 하면, 부정적 특성도 있다. 성격강점이란 이 중 긍정적 특성을 의미하며, 자신이 가장 좋아하고 잘하는 것을 가리킨다.

성격강점과 재능은 긍정심리학에서 함께 다루는 주제이고 비슷한 점도 많지만, 한 가지 두드러진 차이가 있다. 성격강점은 종교와 철학, 선한 성품을 기반으로 한 도덕적 특성인 반면, 재능에는 도덕적 개념이 없다는 것이다. 또한 음악성과 운동 민첩성, 손재주 같은 재능은 훨씬 선천적이고 고정된 것이라 계발이 어렵고 때로는 낭비된다. 반면 친절, 호기심, 감사, 열정 같은 성격강점은 후천적으로 습득해 개인적으로 강화할 수 있으며, 자신의 재능을 낭비하지 않고 활용하는 방법을 찾는 데도 도움을 준다.

100미터 육상 선수를 예로 들어보자. 기록 단축을 위해 훈련할 때 준비 자세에서 엉덩이를 더 높이 들고 상체를 앞으로 미는 연습을 하면서 더 빨리 달릴 수 있는 주법을 익히는데, 이런 것들은 이미 타고난 재능을 향상시키는 과정이다. 하지만 육상 선수로서 용감성, 끈기, 활력 같은 성격강점을 키운다면 훈련에 좀 더 적극적으로 참여할 수 있고 기록 단축에도 긍정적으로 작용할 것이다. 이와 마찬가지로 아이가 너무 산만해 걱정이라면 신중성을 높여주고 너무 비관적이라면 희망을, 자신감이 없다면 용감성을, 쉽게 포기해버리면 끈기를, 관계 맺기를 힘들어한다면 친절이나 사회성을 키워줄 수 있다. 한마디로 재능은 그 자체보다 구체적 성과에 의해 가치를 인정받지만, 성격강점은 그 자체로 긍정적 가치를 지닌다.

그렇다면 성격강점의 특성은 무엇일까? 여기엔 세 가지 특성이 있다.

첫째, 강점은 시간과 환경에 상관없이 계속 나타나려는 심리적 '특성'이다. 딱 한 번 어디에선가 친절이라는 성격강점을 베풀었다고 해서 인간애가 충만한 것은 아니다.

둘째, 강점은 '그 자체로서 가치'가 있다. 그리고 대개 좋은 결과를 낳는다. 트라우마나 역경을 겪을 때 창의성과 끈기, 자기 통제력, 희망 강점을 키우면 그것을 이겨낼 수 있고, 조직에서 리더십 강점을 발휘하면 신망을 얻어 승진하기도 한다. 그러나 성격강점은 특정 분야에서 좋은 결과를 낳지 않더라도 그 자체로서 소중하다. 우리가 어떤 활동을 하는 것은 만족과 의미를 얻기 위함이지 꼭 긍정 정서나 뛰어난 결과를 획득하기 위해서만은 아니다. 성격강점은 부모가 갓 태어난 자식에게 거는 희망에서도 엿볼 수 있다. "내 아이는 창의적이고, 정직하며, 용감하고, 사회성이 뛰어난 사람이 됐으면 좋겠어"처럼 말이다.

셋째, 강점은 우리가 갖추고 싶은 정신 상태다. 한 명이 성격강점을 발휘한다고 해서 주위 사람들이 자기 강점을 드러낼 기회가 줄어드는 것은 아니다. 도리어 강점을 발휘하는 것을 보면서 질투가 아닌 부러움을 느끼고 감동과 용기도 얻는다. 즉 강점을 발휘하는 사람은 참된 긍정 정서를 경험하게 되고, 이를 지켜보는 사람 역시 자신의 강점을 발휘하고픈 욕구가 생기기에 모두가 발전하고 성공하는 승자가 될 수 있다.

성격강점을 가지지 않은 사람은 없다. 강점은 자신의 정체성을 파악하고 이해하게 해주는 심리적 도구로, 누구나 강점을 찾아 곧바로 일상에 적용하는 것이 가능하다. 자신의 성격강점을 찾고 싶다면 인터넷에서 검사하는 방법과 책을 통해 약식으로 검사하는 방법이 있다. 셀리그만이 운영하는 홈페이지(www.authentichappiness.org)나 VIA 홈페이지(www.viastrengths.org)에서 검사할 수 있으며, 《마틴 셀리그만의 긍정심리학》과 《긍정심리 팔마스 성격(인성) 강점 카드북》에도 방법이 수록되어 있다. 셀리그만과 라시드는 최근 완성한 긍정심리치료 전용으로 72개 항목 버전을 새롭게 개발했다(SSQ-72: www.tayyabrashid.com). 한국긍정심리치료학회 홈페이지(www.kpta.net)에서도 검사해볼 수 있으니 참고하자.

2

행복한 삶을 위한 공식,
대표강점

'대표강점Signature Strength'은 성격강점 가운데 개인의 성격
특성을 가장 잘 반영하고 자주 사용하는 강점으로, 그 사람의 성격을 이
루는 중심이다. 대다수 사람이 대표강점을 쉽게 표출하며, 이때 동기 유
발과 함께 에너지가 생긴다. 대표강점은 표출되려는 힘이 강해 거부할
수 없을 정도다. 그래서 대표강점을 아는 것이 매우 중요하다.

검사를 통해 성격강점을 파악한 사람은 이제 자신을 나타내는 대표강
점을 찾을 차례다. 상위 성격강점 5~7개를 자세히 살펴보면 대부분 평소
자기 모습을 잘 나타내는 것들이지만, 쉽게 공감하지 못하는 강점도 있
을 것이다. 이는 자신에게 큰 선물이 될 수 있다. 환경 지배 등의 영향으
로 지금까지 미처 몰랐던 자신의 성격 특성을 새롭게 발견한 것이기 때문
이다. 많은 성격강점 중 어떤 것들은 다른 사람에게는 그렇지 않은데 유
독 나 자신에게서만 자연스럽게 나타나기도 한다. 이렇게 찾은 대표강점
은 현재 자신의 모습이자 정체성이라고 할 수 있다. 그렇다고 24가지 성

격강점 중 대표강점만 중요하다는 의미는 아니다. 사람의 성격이 가지는 중간 강점과 하위 강점도 마찬가지로 중요한데, 그것들이 조절 역할을 하기 때문이다.

일상에서 대표감정을 발휘하려면 대표강점의 특성을 알 필요가 있다. 그래야 동기 부여가 되기 때문이다. 대표강점의 특성은 다음과 같다.

- 대표강점은 '진정한 내 모습'이라고 할 수 있을 정도로 진짜 내가 가진 것이며, 내 실제 모습과 일치해야 한다("이게 진짜 나야").
- 대표강점을 드러낼 때, 특히 처음으로 드러낼 때 큰 만족과 기쁨을 느낀다.
- 대표강점을 사용해 뭔가를 배우거나 일을 할 때 학습 및 일 진행 속도가 매우 빠르다.
- 대표강점을 사용할 새로운 방법들을 열심히 찾게 된다.
- 대표강점에 따라 행동하기를 열망한다("나 좀 내버려둬").
- 대표강점을 사용할 때 피곤하기는커녕 오히려 기운이 난다.
- 대표강점은 통찰과 직관으로 찾아낸다.
- 대표강점을 주로 사용할 수 있는 개인적인 일(프로젝트, 창업)을 스스로 고안하고 추구한다.
- 대표강점을 사용할 때 황홀경에 빠지기까지 한다.
- 대표강점을 사용하고자 하는 내적 동기가 있다.

셀리그만이 착안한 행복한 삶을 위한 공식은 자신의 대표강점들을 일상에서 날마다 사용해 큰 만족과 참된 기쁨을 누리는 것이다. 단, 자신의 성격강점 가운데 위 특성들을 충족하는 것이 하나도 없다면 일과 사랑, 여가 활동, 자녀 양육에 그것을 적용한다 해도 큰 효과를 보기 어렵다. 그만큼 자신의 대표강점을 찾는 것은 중요하다.

대표강점은 나 자신의 긍정적 정체성과 이 세계에서 행동하는 방식을 보여주기도 한다. 수아 학생은 대표강점이 자신의 본모습(정체성)을 어떻게 드러내고, 지금 자신이 어떻게 살아가고 있는지(행동)에 대해 다음과 같이 말했다.

"저는 아름다운 것을 음미하는 감상력(심미안)이 제 대표강점이라는 사실을 알았어요. 그 전에는 제가 세상을 그런 식으로 바라본다는 생각을 못 했죠. 그런데 알고 보니 그것이 제가 인생의 모든 것에 접근하는 방식이더라고요. 저는 공부할 때 자연 속에서 시간을 보내려고 해요. 그리고 친구들과 놀다가 그들의 불평을 들을 때면 그 말 속에 숨은 진실을 찾아내려 애쓰죠. 그렇게 찾아낸 진실이 아름답다고 생각해요. 저는 새로운 기술과 낡은 기술, 텔레비전 쇼, 그리고 주변 사람들을 보면서 아름다움을 찾아내요. 다른 이들이 그냥 지나쳐버리는 것들을 저는 볼 수 있어요. 아름다움은 하루 종일 제 마음속에서 가장 중요한 부분을 차지하는 것 같아요. 저는 경이로움과 경외심을 느낄 준비가 늘 되어 있어요."

자신의 대표강점들을 파악한 다음에는 그중 어떤 강점이 실제 자신의 모습에서 가장 잘 드러나는지를 확인할 차례다. 그렇게 확인한 강점 한두 개를 매일 새로운 방법으로 사용해보면 행복이 유지되는 효과를 경험할 수 있다. 이는 셀리그만과 피터슨이 체계적인 검사를 통해 입증한 결과다. 대표강점을 일상적으로 연습하고 키우고 사용하는 사람은 그것이 곧 의욕과 열정을 쏟는 데 동기 부여가 되는 것은 물론, 자아실현이 가능하고, 어떤 일에서 탁월한 결과와 성취도 이룰 수 있다.

대표강점을 연습할 때는 가장 쉽게 할 수 있는 부분부터 시작하고, 가급적 새로운 방법으로 실천하는 것이 좋다. 예를 들어 창의성이 대표강점인 사람은 관습적인 방식을 따르기보다 자신만의 새로운 방식을 창조해 도예, 사진, 조각, 드로잉, 채색 수업 등에 참여해도 좋고, 저녁에 한두 시간 디자인 공모전을 준비하거나 시나리오를 쓸 수도 있다. 대표강점이 유머라면 종종 친구들에게 재미있는 이야기를 휴대전화 메신저나 이메일로 보내고 시트콤이나 코미디 영화, 만화책을 자주 봐도 좋다. 대표강점이 자기 통제력이라면 욕구나 충동 자제 능력이 뛰어난 사람이니 저녁에 텔레비전을 보는 대신 헬스클럽이나 공원에서 운동을 할 수도 있다. 또 대표강점이 감상력인 사람은 적어도 하루에 한 번은 일출이나 꽃, 새소리 같은 자연의 아름다움을 만끽하고, 그날 본 가장 아름다운 것에 대해 일기를 쓰면 좋다. 매일 다니는 익숙한 길 대신 새로운 길을 따라 출퇴근하거나 퇴근할 때 한두 정거장 앞서 내려 집까지 걸어갈 수도 있다. 이렇게 자신이 할 수 있는 범위에서 다양한 방법을 찾아내 대표강점을 키워보자.

물론 대표강점을 쉽게 연습하고 키우는 사람이 있는가 하면, 힘들다고 느끼는 사람도 있을 것이다. 그래도 자신의 대표강점을 믿고 일상생활에서 자주 활용할 수 있도록 꾸준히 연습하는 것이 중요하다. 연습을 통해 일상에서 상위 대표강점을 편하게 발휘하게 됐다면 이제 나머지 강점들을 익힐 차례다. 정도 차이만 있을 뿐, 나머지 강점들도 18,000개 강점 가운데 엄선된 것들인 만큼 모두 유용하기 때문이다. 이렇게 자신의 강점들을 일상에서 쉽게 발휘하는 사람은 가정이나 조직에서 발생하는 문제들을 잘 해결하고 인성도 함양할 수 있다.

나의 상위 대표강점은 학구열과 창의성, 열정, 정직, 희망으로 이것들은 내 삶을 지탱하는 기둥과도 같다. 나는 하루도 빠짐없이 내 대표강점을 키우려 노력하고 있다. 학생들이나 내담자에게 긍정심리학과 긍정심리치료, 회복력을 쉽고 재미있고 유익하게 강의하기 위해 책과 자료를 탐독하고 아이디어를 확장할 때 마음 깊은 곳에서 큰 기쁨이 샘솟는다. 내담자들의 심리적 증상을 상담하고 치료할 때도 마찬가지다. 내가 가장 행복한 순간은 강의를 잘할 때와 상담을 잘할 때다. 이런 날에는 힘이 솟고 신바람이 나며 뿌듯하다. 이는 곧 내 대표강점인 창의성과 학구열, 정직, 끈기, 열정을 일상에서 발휘해 얻은 진정한 행복이기도 하다.

2015년 긍정심리학 전문가 과정에서 처음 만난 우건곤 씨는 호기심, 희망, 끈기, 개방성, 학구열, 정직이 대표강점이다. 그는 구수한 부산 사투리에 호탕한 웃음으로 주변 사람들을 즐겁게 하는 재능도 있었다. 사회적으로 큰 이슈였던 2011년 한진중공업 노사분규를 처리해야 하는 임원이기도 했지만, 수많은 역경에 굴하지 않고 오히려 긍정적인 모습으로 즐겁게 살아가고 있다. 다음은 그가 대표강점을 발휘해 역경을 극복한 이야기다.

나는 사우디아라비아에서 일할 때 홍해에 빠져 죽을 뻔한, 아니 거의 죽다 살아난 경험이 있다. 휴일이던 1986년 4월 4일, 동료 세 명과 함께 홍해로 놀러 갔다. 사우디아라비아는 《쿠란》에 따라 비늘 없는 물고기를 먹지 않는 전통이 있어서 홍해는 수많은 어종과 산호초, 해초 등이 어우러져 천연 생태계라는 수식어가 붙은, 해조류 때문에 붉은 빛을 띠는 아름다운 바다다. 특히 산호초가 유명한 곳이라 우리 일행도 바닷속을 구경하기로 했다. 해안에서 1킬로미터 떨어진 바닷속에서 한 시간가량 물고기와 산호초를 구경하고 나오려는데, 갑자기 아무리 헤엄쳐도 몸이 앞으로 나아가지를 않았다. 그때 동료들도 어찌할 도리가 없어서 우선 나만 남겨두고 모두 해안으로 철수했고, 3시간 뒤 구조장비를 가지고 와 내가 빠졌던 지점에서 아프리카 쪽으로 6~8킬로미터

떠내려간 곳에서 나를 건져 올렸다.

그 3시간 동안 나는 살려고 발버둥 쳤고, 그 와중에도 온갖 생각이 머릿속을 스쳐지나갔다. 가족에게 미안한 마음, 회사에서 처리해야 할 일들은 물론, 내 장례식 모습까지 상상이 됐다. 시간이 흘러 이제 정말 죽겠구나 싶을 때 주변에서 시끄러운 소리가 들려왔고, 극적으로 목숨을 건질 수 있었다. 이후 나는 사람은 누구나 갑자기 죽음을 맞을 수 있다는 사실을 깨닫고 지금, 여기, 이 순간을 중시하는 쪽으로 삶의 무게중심을 옮겼다. 밥을 한 끼 먹을 때도, 누구와 함께 시간을 보낼 때도 이 순간이 마지막일 수 있다는 생각으로 감사해하며 늘 즐기려고 노력한다.

그때 내가 살아 돌아올 수 있었던 데는 내 대표강점인 끈기, 개방성, 희망(낙관성)이 큰 영향을 미쳤다고 본다. 파도에 떠밀릴 때도 초조해하기보다 몸에서 힘을 빼고 바닷물에 몸을 맡기자는 희망, 지금 낭상 저승에 가더라도 나는 잘할 수 있을 것이라는 약간은 뜬금없는 낙관성이 나를 살게 해주었다고 믿는다.

나는 이 대표강점들을 발휘해 2018년 4월에는 나의 버킷리스트 1위인 에베레스트산 등정에도 도전했다. 네팔 카트만두에서 경비행기를 타고 활주로가 초등학교 운동장만 한 루크라 공항(해발 2,840미터)에 도착한 뒤 오로지 두 발과 고산지대 동물인 야크에만 의지하며 산을 오르기 시작했다. 해발 3,000미터 이상인 얼음길과 눈길을 야크와 함께 열흘간 걷고, 로지(산장)에서 잠을 청했다. 5,000미터가 넘는 고지에 다다랐을 때는 춥고 머리가 아픈 데다, 구토 증세까지 겹쳐 너무 지쳤고 이러다 쓰러질 수도 있겠다는 걱정이 앞섰다. 다행히 신들이 도와 쾌청한 날씨 속에서 에베레스트 베이스캠프(5,364미터)를 밟았다. 이튿날 새벽 목적지인 칼라파트라(5,550미터)에 올라 에베레스트산에서 일출을 보고 촬영한 뒤 엄숙하게 감사 기도를 드렸다. 그리고 얌전히 되돌아왔다. 내려오는 발걸음은 가벼웠으나 날씨는 무척 험한 눈보라 속이었다.

2018년 가을에는 산티아고 순례길(800킬로미터)을 혼자 38일간 걸었다. 이때는 내 성격강점 중 호기심, 끈기, 영성, 자기 통제력을 발휘했다. 매일 아침 출발해 하루에 20~30킬로미터를 비바람이 몰아치든, 해가 내리쬐듯 묵묵히 그림자를 벗 삼아 걸었다. 물론 세계 각지에서 온 순례자들과 어울리며 걸을 때도 있었다. 광활한 포도밭, 해바라기밭, 몇 킬로미터나 이어지는 밀밭 사이를 걸으며 묵묵히 나를 돌아보고 세상을 온전히 바라본 소중한 시간이었다. 이후 나는 지금까지도 하루 1만 보 이상을 걷는 것은 물론, 어디에서나 명상과 마음챙김을 잊지 않는다. 운동이 몸의 질병과 허약함을 예방하는 방법이라면 명상은 마음의 병을 예방하는 길이라고 믿기 때문이다.

3

지금, 이 순간
대표강점이 필요한 이유

대표강점을 연습했다면 강점을 사용하기 전 과거 트라우마나 사건, 사고 등 역경을 극복한 경험을 떠올릴 차례다. 그리고 이를 극복하는 과정에서 자신의 대표강점이 어떻게 발휘됐는지 생각해본다. 여기서 주의할 점은 떠올릴 때마다 여전히 화가 나거나 불안, 슬픔, 죄책감이 느껴지는 사건은 피해야 한다는 것이다. 당시에는 고통스러웠어도 지금은 자부심과 성취감, 기쁨과 만족을 느낄 수 있는, 완전히 해결된 사건이어야 한다. 인생을 바꾼 큰 사건일 필요도 없다. 역경을 극복한 긍정 경험을 회상하는 것은 감정 조절이나 자기효능감 상승, 적극적 도전, 심리적 증상 완화에 중요한 역할을 한다.

미 육군의 회복력 전문가 훈련에는 성격강점을 찾고 적용해 역경을 극복하는 방법을 배우는 교육도 포함되어 있다. 〈육군 야전 교범Army Field Manual〉에 제시된, 지도자에게 필요한 핵심 강점은 충성심, 의무감, 존경심, 이타적 봉사, 명예, 진실성, 용감성이다. 이 강점들을 검토한 훈련 참가자들은 인터넷을 통해 성격강점 검사를 받은 뒤 24가지 강점을 점수 순으로 확인한다. 강의실에는 커다란 플립차트가 24개 놓여 있는데, 각 플립차트에는 성격강점 이름표가 하나씩 붙어 있다. 강사들이 대표강점에 대해 정의하고 나면 훈련 참가자들은 각 플립차트에 자기 이름을 적은 포스트잇을 붙인다. 특정 플립차트에 포스트잇이 잔뜩 붙어 있다는 것은 해당 성격강점을 가진 참가자가 많다는 뜻이다. 강사들은 참가자 집단이 주로 어떤 강점을 가졌는지 확인하고, 그 집단 강점이 지도자인 그들에 대해 무엇을 알려주는지 설명한다. 이어서 여러 질문을 중심으로 소집단 토론을 진행한다. 질문은 "강점 검사를 통해 당신은 자신에 대해 무엇을 알아냈습니까?", "군에 복무하는 동안 당신이 개발한 강점은 무엇입니까?", "당신의 강점은 임무 완수와 목표 달성에 어떻게 기여합니까?", "견고한 인간관계를 구축하기 위해 당신의 강점을 어떻게 활용하고 있습니까?", "당신이 지닌 강점의 부정적인 면은 무엇이며, 그것을 어떻게 최소화할 수 있습니까?" 등이다.

토론이 끝난 후에는 대표강점을 발휘해 역경을 극복한 사례에 초점을 맞춘다. 한 예로, 교육에 참가한 대령 한 명은 여단을 이끌고 이라크 정치범 수용소인 아부그라이브 교도소에 야전병원을 세워 모든 수감자에게 입원 및 통원 치료 등 의료 서비스를 제공한 경험을 이야기했다. 그가 야전병원을 세우고 정치범을 치료한 도전적인 경험에 대해 말할 때 부사관들은 야전병원에서의 개인별 사례와 팀별 사례에 일일이 주의를 기울이며, 그 사례에 포함된 대표강점과 그것을 활용한 구체적인 행동들을 철저히 숙지했다. 야전병원에 '진공 상처 치료기'가 필요했지만 한 대도 구할 수 없자 한 간호사가 낡은 진공청소기로 치료기를 만들어냈다는 이야기에서는 창의성을 대표감정으로 떠올리는 식이다.

이어서 훈련 참가자들은 소집단으로 나뉘어 임무를 부여받고, 소속 집단의 주요 성격강점을 활용해 주어진 임무를 완수한다. 마지막으로 참가자들은 강점 활용으로 역경을 극복한 자신의 경험을 글로 작성한다. 한 참가자는 부대에서 갈등을 유발하고 분란을 조장하는 군기 빠진 대원을 돕기 위해 자신의 대표강점인 사랑, 예견력, 감사를 어떻게 사용했는지에 대해 썼다. 다른 동료들은 해당 대원을 골칫덩어리라며 피했지만 그 참가자는 자신의 성격강점인 사랑을 발휘해 그를 감싸 안았다. 알고 보니 그는 아내에게 극도로 분노하고 있었고, 자신의 분노를 동료들에게 풀어냈던 것이다. 그 참가자는 지혜 강점을 사용해 대원이 아내의 입장을 이해할 수 있게 도왔고 아내에게 편지를 쓰도록 격려했다. 자신이 먼 곳에서 복무하는 동안 아내 혼자 너무 많은 것을 감당하고 있어 고맙다는 내용의 감사편지였다.

앞에서도 잠깐 언급했지만, 나는 2011년부터 한국군에 회복력 훈련 도입이 필요하다고 판단해 미군에서 실시하는 회복력 전문가 훈련 프로그램 자료들을 제공하며 자문을 해왔다. 그로부터 6년 후 드디어 육군 군종장교들을 대상으로 회복력 훈련을 진행했고, 지금은 매년 전군 군종장교들을 훈련시키고 있다. 나는 이 시간이 가장 행복하다.

지난해 내가 국방부에서 진행하는 회복력 상담코칭 감독자 과정에 참가한 J 중령은 과정 내내 남달리 적극적이고 열정적인 모습을 보였다. 때로는 예리한 질문도 서슴지 않았고, 어떤 사안에 대해서는 자기 의견을 당당히 피력했다. 사례 발표 시간에 유일하게 나를 울게 만든 장본인이기도 하다. J 중령은 긍정심리 기반의 회복력이 자신에게 꼭 필요하기에 열심히 배우는 것이라고 겸손하게 말했지만, 그는 우리 군에 회복력 씨앗을 뿌린 이들 중 한 명이다. 그는 역경을 극복하는 힘인 회복력을 삶에 적용하면서 변화와 이점을 깨달았을 것이다. 그리고 그 경험을 바탕으로 우리 장병들에게 많은 도움을 줄 것이라고 확신한다. 다음은 J 중령이 회복력을 바탕으로 역경을 극복한 이야기다.

2021년 나는 회복력 상담코칭 감독자 2급과 1급 자격을 취득했다. 그 과정에서 회복력 전반에 대한 전문적이고 체계적인 교육을 받았고, 이후 우리 장병들에게 어떻게 회복력을 적용해 마음의 근육을 키우고 강한 군대가 되도록 교육시킬지를 설계하고 있다. 교육 과정에서 나는 내 대표강점이 학구열, 예견력(지혜), 끈기, 정직, 사랑, 협동심, 영성인 것을 알았다. 이 강점들이 지금까지 내 삶의 중요한 시기와 사건에 발휘되어 긍정 결과를 만들어내곤 했다.

나는 강원도 화천군 시골에서 태어나 폭력성이 강한 알코올 중독자 아버지와 하루하루 주변 식당이나 공장에서 일당을 벌어와 생계를 유지해야 했던 어머니 밑에서 어린 시절을 보냈다. 그런데 초등학교 5학년 때 어머니가 불의의 사고로 갑자기 돌아가셨고, 이후 아버지는 나를 책임질 수 없었기에 자연스럽게 중학교까지는 고모 집에서, 그 후에는 작은아버지 집에서 돌봄을 받으며 자랐다.

가정환경 탓인지 초등학생 때까지는 방황을 하기도 했는데, 중학교 1학년 때 수학 선생님이 교무실에서 벌을 받고 있던 나를 보고 "준택이는 조금만 하면 잘할 수 있을 것 같은데, 그렇게 생활하고도 성적이 잘 나오는 걸 보면 말이야. 너 잘할 수 있을 것 같아"라며 안타까워했다. 그냥 지나가면서 하는 말이었을 수도 있지만 선생님은 내가 태어나서 처음으로 나를 지지해준 분이었다.

그 말이 내 머리를 강하게 때렸고, 이제 정신을 차려야겠다고 결심한 후 열심히 공부해 중학교 2학년 때부터 전교 1등을 놓치지 않았다(개방성, 끈기, 학구열). 작은 노력으로 큰 성취감을 얻으니 자신감이 생겼고, 무엇이든 노력만 하면 잘될 것 같다는 생각도 들었다. 그렇게 낙관적이며 자신감 있게 성장하는 모습을 지켜본 작은아버지의 관심과 도움으로 고등학교 1학년은 서울에서, 2~3학년은 강원도 춘천시에서 보내며 마음껏 공부했고, 늘 좋은 성적을 유지했다. 지속되는 성취감 속에서 나도 할 수 있다는 믿음의 자기효능감, 그것에 따른 적극적인 자세와 미래에 대한 소망이 담긴 낙관적 태도, 목표를 위한 순간순간의 충동 통제가 자연스럽게 연결되어 나타났다.

이후 나 나름의 소명으로 신학대학교에 입학했으며, 1학년 때 응시한 군목 시험에서도 지원한 동기 50여 명 가운데 유일하게 혼자 합격하는 영예를 누렸다. 그런데 대학교 2학년 때 아버지가 갑자기 뇌출혈로 돌아가셨다. 내가 의지할 모든 것을 거두어 가신 하나님께 눈물로 투쟁하며 죄다 포기하고 싶은 상황에서도 하나님은 나를 위로하셨고, 나는 포기가 아닌 더 큰 소망을 품고 살았다 (정직, 영성) 평수에는 2개, 방학 때만 3개씩 아르바이트를 하며 공부하느라 매순간 몸이 무너질 듯 힘들었지만 "하나님이 주신 인생, 최선을 다해 살고 있다는 그거 하나면 충분해"라고 스스로 위안을 삼으면서 이겨냈다.

시간이 흘러 목사안수를 받고, 군 임관 전 초군반 훈련을 마친 뒤 2005년 7월 강원도 철원군에 있는 ○○연대에 군종장교로 자대 배치를 받았다. 그해 12월 24일, 군에서 첫 성탄절을 맞은 나는 장병들을 위한 선물들을 쌓아놓고 그들과 즐거운 시간을 보내다 잠깐 목양실에 들어와 앉아 있었는데, 누군가 목양실 문을 두드렸다. 문을 열어보니 한 이등병이 눈물을 하염없이 흘리고 있었다. 그는 훈련을 받는 5주 동안 부모님이 모두 돌아가셨다고 했다. 뭐라고 위로의 말을 건넬 길이 없어 그냥 안아주면서 함께 울었고(사랑), 잠시 뒤 "나도 사실은 부모님이 일찍 돌아가셨어. 참 힘들었는데 살다 보니 이렇게 잘 살고 있더라"라는 말을 건넸다. 그는 마음을 추스르고 돌아갔고, 며칠 뒤 다시 찾아와 "목사님, 저 이제 수색대대로 자원해 가게 됐습니다. 이왕에 군 생활을 하는 거 확실하게 해보겠습니다"라고 말했다. 자원해서 힘든 수색대대를 가겠다고 하니 군 생활뿐 아니라, 인생에서도 뭔가 특별한 결심을 한 것 같아 다행이다 싶었다. 그리고 '내가 겪은 고난이 누군가에게는 위로가 될 수도 있구나' 라는 생각을 했다. 나를 이렇게 사용하시는 하나님께 감사한 마음도 생겼다(영성, 사랑).

4

대표강점 실천으로
플로리시하기

이번에는 가정 또는 조직 내에서 자신에게 가장 중요하고 절박한 문제에 적용하거나 역경을 극복하는 데 유용한 대표강점 실천 계획서를 작성해볼 차례다. 다음은 어느 대형 로펌의 변호사들이 작성한 대표강점 실천 계획서 중 일부로, 참고하면 도움이 될 것이다.

- 김 변호사의 대표강점은 열정이다. 그런데 이 강점이 변호사 업무를 할 때는 거의 발휘되지 않는다. 하지만 김 변호사는 법원도서관에서 의료 사고에 관한 변론서를 작성하는 한편, 자신의 탁월한 언어 능력을 활용해 홍보 담당 직원과 함께 회사 홍보 자료도 만든다.
- 이 변호사의 대표강점은 용감성이다. 법정 변호사에게는 유리한 강점인데, 그간 신참 변호사들의 변론서를 작성하는 업무만 맡아온 탓에 강점을 제대로 살리지 못했다. 다가오는 재판에서는 꽤 유명한 변호사와 맞서야 하기에 자신의 강점을 살려 유능한 동료 변호사와 함께 결정적으로 공박할 계획을

세웠다.

- 최 변호사의 대표강점은 창의성이다. 이 강점은 판례를 주도면밀하게 분석하는 데는 별 도움이 되지 않지만, 그는 자신의 또 다른 강점인 끈기와 연계해 창의성을 발휘하곤 한다. 창의성과 끈기가 결합하면 상황이 완전히 달라진다. 결국 최 변호사도 특정 판례에 대한 새로운 이론을 모색하는 업무를 담당할 수 있을 것이다. 변호사가 판례를 꼼꼼히 분석한다는 것은 유전을 탐사하는 것과 같다. 유전을 발견할 확률은 아주 희박하지만 만약 찾아낸다면 대단한 업적을 세우는 셈이다.

- 조 변호사의 대표강점은 사회성이다. 이 강점 또한 판에 박힌 저작권법 관련 업무만 담당하는 변호사에게는 좀처럼 사용할 기회가 없다. 하지만 자기가 서명한 계약서 내용조차 제대로 모르는 골치 아픈 의뢰인이나 연예인을 상대할 때면 사회성이 빛을 발할 것이다. 고객을 관리하는 데는 소송 절차를 밟는 것보다 좋은 인간관계를 맺기 위한 노력이 더 필요하기 때문이다.

- 신 변호사의 강점은 리더십이다. 그는 리더십이 탁월해 근무 환경 개선을 위한 신참 변호사 단체의 회장을 맡고 있다. 익명으로 쓴 건의사항들을 모아 회사 대표에게 제출하고, 동료들의 복지 향상을 위한 일에도 도움을 주고 있다.

이처럼 직장에서 대표강점을 발휘하는 방법은 특정 직업군에만 해당되는 것이 아니다. 기본적으로 두 가지 사실만 염두에 둔다면 누구나 자신의 업무 환경에 적용할 수 있다.

첫째, 직장에서 대표강점은 대부분 윈윈win-win 게임에서만 효과를 얻는다. 신 변호사가 동료들의 건의사항을 모으고 불만을 해결하려고 노력할 때 동료들은 그를 더욱 존경하게 된다. 또한 건의사항을 모아 회사 대표에게 제출하면 대표는 직원들의 사기를 높일 방법들을 고안할 수 있다. 아울러 신 변호사는 자신의 대표강점을 발휘함으로써 긍정 정서가 유발된다.

둘째, 직장에서 대표강점을 발휘하면 긍정 정서를 끌어올릴 수 있다. 그리고 직원들 사이에 긍정 정서가 확장되면 생산성이 증가하고, 이직률은 떨어지며, 회사에 대한 충성도가 높아진다. 특히 저마다 대표강점을 인정받고 활용할 기회가 많아질 때 그 회사에 더 오래 근무할 가능성이 크다.

이렇듯 직장에서 대표강점을 발휘하는 사람은 몰입을 경험할 기회가 많고 생산성도 향상된다. 게다가 큰 만족까지 따라와 조직의 플로리시에 성큼 다가설 수 있다.

김 과장의 대표강점은 사랑, 친절, 희망, 유머, 협동심, 정직이다. 그는 긍정심리학 플로리시 과정에서 자신의 대표강점을 파악한 뒤 흥분을 감추지 못했다. 지금까지 자신이 어떤 사람인지도 모른 채 앞만 보고 달려왔는데, 성격강점 검사를 통해 정체성까지 찾았기 때문이다. 이후 그는 대표강점 중 사랑을 발휘해 여자 친구에게 청혼했다. 자신의 강점을 알기 전까지는 사랑에 확신이 없었지만 이제는 사랑할 능력이 충분하다고 믿게 된 것이다. 결혼 승낙을 받은 김 과장은 희망 강점을 발휘해 개인 생활뿐 아니라, 직장에서의 미래 계획도 세웠다. 희망 강점에는 낙관성과 미래 지향성이 포함되어 있다. 친절 강점을 통해서는 직장 업무를 넘어 지역 봉사활동에도 참여했다. 직장에서 맡은 프로젝트를 진행할 때는 친절, 유머, 협동심, 정직 강점을 사용했다. 이렇게 자신의 대표강점을 활용할 계획을 세우고 일상에서 발휘하다 보니 불안과 불만, 스트레스뿐 아니라 미래에 대한 걱정도 사라졌다. 직장에서 직원들과 관계가 좋아진 것은 물론, 더 긍정적이고 활력 넘치며 적극적이고 자발적인 사람으로 바뀌었다.

나는 2012년부터 2년 가까이 박사 학위 논문과 후에 베스트셀러가 된 《행복 4.0》을 동시에 준비하느라 매주 토요일과 일요일 예배시간을 빼고 거의 모든 시간을 논문과 책 쓰는 일에 할애했다. 한 번 자리에 앉아 작업을 시작하면 10시간 이상 몰두했다. 집중이 잘되는 날에는 자의식까지 상실한 채 20시간 가까이 작업하기도 했다. 이것이 후에 척추관협착증의 원인이 됐다. 한자리에 오래 앉아 있다 보니 골반이 휘어 척추 내 신경이 지나는 통로가 좁아졌고 신경이 압박을 받아 통증이 생긴 것이다.

박사 학위를 받고 책이 베스트셀러가 되자 강의와 원고 의뢰가 많아졌다. 그만큼 서서 강의하는 시간과 앉아서 글 쓰는 시간도 점점 늘어났다. 그때마다 엉덩이가 심하게 아파서 20분 이상 서서 강의만 해도, 300미터만 걸어도 고통이 밀려왔다. 심할 때는 눈물이 날 정도였다. 병원에선 시술을 권했으나 쉽게 결정할 수가 없었다. 전문의 처방에 따라 교정과 물리치료를 받으며 견뎠지만 시간적·경제적으로 지속하기가 부담스러웠다. 시간이 흐르면서 상태가 점점 악화되고 있다는 느낌을 받았고, 2~3일 연속 강의가 있는 날이면 약을 처방받아 복용하고 마사지도 받았다. 하지만 이는 임시방편일 뿐 근본적인 치료법은 아니었다.

그러던 어느 날, 조간신문 1면에 실린 서울 강남 한 병원의 '비수술적 척추관협착증 치료'에 관한 5단 광고를 봤다. 간단하고 짧은 시술 시간으로 재발 방지와 부작용 걱정 없이 다음 날부터 정상적인 활동이 가능하다는 문구가 나를 유혹했다. 이제는 뭔가 결정을 내려야 할 시점이라는 생각이 들던 터라 당장 전화해 예약을 해야겠다는 충동이 강하게 일었다. 그런데 그때 '내 강점을 통해 문제를 해결할 수 있지 않을까?'라는 생각이 들었다. 지금까지 나는 대표강점을 발휘해 문제를 성공적으로 해결한 경험이 많았다. 결국 고심 끝에 대표강점을 사용해 척추관협착증을 자연치료하기로 마음먹었다. 먼저 실천 계획서를 작성하고, 내 대표강점인 희망(낙관성)으로 자연치료할 수 있으리라는 기대를 가졌다. 창의성 강점을 발휘해서는 어떤 방법이 좋을지를 찾고, 자기 통제력 강점을 통해서는 20년 가까이 새벽 5시부터 아침 7시까지 반드시 했던 공부를 운동으로 대체하기로 했다. 또 끈기를 발휘해 어떤 어려움이 있어도 참아내고, 영성 강점을 바탕으로 자연치료를 위해 매일 기도하기로 결심했다.

　다음 날부터 실천에 들어갔다. 관련된 책과 인터넷을 검색해 매일 여섯 가지 종류의 스트레칭을 30분씩 했고, 매일 3킬로미터 이상 걷기는 물론, 일주일에 한 번 이상 수영과 요가를 시행했다. 하나같이 쉽지 않았다. 초기엔 엉덩이가 너무 아파 견딜 수가 없었다. 요가학원이 집에서 300미터가량 떨어져 있는데, 요가를 끝내고 오는 길에 서너 번은 쉬기도 했다. 하지만 포기할 수 없었다. 그렇게 대표강점을 최대한 발휘하면서 6개월을 실천했다. 6개월이 되던 날 7킬로미터 걷기에 도전했다. 집에서부터 백운산에 있는 절까지 왕복거리로 7킬로미터를 걸었는데 다리가 조금 아플 뿐, 그다지 고통스러운 느낌은 없었다. 정상적인 사람도 느낄 만한 통증이었다. 이후 이틀 연속 강의를 해도 별다른 통증이 없었다. 2021년에 시작한 회복력 감독자 양성 과정 교육은 하루 8시간씩 토요일, 일요일, 월요일만 쉬고 8일간 연속으로 이어지는데 그것을 무리 없이 진행할 만큼 건강이 회복됐다. 대표강점을 발휘해 자연치료를 시작한 지 5년이 넘었지만 지금도 매일 운동을 실천해 건강을 유지하고 있다.

5

대표강점 제대로 찾아
키우고 적용하기

대표강점을 발휘하면 삶의 만족도가 자연스럽게 상승하고 그만큼 행복해진다. 대표강점이 자아실현을 통해 행복을 만드는 데 일조한다는 것은 개인적인 경험으로 이미 확인했다. 나에게 지난 10년은 물질적·정신적·심리적으로 가장 힘든 시기였다. 아마도 긍정심리학을 몰랐다면, 특히 대표강점을 찾아 발휘하지 않았다면 그 힘든 시기를 극복하지 못했을 것이다. 대표강점을 통해 역경을 극복하고 목표한 것을 하나하나 성취해가면서 인생에 확신을 가지게 됐다. 내 대표강점 중 하나인 '희망'은 미래에 대한 기대를 저버리지 않게 했고, '창의성'은 긍정심리학이라는 새로운 분야를 개척해 전문가가 되게 했으며, '학구열'은 마흔다섯 살까지 초등학교 졸업이 전부였던 내가 독학으로 박사, 교수가 되고 일곱 권의 저서와 여덟 권의 번역서를 낼 수 있도록 도움을 줬다. '끈기', '열정', '용감성' 강점은 정재계와 학계, 외교사절 등 800명을 초청해 클린턴 전 대통령의 자서전《마이 라이프》출판 기념회를 치르게 했으며,

또 전문 강사가 되게 만들었다. '자기 통제력'은 89킬로그램 거구를 75킬로그램대로 만들었고, '감사' 강점은 일상의 조그마한 일에도 고마움을 느끼게 하면서 긍정 정서를 확장해 언제나 나를 행복으로 이끈다. 마지막으로 '정직'은 수많은 역경을 겪으면서도 불의와 타협하지 않고 정도를 걷게 해 지금도 나는 언제, 어디서나 당당하게 도덕적 개념이 바탕인 긍정심리학과 긍정심리치료, 행복, 회복력에 대한 교육 및 강의, 상담(치료)을 하고 있다.

상담코칭을 하다 보면 내담자가 대부분 자기 정체성에 혼란을 겪는 데다, 자기 자신에게 정직하지 못하다는 것을 알 수 있다. 그래서 현재가 더 혼란스럽고 우울하며 미래가 불안하고 두려운 것이다. 이때 대표강점이 자신의 정체성을 알게 해준다. "나는 이런 사람이야! 이게 진정한 나야!"라고 말이다. 자신이 왜 우울하고 불안하며 분노하는지, 왜 죄책감과 수치심을 느끼는지 확인할 수 있는 것이다.

그럼 이제부터는 대표강점을 발휘하는 방법을 구체적인 사례들을 통해 살펴볼 것이다.

영희 씨는 2019년 8월 내가 상담학 박사 학위 논문을 쓰기 위해 설계한 긍정심리치료 15회기 집단상담에 참가했다. 심리적 증상자 13명이 대상이었는데, 영희 씨는 긍정심리치료 지수, 회복력 지수, 행복 지수, 낙관성 지수 등이 매우 낮은 반면 우울증, 불안증, 부정 정서, 분노 지수는 매우 높았다. 그는 독선적인 남편과 함께 살면서 남편이 죽으라고 하면 죽는 시늉을 했고, 불행한 사건이 일어나면 모두 자기 탓이라고 자책했다. 그렇게 억압된 상태로 남편에게 일일이 맞추며 살다 보니 마음속에 분노가 가득 찬 것은 물론, 가면을 쓴 가식적인 삶에 익숙해졌다.

거짓된 삶은 자신을 망가뜨린다. 물론 살다 보면 알게 모르게 진실하지 못할 때가 있다. 그렇게 할 수밖에 없는 상황도 존재한다. 그런데 오랫동안 긍정심리학을 공부하고 연구하다 보니 정직은 곧 사람의 정신과 육체뿐 아니라 영혼에도 영향을 미치는 중요한 요소라는 사실을 알게 됐다. 진정한 행복과 건강, 관계, 성공 등 모든 것이 정직에서 시작해 정직으로 마무리되는 것이다. 자신의 정체성을 제대로 알기 위해서라도 정직은 꼭 필요하다. 그래서 영희 씨는 집단상담을 통해 진실된 자신을 발견하고 그 모습대로 살아가고자 노력했다. 이 과정을 마친 후에도 그는 다양한 긍정심리학 프로그램과 박사 과정을 통해 자기 정체성을 찾았고, 자아 개념을 확장했으며, 자기효능감을 키워 수많은 역경을 이겨내고 플로리시한 삶을 살아가고 있다. 다음은 영희 씨가 들려주는 자신의 이야기다.

2019년 여름, 처음으로 긍정심리치료 집단상담 과정에 참가했다. 그때 나는 노인장기요양 기관을 운영하면서 모 대학교 간호학과 겸임교수로 재직 중이었다. 직업의식이 강한 나는 항상 미소 띤 얼굴에 자신감 넘치는 언행으로 나 자신을 가면 속에 감춘 채 혼자 고민하면서 지냈다.

1남 3녀 중 장녀인 나는 중학교 졸업 후 직업을 찾아야 했다. 남동생의 교육을 위해 누나들이 학업을 포기하는 사회 분위기를 나 역시 피할 수 없었던 것이다. 하지만 다행히 주변 분들의 도움으로 야간 고등학교와 간호대학을 졸업할 수 있었고, 사회복지 대학원까지 마쳤다. 나에게는 학습에 대한 열정이 있었으며 거기에 희망과 끈기까지 더해져 간호사로서도, 사회복지사로서도 열심히 공부하고 일할 수 있었다.

나는 학문이나 경험을 통해 얻은 지식을 바탕으로 가족과 지인, 어르신들을 사랑으로 섬기면서 살고 있다고 자부했다. 사랑을 지식으로 실천하느라 주기만 하고 받을 줄은 몰랐던 나는 지쳐갔고, 이제 너무 힘들어 내려놓고 싶다는 생각이 들 때 남편이 외도를 했다. 내가 뭘 잘못했느냐고 묻자 남편은 특별한 것은 없고 "그냥 질린다"는 말만 반복했다.

남편은 건설 현장 책임자로 지방 출장이 잦았다. 일을 핑계로 집안 대소사는 물론, 가장으로서 책임도 회피한 채 회사일과 개인 생활만 즐겼다. 나는 무책임한 남편의 행동을 사실대로 말하지 못하고 "회사일이 바쁘다", "지방 출장 중이다" 등 선의의 거짓말로 꾸며대곤 했다. 그런데 이것이 습관화된 남편은 외도를 하고도 죄의식을 느끼지 못했고 오히려 나를 탓했다. 나는 내 잘못이라는 남편의 말이 정말 옳은 줄 알았다. 하지만 아무리 노력해도 남편은 달라지지 않았고, 어느 날 갑자기 내가 남편보다 더 의지했던 시어머니가 돌아가셨다. 장례를 치른 후 남편은 어머니가 지내시던 시골집에서 내연녀와 살았는데, 그녀가 나에게 직접 전화해 이혼을 요구했다. 나는 처음으로 내 노력과 인내에 한계를 느꼈고 전문가와 이혼 상담을 시작했다. 정신의학과를 찾고 싶었으나 낙인이 무서워 혼자서만 고민했다. 그 무렵 사회복지 동문들의 단체카카오톡 방에 우문식 교수님의 긍정심리치료 집단상담 모집 내용이 올라왔고, 참가해보기로 결심했다. 당시 나는 이혼을 준비하느라 하루하루가 고통스러웠지만, 사회생활을 할 때는 모두에게 밝고 자신감 넘치는 모습을 보이며 이중적인 생활을 해나가고 있었다.

긍정심리치료 전 여러 가지 설문지를 작성한 뒤 첫 수업을 들었는데, 그때 정직해야 한다는 내용이 가장 인상적이고 깊은 울림을 주었다. 결혼 후 줄곧 선의의 거짓말로 포장한 거짓된 삶을 살아온 나는 진정으로 정직한 내 모습을 찾고 싶었다. 그래서 하루도 지각이나 결석 없이 열심히 프로그램에 참가했다. 습관이 되지 않은 긍정 소개, 감사일기와 감사편지 쓰기, '최고의 나'를 찾아 글로 표현하기 등이 어렵고 낯설었지만 조금씩 조금씩 앞으로 나아갈 수 있었다. 특히 나의 단점만 보면서 그것을 고치려고 노력하며 살아온 시간을 뒤

로하고, 내가 가장 좋아하면서 잘하는 대표감정을 찾아 발휘하게 된 것은 정말 큰 수확이었다. 내 대표강점은 끈기와 학구열, 사회성, 친절 등으로 이 대표강점들이 나를 지탱해주고 있음을 알게 됐다. 이후 나는 긍정심리학을 좀 더 체계적으로 배우고 싶었다. 그래서 상담심리학 대학원 박사 과정에 등록했고, 심리상담학을 공부하면서 긍정심리학 기반의 회복력에 대한 논문으로 박사 학위를 받았다. 3년 동안 긍정심리학에 빠져 열심히 배우고 실천하는 사이 어느덧 우울증, 불안증, 분노, 죄책감 등이 결합한 심리적 증상도 모두 사라졌다.

이제 나는 거짓으로 얼룩진 가면을 벗어버리고 진정으로 정직한 나를 만들어가고 있다. 그러다 보니 전에는 미처 몰랐던 새로운 내가 보이고 세상이 보였다. 그리고 이제는 나 자신뿐 아니라 주변 사람들에게도 정직해졌다. 정직이 대표강점은 아니지만 좀 더 정직하려고 많이 노력했다. 정직성이 마음뿐 아니라 육체적 질병에도 큰 영향을 미친다는 것을 배웠기 때문이다. 앞으로는 긍정심리학 기반의 긍정심리치료를 통해 많은 사람과 내가 찾은 플로리시한 삶을 나누려 한다.

30대 후반인 정연 씨가 긍정심리학을 처음 만난 때는 2020년 겨울이다. 그는 부모의 적극적인 권유로 비대면 온라인 플랫폼 '줌Zoom'으로 진행되는 긍정심리학 전문가 과정에 참가했으나 잘 집중하지 못했다. 발표 때뿐 아니라 교육시간에도 메인 화면에 자주 보이지 않았다. 적극적으로 참여하면 좋겠다는 마음이 들었지만 교육 참가자에게 강요할 수는 없었다. 하지만 그 이유를 아는 데는 그리 오랜 시간이 걸리지 않았다. 당시 그는 심각한 무릎 통증 탓에 신체적·심리적으로 무척 무기력한 상태였던 것이다.

나는 그 증상을 긍정심리치료로 완화할 수 있다는 것을 알고 있었다.

무릎이라는 신체 부위의 통증이지만 긍정심리가 많은 영향을 미치기 때문이다. 그래서 기존 프로그램에 맞추어 진행하면서도 각별히 신경 써 도움을 주고자 했다. 그 역시 포기하지 않고 계속해서 긍정심리 전문가, 긍정심리 상담코칭(치료), 회복력 상담코칭, 긍정심리 강점코칭 과정을 수강했다. 그렇게 무기력해 보이던 그가 2021년 늦가을 무렵부터 변하기 시작했다. 2년 가까이 무릎 통증으로 겪은 신체적·심리적 역경을 이겨낸 것이다. 그리고 심리학 연구로 새로운 인생을 만들어가겠다며 상담심리 대학원에 입학했다. 다음은 정연 씨가 들려주는 역경 극복 이야기다.

내 역경은 어느 날 갑자기가 아닌, 나 스스로도 느끼지 못한 순간에 이미 와 있었다. 바로 왼쪽 무릎 통증이었다. 통증은 내가 2년 전 골프연습장에서 처음 느꼈는데, 좀 쉬면 괜찮아질 것이리고 낙관적으로 생각하며 대수롭지 않게 받아들였다. 하지만 시간이 갈수록 일상생활에 지장을 줄 만큼 통증이 심해졌고 불안감까지 생겼다. 그래서 정형외과는 물론, 신경외과와 한의원 등에도 가봤지만 통증 원인을 찾지 못했다. 그 와중에 통증은 점점 심해져 계단을 이용할 수 없었고, 무릎을 접는 것조차 불편했다. 바닥에 앉거나 누웠다 일어날 때면 통증 때문에 나도 모르게 비명이 나오곤 했다.

무릎 통증은 신체적 불편함과 고통에 더해 심리적으로도 불안과 우울, 무기력을 가져왔다. 활동이 불편해지면서 업무시간을 제외하고는 외출을 피하는 등 사회적 관계 측면에서도 점점 고립되어갔다. 부정적이고 비관적인 생각이 나를 강하게 지배해 깊은 수렁에 빠져 허우적거리는 느낌이었다. "괜찮아질 거야"라는 낙관적 생각들이 점점 "아직 30대인데 남은 인생을 이렇게 고통받고 살아야 하는 것일까?", "나는 이제 정말 끝난 거 아니야?" 등 비관적 생각들로 바뀌면서 자신감과 자기효능감이 완전히 사라졌다. 이렇게 신체적·심리적으로 바닥을 치고 있을 때 난생처음 긍정심리학 교육에 참가하게 됐다.

그 교육에서 특히 관심을 가졌던 부분은 낙관성과 성격강점이었다. "처음 통증을 느꼈을 때 내가 했던 생각들이 정말 낙관적이었을까? 현실을 외면한 채 어떤 확인과 검증도 없이 너무 비현실적으로 나아지길 기대하진 않았나?"라는 의문이 들었고, 긍정심리학 교육과정에 지속적으로 참가하면서 내가 가졌던 낙관성이 막연한 기대의 비현실적 낙관성임을 알게 됐다. 이후 나는 현실적 낙관성을 추구하기 시작했다. 또 성격강점에 대한 강의를 들으면서는 내 대표강점이 창의성, 판단력, 사회성, 친절, 겸손이라는 것을 확인했다. 나는 이 대표강점들을 통해 무릎 통증을 치료해보기로 했다. 먼저 "내 몸을 어떻게 치료해야 할까?"를 고민하면서 창의성 강점을 바탕으로 기존 치료법과는 다른 방법을 찾아 나섰다. 이후 그동안 다니던 병원이 아닌 재활병원에서 심각한 무릎 통증이나 후유증을 가진 사람들과 똑같이 재활치료를 받기 시작했다. 정말 인고의 시간이었지만 1년 넘게 간절한 마음으로 열심히 운동과 치료를 병행했다.

이와 더불어 사회적 관계의 단절에서 오는 외로움, 고립감을 극복하기 위해 사회성 지능 강점도 발휘하기로 했다. 사람들을 만나러 억지로라도 나가기 시작한 것이다. 부담 없이 편하게 만날 수 있는 가까운 친구부터 시작해 점점 영역을 넓혀나갔다. 긍정 관계에서 배운 시간 선물하기를 적극적으로 활용하자 관계가 폭넓어지면서 그동안 나를 괴롭혔던 우울, 불안, 분노, 외로움, 무기력 같은 부정 감정들이 감소했고 통증도 줄어들었다. 이때 몸과 마음은 별개가 아닌, 함께 움직이는 하나라는 사실을 깨달았다.

이렇게 대표강점을 통해 감정을 조절하고 재활치료와 대인관계에 전념한 결과, 1년이 넘어선 시점부터 스스로 느낄 수 있을 만큼 통증이 줄어들었다. 지금은 가볍게 조깅을 할 수 있을 정도로 회복됐다. 나는 긍정심리학, 그중에서도 낙관성과 성격강점이 우리의 삶에, 특히 역경을 겪은 사람들의 일상에 얼마나 큰 힘이 되는지 지난 2년 동안 긍정심리 및 회복력 교육에 참가하고 실천하면서 알게 됐다.

직장에서는 직무 스트레스 탓에 우울, 분노, 불안, 무기력 등을 겪을 수 있다. 이러한 부정 정서는 노력해도 잘 사라지지 않는다. 문제나 역경을 해결할 때 주로 약점과 부정 정서에 초점을 맞추기 때문이다. 다음 사례가 이를 증명한다.

"이 검사는 제 약점을 말해주지 않아요. 강점만 알려주죠. 이해할 수 없네요. 약점을 말해주지 않는 검사가 무슨 소용이죠? 제 약점을 모르는데 어떻게 발전할 수 있겠어요?"

김석열 이사가 뒤쪽에서 큰 소리로 말했다. 그는 선박회사 영업이사로, 회사 임원들과 함께 회복력 워크숍에 참가한 참이었다. 그들은 자신의 성격강점 검사에 약점이 나와 있지 않다며 당혹감을 감추지 못했다. 그들이 속한 조직 문화는 강점보다 약점에 중점을 두기 때문이다.

김 이사의 대표강점은 공정성과 정직, 친절, 사랑, 겸손이었다. 하지만 그는 검사 결과로 확인한 자신의 성격강점과 실제 성격이 일치하지 않아 혼란스러웠다. 김 이사는 회사에서 화를 잘 내고 고객들과 정기적으로 다투는 사람으로 유명했다. 또한 자신의 가장 큰 약점이 감정 조절을 못하는 것이라는 사실도 알고 있었다.

성격강점의 위력은 그것들을 찾아내 통합하고 실천해 변화하는 데서 나온다. 그만큼 자신의 성격강점을 어떻게 발휘해야 하는지 제대로 이해하는 것이 중요하다. 그러려면 종종 잘 요약된 설명을 들을 필요가 있다. 워크숍 강사는 그 내용을 설명해주려고 다음과 같은 질문들을 김 이사에게 던졌다.

강사 당신은 당신의 대표강점인 공정성, 정직, 친절, 사랑, 겸손을 얼마나 많이 가지고 있는 것 같나요?

김 이사 제가 공정성과 정직, 겸손을 지닌 건 맞아요. 하지만 제가 친절하다고는 생각지 않아요. 특히 제가 사랑을 주고받을 줄 안다는 건 너무 터무니없는 소리죠.

강사 아, 그래요? 하지만 이 검사 결과는 당신이 대답한 내용을 분석해서 나온 거예요. 좀 더 자세히 확인해보죠. 당신은 어떤 상황에서 친절을 베푸나요? 그리고 누구를 배려하나요? 우리는 인생에서 상황에 따라 다른 역할들을 수행하고, 각 역할마다 다르게 행동할 수 있어요. 당신 역시 어떤 역할을 수행할 때는 좀 더 친절하고, 또 다른 역할을 수행할 때는 그다지 친절하지 않을 수 있는 거죠. 그렇지 않나요?

김 이사 그건 맞아요. 제 아내와 딸에게는 친절한 편이에요. 친구들한테도 친절하고요. 하지만 직장에서는 친절한 사람이 아니에요. 어떻게 직장에서 친절하고 배려 있는 사람이 될 수 있겠어요? 업무에 몰두해야 하는 상황인데요. 또한 고객이 부당하게 행동할 때 저는 수동적인 동료들과 달리 맞서 싸워요.

강사 이제야 공정성과 정직이라는 당신의 성격강점이 어떻게 발휘되는지 알겠네요. 당신은 부당한 부분을 인지하면 그 즉시 화를 내면서 다른 사람들과 논쟁을 벌이는 거예요. 그렇다면 방법을 한 번 바꿔보죠. 당신이 친절할 때는 어떻게 행동하나요?

김 이사 인내하고, 상대방 이야기를 기꺼이 들어주면서 배려해요. 제 딸과 함께 있을 때 특히 그렇죠. 딸아이의 이야기를 끈기 있게 들어주고 딸아이와 많은 것을 주고받아요.

강사 훌륭합니다. 그렇다면 다음 단계로 넘어가보죠. 고객과 다투는 당신의
성향을 한 번 살펴보기로 해요. 당신의 성격강점 중 상위 5개를 모두 발휘할
수 있다면 고객과 다투는 상황에서 그것을 어떻게 적용할 수 있을까요?

김 이사 공정성을 발휘하면 고객의 요구와 회사의 요구를 언제나 균형 있게
맞출 수 있어요. 네, 이제 알겠네요. 관계를 해치는 논쟁보다는 친절과 공감
강점을 발휘하면 좀 더 인내하면서 고객들 의견에 귀 기울일 수 있죠. 고객
이 틀렸다 해도 제가 겸손하게 행동할 수도 있고요. 지금까지는 부당하거나
불합리한 것을 보면 즉각 화를 냈거든요.

강사 당신은 이제 성격강점을 발휘해 실제 상황을 다루는 방법을 알아낸 것
같네요.

이후 김 이사는 한 고객과 거의 싸울 뻔했다. 하지만 이성을 잃기 직전
친절과 공감 능력을 발휘해야 한다는 사실이 떠올랐고, 인내하면서 고객
의 의견을 경청하고 존중한 결과, 문제 상황이 빠르게 종결됐다. 김 이사
는 나중에 그 고객으로부터 무척 감사하다는 인사까지 받았다.

이전까지 김 이사는 자신의 분노 조절 문제를 알고 있었지만 단점을 지
적하고 고치는 기존 방법으로는 좌절감만 깊어질 뿐이었다. 인내하는 법
과 다른 사람 입장에서 상황을 바라보는 법을 배우고, 자신의 성질을 누
르면서 진정하는 기법을 사용하는 등 많은 시도를 해봤지만 모두 헛수고
였다. 하지만 자신의 성격강점을 파악한 후부터는 실생활에서 그것들을
발휘하는 아주 작은 노력으로도 자신의 단점을 극복하고 심리적 증상들
을 해소할 수 있었다. 즉 대표강점을 찾아 자신이 생각하는 자기 모습과
통합함으로써 행동을 바꿀 수 있었고 효과도 본 것이다. 이렇듯 자신이

어떤 사람이고 어떤 성격강점들을 지니고 있는지를 파악하는 것은 역경을 극복하는 데 큰 도움이 된다.

3년 전 서울 종로구청 직원들을 대상으로 진행한 긍정심리 회복력 프로그램에 한 간부가 참가했다. 대표강점을 찾고 토론하는 시간에 그는 자신의 대표강점이 사랑, 친절, 감사, 유머, 영성이라는 것을 확인했다. 그런데 그는 평소 리더로서 자질이 부족하다는 생각에 자신감이 없었는데, 오늘 강점 검사를 통해 성격 특성을 확인하니 더 걱정된다고 했다. 이 간부는 리더라면 당연히 용감성, 예견력, 열정, 리더십 같은 성격 특성이 강해야 한다고 생각하는 듯했다. 이에 나는 정말 좋은 대표강점들을 갖고 있다며 그를 안심시켰고, 대표강점의 이점을 설명해줬다. 이 간부는 감성이 풍부한 리더로 누구보다 팀원들을 사랑하고, 부탁을 잘 들어주며, 유머감각으로 팀을 화합하고, 뚜렷한 목표의식도 가지고 있었다. 이 사실을 상기해주자 그의 표정이 순간적으로 밝아지면서 자신이 오늘 다시 태어난 것 같다며 기뻐했다.

6

대표강점을 통해
아이의 가능성 꽃피우기

사회생활을 하는 직장인뿐 아니라 아이들에게도 성격강점을 파악하고 발휘하는 것은 인생에서 무척 중요한 부분 중 하나다. 인우는 처음 만났을 때 불만이 가득한 초등학교 2학년 학생이었다. 학교에서 공부에 집중하지 않았고, 집에서는 성질을 자주 부리며 말을 잘 안 했다. 특히 학교에서 있었던 일들을 이야기하려 들지 않았다. 인우의 부모는 아이의 태도 변화에 무척 당황했고 취미가 생기면 도움이 될 것 같아 피아노 교습을 받게 했다. 시작은 좋았으나 이내 흥미를 잃은 인우는 피아노가 아닌 기타 교습에서도 마찬가지 모습을 보였다. 아이에게 동기 부여가 되지 않아서 그렇다고 판단한 부모는 상담 자리에서 "어떻게 해야 아이에게 동기 부여가 될 수 있을까요?"라고 물었다.

처음 만난 인우는 말하기를 꺼리는 듯했지만 좋아하는 것을 물어보자 금세 표정이 밝아졌다. 아이나 어른이나 좋아하는 것에 대해서는 생각과 마음의 문이 열리게 마련이다. 긍정 정서에는 끌어들이는 힘이 있기 때문이다. 인우는 자기가 쓴 괴물 이야기를 보여주면서 이야기를 짓는 것보다 학교에서 '선생님이 써오라고 하는' 숙제가 더 어렵다고 했다. 인우의 학교 생활에 대해 좀 더 알아본 결과, 학교에서는 학습 발달을 공식적으로 관리하기 위해 2학년부터 정기적으로 시험을 봤다. 인우는 처음에는 시험을 잘 보려고 노력했지만 시험 결과가 모든 사람을 실망시키는 것 같은 느낌이 들자 시험을 걱정하기 시작했고 차츰 자신감을 잃었다. 무기력이 학습된 것이다. 이제 인우는 어떻게 해야 어른들이 즐거워할지 알 수가 없었다. 그러다 보니 뭔가를 시작하는 데 수동적인 태도를 보였고, 새로운 일을 회피하려고만 했다. 이런 회피 전략은 실패했다는 느낌으로부터 자신을 보호하려는 경향에서 비롯된다. "시도하지 않으면 실패할 일도 없어"라는 것이다.

회피는 자신감이 없는 사람들에게서 공통으로 나타나는 특징이기도 하다. 학교에서는 인우가 자신감을 가지기 전 이미 수업 진도를 나가버리기 때문에 자신의 성취를 자랑스러워할 틈이 없었다.

피아노나 기타도 반복 연습이 많아 인우에게는 진짜 음악 같은 느낌이 없었고, 그래서 즐겁지가 않았다. 학교와 학원 숙제, 음악 교습 등으로 늘 바쁘다 보니 자유롭게 놀 기회도, 혼자 보낼 시간도 거의 없었다. 게다가 자신이 뭔가를 하면 할수록 어른들이 더 많은 것을 원한다는 생각에 새로운 시도를 그냥 포기해버렸다.

이런 인우의 무기력을 해결하려면 먼저 강점을 찾아야 했다. 참고로, 아동의 경우에는 성격강점 외에도 재능을 나타나는 재능강점을 함께 파악하는 것이 효율적이다. 인우의 성격강점은 호기심, 창의성, 열정, 친절이었고 재능강점은 글쓰기, 음악, 창조적 놀이였다. 인우가 성격강점을 발휘해 재능강점을 드러낼 수 있도록 글쓰기와 음악, 창조적인 놀이 등 세 가지를 실천하는 계획을 짰다. 이후 인우의 태도는 빠르게 좋아졌다. 인우 스스로 글쓰기와 음악에 흥미가 있음을 알게 되면서 상황이 호전되기 시작한 것이다.

인우는 학교에서 글쓰기반에 들어갔다. 담당 교사는 글쓰기 방법을 체계적으로 가르쳐주었으며, 이야기가 완성되면 한 학년 아래 후배들에게 읽어주게 했다. 인우는 후배들이 자신이 쓴 글에 관심을 보이자 자신감과 용기가 생겼고 무기력에서도 벗어났다. 이에 부모는 에너지 넘치는 인우에게 드럼을 권했는데, 인우도 피아노나 기타보다 재미있어 했다. 또 매일 자유 시간이 생긴 인우는 밖에서 친구들과 마음껏 뛰어놀았다. 이제 인우는 학교 생활을 즐길 뿐 아니라 공부도 잘하고 있으며, 훨씬 여유롭고 쾌활하게 생활하고 있다.

인우는 자신을 사랑하고 취미 활동을 할 수 있게 격려해주는 가족은 물론, 학생들이 최선의 결과를 얻도록 조력해주는 학교도 있었지만 늘 불안하고 혼란스러웠다. 오히려 자신이 모든 사람을 실망시키고 있다고 믿었고, 그들의 유익한 조언이 비난으로 들렸다. 좋은 의도라 해도 외부의 압력은 역효과를 가져오기도 한다. 인우는 압박을 받고 있다고 느꼈고 자신의 강점보다 '약점'을 더 의식했던 것이다. 이 사실을 간파한 어른들은 인우의 빠른 발전을 위해 자신들의 생각과 태도를 바꿨다. 주변 사람들이 인우의 약점보다 강점에 집중하고 그 능력을 발휘해 뭔가를 성취하도록 돕자 인우의 열정이 되살아났다. 인우의 강점에 초점을 맞추고 스스로 긍정 경험을 하게 하자 상호 도움이 되는 새로운 관계가 만들어졌으며, 이후 인우는 플로리시하기 시작했다.

청소년도 당연히 역경에 처할 수 있다. 그것이 학교 생활에서 비롯됐든, 가정생활에서 생겨났든 당사자에게는 큰 시련일뿐더러, 어른보다 더

한 무기력에 빠지는 원인이 되기도 한다. 심리상담 교사인 조수진 씨는 최근 보호관찰소에 머무는 12~20세 청소년들을 상담할 기회가 있었다. 그들은 신뢰가 형성되지 않았거나 정서적 지지를 받지 못하는 환경에서 자란 아이들이었다. 상황에 효과적으로 대응하는 방법을 배울 기회도 없었다. 자신이 가진 유일한 도구가 망치라면 모든 일과 모든 사람을 하나의 못처럼 다룰 것이 틀림없었다. 안타깝지만 그들에게는 이것이 가장 적절한 비유였다. 그들은 어린 나이에 버림받아 수치심과 극심한 죄의식, 열등감을 안고 있었고, 사회에 적응하지 못해 결국 보호관찰소로 보내졌다. 보호관찰소는 감옥으로 가기 전 거치는 마지막 정착지다.

그들은 보호관찰소에서 삶에 잘 대처하는 법을 배우는 프로그램에 참가해야 했다. 상담사들은 사흘 일정의 프로그램을 통해 그들을 다양한 집단 도전 코스와 개인 도전 코스에 참여하게 했다. 이는 신뢰와 자발성, 진취성, 근면성을 증폭하는 활동이었다. 도전 코스를 시작했을 때 아이들의 행동에서 부적응적 대응 방식이 다소 도출되긴 했지만 신뢰와 진취성, 근면성도 약간 나타났다.

수진 씨는 도전 코스가 끝난 후 아이들을 만나 각자의 대표강점에 관해 이야기했다. 그런데 흥미로운 점은 대다수가 영성을 대표강점으로 지니고 있다는 것이었다. 그들은 영성이라는 성격강점이 매일 자신의 내면에서 살아 숨 쉰다고 말했다. 나중에 한 아이는 자신에게 신앙심은 안전요원과 비슷해서 나락으로 떨어지지 않게 하고, 다른 위험들로부터 자신을 보호해준다고 설명했다. 이후 상담사들은 그들이 어떻게 영성을 대표강점으로 가지게 됐는지에 관해 토의했다.

이렇게 대표강점에 관해 이야기하는 시간을 갖자 그들도 자신의 대표강점을 좀 더 자세히 이해했고, 대표강점을 자주 발휘하는 방법도 찾아냈다. 자신의 강점이 어떻게 발휘되는지 아는 것은 인생 기술의 도구 상자에 넣을 또 다른 가치 도구가 늘어났다는 뜻이기도 하다. 이제 그들은 강점이 필요하거나 강점을 발휘하고 싶을 때 마음만 먹으면 그렇게 할 수 있게 됐다. 이렇게 강점 발휘가 습관화될수록 건전한 사고와 행동이 뒤따라올 가능성이 크다. 성격강점에는 도덕적 개념과 선한 품성이 포함되어 있기 때문이다. 자신이 무엇을 좋아하고 잘하는지를 안다는 것은 곧 아주 큰 힘을 지녔다는 의미이기도 하다. 물론 방임과 학대에 노출된 아이에게는 그 과정이 무척 힘들지만 이것 또한 노력으로 충분히 가능한 일이다.

그들 사이에서 거의 선호되지 않는 성격강점은 신중성과 겸손이었다. 그래서 아이들은 이 프로그램에서 멘토와 대화, 결론 과정을 통해 해당 성격강점들을 키우고자 노력했다. 사실 겸손은 그들 중 많은 수가 어렸을 때 겪은 수치심과는 완전히 다른 성격강점이다. 수치심은 상황에 따라 극심한 죄책감과 열등감 같은 부정 정서를 유발하는 반면, 겸손은 상대에 대한 존중과 인정에 따른 만족, 자존감 등 긍정 정서를 유발하기 때문이다.

이후 몇몇 그룹으로 나뉜 아이들은 커다란 용지와 다양한 색깔의 마커를 받았다. 자신의 성격강점을 그래픽으로 표현하는 강점 나무 그리기를 하기 위해서였다. 이 활동에서 가장 어려운 부분은 자신의 강점을 같은 집단에 있는 다른 아이들의 강점과 연결 짓는 것이었다. 아이들은 자신의 행동이 타인에게 미치는 영향력과 타인을 자기 삶의 일부로 받아들이는 능력의 연관 관계를 아직 제대로 파악하지 못하고 있었다. 사회적 지능, 즉 사회성이 약한 것이었다. 한 남자아이는 집단 그래픽 프레젠테이션에서 아름다운 것과 훌륭한 것을 음미하는 감상력을 드러냈다. 그는 자신의 그림을 무척 자랑스럽게 생각했다. 수진 씨는 그 아이가 자신의 성격강점을 더 잘 발휘하는 방법을 알아낼 수 있도록 도움을 주었다.

그런데 집단에서는 대표강점이 지나치게 발휘될 때 문제가 생길 수 있다. 대표강점은 자신이 가장 좋아하고 잘하는 성격적 특성이라서 때로는 자신도 모르는 사이 남용되곤 한다. 리더십이 대표강점인 한 아이는 소규모 집단 구성원들이 강점 프레젠테이션을 잘할 수 있도록 이끄는 데 어려움을 겪었다. 리더십을 남용한 탓이었다. 그 아이는 점점 더 좌절감에 빠졌고, 다른 집단 구성원들을 조롱하는 리더십의 부정적 측면을 드러내기 시작했다. 하지만 상담자가 적절한 조언을 해주자 안정을 되찾았으며, 결국 아주 멋진 최종 결과물을 내놓았다.

그들은 이제 각자 역경을 이겨내기 위해 자신과 연관된 사회적 관계의 다리를 다시 놓고 있다. 자신의 강점에 집중한다면 실제로 그 일을 해낼 수 있을 것이다. 그리고 새롭게 사회에 적용하면서 더 멋진 존재로 거듭날 것이다. 수진 씨는 아이들이 그렇게 성공하기를 바라며 늘 기도하고 있다.

그렇다면 가정에서 아이의 성격강점을 키우는 방법은 없을까? 물론 이것도 충분히 가능하다. 초등학교 교사인 연희 씨가 가족과 식탁에 앉아 있을 때였다. 어느 순간 일곱 살, 네 살 두 딸의 다툼이 격해졌다. 처음에는 가볍게 농담을 주고받는 수준이었는데, 부모가 적절하게 방향을 잡아주지 않자 한순간에 격전을 방불케 할 정도로 심해졌다. 그리고 바로 그때 모두가 경악할 한마디가 튀어나왔다. 바로 "멍청아!"라는 말이었다. 연희 씨는 아이들에게 교훈을 줄 수 있는 그 순간을 빠르게 포착했고, 인간의 타고난 선함에 관해 토의하는 흥미로운 시간이 이어졌다. 연희 씨는 "모든 사람이 선한 일을 할 수 있고, 선한 뭔가를 내면에 지니고 있기 때문에 이 세상에 '멍청한 사람'은 없어"라고 지적했다. 그는 두 딸이 우리 내면에 강점과 아름다움이 존재한다는 사실을 이해하길 바랐다.

아이들도 어른과 마찬가지로 상대방의 옳고 선하고 강인한 점을 먼저 인정하기보다 약점을 지적하고, 잘못된 점을 꼬집으며, 자신의 신경에 거슬리는 부분부터 이야기하려 든다. '멍청함'이라는 미끄러운 비탈을 타고 내려가기가 얼마나 쉬운지 아직 모르는 것이다.

그렇다면 3~9세 아동에게서 확연히 나타나는 성격강점은 무엇일까? 아주 어린아이들은 사랑과 열정, 희망이 성격강점으로 두드러지고 행복과도 연관성이 있었는데, 다만 늘 강한 상태가 유지되는 것은 아니었다. 좀 더 자란 아이들은 감사가 행복과 연관되는 성격강점이었다. 부모가 아이들에게서 가장 흔히 발견하는 공통된 성격강점은 사랑과 친절, 창의성, 겸손이었으며, 그렇지 않은 성격강점은 정직과 감사, 공정성, 용서, 개방성이었다. 몇몇 강점은 아이들이 좀 더 성숙해졌을 때 명확하게 나타나는 것 같다.

만일 누군가 당신의 강점을 알아봐주면서 격려하고, 강점을 자유롭게 발휘할 수 있는 환경을 만들어준다면 과연 어떤 기분이 들 것 같은가? 아마 아이들도 당신과 같은 기분을 느낄 것이다. 단, 아이들에게는 단순히 기분이 좋아지는 수준을 넘어서는 일이 벌어진다. 관련 연구 결과에 따르면 아이들의 정서적·감정적 행복이 크게 상승하고, 아이들이 성장한 후 불안과 우울증에 사로잡힐 위험은 감소하는 것으로 나타났다.

덧붙여, 부모가 자신들의 성격강점을 발휘해 아이가 가진 좀 더 좋은 강점을 찾아낼 경우 아이는 시간이 흐르면서 자신의 강점들을 중심으로 정체성이나 소유 의식을 키워나가기 시작한다. "이게 나야", "이것 때문에 내가 독특하고 특별한 사람이 되는 거야"라는 믿음을 가지는 것이다. 이렇게 아이에게 자신이 유능하고 자신감 넘치며 목표를 달성할 수 있는 사람이라는 믿음을 심어주는 부모는 아이 마음속에 '설득력 있는 타인'으로 자리매김하게 된다. 즉 부모의 언행이 아이의 강점을 더욱 빛나게 하는 믿을 만한 기준이 되는 셈이다. 부모 입장에서도 아이의 문제점이 영구적이며 일상에 만연해 있다는 생각을 떨쳐내고 낙관적 사고를 키울 수 있다. 이것이 실제로 이루어지길 원한다면 아래에 제시한 일들부터 시작해보자.

- 두 살이나 세 살배기 아이의 강점을 알아보는 가장 좋은 방법은 또래와 노는 모습을 주의 깊게 살피고 어떤 이야기를 하는지 경청하는 것이다.
- 아이가 최상의 모습을 보여준 순간이 언제였는지, 어디에서 빛을 발했는지 등 가장 예쁘고 사랑스러웠던 순간을 떠올려본다.
- 아이를 담당하는 교사에게 "아이의 강점이 무엇인가요?", "우리 아이가 어떤 아이인가요?"라는 질문을 던져본다.
- 아이에게 다양한 활동을 시킨다. 단, 부모가 하고 싶은 활동이 아니라 춤과 음악, 미술, 문학, 운동 등 다양하게 시켜보는 것이 좋다. 그런 다음 아이가 흥미를 느끼는 부분이 그 활동에 포함되어 있는지 확인한다.
- 아이는 자신이 세상을 어떻게 바라보는지에 관한 실마리를 이야기로 전한다. 그러므로 식사시간이나 자동차 안에서, 혹은 잠자기 전 아이와 대화하는 시간을 가질 필요가 있다. 하루 일과를 전하는 아이의 이야기에서 실마리를 찾고, 어떤 강점들이 발휘됐는지 주의 깊게 살핀다.

이것을 좀 더 자란 아이와 할 수 있는 구체적인 활동으로 정리하면 다음과 같다.

- 강점에 대해 이야기하는 시간을 갖는다. 아이의 대표강점 중 하나가 감사라면 주말 저녁에 아이가 한 주 동안 감사 강점을 얼마나 발휘했는지 이야기를 나눈 뒤 칭찬 카드를 써서 식탁 자리에 놓아둔다. 그리고 그 강점이 일상생활에 어떻게 활용됐는지 대화하고, 아이가 강점을 새로운 방식으로 드러낼 수 있도록 돕는다.
- 아이가 한 주 동안 대표강점들을 발휘할 수 있는 활동을 목록으로 작성한다. 그 목록을 잘 보이는 곳에 두고, 아이에게 매일 한 가지씩 새로운 활동을 해보라고 권한다.
- 가족끼리 서로의 강점들을 적은 뒤 그 위에 각자의 생각을 써본다. 상황 키드를 만들어 어떤 상황에서 어떻게 행동할지 서로 물어보는 것도 좋다. 그리고 강점 하나씩을 골라 그 강점이 어떤 특성을 지니는지에 대해 매주 토의한다.
- 아이에게 특별한 상자를 하나 구해주고, 그 상자를 자기 마음대로 장식하라고 권한다. 그리고 자신의 가장 뛰어난 모습을 보여줄 창작물들을 그곳에 수집하면 된다고 알려주고 잘해낼 수 있다고 격려한다.
- 강점 이야기책을 만든다. 실생활에서 찾아낸 그림들을 하얀색 종이에 붙인 뒤 그 아래에 선을 긋는다. 거기에 아이가 일상생활과 관련된 이야기나 자신의 강점에 대해 쓸 수 있도록 도와준다.
- 책에 나오는 강점 이야기들을 아이에게 들려준다. 특정 강점을 발휘하는 등장인물이 나오는 그림책이나 동화책을 찾아본다.

예쁜 꽃밭을 만들고 싶다면 먼저 비옥한 토양이 필요하다. 이 비옥한 토양이 바로 성격강점이고, 무성하고 아름다운 꽃밭을 만들 준비가 된

땅속 씨앗이 우리가 위에서 살펴본 다양한 활동이다. 부모가 이 활동들을 직접 시행하면서 아이의 강점을 찾아내 키워준다면 아이는 자신의 본모습에 감사할 줄 알고 스스로 자신의 가능성도 꽃피우는 존재로 성장해 갈 것이다.

7

강점으로 심리적 증상을 치료하는
긍정심리치료

일반 심리치료는 내담자가 자신의 트라우마에 대해 상세히 진술하는 순간 어느 정도 회복된다는 검증되지 않은 주장을 전제로 한다. 이런 치료법은 어린 시절 트라우마를 밝혀내고, 잘못된 사고를 바로잡거나 관계를 회복하는 것이 곧 치료라는 가정하에서 이루어진다. 이 경우 물론 내담자의 우울이나 불안 증상은 감소할 수 있지만, 내담자의 행복이 치료의 명시적 목적은 아니다. 반면 긍정심리치료는 긍정심리학을 기반으로 내담자의 행복을 향상시켜 심리적 증상을 완화하고 치료하는 데 집중한다.

지금까지 의사, 심리치료사, 상담심리사, 임상심리사 같은 치료자는 기존 의학의 틀에 갇혀 오직 질병 치료만이 자신들의 의무라고 생각했다. 하지만 셀리그만은 그들에게 더 큰 의무가 있다고 강조했다. 예를 들어 감당이 안 되는 결혼 생활을 가능한 수준으로 만들어놓는 것이 아니라, 행복한 결혼 생활을 할 수 있도록 도와주는 것이 그들의 의무라는 것이다. 또한 그들의 의무가 우울, 불안, 분노 같은 심리적 증상을 완화하는 데서 끝나지 않고, 사람들을 행복하게 만들어줄 수 있어야 한다고도 덧붙였다. 이제 치료자는 한 손에는 내담자의 질병을 치료하는 도구와 또 다른 한 손에는 행복을 만들어주는 도구를 갖추고 있어야 하는 것이다.

우울증을 겪고 있는 사람이 있다고 가정해보자. 그가 치료자에게 "선생님, 저는 행복해지고 싶어요. 선생님이 제 병을 고쳐주시면 좋겠어요"라고 말했을 때 "당신의 병이 제가 고칠 수 있는 병이었으면 좋겠네요"라고 대답한다면 어떨까? 프로이트 관점에서 인간이 성취할 수 있는 최상의 상태는 불안의 부재다. 불안하지 않고 슬프지 않으며 분노하지 않으면 행복하다는 것이다. 하지만 셀리그만은 누군가가 "저는 행복해지고 싶어요"라고 말했을 때 긍정심리학자 또는 긍정심리치료사는 그것을 무시해서는 안 된다고 강조한다. 지금까지 시도되지 않았던 방식이 그 사람에게 필요할 수도 있기 때문이다. 따라서 긍정심리치료는 질병, 불안, 고통의 부재 그 이상의 것을 줄 수 있는 하나의 답이며, 행복을 만들어 더 성장하도록 도와줄 것이다.

긍정심리치료는 인간 경험의 내재적 복잡성을 균형 있게 이해하고자 증상과 성격강점을, 위험과 자원을, 약점과 가치를, 절망과 희망을 통합한다. 치료자는 내담자의 호소를 무시하거나 최소화하지 않으며, 트라우마와 연관된 내담자의 고통에 공감하면서 그를 주의 깊게 살피고 성장 잠재력을 탐색한다. 따라서 오해해서는 안 되는 부분이 긍정심리치료는 결코 기존 심리치료를 대체하는 방법이 아니다. 약점 개선에 치중하는 심리치료법의 균형을 맞추려는 점진적인 변화다. 따라서 심리적으로 고통받는 사람이 긍정심리치료를 통해 자신의 성격강점을 파악하고, 긍정 정서 배양에 필수적인 기술들을 배우며, 긍정 관계를 강화하고, 자신의 삶에 의미와 목적을 부여한다면 삶에 대한 강한 의욕과 힘이 생기면서 치료 효과가 나타날 수 있다.

성현 씨는 자신에게 강점이 있다는 생각조차 하지 못했다. 정서적 학대를 받았고 사랑하는 가족을 잃었을 뿐 아니라, 만성적인 자살 충동과 정신착란, 과거의 부정 기억에 대한 집착으로 병원을 들락거리는 '바람직하지 못한 패키지'가 곧 자신이라고 믿었기 때문이다. 깊은 회의주의에 빠져 있던 그는 치료자의 권유로 자신의 강점을 찾기 시작했다. 성현 씨의 대표강점은 학구열과 호기심, 창의성, 용감성, 리더십인 것으로 나타났다. 치료자가 각 강점과 관련된 구체적인 경험을 이야기해달라고 하자 그는 지역에서 최우수 장학생으로 대학교에 입학해 전액 장학금을 받았다고 했다. 성현 씨는 힘든 상황에서도 우수한 성적을 유지할 수 있었고, 언제나 '우등생 명단'에 이름을 올렸다. 또한 많은 고등학생에게 적절한 도움을 청하는 것을 수치스럽게 여기지 말라고 조언한 적도 있었다. 이런 구체적인 사건들을 이야기하면서 성현 씨의 기분이 달라졌고, 결국 그는 "제 인생이 그렇게 나쁘지 않다는 사실을 방금 깨달았어요. 저는 아직 뭔가를 할 수 있어요"라고 말했다.

긍정심리치료의 궁극적 목적은 즐겁고 의미 있으며 만족스러운 삶을 위해 자신의 강점을 찾아 최대한 활용하는 방법과 자신에게 적절한 구체적인 관련 기술들을 배우도록 내담자를 돕는 것이다. 그리고 이 목적을 달성하고자 규범적 권위로 결점이나 약점을 진단하는 치료자의 역할을 성장과 회복력, 행복을 적극적으로 촉진하는 역할로 확장했다.

구체적으로 긍정심리치료는 총 15회기로 구성되어 있으며, 세 단계로 나뉜다. 1단계에서는 내담자가 역경을 극복하는 과정에서 최상의 모습을 보여준 경험을 회상하고 글로 쓰면서 개인적인 이야기를 만들어낸다.

특히 대표강점 프로필 평가 및 종합, 강점과 심리적 스트레스 요인의 통합에 필요한 기술 습득에 중점을 둔다. 2단계에서는 내담자가 개인의 내적 경험과 대인 경험을 재검토하는 방법을 배울 수 있도록 돕는다. 그중에서도 부정 경험을 긍정 경험으로 바꿔 가급적 균형 잡힌 시각을 가질 수 있게 장려한다. 3단계에서는 내담자가 자신의 강점을 활용해 미래의 희망을 찾고 긍정 관계를 증진해 삶의 의미와 목적을 추구하도록 도와준다.

아래 '표'는 긍정심리치료 15회기를 정리한 것이다.

회기	주제	내용	주요 실습
1단계			
1	긍정 소개 및 감사일기	내담자의 치료 환경 적응, 내담자와 치료자의 역할 및 책임 정하기 등 치료를 구조화하는 방법, 긍정 경험을 기록해 긍정 정서를 키우는 방법, 감사하기가 행복에 미치는 영향을 평가하는 방법 등을 배우는 회기	•긍정 소개: 역경을 극복해 최상의 자신을 표출한 사건을 떠올려보고 시작과 중간, 긍정 결말로 구성된 이야기를 한장분량으로 쓴다. •감사일기: 매일 저녁마다 크고 작은 잘된 일 3가지와 그 이유를 기록한다.
2	성격강점과 대표강점	성격강점과 대표강점을 중점적으로 다루는 세 차례 회기 중 첫 번째 회기로, 대표강점은 실습을 통해 개발할 수 있는 긍정 특성으로서 개인의 성장과 행복에 기여한다는 것을 배우는 회기	성격강점: 강점 검사와 평가, 가족 구성원, 친구 등 다양한 출처에서 얻은 정보를 수집해 자신의 대표강점 프로필을 작성한다.
3	대표강점 실용지혜	대표강점 실용지혜 기술을 보여주는 회기이자, 자신의 대표강점을 균형 잡힌 방식으로 활용해 문제를 해결하는 방법을 배우는 회기	강점 활용 노하우: 3가지 구체적인 상황을 해결하는 5가지 실용지혜 전략(구체화하기, 적절성 찾기, 충돌 해소하기, 성찰하기, 조절하기)을 활용한다.
4	더 나은 버전의 나	긍정적이고 실용적이며 지속적인 자기개발 계획을 명확히 작성하고 실행하는 회기	더 나은 버전의 나: 측정 및 성취 가능한 구체적인 목표를 정해 강점을 융통성 있게 활용하고 좀 더 나은 버전의 '나'라는 자기개발 계획서를 작성한다.

2단계			
5	종결된 기억, 종결되지 않은 기억	과거 기억을 떠올려 기록하고 처리하는 회기이자, 종결되지 않은 기억과 부정적인 기억을 다루는 기술을 배우는 회기	긍정 평가: 긴장을 풀고 고통스러운 기억, 즉 종결되지 않은 기억을 기록하고 그 기억을 적절하게 다루는 4가지 방법을 탐색한다.
6	용서하기	용서가 하나의 사건이 아니라 변화를 위한 과정임을 알고, 용서와 용서가 아닌 것을 배우는 회기	•리치(REACH): 용서에 이르는 길을 배운다. •용서편지: 용서편지를 쓰되 반드시 전할 필요는 없다.
7	최대자 vs 만족자	최대자(최상의 것을 선택하기)와 만족자(충분히 좋은 것을 선택하기: "이 정도면 괜찮아") 개념을 제시하는 회기	만족자 지향: 최대자나 만족자의 생활 영역을 탐색하고, 만족을 증진하는 계획서를 작성한다.
8	감사	현재 생존해 있는 사람 또는 과거에 긍정적인 도움을 받았으나 미처 감사를 전하지 못한 사람을 떠올려보고 그에게 편지를 써 감사의 개념을 확장하는 회기	•감사편지: 어려울 때 도움을 받았지만 미처 감사 인사를 전하지 못한 사람에게 감사편지를 쓴다. •감사 방문: 감사편지의 대상을 초대해 일대일로 만나기, 사전 설명 없이 감사편지 직접 읽어주기 등을 실천한다.
3단계			
9	희망과 낙관성	가능한 한 최상의 현실적인 결과를 생각하고 낙관성을 키우는 법을 배우는 회기	문 하나가 닫히면 다른 문이 열린다고 생각하기: 닫혀 있는 문 3개와 열려 있는 문 3개를 생각해보고 기록한다.
10	외상 후 성장	트라우마를 겪은 후 계속 마음에 걸리는 충격적인 경험에 관한 내면의 깊은 감정과 생각을 탐색해보는 회기	표현적 글쓰기: 충격적이고 고통스러운 경험을 종이 한 장에 옮겨 적는 선택적 활동을 한다. 건전한 대처 기술을 익히고 키워 현재의 스트레스 요소에 짓눌리지 않을 때 이 실습을 종료한다.
11	느림과 음미하기, 마음챙김	속도를 늦추는 법을 배우고, 음미하는 법과 마음챙김을 의식하면서 키우는 회기	느림과 음미하기: 자신의 성격 및 생활환경에 적합한 느림의 기법과 5지 음미하기 방법 중 하나씩을 선택하고, 마음챙김 명상을 한다.

12	긍정 관계	긍정 관계를 위해서는 사랑하는 사람들의 강점을 인정하는 것이 중요하다는 사실을 배우는 회기	긍정 관계 나무: 사랑하는 사람들과 함께 각자 자신의 강점을 평가하고, 서로의 강점을 칭찬해 관계를 강화하는 방법을 논의한다.
13	긍정 소통	긍정적인 소식에 대한 4가지 반응 기술과 그중 관계 만족을 예견하는 기술을 배우는 회기	적극적·건설적으로 반응하기 기술: 자신에게 중요한 사람의 강점을 탐색하고 적극적이고 건설적으로 반응하는 기술을 적용한다.
14	이타성	자신과 타인 모두에게 도움이 되는 이타적인 사람이 되는 법을 배우는 회기	시간 선물하기: 자신의 대표강점을 활용해 시간 선물하기 계획을 세운다.
15	의미와 목적	좀 더 나은 선을 추구하고 노력하는 데 집중해 의미 있는 삶을 만드는 법을 배우는 회기	긍정 유산: 어떤 사람으로 기억되고 싶은지, 특히 어떤 긍정적인 발자취를 남기고 싶은지 기록한다.

이렇듯 긍정심리치료는 진정한 긍정 정서와 성격강점, 삶의 의미와 목적을 탐구하고 추구하는 데 중점을 둔다. 따라서 슬픔과 스트레스, 불안, 왜곡된 사고, 분노에 사로잡힌 사람도 자신의 친절, 감사, 열정, 자기 통제력, 희망 등 대표강점을 찾아 적용하고 발휘할 수 있다. 과거 트라우마에 집착하는 30대 중반의 해인 씨는 긍정심리치료를 통해 용서가 자신의 대표강점이고, 그것 덕분에 자신이 공감할 줄 아는 친절한 사람이 됐다는 사실을 알았다. 그리고 용서에도 미묘한 차이가 있음을 이해했다. 용서가 아픔이 될 수도 있지만 도움이 되기도 한다는 사실을 자각한 것이다.

오랫동안 우울증과 자살 충동에 시달린 중년의 준호 씨는 긍정심리치료 도중 예견력이 자신의 대표강점 중 하나라는 사실을 발견했다. 어느 날 그는 정신질환으로 응급실 침대에 누워 있었는데, 그곳에서 치료받는 다른 사람들을 보니 자신의 상태는 그들보다 심각한 것이 아니라는 생각이 들었다. 그리고 자신에게는 문제에 대처할 내적 자원이 충분하다는 것을 인식했다. 이후 그는 대표강점들을 발휘해 인생에서 긍정 자원들을 찾아 활용하며 행복을 만들어갔다.

20대 후반 대학원생인 수민 씨는 어떠한 정신장애 진단 범주에도 속하지 않는 환영과 환각을 경험하고 있었다. 그는 수많은 전문가를 만나고 치료도 받았지만 치료 효과는커녕 정확한 진단명도 알 수 없었다. 그럼에도 수민 씨는 긍정심리치료라는 방법을 찾아 선택했고 열심히 잘 따라갔다. 그 이유를 묻는 치료자에게 그는 "내 심리적 증상만 보지 않고, 창의성과 끈기라는 대표강점들을 찾아서 발휘해 학위까지 딸 수 있게 격려해준 것은 긍정심리치료뿐이거든요"라고 대답했다.

강점 기반의 치료법에서는 깅짐 사용의 맥락화가 가장 중요하다. 그래야 표출된 심리적 증상을 전면에서 중점적으로 다룰 수 있기 때문이다. 다만, 치료적 환경에서는 미묘한 차이를 좀 더 고려한 이론 중심의 강점 사용 접근법이 필요하다. 이런 단점을 극복하기 위해 보통 성격강점 검사를 추천한다. 이 검사를 통해 내담자는 자신의 성격을 가장 잘 설명해주는 강점 5가지를 찾아낸다. 일반적으로 대표강점 찾기는 온라인이나 책, 카드를 통해 1회 검사만 실시하지만, 긍정심리치료에서는 여덟 단계를 거쳐야 할 만큼 심리적 증상을 치료하는 데 강점 사용을 중요시한다. 강점을 너무 남용하거나 부족하게 사용할 때 우울과 불안, 분노, 죄책감, PTSD 같은 심리적 증상이 발생한다고 보기 때문이다. 2019년에는 지금까지 전 세계 정신과 의사, 심리치료사, 임상심리사, 상담심리사, 사회복지사 등 정신건강 치료자들이 가장 많이 사용하는 정신장애 진단 및 통계 편람DSM-5에 대응하는 강점 조절 장애 진단표가 만들어지기도 했다.

강점 검사를 마친 내담자는 친구나 가족으로부터 보조 자료(약식 강점 검사)를 수집해 치료자와 공유한다. 치료자는 모든 관련 정보를 종합해 내담자의 대표강점을 찾아내고 그 명칭과 구체적 맥락을 기재한 다음 내담자에게 제공한다. 이후 내담자는 구체적 상황에서 강점을 사용한 추억과 실제 경험, 사례, 성취, 기술 등을 이야기한다.

강점 기반 치료의 목표는 내담자에게 개인적으로 의미 있는 것이어야 한다. 예를 들어 내담자의 목표가 호기심을 더욱 많이 사용하는 것이라면 내담자는 호기심 사용의 균형을 최적으로 맞출 수 있는 구체적인 행동에 대해 생각해본다. 그래야 호기심 사용으로 참견(남용)이나 지루함(부족함)이 발생하지 않는다. 또한 역경이나 심리적 증상에 적응적으로 대처하는 것이 목표라면 내담자는 강점을 융통성 있게 수정해서 사용하는 법을 배울 수 있다.

짧은 결혼 생활 후 이혼한 미현 씨는 배우자로부터 상처받고 배신당했다는 생각에 분노가 쌓였고, 이에 긍정심리치료를 받기 시작했다. 그는 비교적 어린 나이에 부모님의 반대를 무릅쓰고 결혼한 것을 창피하게 여겼다. 그래서인지 본능적으로 부정 생각에 빠져들었다. 이에 치료자는 먼저 미현 씨가 자신의 아픔과 분노, 배신감을 털어놓으며 상대의 공감을 느낄 수 있는 환경을 만들었다. 그리고 그의 트라우마를 처리하는 데 집중했다. 이때 치료자는 그가 설명한 몇 가지 회복력 키우기 및 대처 방법에 대해 함께 토의하고 의논하면서 트라우마의 세세한 측면을 중점적으로 다루었다. 여기에 덧붙여 수치심과 후회, 두려움, 용기, 노력, 끈기를 드러내고 꾸준히 치료받으러 와줘서 고맙다고 말했다.

미현 씨는 이런 인정과 지지, 공감에 힘입어 변화하고 싶은 열망을 표현할 수 있었다. 이후 치료자는 강점에 기반을 두고 미현 씨를 유심히 관찰하다가 적절한 순간에 그동안 알아차린 그의 강점들을 자연스럽게 말해주면서 변화 가능성을 함께 논의해보자고 제안했다. 미현 씨는 처음엔 주저하며 자신의 강점을 인정하지 못했지만, 치료자로부터 자신의 강점에 관한 설명을 듣기만 해도 자기효능감이 높아지는 것을 느낄 수 있었다.

아래 '표'는 일상에서 빈번하게 겪는 역경을 극복할 수 있는 15가지 강점 사용법이다. 이를 통해 어떻게 강점을 통합하고 실천해 회복력을 키울 수 있을지 알아보자.

	역경	성격강점 통합	성격강점 기반의 회복력 실천법
1	말이 거의 없고, 사회 활동에 적극적으로 참여하지 않으며, 남들과 많은 것을 공유하지 않고, 친구가 거의 없다.	열정, 사회성, 자기통제력	하이킹, 사이클, 등산, 힘찬 도보나 조깅 중 적어도 한 개를 선택해 일주일 동안 꾸준히 실천한다.
2	쉽게 포기하고, 과제를 끝내기 어려우며, 부주의한 실수를 자주 한다.	끈기, 자기통제력, 협동심	일상적인 활동에서 흥미를 떨어뜨리는 요인을 파악하고, 신뢰하는 누군가와 나눌 수 있거나 관리할 수 있는 달성 가능한 작은 목표를 설정한다.
3	충동적으로 행동하고, 정서 조절이 힘들며, 감정 변화가 크다.	자기통제력, 개방성, 신중성, 사회성, 그리고 정서적 폭발의 트리거(trigger·시작점) 찾아내기	인지한 위협에 대응하기보다 성격강점 기반의 구체적인 대체 행동을 생각해낼 수 있다는 확신을 갖는다. 예컨대 관심을 끌려고 소리를 지르거나 좌절감을 표현하기보다 호기심과 열린 마음으로 무엇 때문에 짜증이 나는지 자문해본다. 문제가 지속되면 예견력을 발휘해 해결 가능한 문제인지, 그렇지 않다면 일부분이라도 해결할 수 있는지를 살핀다. 그런 다음 현실적이면서도 희망적인 전망을 유지하고(낙관성), 다른 사람들과 협력해(팀워크) 문제를 해결할 수 있는 창의적인 방법을 찾아본다.

4	종종 양심을 품고, 사소한 모욕을 과장하며, 진심 어린 사과를 받아들이지 않는다.	용서, 사랑, 친절	양심과 부정 기억이 가지는 영향력을 인식한다. 그리고 누군가의 감정을 상하게 했다가 용서받은 경험을 떠올려보고 그것을 일상화할 수 있도록 노력한다.
5	다른 사람의 다정하고 쾌활한 몸짓에 반응하지않는다.	유머, 개방성, 사회성	상대방의 쾌활한 언행과 유쾌한 활동에 부드러운 태도로 동참한다. 몰입할 수 있는 적절한 동영상이나 시각적인 실제 사례를 참고해도 좋다.
6	의미 있는 사회적 상호작용을 바라지만 시작하기 어렵거나 피하기 일쑤고, 소외감과 무기력을 느낀다.	사회성, 용서, 끈기	창의적 노력이 필요한 사진 촬영이나 미술, 그래픽디자인, 요리, 뜨개질 같은 수업처럼 일대일 상호작용이 별로 없는 활동에 참여한다. 사회적 상호작용에 주의를 기울이고, 평가에 대한 걱정 없이 자신의 의견을 제시하며, 자기 관점을 공유할 수 있는 방법을 찾아본다.
7	실패에 집착하며, 지나치게 부정적이고 비관적이다.	희망, 열정, 용감함	작은 것이라도 과거 성공을 떠올려 적극적으로 목록을 작성하고, 인과관계를 생각해본다. 그리고 그것을 바탕으로 성취 경험과 낙관성을 키운다.
8	경쟁적이고 성취 지향적이며, 최고가 되려고 많은 시간과 노력을 투자하고, 다른 사람이 자신보다 뛰어날 때 분노하고 후회한다.	사회성, 협동심, 예견력, 겸손, 감상력	물질적 이득이 증가해도 심리적 수익은 감소한다는 과학적 결과를 인지한다. 경험적 활동을 통해 음미하기와 느림, 감사의 이득을 느끼고, 겸손의 심리적 이점을 확인한다. 일할 때 외적 인정이나 보상을 바라지 않아도 성취감이 뒤따를 수 있다는 사실을 깨닫는다.
9	엄격하고 융통성이 없으며, 환경과 상황, 동료 등의 변화에 잘 적응하지 못한다.	호기심, 개방성, 예견력	사람과 장소, 과정 중심으로 새로운 경험을 함으로써 호기심과 열린 마음을 체계적으로 키운다. 모든 면에서 열린 마음을 키우기 위해 고의적으로 반대 입장을 취해본다면 상황을 더 잘 이해할 수 있다.
10	인생에서 잘됐던 일과 다른 사람의 선의를 당연한 것으로 여긴다.	개방성, 감사, 사회성, 친절	진심으로 감사하지만 그 마음을 명확히 표현하지 못한 일들을 떠올린다. 그리고 당연시하는 일이 일어나지 않으면 기분이 어떨지 상상해본다. 하루 동안 발견한 다른 사람들의 긍정 행동을 글로 기록하는 것도 도움이 된다.

11	겸손하지 못하고, 불필요하게 주목받으려 하며, 자신의 자질과 성취를 과대평가한다.	겸손, 정직, 개방성(판단력)	자신의 능력과 성취를 현실적으로 정확히 평가하도록 노력한다. 지난 경험들을 진정성과 진실함을 바탕으로 겉치레 없이 회상해본다. 자신의 결점을 인정하면서 그런 결점들 덕분에 어떻게 인간적인 사람이 됐는지를 기록하는 것도 효과적이다.
12	실수에서 교훈을 얻지 못하고 종종 실수를 반복한다. 도덕적·윤리적 문제에 대한 깊은 이해가 부족하고, 지식을 실질적인 문제에 적용하지 못한다.	예견력, 정직, 학구열, 신중성, 공정성	최근 결과가 좋지 않았던 결정이 자신과 다른 사람에게 어떤 영향을 미쳤는지, 그 상황을 최대한 고려했는지, 엄격한 규칙 대신 사회성이나 친절 같은 대체 강점을 적용할 수 있었는지, 친구 또는 신뢰할 수 있는 사람, 정보에 능통한 동료로부터 조언을 구했는지 떠올려본다.
13	스스로 외롭게 고립되거나, 무관심한 사람처럼 보인다.	용감함, 사랑, 친절, 사회성	일상적인 언행과 활동을 통해 진정한 사랑을 드러낸다. 또한 자신에게 관심을 보이는 사람들을 조금이나마 배려하고, 친구들에게 정직하면서도 투명한 모습을 보이도록 노력한다.
14	특정 상황에서 부적절하게 행동하고, 자신은 물론 다른 사람도 배려하지 않는다.	예견력, 공정성, 지도력	자신과 다른 사람을 수치스러워하기보다 긍정적인 속성을 의식한다. 다른 사람들과의 활동을 점차 늘리고 상호관계를 맺어 협력한다. 부당한 대우를 받으며 괴롭힘이나 놀림을 당하는 사람들 편에 선다.
15	일에 파묻혀 성장 기회를 찾지 못하고, 무기력하며, 자주 지루함을 느낀다.	창의성, 용감함, 끈기, 감사	직장에서 실패를 두려워하지 말고, 일상적인 업무를 새로우면서도 적응 가능한 방식으로 처리한다. 이것이 불가능하면 늘 하고 싶었지만 하지 못했던 업무 이외의 활동을 시작해 창의성을 탐색하고 표현하는 방법을 찾는다. 이 활동에서도 성취감을 느끼지 못한다면 성취감을 느낄 수 있는 활동을 찾을 때까지 다방면으로 시도해본다.

　　심리적 증상이 우울과 분노, 불안 등 스트레스를 암시하는 것처럼 성격 강점은 행복과 만족, 흥미, 몰입, 목적, 삶의 의미를 나타낸다. 관련 연구 조사와 치료 사례 등에 따르면 분노, 적대감, 복수심 같은 부정 정서를 경

험하거나 자아도취적 특성을 지닌 사람은 많은 심리 문제를 겪을 가능성이 훨씬 컸다. 반면 감사와 용서, 친절, 사랑 같은 긍정 정서를 경험하는 사람은 삶에 만족할 확률이 높았다.

지금까지 강점을 통합해 역경을 극복하고, 회복력을 키우는 방법에 대해 알아봤다. 이제는 최근에 개발된 '실용지혜' 기술을 익히고 키워 심리적 증상을 치료하는 방법을 살펴볼 것이다. 다음은 강점 활용 부족과 남용에 관한 사례다.

- 중년의 경수 씨는 소매업 매니저로, 공정성이 대표강점이라 모든 상황을 공정 관점에서만 판단한다. 심지어 직원들과 동료들의 온화한 태도도 '불공평한' 것으로 인지해 스스로 고립됐다.
- 은정 씨의 대표강점은 용서와 친절, 겸손이다. 그는 자신의 강점을 남용해 다른 사람들에게 이용당하기만 했다. 결국 스스로 '동네북' 신세가 됐다고 자조했다.
- 민주 씨의 대표강점은 호기심과 학구열이다. 그는 모든 것을 '조사하는' 데 지나치게 많은 시간을 투자해 직장에서 업무를 끝마치기가 점점 어려워졌다.

의도가 좋고 자신의 대표강점을 안다고 해서 모든 상황이 다 해결되는 것은 아니다. 여기에는 기술이 필요하며, 또한 기술을 이용해 문제를 해결하려는 의지도 있어야 한다. 긍정심리치료에서는 강점을 사용해 더 나은 결과를 만들어내는 그 기술을 '실용지혜'라고 부른다. 이제 실용지혜가 무엇인지, 실용지혜를 어떻게 키울 수 있는지 구체적으로 알아보자.

먼저 경수 씨의 경우 공정성은 상황에 맞게 충분히 조절할 수 있는 강점이다. 따라서 그는 예견력을 키우고, 사회적 맥락을 읽는 법을 배울 필요가 있다. 그리고 흑백논리에서 벗어나 사람들을 대하는 최상의 방식이 때로는 회색지대에 존재한다는 사실을 깨닫는 것이 이롭다. 은정 씨는 사회성, 용감성, 판단력 같은 성격강점을 키운다면 '동네북'이 됐다는 생각을 떨쳐낼 수 있고, 어떤 일에 부당함을 느끼는 순간 "이건 부당해"라고 말할 수도 있을 것이다. 민주 씨의 경우 탐색할 시간이 많을 때는 대표강점인 호기심을 사용하는 것이 훨씬 낫고 편안하다. 하지만 호기심만으로는 업무를 끝마치지 못할 수 있다. 따라서 타이밍을 맞추는 데 필요한 자기 통제력과 끈기를 발휘한다면 일을 처리하는 데 도움이 될 것이다.

다음은 실용지혜를 키우는 다섯 가지 전략이다.

① 구체화하기: 복잡하고 도전적인 실제 상황에서는 자신의 성격강점을 가장 잘 드러내는 행동이 무엇인지 명확히 알 수 없다. 구체화하기 방법 중 하나는 결과를 고려하는 것이다. 예컨대 학구열이 강점인 사람은 책이나 잡지 읽기 같은 구체적인 행동을 통해 지식 증대라는 결과를 얻을 수 있다.

② 적절성 찾기: 자신의 대표강점이 당면한 상황에 적절한지 검토한다. 예컨대 친절과 용서는 공정성이나 용기를 다루어야 하는 상황에는 맞지 않을 수 있다. 어떤 상황에서는 겸손이나 열정이 도움이 되지만, 자신의 권리를 주장해야 할 때는 겸손이 효과적이지 않기도 하다. 막 트라우마를 겪어 공감이 필요한 사람에게는 유머가 적절하지 않을 수도 있다.

③ 충돌 해소하기: 이는 두 가지 대표강점이 서로 충돌하는 경우를 해결하는 것이다. 예를 들어 당신이 프로젝트를 하나 맡아 최고로 잘해내고 싶다고 해보자. 이때 창의성과 끈기라는 대표강점을 활용해야 하는데, 친한 친구가 당신과 시간을 보내고 싶어 한다(대표강점은 사랑). 이때 열정과 자기 통제력이 서로 충돌할 수 있다. 이런 경우 어떤 대표강점이 자신의 핵심 가치에 훨씬 더 가

깝고 최적의 결과를 이끌어낼지를 파악해 충돌을 해소해야 한다.

④ 성찰하기: 실용지혜 기술을 익히려면 자신의 대표강점이 다른 사람들에게 어떤 영향을 미치는지 성찰할 필요가 있다. 예를 들어 공공장소에서 특정한 영성을 발휘한다면 그런 전통에 익숙하지 않은 사람들을 소외시킬 수 있다. 또는 학구열 발휘가 선천적인 학습 장애로 학습을 힘들어하는 사람들의 자신감에 부정적 영향을 끼치기도 한다.

⑤ 조절하기: 실용지혜 기술을 키우려면 정기적으로 상황에 맞추어 적응하고, 변화를 감지하며, 강점 사용을 조절하고 또 미세한 부분을 조정해야 한다. 많은 사람이 비효율적인 해결책을 계속 시도하거나 상황 변화에 맞게 자신의 접근법을 바꾸지 않기 때문에 문제를 해결하지 못하는 것이다.

실용지혜는 성격강점을 단독으로가 아닌, 서로 조화롭게 사용하는 기술이다. 한 가지 강점을 더 많이 사용한다고 해서 반드시 좋은 결과가 나오는 것은 아니다. 실제로는 한 가지 강점만 키우고 발휘하면 바람직하지 못한 결과가 나오기도 한다. 괴롭힘에 대처하거나 정서적 학대에 맞서야 하는 힘든 상황은 용감성과 끈기, 공정성, 신중성, 희망 같은 다수의 강점을 발휘해야 해결할 수 있다. 이와 마찬가지로 실용지혜 기술을 키우는 구체화하기, 적절성 찾기 같은 전략을 한 가지 이상 사용한다면 성격강점들을 구체적이고 책임질 수 있는 행동으로 바꿀 수 있다.

내 대표강점은 창의성, 학구열, 정직, 열정, 끈기, 희망이다. 리더로서 이런 대표강점들은 그야말로 축복이다. 단, 균형 있게 사용해야 축복이고 남용하면 재앙이 될 수 있다. 창의성을 부족하게 사용하면 무기력하고 우울해지곤 한다. 정직을 남용하면 화를 자주 내고, 열정을 남용하면 독선적이고 실수도 종종 저지른다. 긍정심리학과 긍정심리치료에 대해 깊이 있게 알기 전까지 이러한 사용 부족과 남용이 반복되면서 대인관계에 어려움을 겪기도 했다. 지금은 다섯 가지 실용지혜 전략을 적절히 활용해 최상의 결과들을 만들어내고 있다.

이렇듯 긍정심리치료는 내담자의 증상에 강점으로, 약점에 미덕으로, 결함에 기술로 대응하는 접근법을 통해 복잡한 상황과 경험을 균형 잡힌 방식으로 이해하는 데 도움을 준다. 인간의 두뇌는 긍정보다 부정에 좀 더 집중하고 강하게 반응한다. 하지만 긍정심리치료는 긍정성을 키우는 법을 가르쳐준다. 인생에서 역경을 극복하려면 회복력을 강화할 수 있는 강인한 내적 자원이 필요하다. 즉 건강이 병보다 낫듯이 통달이 스트레스보다, 협력이 갈등보다, 희망이 절망보다, 강점이 약점보다 낫다.

8장

성취 회복력 기술

1

'성취하는 삶을 위한 공식'의 주요 요소: 그릿

드디어 회복력 기술의 마지막인 성취 회복력에 도달했다. 앞에서 우리는 역경과 트라우마를 겪으면 우울, 불안, 분노, 죄책감, 무기력 같은 심리적 증상이 뒤따르고, 정체성 혼란과 더불어 자신감과 자기효능감이 떨어진다는 사실을 알았다. 그래서 지금부터는 일상에 큰 영향을 미치는 역경을 이겨내기 위해 성취를 이루는 방법에 대해 알아볼 것이다.

'성취'란 사전적으로 '목적한 바를 이룸'이라는 뜻으로 성공, 승리, 정복을 아우르는 말이다. 이러한 성취는 학업, 경력, 경쟁, 의무, 사업, 목적 등 다양한 영역에서 쓰인다. 사람들은 보통 성취 하면 부, 권력, 명예를 떠올리고 이를 이루기 위해 많은 시간과 돈을 들이면서까지 노력한다. 하지만 원하는 바를 성취하지 못할 경우 좌절하거나 무기력해지고 사회적 저항이나 반감을 갖기도 한다. 그렇다면 성취에 실패하는 이유는 무엇일까? 사회과학이나 일부 심리학에서는 환경을 원인으로 본다. 예를 들어 명수라는 학생이 성적이 계속 떨어져 학업을 포기하고 반항하는 이유는 학교 교육과 시스템에 문제가 있어서이고, 가난한 데다 학대를 일삼고 배움을 중시하지 않는 가정 분위기가 영향을 미쳤기 때문이라고 본다. 그래서 이를 해결하려면 교육환경과 가정환경을 바꿔야 한다고 주장한다. 인간의 부정적 행동 원인을 개인의 성격이 아닌 환경으로 설명하고 있는 것이다.

긍정심리학의 가장 대표적인 업적 가운데 하나가 지난 1세기 동안 심리학에서 외면받던 성격을 '그릿GRIT'(성장 Growth, 회복력 Resilience, 내재적 동기 Intrinsic Motivation, 끈기 Tenacity)이라는 새로운 개념으로 심리학에 끌어들여 긍정 성격으로 발전시키고 있다는 점이다. 긍정심리학자이자 그릿 선구자인 앤절라 더크워스 Angela Duckworth는 10년 이상 성취 수준이 최상인 학생들과 최하인 학생들을 연구했고, 그 결과 학생들이 학교에서 실패한 이유가 잘못된 교육 시스템과 환경 때문이 아니라, 실패한 학생 당사자의 성격 때문일 수 있다는 사실을 발견했다. 명수라는 학생이 학업적으로 탁월한 성취를 거뒀다면 집안이 부유해 영양 섭취가 좋아서라거나 교사가 훌륭해서라거나 부모가 배움을 중시해서라며 그의 성취를 폄하하는 대신, 오히려 명수의 성격과 재능, 강점에 관심을 기울인 것이다. 따라서 학업 성취도가 낮은 학생을 돕길 원한다면 교사와 부모는 아이의 성격이 환경과 지능보다 중요하다는 점부터 알아야 한다. 경영자나 군 지휘관 역시 직원들과 병사들의 성취에 성격 특성인 강점이 큰 영향을 미친다는 점을 새롭게 인식해야 할 것이다.

성취에도 기본 공식이 있다. 바로 '성취=기술×노력'이다. 여기에서 기술은 곧 인지적 지능을 의미하며 세 가지 실행 기능을 포함한다. 첫째는 지능의 속도로, 빠르게 자동으로 움직이는 관련 지식이 많을수록 성취를 위한 과제를 더 잘 파악하게 된다. 둘째는 느림으로, 이는 아주 중요한 성취의 자발적 과정이다. 계획하기, 수정하기, 실수 확인하기 등에 관한 지식이 풍부할수록 실행 기능을 사용할 여분의 시간이 많아진다. 즉 느림은 주어진 시간을 부드럽고 여유 있게 다루는 것이다. 셋째는 학습 속도로, 새 정보를 지식 계좌에 빨리 자동으로 저축할수록 느림 실행 기능을 사용할 시간이 많아진다. 이 세 가지로 이루어지는 기술에 노력이 보태지면 성취를 이룰 수 있다.

노력 영역의 거장인 스웨덴 심리학자 안데르스 에릭손Anders Ericsson은 "고도의 전문 지식을 쌓는 초석, 즉 성취는 신이 준 천재성이 아니라 연습에 들인 시간과 에너지의 양이다"라고 주장했다. 볼프강 아마데우스 모차르트가 그야말로 모차르트인 이유는 특출한 음악적 재능을 타고나서가 아니라, 어릴 때부터 재능을 활용하는 데 모든 시간을 쏟아부었기 때문이라는 것이다. 세계 일류 피아노 연주자들은 스무 살 무렵이면 연습 시간이 1만 시간에 달한다. 그 아래 수준의 연주자는 5,000시간, 진지한 아마추어 연주자는 2,000시간이라고 한다. 능력은 순전히 경험의 양에서 생겨난다고 할 수 있다.

하지만 더크워스는 성취가 학문적 성과를 인지하는 과정이나 경험의 양에서 생겨나는 것이 아니라, 지능을 포함한 기술에 개인의 성격 특성이 제 역할을 해서 나타나는 '노력'이 덧붙어 이루어지는 것이라고 설명했다. 여기서 의도된 '노력'을 유발하는 성격 특성이 바로 '자기 통제력'과 '그릿'이다. 노력에 투입되는 물리적 시간만으로는 온전한 성취를 이룰 수 없다. 노력이 들어가야 하는 지점에서 성격 특성을 살려 노력을 유발해야 하는 것이다. 이로써 심리학에서 거의 100여 년 동안 사회과학에 밀려 외면받던 개인의 성격이 드디어 긍정심리학을 통해 심리학 분야에 화려하게 등장하게 됐다.

여기서 그릿은 장기 목표를 달성하기 위한 끈기와 열정의 결합체다. 극도의 끈기라는 성격 특성은 극한의 노력을 야기하고, 식지 않는 열정이라는 성격 특성은 끝없는 도전을 시도하게 만든다. 또한 결코 굴복하지 않는 극단적인 자기 통제력의 전제는 집념이며, 집념이 강할수록 과제에 쓰는 시간이 늘어나게 된다. 자기 통제력과 끈기, 열정에 대해서는 뒤에서 자세히 살펴볼 것이다.

최갑도 부소장은 수많은 역경을 극복하고 산업교육 분야에서 큰 성취를 이룬 입지전적 인물이다. 내가 최 부소장과 처음 인연을 맺은 것은 그가 기아자동차 교육팀에서 전문 강사로 근무할 당시 《배움은 배신하지 않는다》의 출판 계약을 맺으면서다. 이 책이 그에게 얼마나 중요한지 잘 알았던 나는 단순히 출판 개념이 아닌, 그 이상의 의미를 부여해 최선을 다해 책을 만들었다. 내가 그동안 출판사를 경영하면서 낸 400종 가까운 책 가운데 가장 정성을 쏟고 예산도 많이 배정한 책이었다. 이런 정성과 의미 있는 책 내용이 시너지 효과를 내 출간 후 베스트셀러가 되기도 했다. 이 인연으로 퇴직 후 최 부소장은 내가 운영하는 한국긍정심리연구소에서 부소장으로 일하게 됐으며, 긍정심리학에 대해서도 체계적으로 배워나갔다. 지금까지 20년 동안 내가 긍정심리학을 가르치고 교육시킨 사람이 수천 명은 되는데, 최 부소장만큼 열정적이고 적극적인 교육생도 없었던 것 같다.

다음은 최 부소장이 긍정심리학을 배우면서 발견한 학구열, 열정, 끈기, 호기심, 희망 등 자신의 대표강점을 어떻게 발휘해왔는지에 대한 이야기다.

나는 초등학교 졸업 후 열네 살에 사회생활을 시작해 서른 살까지 초등학교 졸업 학력만 가지고 암흑 속을 헤매는 심정으로 세상을 살았다. 서른 살에 용기를 내 중등교육과정 검정고시를 마쳤고, 창원기능대학교를 졸업한 뒤 현대기아자동차에서 정년퇴직을 했다. 긍정심리학을 접하고 공부하면서 나는 평생 학력 콤플렉스로 주눅이 들어 뒷걸음질만 치던 나의 첫 번째 대표강점이 '학구열' 이라는 사실을 알게 됐다. 처음에는 이런 결과를 이해할 수 없었지만, 조금씩 확신이 생겼다. 그리고 그 자신감으로 환갑이 지나 대학원에서 기업교육 석사 학위를 받았고, 60대 후반 나이에 심리학 박사 과정도 공부하고 있다. 학력 콤플렉스 탓에 누군가 '학' 자만 꺼내도 늘 기죽어 있던 나는 이제 학구열이라는 진정한 '내 모습'을 자산으로 활용하면서 책을 볼 때나 공부할 때, 지식을 공유할 때 진정으로 행복하고 기쁜 시간을 보내고 있다.

나는 50년 이상 다양한 일을 해오면서 어떤 환경이나 상황에서도 새로운 업무를 부여받으면 내 능력보다 2배 이상 노력했고, 뜨거운 열정으로 더 잘할 수 있는 방법을 찾아 결국 해냈다. 그 결과 군 생활과 직장 생활에서 각각 최연소 진급과 최다 특진은 물론, 제안왕, 발명왕, 전국교육매체경진대회 대상 등 수많은 상을 수상했다. 운동도 한 번 시작하면 끝을 보겠다는 열정으로 남보다 두세 배 노력했고, 그 결과 테니스 대회에 출전해 상을 받은 것은 물론, 마라톤 풀코스에도 도전해 2004년 3시간 29분 10초라는 기록을 세웠다. 이처럼 나의 또 다른 대표강점인 열정을 바탕으로 지금도 비가 오나 눈이 오나 바람이 부나 매주 1회 이상 하프코스를 열정적으로 달리고 있다. 2022년 1월부터는 '언제나 청춘 건강클럽'에서 1회 10킬로미터 이상 달리기를 실천하고 있는데, 추운 겨울인 1월 한 달에만 21회를 달렸다. 그만큼 나는 끈기도 있어서 운동뿐 아니라 각종 자격증을 따는 데 10년 넘는 시간을 할애했고, 외국어도 독학으로 끈기 있게 공부해 4개 국어가 가능한 실력을 갖추게 됐다.

퇴직 후 전국 기업과 관공서에서 강의를 하게 된 원동력은 회사 생활을 할 때 호기심을 발휘해 쌓은 수많은 업무 경험이라고 할 수 있다. 호기심이 많아 다양한 업무에 자원해 일하다 보니 처음에는 엄청 고생하긴 했어도 나중에는 소중하고 확고한 커리어가 됐다.

지나온 시간을 되돌아보면 맨손으로 사회에 내던져진 결점투성이 인간이었다. 하지만 내 처지를 비관하지 않고 처한 환경에서 열정과 끈기, 희망을 대표 강점으로 삼아 조직과 내가 어떻게 하면 동반 성장할 수 있을지를 끊임없이 연구하고 공부했다. 그 결과 많은 성취를 이루었고 내 가치도 깨달으며 발전할 수 있었다.

현재 추구하는 가치는 '내가 체득한 배움을 다른 사람들과 나누는 삶'이다. 나의 열정 가득한 강의를 통해 수많은 사람이 좌절과 무기력에서 벗어나 자신을 개발하고 사회도 발전시키는 힘을 키울 수 있도록 도움이 되고 싶다. 나는 현실에 안주하는 사람보다, 현실은 비록 힘들어도 자신을 단련해 미래에 찾아올 희망의 기회를 포기하지 않고 긍정과 열정으로 목표를 향해 나아가는 사람을 응원한다. 내 강의가 대한민국 미래를 이끌어갈 젊은이들이 현실의 벽에 부딪혀 좌절하거나 포기하지 않고 굳건한 신념으로 미래를 향해 나아가는 데 도움이 되길 바란다. 이것이 요즘 나의 희망이다.

2

노력을 유발하는 집념의 성격 특성:
자기 통제력

셀리그만과 피터슨은 '자기 통제력'은 시간을 바쳐 키워야 하는 가장 중요한 성격강점 가운데 하나라고 강조했다. 그들이 이런 생각을 가지게 된 데는 명백한 이유가 있다. 미국인이 갈수록 자존감을 높이는 데만 몰두해 자녀 세대를 근면과 장기적 보상의 가치를 이해하지 못하는 '나약하고 자아도취적이며 제멋대로 구는' 존재로 만들지 않을까라는 우려에서다. 이는 대다수 미국인의 성격강점 찾기에서 자기 통제력이 하위권에 머물고, 새해 결심과 그 외 다른 목표들이 매번 순식간에 깨지는 것과도 관련 있다. 실제로 최근 미국인의 대표강점 빈도 통계를 보면 24가지 성격강점 중 자기 통제력이 가장 낮게 나오고 있다. 이런 결과가 결국 총기 사고 같은 미국 사회 문제들과 연관된다고 볼 수 있을 것이다.

자기 통제력은 목표를 달성하거나 어떤 일을 일정 수준에 맞추기 위해 스스로를 통제하는 능력을 뜻한다. 이 능력은 내면에서 나오는 공격성이

나 충동성을 제어하는 것은 물론, 심사숙고한 후 행동하게 한다. 심리학 관점에서는 자신의 생각, 감정, 행동을 효과적으로 조정하게 하고, 감정이 몰아치는 상황에서도 정신적으로 건강한 방향을 선택하도록 유도한다. 그래서 상대방이 흥분하더라도 쉽게 자극받지 않으면서 침착하게 평정심을 유지할 수 있다.

자기 통제력을 효율적으로 발휘하는 방법은 상황에 따라 달라진다. 심각한 상황을 과소평가하면서 자연스럽게 해결될 일이라고 안일하게 생각하는 것은 금물이다. 물론 반대로 상황을 과대평가하고 공황 상태에 빠져서도 안 된다. 자기 통제력을 효율적으로 발휘하려면 자신이 무엇을 통제하고 있는지부터 반드시 알아야 한다. 쉬운 이해를 위해 우리가 일상에서 흔히 겪는 세 가지 상황, 즉 ①체중 감량을 위한 구체적인 목표 세우기, ②부정 정서에 치우치지 않기, ③건전하고 건강하게 교제하기 등을 예로 들어보자.

먼저 체중 감량을 위해선 자기 통제력을 적절히 발휘해 건강한 식품을 섭취하고 운동을 병행해야 한다. 그렇다고 특정 상표에 과도하게 집착하거나, 식사 초대를 받은 자리에서 자신의 식단과 맞지 않는 음식이 나왔다고 실망한 모습을 보이는 것은 올바른 자기 통제력 발휘가 결코 아니다. 또한 지나친 자기 통제에 의한 과잉 운동이나 극단적 식단은 오히려 체중 감량에 역효과를 초래할 수도 있다. 다음으로 부정 정서에 대응하기 위해서는 통제 불가능했던 과거 경험으로부터 초점을 옮겨와 자신이 통제할 수 있는 경험이나 사건 또는 부정 정서를 밀어낼 만한 긍정 기억에 집중하는 것이 효율적이다. 그리고 마지막으로 건전하고 건강하게 교제를 하려면 외모 같은 피상적 조건에 현혹되거나 유혹에 넘어가기보다 상대방의 인격, 가치관, 성격강점 등을 교제 판단 기준으로 삼아야 한다. 심리학 관점에서 보면 자기 통제력이 부족할 때 감정에 휩쓸리게 되고 현명하지 못한 선택을 반복해 부정 감정이 만들어진다. 또한 통제되지 않은 충동적 언행으로 상대방에게 해를 끼치거나 관계를 악화시키기도 한다.

자기 통제력은 일정한 성격강점과 함께 발휘될 때 최고 효과를 내는데, 그중에서도 시너지 효과가 가장 큰 강점이 끈기다. 끈기가 빠진 자기 통제력은 사실상 있을 수 없다고 해도 과언이 아니다. 그 외에도 신중성, 공정성, 정직, 예견력, 용감함 같은 강점이 스스로를 효율적으로 통제하는 것을 도와준다.

자기 통제력을 발휘한 바람직한 행동이 무엇인지 이론으로만 아는 것은 별 의미가 없다. 이론을 행동으로 옮기는 것이 중요하다. 다음은 일상에서 자기 통제력을 키우는 방법이다.

- 다이어트를 할 때는 패스트푸드를 주위에 두지 말아야 한다. 금연하고 싶다면 껌이나 씹을 수 있는 대체 음식을 찾아본다. 쇼핑을 자제하고 싶다면 현금과 신용카드를 두고 외출하자. 하지만 한 달에 한 번쯤은 맛있는 디저트를 사 먹고, 신용카드를 가지고 외출하는 것이 좋다. 스스로에게 어느 정도 보상을 해주지 않으면 의지가 사라질 수도 있기 때문이다. 주위 사람들에게 자신의 의지를 알리고 건강한 라이프스타일 추구를 응원해달라고 부탁하는 것도 방법이다.
- 격한 감정을 불러일으켜 자신을 통제 불능 상태로 만드는 상황을 목록으로 작성해본다. 그 상황을 중재할 수 있는 방법을 최소 한 가지 이상은 개발하고, 통제 불능 상태가 닥쳤을 때 사용할 수 있게끔 훈련한다.
- 화가 나는 상황에 처했을 때 감정을 추스른 뒤 그 상황의 긍정적 부분을 생각

해본다. 그리고 자신의 감정과 행동에 어느 정도 자기 통제력을 발휘할 수 있을지 판단한다.

- 규칙적인 생활 패턴을 만든다. 일정 시간에 잠자리 들기, 규칙적으로 운동하기 등 심리치료에 도움이 되는 것들로 정한다.
- 평소 자신에게 스트레스를 주는 것들을 목록으로 정리한다. 직장 동료의 못마땅한 행동이나 늦게 도착하는 만원 버스, 가족의 잔소리 등이 스트레스를 준다면 어떻게 해야 줄일 수 있을지 구체적으로 생각해보고 가급적 실천한다.
- 자신의 생체시계를 주의 깊게 관찰한 후 가장 효율적인 시간대를 찾아 그때 중요한 업무를 처리한다.

한국인은 상대적 비교를 많이 하는 편이다. 그중 으뜸이 신체 비교라고 할 수 있다. 그러다 보니 과체중으로 스트레스를 받는 사람이 꽤 된다. 성인이라면 한두 번은 체중 조절에 관심을 가지거나 실천해본 경험이 있을 테지만, 대부분 실패하고 만다. 살이 찌는 이유는 분명하다. 섭취량에 비해 활동량이 적으면 에너지가 남아돌면서 살이 찐다. 따라서 적게 먹고 많이 활동하면 살이 빠지겠지만 그것이 말처럼 쉽지가 않다.

세상에서 가장 인내하기 힘든 일 중 하나가 먹고 싶은 음식을 앞에 두고 참는 것이다. 나도 먹는 것을 좋아해서 그런지 서른 살 이후로는 계속 체중이 불어 20킬로그램 이상 과체중이었다. 여러 번 다이어트를 시도했지만 그때만 잠깐 살이 빠질 뿐 곧 요요현상으로 체중이 더 불어나곤 해 거의 포기하고 살았다. 그러던 중 2006년 우연한 기회에 프랑스 여성들의 체중 관리와 식습관을 다룬 《프랑스 여자는 살찌지 않는다》라는 책을 기획, 출판하게 됐다. 일상생활에서 자연스럽게 체중을 줄이는 방법을 소개한 책인데, 왠지 거기에 나온 대로만 하면 살이 빠질 것 같았다.

그때까지 여러 다이어트 방법을 시도해 실패한 경험이 있던 터라 이번에는 내 대표강점인 자기 통제력과 끈기, 열정을 발휘해 책에 나온 대로 3개월 개선 프로그램을 실천했다. 구체적으로는 식사량의 10~15퍼센트 줄이기, 육류나 인스턴트식품, 음료수 등 비만 유발 음식을 파악해 조절하기, 저녁식사 일찍 하기, 출퇴근길에 15분씩 걷기, 물 많이 마시기 등이었다. 평소 가장 행복한 순간이 먹을 때라고 말할 만큼 먹는 것을 좋아하고, 먹고 싶은 욕구를 자제하지 못하던 나였기에 시간이 흐를수록 인내하기가 힘들었다. 다 포기하고 싶은 생각이 들 때마다 내 대표강점들을 상기하며 참았다. "내 대표강점이 끈기와 자기 통제력인데 이 정도는 참아야지. 이것도 못 참으면 대표강점이라고 할 수 있나."

한 달이 지나면서부터 조금씩 반응이 왔다. 석 달 후에는 4킬로그램이 빠졌고, 여섯 달 후에는 7킬로그램, 1년이 되자 15킬로그램이 줄어 있었다. 그때 나는 그것이 다이어트 효과라는 생각은 못 하고 갑자기 몸에 이상이 생긴 것은 아닐까 싶어 종합검진까지 받았다. 다행히 아무 이상도 없었고 그 후로 지금까지 요요현상 없이 2~3킬로그램 변화만 있을 뿐, 먹고 싶은 것을 마음 편히 먹으며 지내고 있다. 내 대표강점인 자기 통제력과 끈기가 시너지 효과를 발휘해 개인적으로 몸과 마음이 모두 건강해진 행복한 경험이었다.

3

목표를 상기하고 집중력을 발휘하는 성격 특성: 끈기

끈기는 수많은 장애물과 차질 앞에서도 목표를 향해 전진할 수 있는 힘이다. 선천적 해표지증(테트라 아멜리아 증후군)으로 팔과 다리가 없이 태어났지만 삶에서 불행을 이겨내 많은 이에게 도전과 희망의 상징이 된 '사지 없는 인생'의 대표 닉 부이치치Nick Vujicic, 마흔일곱 살에 췌장암 말기 판정을 받고도 죽음이 닥치기 며칠 전까지 어린 세 자녀와 카네기멜론대학교 학생들을 위해 절대로 포기하지 말라고 강의한 랜디 프레더릭 포시Randolph Frederick Pausch, 장애물을 만났다고 반드시 멈춰야 하는 것은 아니며 절대로 포기하지 말고 어떻게 하면 벽을 오르거나 뚫고 나갈지, 돌아갈 방법은 없는지를 생각하라고 조언한 농구 황제 마이클 조던Michael Jordan 등 수많은 사람이 포기하려는 마음에 맞서 끈기를 가지고 앞으로 나아가라고 이야기했다.

우리는 대부분 일상에서 업무를 처리하거나 공부를 하다가도 금세 지루함을 느끼고 태만해지곤 한다. 심리치료 관점에서도 우울, 불안, 분노,

같은 심리적 증상은 주의를 분산하고 집중을 방해한다. 이럴 때 끈기를 발휘하면 집중력 문제를 효과적으로 해결할 수 있다. 게다가 자신의 목표를 다시 상기하는 데 끈기만큼 좋은 성격강점도 없다. 끈기를 가지고 목표를 향해 나아가고 성취한다면 만족감과 행복이 뒤따르게 마련이다.

끈기를 효과적으로 발휘하는 데는 상황에 따라 끈기를 접을 줄도 아는 자세가 큰 영향을 미친다. 끈기 있게 계속 나아갈 것인지, 깨끗이 포기할 것인지를 정해야 한다는 뜻인데, 이때는 그 목표를 완수하지 못할 경우 무슨 일이 생길지를 생각해봐야 한다. 또한 변화되는 환경에 자신이 얼마나 잘 적응할 수 있을지도 상당히 중요한 문제다. 예를 들어 자신이 원하는 직종에서 일하고 싶다면 변화하는 관련 시장과 혁신 기술, 사회경제학적 요소에 적응할 필요가 있다. 그리고 자신의 목표를 거듭 인지해야 한다. 즉 저녁과 주말에 수업을 들어야 하는 상담심리사 자격증 획득을 목표로 삼았다면 그 목표를 객관적으로 평가하고 끝까지 해냈을 때 받을 보상을 구체적으로 떠올리며 나아간다.

자신의 끈기 강점이 적응력을 바탕으로 잘 발휘되고 있는지, 아니면 강박적 집착으로 변질되고 있는지를 냉정하게 평가하려면 자기 통찰력, 사회성, 개방성(판단력), 신중성 강점이 필요하다. 역경과 장애물을 끈기로 이겨내려면 적당한 희망도 있어야 한다. 희망이 없는 끈기는 활기를 잃을 가능성이 크기 때문이다. 단, 희망은 현실성 있는 범주에서만 실용적이라는 점을 명심해야 하는데, 이는 곧 현실적 낙관성을 뜻한다. 다음은 일상생활에서 끈기를 키우는 방법이다.

- 자신이 해결해야 하는 다섯 가지 과제를 목록으로 작성한다. 이 과제들을 단계별로 나누고 한 단계를 완수할 때마다 스스로 축하하고 격려하면서 단계별 진

행을 주시한다.

- 많은 어려움을 끈기로 이겨낸 롤모델을 찾고 어떻게 하면 자신도 그의 행보를 따를 수 있을지 생각해본다. 기왕이면 자신과 비슷한 문제를 겪었던 사람을 직접 만나 끈기로 그 문제를 해결한 이야기를 들어본다.

- 기술적 문제로 더 나아갈 수 없어 끈기마저 막다른 길에 다다를 때가 있다. 예를 들어 기술이 부족해 업무를 끝낼 수 없을 때 무작정 끈기로 버틸 것이 아니라 전문가에게 도움을 청해 목표한 바를 이루는 것이 더 효율적이다.

- 자신에게 끈기가 부족한 것 같다면 몰입에 빠지는 방법을 찾아본다. 내면에서 나오는 본질적인 동기 부여를 통해 뭔가에 몰두하는 심리 상태를 뜻하는 몰입은 자연스럽게 끈기를 가져올 것이다.

- 자신과 비슷한 사람들과 함께 일하는 것은 역경 극복에 도움이 된다. 타인과 함께 협력하는 것은 끈기를 키우는 방법이기도 하다.

우리는 대부분 상대방과 한 시간가량 진실되게 이야기를 나눠보면 그가 외적으로나 내적으로 어떤 사람인지 알 수 있다. 누구는 본성을 그대로 나타내고, 또 누구는 만들어진 모습을 드러낸다. 물론 자기 모습을 꾸며서 표현하는 사람도 있다.

내가 본성만큼이나 눈여겨보는 것은 바로 만들어진 모습이다. 그 사람이 어떤 노력과 실천으로 자신을 만들었느냐 하는 부분이다. 사람은 환경의 영향을 받는 존재로, 어떤 환경에서 태어나 성장했는지가 중요하다. 환경이 성격을 바꾸기도 하기 때문이다. 모든 사람이 좋은 환경에서 태어나 자랄 수는 없으며 누구나 역경을 겪는다. 다만, 역경에 어떻게 대처하면서 성장했느냐에 따라 성인이 된 이후 모습이 달라진다. 역경에 안일하게 대처하거나 회피한 사람은 자신감이 없고 당당하지 못하다. 그래서 자신을 상황에 따라 꾸미려 한다. 반면 적극적으로 역경을 극복하고 회복력을 높인 사람은 끊임없는 도전과 끈기를 바탕으로 만들어낸 자신의 모습을 언제 어디서나 당당하게 드러낸다.

이승아 팀장이 그런 사람이었다. 승아 씨를 처음 만난 것은 2년 전이다. 나에게 인생 상담을 요청해온 그의 표정은 밝았고 자신감도 충만했다. 그는 아동기부터 겪어야 했던 수많은 역경을 끈기와 노력으로 극복하면서 회복력을 키웠고, 스스로 성장의 밑거름으로 삼았다. 이제는 어떠한 문제도 해결할 능력이 있다는 믿음과 스스로를 지배할 수 있다는 확신까지 가지게 됐다. 다음은 그가 들려준 역경 극복 이야기다.

집 안의 물건을 모조리 부수는 것도 모자라 내 머리칼을 잡아 바닥과 벽에 머리를 내리치고, 수없이 뺨을 때리며 발로 밟던 아버지, 그리고 "너 이상한 애야. 그런 네가 뭘 할 수 있겠어?"라고 폭언과 정서적 학대를 일삼던 새엄마, "네 엄마가 나한테 한 것처럼 너도 똑같이 당해봐"라며 내 엄마(언니의 새엄마)를 향한 분노와 증오를 매일 나를 방에 가둔 채 폭력으로 표출한 이복 언니. 결국 나는 정신과 치료를 받으며 고등학교를 자퇴했다. 우울증과 긴장, 불안, 불면증에 시달렸고, 증상이 호전되지 않아 정신과 약에 취한 채 청소년 시절을 보냈다. 그사이 대입 검정고시와 대학수학능력시험을 보고 대학교에 들어갔지만 관계 및 사회적 자원이 부족하던 나는 심리적 자원인 자존감, 자신감, 의욕도 거의 없었고, 삶의 의미도 찾지 못했다.

그런데 그즈음 생각지도 못하게 스물네 살 어린 엄마가 됐다. 이 일은 그때까지 내가 경험한 폭언, 폭행, 협박과는 무게 자체가 달랐다. 극심한 불안과 공포가 몰려왔다. 엄마가 된다는 행복보다 말로 표현 못 할 두려움이 온몸을 짓누르고 목을 죄어왔다. 그렇게 지하방 구석에 쪼그려 앉아 매일 울었다.

주변에서는 아기를 낳는 것 자체가 미친 짓이라고 했다. 단 한 명도 "걱정마, 괜찮아! 엄마로서 충분히 잘해낼 거야"라고 이야기해주는 사람이 없었다. 나는 깊은 고민에 빠졌고 결국 내가 먹던, 목숨같이 여기던 수많은 알약들을 모두 버렸다. 아기를 출산하기로 결심한 것이었다. 이 결정 후에도 두려움과 공포는 매일 나를 짓눌렀다. 정신과 약을 갑자기 끊어서인지 그 후유증이 나를 더욱 고통스럽게 했다. 그러던 어느 날 태동이 느껴졌고, 그것은 마치 나에게 어떻게 살아야 하는지를 묻는 듯했다. 내 대표강점인 신중성과 용감함, 끈기가 이 태동을 느꼈고, 그 후 나는 '지금 내가 두려워하는 문제가 정확히 어떤 것들이지? 무엇을 해야 이 고통이 사라지고 앞으로 나에게 좋을까?'를 생각하기 시작했다.

그리고 정신 나간 사람처럼 펜을 들고 무조건 종이에 써내려갔다. '어떤 엄마이고 싶은가?, 어떤 사람이고 싶은가?, 어떤 삶을 살고 싶은가? 사회에선 어떤 존재로 남고 싶은가?' 등등 나 자신에게 하고픈 질문들을 A4 용지 수십 장에 모두 적어나갔다. 그런데 숙제 하나가 남아 있었다. 바로 피해자로서 스스로를 한없이 연약하고 나약하며 수치스럽고 가치 없는 존재로 여기던 과거의 나를 벗어던지는 일이었다. 그래서 나는 '용서'를 선택했다. 아버지와 새엄마는 왜 나에게 그런 상처를 주었는지, 언니는 자신이 아팠다는 것을 왜 그런 식으로밖에 표현할 수 없었는지 그들의 입장에서 헤아려보기 시작한 것이다. 쉽지 않았다. 하지만 꾸준히 상대 입장이 되어보니 조금씩 이해되기 시작했고, 그렇게 그들을 용서해나갔다. 털고 일어섰다. 이젠 열정을 가질 수 있었고, 그 힘으로 새로운 미래를 만들고자 끈기와 추진력을 발휘해 밀고 나갔다. 신생아를 키우는 데 필요한 기본 상식과 육아 방법을 익히기 위해 15분 거리의 시립 도서관에 가서 관련 책을 찾아 읽으며 공부했고, 옆집 할머니와 슈퍼 아주머니, 시장 상인 아주머니 등 삶의 지혜를 배울 수 있는 분들을 찾아가 조언도 들었다.

　당당하고 인정받는, 지혜로운 엄마이자 나 자신이 되기 위해서는 또 다른 경험이 필요했다. 그래서 당장 할 수 있는 일이 무엇일까 고민한 끝에 길거리에서 물건을 파는 노점상부터 시작했다. 세 살 된 아이와 함께 지하철을 타고 도매상에 가서 헤어핀과 고무줄, 헤어밴드를 사와 길거리에서 돗자리 하나를 펴고 장사를 했다. 손님이 상상 이상으로 몰려왔고, 그 속에서 나는 내가 살아 있음을 뜨겁게 느꼈다.

　나는 딸에게 붕어빵 장사를 하는 모습, 길에서 물건들을 파는 모습 등을 직접 보여주면서 이 모든 것이 중요한 산 교육이자 엄마가 탄탄해지는 과정임을 알려주었다. 아이는 이제 중학교 3학년인데 감사하게도 학업, 관계, 인성 등 모든 면에서 건강하게 자라고 있다.

　가진 것 하나 없고 준비조차 없이 지하방에서 시작해 10년 넘도록 억대 연봉을 받는 30대 보험설계사, 팀장이 되기까지 나는 피나는 노력으로 역경을 이겨내며 살아왔다. 지금까지 내가 겪은 역경은 나를 성장으로 이끌었다. 즉 역경이나 트라우마가 외상 후 스트레스 장애가 아닌, 외상 후 성장이 된 것이다. 이제 나는 또 다른 도전을 하고자 한다.

　내가 지금까지 수많은 역경을 겪으면서 경험하고 극복하며 터득한 사실들을 나이 어린 엄마들뿐 아니라, 나와 비슷한 어려움을 겪는 이들에게 선물로 전하고 싶다. 강사가 되고 싶은 것이다. 한데 대중 앞에만 서면 극심한 불안과 공포, 긴장감으로 강의를 제대로 할 수 없었다. 이것 역시 내가 극복해야 할 역경이다. 그래서 끈기를 발휘해 전문 자격증을 취득한 것은 물론, 새로운 콘텐츠와 프로그램을 개발하면서 스피치 학원에도 등록해 스피치 훈련을 하고 유명 강사에게 개인 코칭도 받는 등 강사로서 역량을 키워가고 있다.

4

시너지 효과가 돋보이는 성격 특성:
열정

'열정'하면 떠오르는 사람이 있다. 일본 전자기기·세라믹 제조회사 교세라의 명예회장이자 일본항공인터내셔널 회장인 이나모리 가즈오稲盛和夫다. 우장춘 박사의 사위이기도 한 이나모리 회장은 친구로부터 500만 엔(현 가치로 약 4,870만 원)을 빌려 사업을 시작해 열정 하나만으로 전 세계 세라믹 제품의 70퍼센트를 생산하는 거대 기업 '교세라'를 일군 인물이다. 특히 그는 회사를 작은 단위로 분할하는 아메바 방식 창안자이기도 한데, 이는 모든 사원이 열정을 가질 수 있도록 조직에서 각 개인이 리더나 핵심 역할을 담당하는 구조다. 그는 끝없는 열정과 넘치는 열의만 있으면 평범한 사람도 비범한 힘을 발휘해 불가능한 일도 가능하게 만들 수 있다고 믿었던 것이다.

나는 1996년 이나모리 회장을 개인적으로 한국에 초청해 롯데호텔에서 최고경영자들을 대상으로 강연회를 개최한 바 있다. '열정 Passion'이 주제였던 이 강연회에서 이나모리 회장은 열정을 위한 일곱 가지 조건, 즉

①이익, ②야망, ③진정성, ④강점, ⑤혁신, ⑥낙관성, ⑦절대 포기 하지 말 것 등을 강조했다. 나는 지금도 이 일곱 가지를 일상에 적극적으로 적용하며 살아가고 있다.

열정은 에너지와 환희, 흥, 활기의 진정한 가치를 깨닫고 실천하면서 사는 자세로 긍정 정서를 수반한다. 열정/활력이 대표강점인 사람은 하루하루를 전심을 다해 살아간다. 또한 정해진 일과에서도 감정적·신체적 활력을 추구하고, 이런 느낌으로부터 영감을 받아 창의적인 프로젝트나 계획에 반영하곤 한다. 최선을 다하는 업무 적극성은 다른 직원들의 열정을 북돋운다. 이런 활력적인 삶은 스트레스 감소와 긍정 정서 강화에도 큰 도움이 된다.

열정 역시 다른 성격강점과 적절히 조율해서 발휘하는 것이 중요하다. 하지만 적절한 양의 열정과 과도한 양의 열정을 구분하기란 쉽지 않다. 두 상태 모두 똑같은 열정처럼 보이기 때문이다. 하지만 과도한 열정은 내면 깊은 곳에 자리 잡아 정체성의 일부가 되고, 결국 매사 행동이 과하면서 자신의 책무를 벗어난 일에까지 관여하게 한다. 반대로 열정이 부족하면 소극적인 자세와 동기 부여 부족으로 자신이 해야 할 일이나 책무를 등한시할 수 있다.

열정은 신중성, 자기 통제력, 호기심, 감상력 같은 성격강점과 만나면 시너지 효과를 낸다. 이 강점들은 열정과 함께 발휘될 경우 건전한 경험을 만들어내기 때문이다. 예를 들어 악기 연주를 위해선 체계적인 반복 연습이 필요하고(자기 통제력), 음악의 가치를 아는 것이 중요하다(감상력). 또한 배움의 과정을 즐겨야 하며(호기심), 무엇보다 음악을 하면서도 자신의 책무를 잊지 않아야 한다(신중성).

그렇다면 열정을 키우는 방법은 무엇일까? 다음이 해답이 될 수 있다.

- 하고 싶지 않지만 꼭 해야 하는 운동이나 설거지 같은 골칫거리 과업을 정한 후 창의성을 발휘해 그 일을 색다르고 신나게 할 수 있는 방법을 찾아본다. 배우자나 친구와 함께하는 것도 좋다.
- 매주 최소 한 시간씩 산책, 사이클링, 조깅, 등산 같은 야외 활동을 한다. 자연은 엄청난 심리치료 잠재력을 지니고 있어 바깥 공기를 즐기면 내면의 기쁨도 커진다.
- 자신에게 가장 잘 맞는 수면 패턴을 파악해 수면의 질을 개선한다. 잠들기 3~4시간 전부터는 음식물 또는 카페인 섭취를 삼가고, 침실에서 업무를 보는 것도 자제한다. 이 같은 규칙을 지키면서 일상에서의 열정 차이를 실감한다.
- 종종 콘서트, 뮤지컬을 보러 가거나 최소 월 1회 이상 활동하는 사교 모임에 가입한다. 댄스, 공연예술 등 노래나 춤과 관련된 활동이면 더욱 좋다.
- 호쾌하게 잘 웃는 친구들과 시간을 보낸다. 그들의 웃음이 자신에게 전염되는 것에 주목하면 마음가짐이나 기분이 달라진다. 대안으로 시트콤을 시청하거나 친구와 코미디 영화를 보러 가도 좋다. 행복한 이들과 시간을 보내는 것이 포인트다.

내가 서정열 예비역 육군 소장을 처음 만난 것은 군종장교인 L 소령으로부터 긍정심리학과 무척 잘 맞는 분이 있다는 말을 들은 후였다. 그는 목소리부터 무척 활기찼고, 말투에서는 겸손함이 느껴졌다. 특히 자신이 착안한 정신문화운동인 '절절포'에 열정적인 모습을 보이면서 미래 비전을 이야기했다. 열정으로 가득 차 있고 늘 행복해 보이는 서 소장은 1년 가까이 긍정심리학을 체계적으로 공부하고 실천하면서 긍정심리학 전문가가 됐다. 다음은 서 소장이 전하는 절절포에 대한 열정 이야기다.

나는 2019년 11월 30일, 37년간의 군 생활을 소장으로 마쳤다. 전역 후 1년 동안 긍정심리학 전문가가 되기 위한 주요 과정들을 모두 이수했다. 나는 군 장병들 사이에서 '절절포' 장군으로 불렸다. 어떠한 역경을 겪어도 '절대 절대 포기하지 말라'는 '절절포 정신spirit Never Never Give up·NNG'을 대한민국 군 문화에 확산하며 생명을 살리려는 노력을 해왔기 때문이다. 이후 긍정심리학을 공부하면서 절절포 정신이 긍정심리에 의해 강화되고, 그 핵심은 역경을 이겨내는 힘, 바로 긍정심리 기반의 회복력 기술이라는 사실을 알게 됐다. 한마디로 절절포 정신은 최신형 정신 무기라고 할 수 있다. 수많은 인생 역경을 극복하면서 포기하지 않았던 나의 회복력 경험들이 절절포라는 신념(구호)을 만든 것이다.

프로이센의 군인 카를 폰 클라우제비츠Karl von Clausewitz가 "전쟁에 대비하기 위한 준비는 평화를 유지하는 가장 효과적인 수단"이라고 밀했듯이, 우리 모두 마음의 평안을 유지하려면 무형의 무기인 정신 무기를 하나씩은 지니고 있어야 한다. 그것이 바로 절절포 정신이다. 내가 전역한 지금도 군에서는 절절포를 모르는 사람이 없다고 한다. 그리고 잘 모르는 사람도 절절포라는 단어를 어디선가 들어봤다고 말하곤 한다.

절절포와 함께 내가 주장해온 또 하나가 바로 '청포도'다. 청포도는 '청춘이여 포기하지 말고 도전하자'를 줄인 말이다. 대한민국의 자랑스러운 아들로 태어나 인생의 가장 귀한 시간에 국방의 의무를 다하고 있는 청춘들을 응원하기 위해 만들었다. 즉 군 생활이 멋진 모습으로 성장하고 에너지를 충전하는 의미 있는 시간이 될 것이라는 희망의 메시지를 담은 표현이다.

2008년 내가 연대장으로 있을 때 모든 예하 부대가 절절포 정신을 구호로 외치기 시작했다. 당시 우리 부대의 한 간부가 삶이 힘들어 모든 것을 포기하려고 아파트 옥상에 올라가 몸을 던지려 했는데 바로 그때 절절포가 떠올라 마음을 접고 되돌아왔고, 이후 나를 찾아와 연대 장병 모두가 절절포를 외칠 수 있게 해달라고 부탁했다. 나는 그때부터 절절포 포스터를 만들어 붙여가면서 연대 전체 장병들과 절절포를 외치기 시작했다. 그리고 지금까지 대한민국을 포기하지 말자, 부하와 가족을 포기하지 말자, 가장 소중한 나 자신을 포기하지 말자는 세 가지 의미를 담아 절절포 정신을 여러 사람에게 알리고 있다. 특히 전역 후에는 특허 출원 및 등록까지 마친 절절포 머플러와 배지를 많은 사람, 특히 청년들이 하나씩 지니고 있었으면 하는 마음으로 절절포협회를 설립해 머플러를 나눠주고 강연도 하는 등 열심히 활동 중이다.

살다 보면 포기하고 싶은 순간이 무척 많지만, 그때마다 젊은이들이 절절포 정신을 외치며 희망의 빛을 만날 수 있도록 앞으로도 열정을 다해 그들을 돕고 선을 행할 계획이다.

10년 전 긍정심리학 전문가 프로그램에서 처음 만난 형숙 씨는 배움에 대한 열정이 남달랐다. 제주도에서 상담교사로 재직 중인 그는 각종 교육 프로그램에 참가해 자격증을 취득하고 전문가적 역량도 강화하고 있다. 다음은 그가 들려주는, 열정으로 일군 삶에 관한 이야기다.

어렸을 때 아버지의 알코올 중독, 도박, 폭력으로 다섯 남매 중 큰딸인 나는 힘겨운 시절을 보냈다. 집에 있는 것이 엄청난 공포였고, 두려움에 하루하루를 감당하기조차 힘들었다. 또 가정 경제를 위해 남의 집에서 일하거나 농사일을 돕느라 결석도 자주 했다. 그런 와중에도 공부만이 아버지의 폭력으로부터 벗어나는 길이라고 생각해 공부에 집중했고 학교에서 인정도 받았다.

하지만 "여자는 공부할 필요가 없다"는 아버지의 편견 탓에 대학교에 진학할 수 없었다. 그 대신 서울의 한 의류 공장에 보조원으로 취직했는데, 혼자 벌어서 의식주를 해결하다 보니 공부는 불가능했고, 점점 좌절감이 깊어져 우울하고 불안했다. 그래서 현재의 고통에서 벗어나고 싶다는 마음에 결혼을 선택했지만, 아이 셋을 낳고 시집살이까지 하느라 설움이 쌓이고 힘도 들었다. 그럴 때마다 나는 책을 통해 변화하고 성장하려 노력했고, 여러 역경을 디딤돌 삼아 일어섰다. 특히 세 아이와 함께 책 읽는 시간을 많이 가졌다. 우리는 방학만 되면 집 근처 도서관에서 거의 살다시피 했다. 그 덕분인지 아이들 모두 바르게 자랐고, 사회 일원으로서 잘 살아가고 있다.

사실 아이들을 키우면서도 허무함이 쓰나미처럼 몰려올 때가 있었다. 사는 의미가 없는데 그것들이 다 무슨 소용인가 싶었다. 그래서 죽자고 마음먹은 어느 날, 불현듯 '죽기 전에 하고 싶은 것 하나만 해보고 죽자!'라는 생각이 들었고, 공부를 해야겠다는 결심이 섰다. 이후 마흔한 살에 한국방송통신대학교 청소년교육과에 합격해 공부를 시작했지만, 직장에 다니면서 아이들을 키우고 공부까지 한다는 것이 무척 힘들었다. 하지만 공부에 대한 열정과 열의는 결코 식지 않았다.

공부를 하면서 거짓말처럼 기회의 문이 열리기 시작했고, 2008년 어느 고등학교에서 1년간 창체시간에 성교육 강의를 맡는 기적 같은 일이 일어났다. 첫 수업을 성공적으로 마친 뒤 나는 도로변에 차를 세우고 누가 보든 말든 "만세, 만세, 만세!"라고 소리쳤다. 그다음 해에는 초등학교 기초교사로 뽑혀 꿈같은 일상을 보냈고, 계약이 만료된 후에는 여성긴급전화1366센터에서 위기상담원으로 일했다. 지금은 상담대학원 박사 과정과 학교 전문 상담사로 근무 중인데, 여기까지 올 수 있었던 것은 배움에 대한 열정 덕분이라고 믿는다.

나는 어린 시절 늘 불행했기 때문에 어떻게 하면 거기서 벗어날 수 있을까를 고민했다. 어느 정도 시간이 흐른 후에는 어떻게 하면 행복할 수 있을까를 생각했다. 행복이 내 삶의 과제가 된 것이다. 그리고 내가 할 수 있는 한 최선을 다하는 것이 곧 행복이라는 사실을 알게 됐다. 현실을 받아들이고, 주어진 삶에 최선을 다하며, 목표를 이루기 위해 고군분투하는 과정이 곧 행복임을 깨달은 것이다.

세상은 참 아이러니하다. 힘들 때 힘이 길러지고, 불행을 이겨내려고 노력할 때 행복이 찾아오는 것을 보면 말이다. 자신이 하고자 하는 바를 분명히 알고 거기에 몰입해 성취해가는 과정, 즉 배움의 과정이 치유의 길이자 성장과 행복의 길이라고 확신한다. 지금 나는 긍정심리학과 함께 행복한 삶을 만들어갈 수 있어 무척 행복하다. 플로리시~.

이렇듯 끈기가 있는 사람은 대부분 열정적이다. 그리고 반드시 그런 것은 아니지만, 끈기를 강화하는 데 낙관성이 도움이 될 수 있다. 낙관성은 힘든 상황에서도 끝까지 포기하지 않고 자신의 능력을 믿게 해주는, 학습으로도 충분히 갖출 수 있는 성격 특성이다. 힘든 일이 생길 때마다 자신 또는 가까운 누군가가 역경을 극복한 사례를 떠올리거나, '나는 할 수 없어'라는 비관적 설명양식을 '나는 할 수 있어'라는 낙관적 설명양식으로 바꾸는 연습을 꾸준히 하면 낙관성을 키울 수 있다. 그럼 끈기와 자기 효능감도 생기고, 자신이 하는 일에 열정을 가지고 몰두하게 된다.

간혹 열정이 지나치면 일과 생활의 균형이 깨지기도 하지만, 열정이 어려운 목표를 이루는 데 큰 도움이 되는 것은 엄연한 사실이다. 이런 열정을 키우려면 "왜 해야 하는데?"라고 말하기보다 "해보는 게 어때?"라고 말하는 순간을 3배가량 늘리는 것이 좋다. 그리고 일을 시작하기 전 어떻게 하면 그것을 적극적으로 신나게 할 수 있을지를 생각해본다. 이때 자신에게 필요한 일보다 하고 싶은 일을 매일 한 가지씩 강점을 발휘해 실천하면 더 큰 효과를 볼 수 있다.

5

의미 있는 삶을 위한 시작과 여정, 그리고 마무리

　　셀리그만과 그의 동료들은 일반인 수천 명을 대상으로 무엇을 추구할 때 삶이 가장 만족스러웠는지를 조사했다. 결과는 놀라웠다. 쾌락이나 긍정 감정의 추구도, 즐거운 순간도, 자신을 위한 시간도 아니었다. '의미' 추구가 삶을 가장 만족스럽게 하는 것으로 나타났다. 처음 이런 결과가 나왔을 때 연구진은 오류가 있어서 그럴 것이라고 판단했지만, 열다섯 번이나 반복해도 같은 결과가 나오자 인정하지 않을 수 없었다.

　또 다른 연구로, 미국 존스홉킨스대학교 사회과학자들은 미국국립정신건강연구소의 의뢰를 받아 48개 대학교에 재학 중인 학생 7,948명을 대상으로 삶의 의미에 대한 통계 조사를 실시했다. 2년 동안 이뤄진 조사에서 "자신에게 가장 중요한 것이 무엇인가?"라는 질문에 응답자의 16퍼센트가 '돈을 많이 버는 것', 78퍼센트가 '삶의 목적과 의미를 찾는 것'이라고 답했다.

일생을 바쳐 인간의 죽음에 대해 연구한 학자이자 〈타임〉이 선정한 '20세기 100대 사상가' 중 한 명인 엘리자베스 퀴블러 로스 Elizabeth Kubler-Ross는 죽음을 맞이하는 감정을 '부정, 분노, 타협, 우울, 수용' 등 다섯 단계로 설명했다. 그리고 그의 제자 데이비드 케슬러 David Kessler는 슬픔에 빠진 사람들이 죽음에 이르는 사람들과 똑같은 감정 단계를 밟는다는 사실을 발견했다. 즉 상실에 따른 슬픔을 극복하는 과정에서 첫 번째는 자신이 겪은 상실을 부정하고, 두 번째는 누군가 존재하지 않는다는 사실에 분노하며, 세 번째는 후회가 가득한 채 타협하고, 네 번째는 상실로 인해 우울함을 느끼며, 다섯 번째는 상실을 현실로 받아들이는 수용에 이른다는 것이다. 케슬러는 후속 연구 끝에 여섯 번째 단계인 '의미'가 존재한다는 사실을 알아냈다. 이는 곧 슬프거나 우울한 사람도 의미를 찾으면 삶을 충만하고 풍요롭게 바꿀 수 있다는 뜻이다.

삶의 의미를 실현하는 방법은 아주 많다. 이타성을 발휘해 남에게 봉사하고, 어딘가에 소속되어 헌신하는 것이 대표적이다. 또한 친밀한 대인관계, 예술적·과학적 혁신, 철학적·종교적 사색, 사회적 행동이나 서비스, 영성 또는 명상 등 잠재적으로 혼자 추구하는 기타 활동도 이에 해당된다. 이러한 활동들은 만족감을 낳고 자신이 잘 살아가고 있다는 믿음을 심어준다.

삶을 의미 있다고 느끼면 자신의 존재만으로도 세상이 달리 보인다. 한마디로 의미는 성취를 위한 장기적 목표 추구 활동을 향상시키는, 세상에 대한 일관된 이해라고도 할 수 있다. 미국 사회심리학자이자 《의지력의 재발견 Willpower》의 공동 저자인 로이 바우마이스터 Roy F. Baumeister는 의미 추구가 다음과 같은 인생의 네 가지 목적에 도움이 된다고 설명한다.

① 의미는 과거와 현재, 미래를 포함한 시간대에서 인생 목표를 정확히 하는 데 도움이 된다.

② 의미는 자기효능감이나 자기 통제력을 제공한다. 또한 우리 각자가 세상에서 발생하는 사건에 의해 좌우되는 장기의 졸이 아니라, 그 이상의 존재임을 스스로 믿게 해준다.

③ 의미는 행동을 정당화하는 방법을 창조할 수 있도록 도와준다.

④ 의미와 연관된 활동은 종종 공동체 의식을 공유하는 사람들 사이에 유대감을 형성한다.

삶의 의미와 목적의식은 역경을 빠르게 극복하고 절망과 제어 불능에 사로잡히지 않도록 도움을 준다. 따라서 의미가 가득한 삶을 사는 사람은 어려운 상황에 처해도 오히려 회복력이 증가해 정신 건강을 유지하면서 앞으로 나아가곤 한다.

내가 우수명 목사를 처음 알게 된 것은 2021년 한 통의 전화를 통해서였다. 최근 긍정심리학이 종교계에서도 인기가 있다 보니 목사, 신부, 승려의 교육 참여도 빈번한 편이다. 우 목사는 광주시에 거주하는 은퇴 목사라고 자신을 소개하면서 긍정심리학을 체계적으로 배우고 싶다고 했다. "긍정심리학을 배우고자 하는 특별한 이유가 있습니까?"라는 질문에 그는 "몇 년 전 상담학 박사 과정에서 《셀리그만의 긍정심리학》 책을 읽었는데, 앞으로 심리상담과 설교(강의)에 적용하면 좋을 것 같아 배우고 싶습니다"라고 대답했다. 그렇게 해서 만난 것이 온라인 줌으로 진행한 3주 일정의 긍정심리학 전문가 과정이었다. 그는 처음에는 온라인 교육을 낯설어했지만 조금 익숙해지니 정말 열정적으로 학습에 임했다. 나중에 그의 대표강점 중 하나가 학구열이라는 사실을 알게 됐지만,

고희가 넘은 나이에도 젊은 사람 못지않게 매주 적극적이고 열정적으로 교육 과정에 참여했다.

　과정을 마치고 긍정심리학에 대한 이해와 애정, 그리고 미래 비전을 가지게 된 우 목사는 긍정심리학을 말씀과 함께 소명으로 전달하고 싶다고 했다. 그 후 내가 진행하는 모든 프로그램에 참가한 것은 물론, 주변의 많은 교역자와 외국 선교사까지 교육에 동참시키고 있다. 비록 은퇴했지만 긍정심리학을 통해 목회자로서 다른 누군가를 위한 의미 있는 삶을 살고자 하는 것이다. 의미 있는 삶이란 자신보다 더 큰 곳에 소속되어 제 역할을 하면서 개인적 욕구가 아닌 공동선에 기여하는 것이기도 하다. 다음은 우 목사가 들려주는, 긍정심리학을 만나기 전과 후의 삶에 대한 이야기다.

　나는 한국 최남단 마라도와 가파도가 코앞에 보이는 제주도 모슬포에서 태어나 그곳에서 초등학교와 중학교, 고등학교를 마쳤다. 그리고 두 곳의 신학대학교(학사와 목회석사)를 졸업한 뒤 미국으로 건너가 25년 동안 목회를 하며 본래 가지고 있던 유학의 꿈을 저버리지 않고 신학대학교 세 곳에서 석사 및 목회학 박사 과정을 마쳤다. 그 후 광주시 큰 교회의 담임목사로 청빙을 받아 한국으로 돌아왔다. 오랜 미국 생활에 익숙해 있던 터라 한국 문화와 호남의 라이프스타일이 처음에는 잘 맞지 않아 힘들었다. 그래도 나 나름의 적응력과 사람을 평등하게 대하는 대인관계 기술, 타고난 활달한 성격을 발휘해 15년간 목회를 잘 마쳤고 2019년 퇴임했다.

　나는 목회를 하면서도 끊임없이 지적 성장을 추구해 공부를 손에서 놓지 않았으며, 다양한 분야에서 10여 개 자격증 과정을 수료했다. 은퇴하기 5년 전부터는 미국 코헨대학교 한국분교(경기대학교 심리상담)에서 이상심리학과 뇌치유

상담학을 공부해 상담학 박사 과정을 마칠 수 있었다. 내 대표강점인 학구열과 지적 성장을 향한 열정을 바탕으로 몰입했기에 가능한 일이었다고 생각한다.

그리고 2021년 2월 어느 날, 우연히 긍정심리상담 기본 과정에 대한 광고를 보게 됐다. 상담학을 공부할 때 《마틴 셀리그만의 긍정심리학》을 읽은 기억이 있었고, 전화 통화를 한 우문식 교수님의 강력한 추천도 있어 긍정심리학을 공부하기 시작했다. 그때 우 교수님이 나에게 해준 말을 지금도 잊을 수 없다. "목사님들이 긍정심리학을 배우면 큰 도움이 될 겁니다. 이번 기본 과정에 오시면 앞으로 적극 도와드리겠습니다." 이를 계기로 긍정심리학의 3단계인 긍정심리 상담코칭 기본 과정, 2급 과정, 긍정심리학 전문강사 과정, 긍정심리치료사 1, 2급 자격증 취득까지 마쳤다. 그 후 긍정심리치료학회 고문직까지 맡게 됐으며, 긍정심리학과 긍정심리치료를 널리 알리는 역할도 하고 있다. 비록 기간은 짧지만 긍정심리학이 나에게 끼친 영향은 그 어떤 학문보다 크다.

한국에서 15년, 미국에서 25년간 목회를 마친 후 어디서 무엇을 하면 살아야 할까 고민할 때 20명이 모이는 작은 개척교회에서 협동목사로 도와달라는 요청이 와 지금은 주일마다 설교사역을 감당 중이다. 또 다른 교회에서는 상담목사로서 월 1회 설교와 상담을 맡고 있다. 그리고 작고 어려운 교회 목회자들을 위해 상담목회아카데미를 세워 월 1회 긍정심리학 중심의 상담목회도 강의하고 있다. 참석한 목회자들에게는 지적 성장을 위해 매달 도서를 선물하고, 소그룹으로 만나 점심식사도 대접하는 등 그들이 행복한 목회를 할 수 있도록 격려하고 도움도 주려 한다. 앞으로도 팔마스 중심의 긍정심리학과 긍정심리치료 과정을 통해 작은 교회 목회자들이 행복하게 살고 행복하게 목회할 수 있도록 돕는 것이 내 미래 비전이요, 남은 인생의 과제다. 긍정심리학을 배우고 팔마스의 여섯 가지 요소(긍정 정서, 몰입, 관계, 의미, 성취, 강점)를 삶에 적용하며 살아가는 요즘이 내 인생의 정점이라고 생각한다. 이에 우 교수님을 만나고 플로리시한 삶을 살게 해주신 하나님의 은혜와 인도하심에 한없이 감사할 뿐이다. 모든 분에게 플로리시!

제2차 세계대전 당시 홀로코스트Holocaus가 자행된 독일 나치 수용소에서 살아 돌아올 확률은 통계적으로 28명 가운데 1명이 채 되지 않았다고 한다. 그런데 살아남은 사람들에게는 공통점이 있었다. 바로 자기가 살아야 할 이유와 삶의 의미가 분명했다는 점이다. 빅터 프랭클 역시 그중 한 명이었다. 그는 성공한 정신과 의사로서 환자를 치료하고, 교수로서 학생들을 가르쳤지만 수용소에서는 다음 끼니를 걱정하고 살아남는 것이 전부인 사람일 뿐이었다. 그는 이 경험을 바탕으로 자기 존재의 의미와 가치를 깨닫는 '의미치료Logotherapy'를 개발했다. 의미치료의 핵심 내용은 삶의 의미가 없을 때 사람은 공허함과 절망에 빠지며, 맹목적인 욕망과 쾌락을 추구한다는 것이다. 이는 곧 삶의 의미를 찾지 못하거나 느끼지 못하면 심리적 증상이 유발된다는 뜻이기도 하다. "왜 살아야 하는지 아는 사람은 어떠한 역경도 참고 견딜 수 있다"는 니체의 말은 종종 의미치료를 표현하는 문장으로 인용되기도 한다. 그리고 실제로 프랭클은 수많은 포로들이 죽어나가는 나치 수용소에서 삶의 의미를 되새기고 자신이 해야 할 일을 인지한 사람들이 살아남을 확률이 높다는 사실을 직접 확인했다.

나는 대한민국 육군발전자문위원회 안전분과 자문위원을 수년 동안 맡고 있다. 주요 역할은 군내 자살 예방이다. 자살을 시도하는 사람은 대부분 삶에서 기대할 것이 하나도 없다는 이유로 스스로 삶을 마감하려 한다. 희망도, 삶의 의미도 그들에게는 없는 것이다. 역경이 닥쳤을 때 극복하지 못하는 사람도 마찬가지다. 그들이 역경을 극복하고 자살이라는 잘못된 유혹에 넘어가지 않게 하려면 인생에는 반드시 기대할 만한 부분이 있다는 사실을 자각하도록 도와줘야 한다. 자신이 소중한 존재임을 인식하고 제 역할이 무엇인지 깨닫게 하는 것도 중요하다. 자식으로서, 형제로서, 부모로서 아무도 대신해줄 수 없는 자신만의 역할이 누구에게나 분명히 있다. 이처럼 자신의 존재는 독자적이고 유일하며 가치 있다는 사실을 자각한다면 절망과 무기력에서 벗어나 회복력을 키울 수 있다.

의미 있는 삶은 우연히 오는 것도 아니고, 막연한 기대나 집착만으로 이룰 수 있는 것도 아니다. 그만큼 의지를 가지고 노력해야 한다. 그 노력 중 하나가 '긍정 유산 남기기'다. 대다수 사람은 인생 마지막 순간에 남기는 유산 하면 가장 먼저 재산을 떠올린다. 하지만 이런 물질적인 재산보다 더 소중하고 가치 있는 것이 있다면 무엇일까? 아마도 그 사람이 인생을 얼마나 의미 있게 살았느냐 하는 부분일 것이다. 자신이 삶을 행복하고 만족스럽게 살았는지, 가치 있는 시간으로 채웠는지, 가족이나 친구들이 가치 있는 삶이었다고 인정해주는지가 중요하다.

삶의 마지막 순간에 지금까지 살아온 인생을 되돌아볼 수 있는 시간이 주어졌다고 상상해보자. 최고로 행복했던 순간은 언제인가? 가장 후회되는 순간은 언제인가? 원하는 꿈을 이룬 삶이었는가? 어려움 속에서도 최선을 다했는가? 주변 사람은 물론, 자기 자신도 사랑했는가? 살면서 행복했는가? 삶에서 가장 가치 있고 의미 있는 일은 무엇이었는가? 당신이 남긴 유산은 무엇인가?

그다음에는 앞으로 살아가고자 하는 인생을 상상하고, 가까운 주변 사람들이 당신을 어떻게 기억하고 평가하기를 원하는지 생각해보자. 그들은 당신이 어떤 일을 성취했다고 기억할까? 당신의 어떤 강점을 이야기할까? 이 질문들에 지나치게 겸손하거나 자신을 과시할 필요는 없다. 물론 상상을 무한정 즐기라는 것도 아니다.

꿈과 희망은 우리가 행동을 취하지 않는 이상 현실로 다가오지 않는다. 그러니 이번에는 당신의 능력 안에서 유산을 남길 수 있는 방법이 무엇인지 스스로에게 물어보고, 그 방법을 실천하고 있는지 글로 써보자. 다음은 내가 직접 작성한 '긍정 유산 남기기'의 내용이다.

그 사람은 참 좋은 사람이었다. 아내를 많이 사랑하고 존중한 좋은 남편이었다. 때로는 이 부부도 다툴 때가 있었지만 어찌됐든 서로의 긍정적인 면만 보려고 노력했다. 그는 아이들 교육이 우선인 훌륭한 아버지였으며, 배움을 향한 열정은 아이들에게 롤모델이 됐다. 그는 언제나 참았고 지원했으며 격려했고 공평했다. 아이들은 자신에게 보내는 아버지의 사랑을 의심한 적이 없었다. 왜냐하면 아버지를 의심할 만한 단 한 하나의 이유도 없었기 때문이다.

그의 비전이자 소명은 전 국민에게 행복을 만들어주는 것이었다. 그는 훌륭한 심리학자였으며, 긍정심리학 전문가였다. 열악한 환경에서도 행복을 만들 수 있다는 사실을 깨달은 그는 개인의 행복은 물론, 기업과 사회의 플로리시를 위해 아흔 살까지 집필과 강의, 상담(코칭)으로 수백만 명에게 행복을 만들어주었다. 그는 마지막 대중 강연에서 수많은 사람으로부터 열광적인 찬사와 감사 인사를 받았다.

그는 훌륭한 시민이었으며 의미 있는 인생을 살았다. 그는 항상 누군가를 도왔고 개인보다 이웃과 사회를 먼저 생각했다. 어렸을 때는 매년 겨울이면 어려운 이들이 사는 집에 땔감을 준비해주었으며, 성인이 되어서는 지역사회 복지 시설과 교회에서 활발하게 봉사 활동을 했다. 인생 후반에는 소명의 일환으로 긍정심리치료학회를 만들어 수많은 긍정심리치료사를 양성했다. 또한 한국 군을 심리적으로 강한 군대로 만들고자 전군 군종장교들에게 긍정심리학 기반의 회복력 교육(훈련)을 실시해 회복력 상담코칭 감독자를 양성했으며, 긍정심리학교도 설립했다. 말년에는 자신이 운영하던 긍정심리학교를 사회에 환원했다. 한마디로 그는 인생을 사랑한 남자였다. 그리고 인생도 그를 사랑했다. 그는 의미 있는 삶을 살았고, 축복받는 삶을 살았으며, 플로리시한 삶을 살았다.

당신도 긍정 유산 남기기를 작성한 후 책상 앞이나 잘 보이는 곳에 놓아두고 시간이 날 때마다 한 번씩 읽어보자. 그럼 삶의 의미가 새롭게 다가오고 희망과 기쁨, 감사, 만족 같은 긍정 정서가 자라나 더 행복한 모습으로 변화될 것이다. 또한 크고 작은 역경을 이겨내게 해주는 회복력이 강화되어 플로리시를 만끽할 수 있을 것이다.

에필로그

내 삶은 역경이고, 회복력이고, 플로리시였다

우리는 정도에 차이가 있을 뿐 누구나 회복력을 지니고 있다. 그래서 아동기에는 물론, 성인이 되어서도 회복력을 발휘해 크고 작은 역경을 극복한다. 나 또한 일생을 "회복력으로 버텨왔다"고 해도 과언이 아니다. 이 책에서 살펴본 회복력에 대한 여러 이론과 기술을 익히면 당신 또한 삶에서 회복력을 충분히 발휘하고 키울 수 있다.

이제 이 책의 마무리로 내가 살아오면서 회복력을 통해 역경을 극복한 과정을 네 단계로 소개하고자 한다.

1. 역경 이겨내기

지나온 내 삶을 돌아보니 어린 시절부터 얼마 전까지만 해도 신체적·심리적·사회적·지적·경제적으로 무엇 하나 제대로 돌아가는 것이 없었다. 그야말로 여유가 없는 역경의 연속이었다. 충청북도 충주시의 가난한 집안에서 8남매 중 다섯째로 태어난 나는 아홉 달 만에 세상에 나온 저체중아였다. 세 살 때 대추를 먹다 목에 씨가 걸려 죽기 직전까지 갔고, 초등학생 때는 학교 앞 남한강에서 친구들과 물놀이를 하다 익사 직전에 구조되기도 했다.

학창 시절에는 내내 가난했다. 쌀밥을 먹는 날은 1년에 세 번, 설과 추석, 생일이 고작이었다. 세련되지 못한 외모와 의식의 빈곤함으로 학교에서도 항상 따돌림을 받았다. 도시락을 싸가도 우리 반에서 나만 여름에는 꽁보리밥, 겨울에는 깡조밥이었다.

초등학교를 졸업하고 농사를 짓던 청소년기에는 아버지가 광산 사고로 장애를 입은 탓에 지게질, 밭일, 과수원 소독까지 모두 내가 도맡아야 했다. 어린 나이였으니 그런 일들이 버거운 것이 당연했다. 게다가 배움에 대한 열등감까지 겹쳐서 심리적으로도 고통이 컸다. 부모를 편안히 모시고자 진학을 포기하고 농사일을 하는 것이었지만, 친구들이 교복을 입고 등하교하는 모습을 볼 때면 추레한 복장으로 일하는 나 자신이 초라하기 그지없었다.

진학하지 못한 것이 아쉽지는 않았어도 공부는 무척 하고 싶었다. 그래서 농한기에 동네 형들이 한문 공부를 하는 서당 밖에 나 홀로 서서 영하 20도를 오르내리는 추위에 떨며 천자문을 같이 읊고, 《명심보감》을 무작정 따라 했다. 당시 서당에서는 나이가 어린 나를 받아주지 않았다. 그래서 1,300자, 1,800자, 2,000자, 3,000자 한문책을 사다 열심히 썼고, 큰형이 보내주는 〈동아일보〉를 매일 밤늦게까지 등잔불 아래에서 한 자도 빠짐없이 읽었다. 한국문학, 세계문학, 역사 전집 등 수십 가지 전집과 단행본을 탐독하면서 배움에 대한 갈증과 열등감을 극복해갔다.

2. 역경 헤쳐 나가기

성인이 된 후에도 배우지 못하고 가난한 내가 생활할 수 있는 공간은 제한적이었다. 나는 열일곱 살 때 인천시에서 형이 운영하는 서점에 취직해 처음으로 도시 생활을 시작했다. 도시 생활이 익숙지 않았던 나는 공공질서 등 여러 가지 사회적 활동에 어려움을 겪었다. 가장 힘들었던 부분은 역시 배움, 특히 영어였다. 서점 위치가 그 당시 미군부대가 있던 월미도에 가깝다 보니 영어가 필요한 순간이 많았다.

2년 후부터는 서점이 기술 서적 위주로 바뀌면서 원서(영어와 일어)를 많이 취급하게 됐다. 전기, 전자, 기계, 건축, 토목, 화학, 화학공학 분야 책들이라 원서 제목을 읽는 것조차 어려웠다. 그래서 새로운 책이 들어오면 사전을 찾아 일단 제목부터 외웠다. 그다음 무조건 대기업 연구소, 기술 담당 부서에 전화해 책을 소개하고 싶다고 말했다. 당시에는 많은 분야에 자료가 부족한 편이라 대부분 허락했지만, 그래도 책 판매원으로 인식되어 경비실에서 보안 검사 등을 거쳐야 했다. 그렇게 해서 만나는 사람은 석사, 박사 출신 과장이나 부장급 이상 엘리트들이었다. 그래서 누구를 만나든 해당 책에 대한 정보와 지식을 배우려고 노력했다. 이 책이 특히 어디에 도움이 되는지, 어떤 분야의 사람이 봐야 하는지, 혹시 아는 사람 가운데 필요한 분이 있는지 등 질문을 많이 했다. 그럼 이후에 만나는 사람들한테는 전문가 수준으로 책을 소개할 수 있었다.

그렇게 업무에 익숙해져 높은 실적을 올릴 무렵 입영통지서를 받았다. 당시 입대 자격 중 하나가 중학교 졸업 이상이었다. 비록 학력으로는 자격이 안 됐지만 나는 군대에 꼭 가고 싶었다. 누구의 영향을 받았는지 남자라면 군대를 꼭 다녀와야 한다는 확고한 빙산 믿음이 있었던 것이다. 이것이 우리 아이들에게도 영향을 끼친 듯하다. 특히 작은아들은 조기에 유학을 가 영주권을 취득했음에도 대한민국 남성이라면 군대를 가야 한다는 내 믿음대로 입대했고 평화유지군인 한빛부대 어학병으로 복무를 마친 뒤 제대했다. 당시 나는 신체검사 때 검정고시를 계획하고 있어서 학력에 고졸이라 썼고, 현역 입대할 수 있었다.

훈련을 마치고 자대 배치를 받은 곳은 5사단 포병사령부 103미리 포병 부대였다. 학력 열등감 탓에 내가 과연 잘해낼 수 있을까 다소 불안한 마음이 들기도 했지만, 동기들뿐 아니라 전 포대원과 간접적으로 비교해봤을 때 해낼 수 있다는 자신감이 생겼다. 포에 대한 전문기술은 물론, 군 생활에서 기본인 정훈, 사격, 측정 등에서 대부분 합격선 이상을 받으며 잘 적응해갔다. 8·15 판문점 도끼 만행 사건으로 비상이 걸려 20시간 이상 행군하는 등 육체적·정신적으로 한계에 다다른 순간도 있었지만, 입대하기를 참 잘했다는 생각을 많이 했고 지금도 그 생각에는 변함이 없다. 군대에서 나도 할 수 있다는 자신감을 얻었기 때문이다. 그래서 나는 지금도 우리나라 군을 누구보다 사랑하고, 군을 위한 사명감으로 회복력 교육(훈련)을 이어가고 있다.

3. 역경 딛고 일어서기

35개월 군 생활을 마치고 1978년 사회에 나오니 세상이 많이 바뀌어 있었다. 잠시 직장 생활을 하면서 진로를 탐색하다 사업을 해보기로 결정했다. 첫 번째 사업장은 경기도 안양시에 있었다. 당시 월세 9만 원이던 여관방 두 개에 사무실과 숙소를 차렸다. 보름치 비용을 먼저 지불하고 책을 판매해 운영하려 했다.

태어나 처음 하는 독립생활이었는데, 종일 책 보따리를 들고 여러 공장과 건축 현장을 돌아다니다 보니 몸이 너무 힘들었다. 저녁마다 엄마가 보고 싶어 울기도 많이 울었다. 그렇게 시작한 사업은 어느 정도 성과를 내 그로부터 6개월 후 33제곱미터(10평)짜리 사무실로 이전했고 경리 사원과 영업사원까지 두게 됐다. 당시에는 열심히 영업하면 성과를 거둘 수 있었다. 그래서 나는 늘 영업에는 자신 있다고 자랑처럼 말하곤 했다.

무엇을 하든 누구보다 '성실'하다는 대표강점이 있었기 때문이다.

2년 후에는 안양 중심지에서 서점도 운영했는데, 몇 년이 지나자 판매만 하는 것보다 책을 직접 출판하고 싶다는 마음이 생겼다. 1987년 서점을 정리해 출판사를 차렸고, 사무실을 확장해 직원까지 늘렸다. 나 나름대로 최선을 다해 운영했지만 2004년 첫 부도를 맞았다. 부도가 난 날 차마 아내에게 말할 수 없어 밤늦게까지 미루다 사실을 알린 뒤 함께 통곡했다. 그때 아내가 어디 가서 좀 쉬면서 마음 정리를 하고 오라며 30만 원을 주었다. 그 돈이 어찌나 크게 느껴지던지…. 며칠 생각할 시간을 갖기로 하고 집을 나섰지만, 막상 하루 저녁이 지나니 직접 출근해 수습해야겠다 싶었다. 성난 채권자들을 만난다는 것이 두렵고 불안하긴 해도 해결할 자신이 있었다. 아침부터 저녁까지 채권자들에게 시달리다 밤늦게 퇴근하면 녹초가 됐다. 다행히 채권자가 대부분 내 제안을 받아들여 사업을 지속할 수 있었고, 부도 1년 만에 모든 어음을 해결했다. 이때 가까운 사람이 더 무섭다는 사실을 실감했다. 많은 채권자 중 직접 사무실에 찾아와 가장 크게 소란을 피운 이가 평소 가깝게 지내던 사람이었기 때문이다.

부도가 나기 몇 년 전 잠시 나 자신을 되돌아보는 시간을 가진 적이 있다. "이렇게 열심히 하는데도 어려운 이유가 뭘까?" "어떻게 하면 나같이 가난하고 못 배운 사람도 성공하고, 행복하게 살아갈 수 있을까?" 그런데 이제 세상이 많이 바뀌어 있었다. 열심히 일만 한다고 잘살 수 있는 세상이 아니었다. 그래서 내가 어렵게 내린 결론은 정치를 하는 것이었다. 국회의원이 되어 나처럼 못 배우고 가난한 사람도 행복하게 살 수 있는 사회를 만들고 싶었다. 무모한 결론이었지만 꼭 이루고 싶은 목표였다. 그런데 학력이 문제였다. "어떻게 해야 대학교 졸업장이 생길까?", "2년 동안 외국에 나가서 받아 올까?", "검정고시를 대리로 부탁할까?" 등등 계속 방법을 찾으려 애썼다. 직접 검정고시를 치러서는 합격할 가능성이 없다고 봤기 때문이다. 하지만 내가 내린 최종 결정은 정도를 걷는 것이었고, 검정고시 학원을 찾아가 상담을 받았다. 당시 지역사회에 이름이 꽤 알려진 터라 다들 내가 대학교를 당연히 나왔다고 여기는 분위기였기에 쉬운 결정은 아니었다. 그런데 검정고시 학원 담당자가 몇 가지 질문을 하더니 합격 가능성이 없다며 등록이 불가하다고 했다. 학원의 합격률이 떨어진다는 이유에서였다. 아무리 사정해도 소용없었다. 절망적이었다.

나는 간신히 마음을 다잡고 서울 광화문 교보문고에서 검정고시 책들을 사들고 집에 돌아왔다. 공부를 시작한 첫날은 그냥저냥 할 수 있었다. 그런데 둘째 날부터는 영어와 수학을 풀어나갈 수가 없었다. 20여 일 동안 속이 답답하고 머리가 아파서 밥도 잘 못 먹고 잠도 제대로 못 잤다. 그래도 공부는 노력하면 됐다. 힘들긴 해도 영어와 수학도 어느 정도 해나갈 수 있었다. 가장 힘든 점은 남몰래 공부하는 것이었다. 회사고, 모임이고 주변 사람 모두 내가 대학교 이상은 나온 줄 알고 있었기 때문이다. 처음부터 고의로 속인 것은 아니고, 사회생활을 하다 보니 자연스럽게 다들 그렇게 알고 있었다. 그래서 누구한테라도 중학교 과정을 공부한다는 사실을 들킬까 봐 사무실에서든, 어디서든 인기척이 들리면 얼른 책을 감추곤 했다. 그렇게 해서 1년 후인 2001년 4월 5일 고입 검정고시에 당당히 합격했다. 그렇게 소원하던 중학교 졸업장을 가지게 된 것이다. 그동안 "중학교만 나왔어도…"라고 수없이 한탄해서인지 세상을 다 얻은 듯했다.

기쁨도 잠시, 바로 대입을 준비해야 했다. 당시 18대 국회의원 선거에 출마하려면 프로필에 석사 학위 이상 학력이 들어가야 한다고 생각했다. 그러려면 한 과목도 과락 없이 올 패스를 해야 했다. 낮에는 일하고 저녁에는 독서실에서 공부하는 시간이 이어졌다. 시험을 며칠 남겨놓고는 너무 무리해서 고통스럽기까지 했지만, 2002년 4월 5일 드디어 대입 검정고시에 합격했다. "아, 합격했어. 이제 대학에 갈 수 있다고!" 발표 날 아침 감격에 겨워 환호했고, 주마등처럼 지난날이 머리를 스쳐 지나갔다. 수많은 아픔과 슬픔으로 채워진 과거가 있었기에 오늘 이 순간이 있는 것이라는 생각이 들었다. 그리고 드디어 2003년 그렇게 원하던 대학생이 됐다. 대학교 캠퍼스를 걸으면서도 내가 대학생이라는 사실이 믿기지 않을 만큼 신기했다.

대입 검정고시를 준비하고 대학교에 진학하는 과정에서 다시 한 번 큰 도전에 나섰다. 빌 클린턴 전 미국 대통령이 쓴 자서전 《마이 라이프》의 한국어판 출간 계약을 체결하고, 저자를 한국에 초청한 것이다. 하지만 한국 방문을 일주일 남겨둔 2004년 9월 17일 자정, 클린턴이 심장 수술을 받아야 해 방한을 연기할 수밖에 없다는 연락이 왔다. 다행히 수술이 잘 끝나 그다음 해 2월 내한했지만, 한국 정치 상황이 6개월 전과 완전히 달라진 터라 스폰서를 찾기 어려웠다. 클린턴 초청 행사는 외신의 찬사를 받을 만큼 성공적이었던 반면, 나는 경제적으로 깊은 상처를 입고 말았다.

그 상처가 너무 깊어서일까? 나 나름대로 만회하려고 최선을 다했지만 쉽게 극복되지 않았다. 그런 와중에 부모님의 부고 등 크고 작은 시련들이 닥쳤다. 그중에서도 충격과 아픔이 가장 컸던 사건은 막냇동생의 죽음이었다. 막내이면서도 맏이처럼 오랫동안 홀어머니를 모시는 등 집안 대소사를 도맡은 동생이었는데 쉰한 살이 되던 해 심장마비로 우리 곁을 떠난 것이다. 이 일은 아직까지도 우리 가족에게 트라우마로 남아 있다.

정치에 뜻을 품은 지 10여 년이 된 2002년, 지인 소개로 과학을 통해 행복을 만들 수 있다는 긍정심리학을 처음 접했다. 평소 행복에 관심이 많았던 나는 긍정심리학에 매료됐고, 그로부터 4년 후 긍정심리학 창시자인 마틴 셀리그만을 만나면서 또 한 번 전환점을 맞았다. 결국 나는 오랜 고민 끝에 정치를 포기했고, 긍정심리학을 전문적으로 배우고 연구하며 확산시키기 시작했다. 해가 거듭될수록 그 학문의 매력에 깊이 빠져들던 나는 결국 운영하는 출판사까지 긍정심리학 분야 서적으로 특화했다. 물론 긍정심리학을 전문적으로 연구하고 논문, 저술, 교육을 통해 확장시키는 과정에서 무시와 조롱, 시기도 받았지만, 나는 우리나라에 긍정심리학을 최초로 알린 사람으로서 사명의식을 가지고 있고 긍정심리학에 대한 믿음도 확고하다.

사실 기존 심리학이 부정과 문제 중심이라면 긍정심리학은 긍정과 강점 중심이라서 빠른 속도로 우리 사회에 전파될 수 있으리라 기대했다. 하지만 예상보다 속도는 느리기만 했다. 그 여파로 사업은 점점 어려워졌고, 아이들 유학비 등 가정 경제를 아내가 떠안는 상황이 돼버렸다. 시간이 흐를수록 아내는 지치고 무기력해졌다. 내가 이 위기를 극복하기 위해 마지막으로 선택한 방법이 긍정심리학 도구인 '시간 선물하기'였다. 때로는 고통스럽고 자존심 상하고 화도 나는 등 인내의 한계에 다다르기도 했지만, 시간을 선물한 지 2년 만에 부부 관계가 완전히 회복되는 놀라운 결과를 경험했다.

아내와의 관계는 예전으로 돌아왔음에도 사업은 나아질 기미가 보이지 않았다. 수익은 나고 있었지만 과거에 누적된 부채와 과도한 이자 지급으로 매달 손실 폭이 커지는 상황이었다. 그러던 어느 날 회사 행정 업무를 도와주던 법무사와 차를 마실 기회가 있어 현재 상황을 이야기했더니 기업회생 신청을 하라는 것이었다. 개인적으로 나는 기업회생 자체에 부정적인 인식이 있었다. 누군가에게 피해를 주는, 정상적인 방법은 아니라고 여겼던 것이다. 하지만 법무사는 서로를 보호해주려고 법으로 정한 제도인 만큼 그렇게 생각할 필요가 없다고 설명했다. 내가 회사 상황을 스스로 진단해도 누적된 부채와 과도한 이자 때문에 얼마 못 가 파산할 것이 명약관화했다. 더구나 사채업자들의 압력이 집요해지고 있었다. 학교 강의실로 찾아와 변제를 강요하는가 하면, 가족까지 협박하려 했다. 양심의 가책이 느껴지고 불안함도 있었지만, 이대로 파산하기보다 기업회생 신청으로 회사를 살릴 수만 있다면 해보는 것도 나쁘지 않겠다는 생각이 들었다.

2012년 어렵게 결정을 내리고 평소 법률 자문을 해주던 변호사의 도움을 받아 회생 전문 변호사를 선임해 회생 신청을 했다. 그런데 비용뿐 아니라 평가 절차가 생각만큼 간단하지 않았다. 회계사들이 조사를 거쳐 청산과 회생 중 가치가 높은 쪽으로 판단을 내리는데, 기업 쪽에서는 당연히 청산보다 회생을 원한다. 다만 회생으로 평가받기가 쉽지 않은 구조라서 전체적인 분위기가 청산 쪽으로 기울었다. 청산 결정이 나오면 나는 다시 일어설 수 없을 것이 뻔했다. 생각하면 생각할수록 끔찍했다. 진땀이 나고 현기증까지 났다.

마지막까지 나는 추가 자료를 준비해 제출하는 등 모든 수단을 동원해 책임 회계사를 설득했다. 늦은 시간에도 전화로 애절하게 호소했고, 추가로 무형의 지적자산 가치까지 동원해 설명했다. 드디어 선고 날, 다행히 조사보고는 회생 가치가 높은 것으로 나와 회생 신청이 받아들여졌다. 그 순간 눈시울이 뜨거워졌다. 이후 10년 동안 법원이 결정해준 변제

금액을 성실히 분할 상환한 결과 2021년 12월 회생에서 졸업했다. 이 자리를 빌려 그동안 도움을 준 분들에게 감사드리고 본의 아니게 피해를 끼친 분들에게도 사과 말씀을 전한다.

4. 회복력을 발휘해 뻗어나가기

다행히 그동안 회사 규모를 줄이고 긍정심리학 교육이 확산되어 다소 여유를 찾을 수 있었다. 좀 더 체계적인 교육을 위해 교육장을 넓힐 필요가 있다는 직원들의 건의에 따라 2014년에는 교육장을 확장 이전했다. 교육 수요는 많았지만, 지출이 늘다 보니 수익을 내기가 쉽지 않았다. 직원들이 호언장담하던 정부 부서 지정 교육기관도 되지 못했다. 하는 수 없이 2016년 11월 눈물을 머금고 회사를 정리하고 나니 수중에 단돈 10만 원밖에 남지 않았다. 슬펐다. 아팠다. 많은 역경을 겪어왔지만, 그때만큼 비참함이 컸던 적도 없었다. 시도 때도 없이 울었다. 울고 싶었다.

그러던 어느 날 새로운 선택의 순간이 왔고, 긍정심리학이 우리 사회에 제대로 뿌리 내리려면 심리상담과의 연계가 필요했다. 나는 경영학에서 긍정심리학 연구로 박사 학위를 받았기에 한계가 명확했다. 그래서 가능하면 바닥부터 경험하고 싶었고, 비교적 단계가 낮은 상담센터연구원으로 시작해 상담대학원 석사, 박사 과정을 거쳤다.

여러 편의 논문과 저서를 내고 다양하게 활동하다 보니 긍정심리학이 일반 사회에서는 인정받았지만 상담심리 현장에서는 그렇지 못했다. 오히려 긍정심리학을 인정하지 않으려는 경향이 컸다. 상담에 대해 공부하고 관련 자격증을 따는 동안 수많은 무시와 조롱을 당하기도 했다. 긍정심리학 확산을 위해 내가 감내해야 하는 과정이라는 믿음으로 헤쳐 나간 결과, 상담심리학 박사 학위를 받을 수 있었고 미국 대학교 한국 캠퍼스

학장 겸 상담학 교수도 됐다. 또한 우리나라 3군 군종장교들의 회복력 교육(훈련)을 담당하는 막중한 역할을 맡고 있으며, 대한민국 육군발전자문위원회 안전분과 자문위원으로도 위촉됐다.

그렇게 시간이 흘러 어느덧 60대 중후반에 접어들었지만, 지금도 나는 거의 매일 아침 5시부터 저녁 10시까지 일한다. 남들보다 공부를 늦게 시작해 할 일이 무척 많기 때문에 예전에도 그랬고 지금도 여전히 20년을 백back 해서 살겠다는 말을 자주한다. 때로는 부담도 되긴 하지만 매일매일 반드시 해야 할 일, 꼭 하고 싶은 일이 많은 것 자체가 참 행복하다. 또 감사하게도 3년 전 주일 예배 시간에 "너는 더 많은 사람에게 행복을 만들어주라!"는 소명도 받았다. 이 책이 그 소명을 감당하는 데 도움이 됐으면 좋겠다. 그리고 이제 꼭 하고 싶은 일이 하나 있다. 나는 지난 20년 동안 긍정심리학, 행복, 회복력, 강점을 연구하면서 논문과 저서뿐 아니라 'KPPI 긍정심리 팔마스 성격강점 카드북', 'Dr. 우문식의 긍정심리 상담코칭 15회기', 'Dr. 우문식의 7가지 회복력 사고, 회복력 능력, 회복력 기술' 등의 도구와 프로그램을 개발해 특허를 받았다. 이것들을 기반으로 전 세대를 아우르는 행복학교를 열어 더 많은 사람에게 행복을 만들어주고 싶다. 그동안 여러 차례 대학교와 대학원에 미국의 펜실베니아 대학의 응용긍정 심리학과와 같은 긍정심리학과 개설을 시도했지만 아쉽게도 이루지 못했다.

가끔 아내는 나에게 "매일 그렇게 일을 많이 하면 일하다 죽는 거 아니에요?"라고 말한다. 아내는 걱정해서 하는 말이지만, 나는 긍정심리학을 통해 더 많은 사람에게 행복을 만들어주다 하나님의 부름을 받는 것이 소망이다.

책을 마무리하면서 제안하고 싶은 것이 하나 있다. 바로 '마음 근육 키우기' 실행 계획을 세우고 실천하자는 것이다. 아리스토텔레스는 "최고라는 생각만 가지고는 절대 최고 자리에 오를 수 없다. 중요한 것은 최고가 되기 위한 노력과 실천이다"라고 말했다. 앞에서 나는 몇 차례 "긍정심리 회복력은 머리로 이해하고 마음으로 느껴서만 키워지는 것이 아니다. 노력과 실천을 통해서만 키울 수 있다"고 강조한 바 있다. 자연스럽게 키워지는 것이 아니라 의식적으로 키워야 한다는 의미다. 따라서 내가 제안하고 싶은 것은 '마음 근육 키우기 123 실행'이다. 나는 2019년 '행복 만들기 123 운동'을 1년 동안 하루도 빠짐없이 365일 실행하면서 매일 내 인터넷 블로그에 공유한 바 있다. 당시 많은 분이 동참했고, 기업으로부터 교육(강의) 요청을 여러 번 받기도 했다. '마음 근육 키우기 123 실행' 역시 같은 콘셉트로 진행하면 좋을 것 같다. '1'은 하루에 선행 한 가지, '2'는 하루에 대표강점을 적용해 실천한 두 가지, '3'은 하루에 감사한일 세 가지와 그 이유를 쓰는 것이다. 1번은 회복력 기술 중 ABC 확인하기, 키우기 등 자신에게 잘 맞는 도구를 선택해서 할 수 있다. 매일 이 세가지를 실천하기가 쉽지 않을 수도 있다. 하지만 노력과 실천에 대한 보상은 역경과 불확실성을 이겨내고 플로리시를 만들어줄 수 있다는 점을 잊지 않길 바란다.

우리의 삶은 매순간 선택의 연속이다. 그 선택에 따라 결과도 다르게 나타난다. 특히 역경을 겪을 때 어떤 선택을 하느냐에 따라 더 행복할 수도, 더 행복하지 않을 수도 있다. 역경 속에서 긍정은 초인적 힘이 되어주고, 부정은 파국적 고립에 빠져들게 하기 때문이다.

어느 날 저녁 한 인디언 추장이 손자에게 사람 내면에서 일어나는 싸움에 대해 이야기했다.

"애야, 우리 마음속에서는 두 늑대가 늘 싸우고 있단다. 한 녀석은 분노, 시기, 질투, 슬픔, 불안, 후회, 탐욕, 거만, 죄의식, 열등감, 거짓, 자만 같은 부정으로 가득 차 있지. 그리고 다른 녀석은 기쁨, 평화, 사랑, 희망, 평온, 겸손, 친절, 자비, 공감, 절제, 진실, 신의, 끈기 등 긍정으로 충만해 있단다."

손자가 그 얘기를 듣고 곰곰이 생각하더니 물었다.

"그럼 결국 어느 쪽 늑대가 이기나요?"

노인이 짤막하게 대답했다.

"그거야 우리가 먹이를 주는 녀석이 이기지."

당신은 어떤 늑대를 선택해 먹이를 주겠는가? 선택은 자유다. 나는 다행히 긍정이 충만한 늑대를 선택해 먹이를 주었다. 그 결과 긍정심리학으로 행복을 만들고 회복력으로 마음의 근육을 키워 역경을 이겨냈고, 지금도 지속적으로 플로리시하고 있다. 당신도 긍정이 충만한 늑대에게 먹이를 주면 어떨까? 이 책을 통해 여러분 모두가 회복력으로 마음의 근육을 키우고 행복을 만들어 플로리시하길 바란다. 우리 모두 플로리시!

국외 문헌

Alayarian, A. (Ed.). (2007). Resilience, suffering and creativity: The work of the Refugee Therapy Centre. Karnac Books.

Aldao, A., Nolen-Hoeksema, S., & Schweizer, S. (2010). Emotion-regulation strategies across psychopathology: A meta-analytic review. Clinical Psychology Review, 30(2), 217, 237.

Aristotle.(2000). The Nicomachean ethics(R. Crisp, Trans.). Cambridge: Cambridge University Press.

Bearse, J. L., McMinn, M. R., Seegobin, W., & Free, K. (2013). Barriers to psychologists seeking mental health care. Professional Psychology: Research and Practice, 44(3), 150, 157.

Beck,A.T.(1967).Cognitive therapy and thee motional disorders, New York: International Universities Press.

Bertisch, H., Rath, J., Long, C., Ashman, T., & Rashid, T. (2014). Positive psychology in rehabilitation medicine: A brief report. Neuro Reha bilitation, 34(3), 573, 585.

Biswas-Diener, R., Kashdan, T. K., & Minhas, G. (2011). A dynamic approach to psychological strength development and intervention. The Journal of Positive Psychology 6(2), 106, 118.

Bonanno, G. A., & Mancini, A. D. (2012). Beyond resilience and PTSD: Mapping the heterogeneity of responses to potential trauma. Psychological Trauma: Theory, Research, Practice, and Policy, 4(1), 74, 83.

Bryant, F. B. (1989). A four-factor model of perceived control: Avoiding, coping obtaining, and savoring. Journal of Personality, 57, 773, 797.

Bryant, F. B., & Veroff, J. (2007). Savoring: A new model of positive experience. Mahwah, NJ: Erlbaum.

Bureau of Labor Statistics. (2015). American time use survey. Retrieved from http://www.bls.gov/tus/charts/home.htm#on December 1, 2015.

Bureau of Labor Statistics. (2016). American time use survey. Retrieved from https://www.bls.gov/tus/documents.htm on December 31, 2017. References 327.

Calhoun, L. G., & Tedeschi, R. G. (Eds.). (2006). Handbook of posttraumatic growth: Research and practice. Mahwah, NJ: Erlbaum.

Carr, A., Finnegan, L., Griffin, E., Cotter, P., & Hyland, A. (2017). A randomized controlled trial of the Say Yes To Life (SYTL) positive psychology group psychotherapy program for depression: An interim report. Journal of Contemporary Psychotherapy, 47(3), 153, 161.

Castonguay, L. G. (2013). Psychotherapy outcome: An issue worth re-revisiting 50 years later. Psychotherapy, 50(1), 52, 67.

Center for Epidemiological Studies Depression Scale (CES-D; Radloff, 1977).

Compton, W. C., Smith, M. L., Cornish, K. A., & Qualls, D. L. (1996). Factor structure of mental health measures. Journal of Personality and Social Psychology, 71(2), 406–413.

Corrigan, P. (2004). How stigma interferes with mental health care. American Psychologist, 59, 614, 625.

Csikszentmihalyi, M. (1990). Flow: The psychology of optimal experience. New York: HarperCollins.

Csikszentmihalyi, M. (1996). Creativity: Flow and the Psychology of Discovery and Invention. New York: HarperCollins.

Diener, B, R. (2010). Practicing Positive Psychology Coaching, New York: John Wiley.

Diener, E, Lyubomirsky, S., & King, L.(2005), "The Benefits of Frequent Positive Affect: Does Happiness Lead to Success?", Psychological Bulletin, 131(6), 803-855.

Diener, E.(1984), "Subjective Well-being", Psychological Bulletin, 95, 542-575.

Duckworth, A. L., Peterson, C., Matthews, M. D., & Kelly, D. R. (2007). Grit: Perseverance and passion for long-term goals. Journal of Personality and Social Psychology, 92, 1087, 1101.

Duckworth, A. L., Steen, T. A., & Seligman, M. E. P. (2005). Positive psychology in clinical practice. Annual Review of Clinical Psychology, 1(1), 629, 651. doi:10.1146/annurev.clinpsy.

Evans, I. M. (1993). Constructional perspectives in clinical assessment. Psychological Assessment, 5, 264, 272.

F. T. Rogers, Jr., and L. E. Schilberg, J. Appl. Phys. 22, 233 (1951).

Fava, G. A. (2016). Well-being therapy. In A. M. Wood & J. Johnson (Eds.), The Wiley handbook of positive clinical psychology (pp. 395, 407). Chichester, UK: John Wiley.

Fitzpatrick, M. R., & Stalikas, A. (2008). Integrating positive emotions into theory, research, and practice: A new challenge for psychotherapy. Journal of Psychotherapy Integration, 18, 248, 258.

Folkman, S., & Moskowitz, J. T. (2000). Positive affect and the other side of coping. American Psychologist, 55(6), 647, 654.

Fordyce, M. W. (1983). A program to increase happiness: Further studies. Journal of Consulting Psychology, 30, 483, 498.

Forgeard, M. J. C., & Seligman, M. E. P. (2012). Seeing the glass half full: A review of the causes and consequences of optimism. Pratiques Psychologiques, 18(2), 107, 120.

Frankl, V. E. (1963). Man's search for meaning: An introduction to Logotherapy. New York: Washington Square Press.

Frankl, V. E. (1986). The Doctor and the Soul: From Psychotherapy to Logotherapy.

Fredrickson, B. L. (2001). The role of positive emotions in positive psychology. American Psychologist, 56, 218, 226.

Fredrickson, B. L., & Losada, M. F. (2005). Positive affect and the complex dynamics of human flourishing. American Psychologist, 60(7), 678, 686.

Gander, F., Proyer, R., Ruch, W., & Wyss, T. (2013). Strength-based positive interventions: Further evidence for their potential in enhancing well-being and alleviating depression. Journal of Happiness Studies, 14(4), 1241, 1259.

Graham, J. E., Lobel, M., Glass, P., & Lokshina, I. (2008). Effects of written constructive anger expression in chronic pain patients: Making meaning from pain. Journal of Behavioral Medicine, 31, 201, 212.

Guney, S. (2011). The Positive Psychotherapy Inventory (PPTI): Reliability and validity study in Turkish population. Social and Behavioral Sciences, 29, 81, 86.

Hara Estroff Marano, Depression doing the Thinking, Psychology Today Magazine, 2017, 7-8.

Hawkes, D. (2011). Review of solution focused therapy for the helping professions. Journal of Social Work Practice, 25(3), 379, 380.

Heather N. Rasmussen., Michael F. Scheier, Joel B. Greenhouse(2009), Optimism and physical health: a meta-analytic review, Ann Behav Med. 2009 Jun; 37(3): 239–256.

Hicks, J. A., & King, L. A. (2009). Meaning in life as a subjective judgment and a lived experience.

Social and Personality Psychology Compass, 3(4), 638, 658.

Houltberg, B. J., Henry, C. S., Merten, M. J., & Robinson, L. C. (2011). Adolescents' perceptions of family connectedness, intrinsic religiosity, and depressed mood. Journal of Child and Family Studies, 20(1), 111, 119.

Jahoda, M. (1958). Current concepts of positive mental health. New York: Basic Books.

Jamais Cascio Bio Institute for Ethics and Emerging Technologies. Ieet.org. Retrieved November 29, 2011.

Johnson, D. P., Penn, D. L., Fredrickson, B. L., Meyer, P. S., Kring, A. M., & Brantley, M. (2009). Loving-kindness meditation to enhance recovery from negative symptoms of schizophrenia. Journal of Clinical Psychology, 65, 499, 509.

Joormann, J., Dkane, M., & Gotlib, I. H. (2006). Adaptive and maladaptive components of rumination, Diagnostic specificity and relation to depressive biases. Behavior Therapy, 37, 269, 280.

Kahneman, D., Diener, E., & Schwarz, N.(Eds.).(1999). Well-being: The foundations of hedonic psychology. New York: Rushell Sage.

Karen Reivich, Andrew Shatte(2003). The Resilience Factor: 7 Keys to Finding Your Inner Strength and Overcoming Life's Hurdles. New York: Random House.

Kashdan, T. B., & Rottenberg, J. (2010). Psychological flexibility as a fundamental aspect of health. Clinical Psychology Review, 30, 865, 878.

Linley, P. A., Nielsen, K. M., Wood, A. M., Gillett, R., & Biswas-Diener, R. (2010). Using signature strengths in pursuit of goals: Effects on goal progress, need satisfaction, and well-being, and implications for coaching psychologists. International Coaching Psychology Review, 5, 8, 17.

Louis Maslow(1970), Huntsville Road, Dallas, Pennsylvania 18612, Appl. No. 726,080.

Lyubomirsky, S., & Layous, K. (2013). How do simple positive activities increase well-being, Current Directions in Psychological Science, 22, 57, 62.

Maddux, J. E. (2008). Positive psychology and the illness ideology: Toward a positive clinical psychology. Applied Psychology, 57, 54, 70.

Masten, A. S., & Reed, M.-G. J. (2002). Resilience in development. In C. R. Snyder & S. J. Lopez (Eds.), Handbook of positive psychology (p. 74–88). Oxford University Press.

McKnight, P. E., & Kashdan, T. B. (2009). Purpose in life as a system that creates and sustains health and well-being: An integrative, testable theory. Review of General Psychology, 13(3),

242, 251.

McLean, K. C., Pasupathi, M., & Pals. J. L. (2007). Selves creating stories creating selves: A process model of narrative self development in adolescence and adulthood. Personality and Social Psychology Review, 11, 262, 278.

Meyer, P. S., Johnson, D. P., Parks, A., Iwanski, C., & Penn, D. L. (2012). Positive living: A pilot study of group positive psychotherapy for people with schizophrenia. The Journal of Positive Psychology, 7, 239, 248.

Mitchell, J., Stanimirovic, R., Klein, B., & Vella-Brodrick, D. (2009). A randomised controlled trial of a self-guided Internet intervention promoting well-being. Computers in Human Behavior, 25, 749, 760.

Mongrain, M., & Anselmo-Matthews, T. (2012). Do positive psychology exercises work? A replication of Seligman et al. (2005). Journal of Clinical Psychology, 68, 382, 389. 338 References 38.

Myers, D. G., & Diener, E.(1999). If we are so rich, why aren't we happy? American Psychologist, 54, 821-827.

N. Humphrey(1986), TheInner Eye, Social Intelligence in Evolution, New York, Oxford University Press.

Nakamura, J., & Csikszentmihalyi, M. (2002). The concept of flow. In C. R. Snyder & S. J. Lopez (Eds.), Handbook of positive psychology (pp. 89, 105). New York and Oxford: Oxford University Press.

Ochoa, C., Casellas-Grau, A., Vives, J., Font, A., & Borras, J. (2017). Positive psychotherapy for distressed cancer survivors: Posttraumatic growth facilitation reduces posttraumatic stress. International Journal of Clinical and Health Psychology, 17(1), 28, 37.

Odou, N., & Vella-Brodrick, D. A. (2013). The efficacy of positive psychology interventions to increase well-being and the role of mental imagery ability. Social Indicators Research, 110(1), 111, 129.

Park, N., & Peterson, C. (2006). Values in Action (VIA) inventory of character strengths for youth. Adolescent & Family Health, 4, 35, 40.

Pennebaker, J. W., & Evans, J. F. (2014). Expressive writing: Words that heal. Enumclaw, WA: Idyll Arbor.

Park, N., Peterson, C., & Seligman, M. E. P. (2004). Strengths of character and well-being. Journal of Social & Clinical Psychology, 23, 603, 619.

Peterson, C. (2006). Primer in positive psychology. New York: Oxford University Press.

Peterson, C., & Seligman, M. E. P. (2004). Character strengths and virtues: A handbook and classification. New York and Oxford: Oxford University Press and Washington, DC: American Psychological Association.

Proyer, R. T., Gander, F., Wellenzohn, S., & Ruch, W. (2013). What good are character strengths beyond subjective well-being? The contribution of the good character oneself-reported healthoriented behavior, physical fitness, and the subjective health status. The Journal of Positive Psychology, 8, 222, 232.

Quinlan, D. M., Swain, N., Cameron, C., & Vella-Brodrick, D. A. (2015). How "other people matter" in a classroom-based strengths intervention: Exploring interpersonal strategies and classroom outcomes. The Journal of Positive Psychology, 10(1), 77, 89.

Rashid, T. (2004). Enhancing strengths through the teaching of positive psychology. Dissertation Abstracts International, 64, 6339.

Rashid, T., & Anjum, A. (2008). Positive psychotherapy for young adults and children. In J. R. Z. Abela & B. L. Hankin (Eds.), Handbook of depression in children and adolescents (1st ed., pp. 250, 287). New York: Guilford Press.

Rashid, T., & Howes, R. N. (2016). Positive psychotherapy. In A. M. Wood & J. Johnson (Eds.), The Wiley handbook of positive clinical psychology (pp. 321, 347). Chichester, UK: John Wiley.

Rashid, T., & Seligman, M. P. (2018). Positive psychotherapy: Clinician manual, UK: OXFORD University Press.

Rashid, T., Summers, R., & Seligman, M. E. P. (2015). Positive Psychology; Chapter 30, pp-489-499., In A. Tasman., J. Kay, J. Lieberman, M. First & M. Riba (Eds.), Psychiatry (Fourth Edition). Wiley-Blackwell.

Tedesshi T.,& Calhoune, 1996, Post-traumatic Growth Inventory (PTGI)

Ruini, C., & Fava, G. A. (2009). Well-being therapy for generalized anxiety disorder. Journal of Clinical Psychology, 65, 510, 519.

Ryan M. Niemiec, (2013), Mindfulness and Character Strengths A Practical Guide to Flourishing, New York, Hogrefe Publishing.

Ryff, C. D., & Singer. B. (1996). Psychological well-being: Meaning, measurement, and implications for psychotherapy research. Psychotherapy and Psychosomatics, 65, 14, 23.

Schnell, T. (2009). The Sources of Meaning and Meaning in Life Questionnaire (SoMe): Relations to demographics and well-being, The Journal of Positive Psychology, 4, 483, 499.

Schotanus-Dijkstra, M., Drossaert, C. H., Pieterse, M. E., Walburg, J. A., & Bohlmeijer, E. T. (2015). Efficacy of a multicomponent positive psychology self-help intervention: Study protocol of a randomized controlled trial. JMIR Research Protocols, 4(3), e105.

Schueller, S. M., & Parks, A. C. (2012). Disseminating self-help: Positive psychology exercises in an online trial. Journal of Medicine Internet Research 14(3), e63.

Seligman, M. (2018). The Hope Circuit: A Psychologist's Journey from Helplessness to Optimism. New York: Hachette Book Group.

Seligman, M. E. P. (1991). Learned optimism. New York: Knopf.

Seligman, M. E. P. (2002a). Authentic happiness: Using the new positive psychology to realize your potential for lasting fulfillment. New York: Free Press.

Seligman, M. E. P. (2006). Afterword: Breaking the 65 percent barrier. In M. C. I. S. Csikszentmihalyi (Ed.), A life worth living: Contributions to positive psychology (pp. 230, 236). New York: Oxford University Press.

Seligman, M. E. P. (2012). Flourish: A visionary new understanding of happiness and well-being. New York: Simon & Schuster.

Seligman, M. E. P., & Csikszentmihalyi, M. (2000). Positive psychology: An introduction. American Psychologist, 55(1), 5, 14.

Seligman, M. E., Rashid, T., & Parks, A. C. (2006). Positive psychotherapy. American Psychologist, 61, 774, 788.

Shafer, A. B. (2006). Meta-analysis of the factor structures of four depression questionnaires: Beck, CES-D, Hamilton, and Zung. Journal of Clinical Psychology, 62, 123, 146.

Skaggs, B. G., & Barron, C. R. (2006). Searching for meaning in negative events: Concept analysis. Journal of Advanced Nursing.

Stewart, T., & Suldo, S. (2011). Relationships between social support sources and early adolescents' mental health: The moderating effect of student achievement level. Psychology in the Schools, 48(10), 1016, 1033.

Stillman, T. F., & Baumeister, R. F. (2009). Uncertainty, belongingness, and four needs for meaning. Psychological Inquiry, 20, 249, 251.

Szasz, T. S. (1961). The myth of mental illness: Foundations of a theory of personal conduct. New York: Hoeber.

Tedeschi, R. G., & Calhoun, L. G. (1996). The posttraumatic growth inventory: Measuring the positive legacy of trauma. Journal of Traumatic Stress, 9(3), 455, 472.

Tedesshi T., & Calhoune, 1996, Post-traumatic Growth Inventory (PTGI)

The results of the APEX study are reported in M.E.P.Seligman, P. Schulman, R. J. DeRubeis and S. D. Hollon. (1999).

Waterman, A. S. (1993). Two conceptions of happiness: Contrasts of personal expressiveness (eudaimonia) and hedonic enjoyment. Journal of Personality and Social Psychology, 64(4), 678–691.

Werner, Smith R. S. (1977), Kauai's Children Come of Age. University Press of Hawaii, Honolulu.

Worthington, E. L. (2006). Forgiveness and reconciliation: Theory and application.

Worthington, E. L., & Drinkard, D. T. (2000). Promoting reconciliation through psychoeducational and therapeutic interventions. Journal of Marital and Family Therapy, 26, 93, 101. Worthington, E. L., Hook, J. N., Davis, D. E., & McDaniel, M. A. (2011). Religion and spirituality. Journal of Clinical Psychology, 67(2), 204, 214.

국내 문헌

고명선(2013), 《존 카밧진의 마음챙김 명상》, 서울: 물푸레.
권오열(2010), 《조너선 헤이트의 행복의 가설》, 서울: 물푸레.
김미정(2016), 《엔젤라 더크워스의 그릿(GRIT)》, 서울: 비즈니스북.
김인자, 우문식(2014), 《마틴 셀리그만의 긍정심리학》, 서울: 물푸레.
문용린, 김인자(2009), 《긍정심리학의 입장에서 본 성격강점과 덕목의 분류》, 서울: 한국심리상담연구소.
문용린, 김인자, 백수연(2010), 《크리스토퍼 피터슨의 긍정심리학 프라이머》, 서울: 한국심리상담연구소, 물푸레.
송준호, 우문식(2013), 〈조직구성원의 성격 특성이 행복에 미치는 영향: M. Seligman의 행복공식 관점의 접근〉, 한국기업경영학회(in press).
심현식(2009), 《칙센트 미하이의 몰입의 경영》, 서울: 황금가지.

안기순(2017),《셰릴 샌드버그의 옵션 B》, 서울: 와이즈베리.

오혜경(2009),《에드 디너의 모나리자 미소의 법칙》, 서울: 21세기북스.

우문식(2010),〈긍정심리가 리더십에 미치는 영향〉, 안양대학교 대학원 석사 학위 논문.

우문식(2012),《캐롤라인의 어떻게 인생목표를 이룰까?》, 서울: 물푸레.

우문식(2013),〈긍정심리의 긍정정서와 성격강점이 조직성과에 미치는 영향〉, 안양대학교 박사 학위
　　논문.

우문식(2013),〈행복의 관점과 인구통계적 차이에 관한 연구〉, 사회복지 연구(in press).

우문식(2014),《바버라 프레드릭슨의 내 안의 긍정을 춤추게 하라》, 서울: 물푸레.

우문식(2014),《행복4.0》, 서울: 물푸레.

우문식(2017),《긍정심리 팔마스 성격(인성)강점 카드북》, 서울: 물푸레.

우문식(2018),《긍정심리학이란 무엇인가》, 서울: 물푸레.

우문식(2020),〈긍정심리학 기반의 긍정심리치료(PPT) 프로그램이 참여자의 행복 및 회복력에 미치는
　　효과〉, Kernel University 박사 학위 논문.

우문식(2020),《마틴 셀리그만의 permas 중심 긍정심리학》, 서울: 학지사.

우문식, 손봉호 외 6인(2019),《행복은 어디에서 오는가?》, 서울: 학지사.

우문식, 윤상운(2011),《마틴 셀리그만의 플로리시》, 서울: 물푸레.

우문식, 윤상운(2012), 레이비치, 샤테의《회복력의 7가지 기술》, 서울: 물푸레.

우문식, 윤상운(2012), 로버트 비스워스 디너의《긍정심리학의 코칭 기술》, 서울: 물푸레.

우문식, 이명원(2013),《아이의 행복 플로리시》, 서울: 물푸레.

우문식, 이미정(2018), 섀넌 폴리의《긍정심리학의 강점특권》, 서울: 물푸레.

우문식, 이미정(2018), 테이얍 라시드, 마틴 셀리그만의《긍정심리치료 치료자 매뉴얼》, 서울: 물푸레.

우문식, 최빛나, 양회창(2019),〈긍정심리학 관점의 접근: 긍정정서와 성격강점이 조직몰입과 직무만
　　족에 미치는 영향〉, 인문사회과학기술융합학회.

우문식, 최호영(2012),《마틴 셀리그만의 낙관성 학습》, 서울: 물푸레.

이시형(2005),《빅터 프랭클의 죽음의 수용소에서》, 서울: 청아.

이한나(2020),《긍정심리학 마음교정법》, 서울: 프로제.

정지현(2016),《앤서니 그랜트의 행복은 어디에서 오는가》, 서울: 비즈니스북.

최현정(2007),《트라우마》, 서울: 플래닛.

한재희, 남지연(2020),《의미치료》, 서울: 학지사.

마음 근육 키우기

초판 1쇄 인쇄 | 2022년 09월 5일
초판 1쇄 발행 | 2022년 09월 7일

지은이 | 우문식
펴낸이 | 우문식
펴낸곳 | 물푸레

등록번호 | 제1072호
등록일자 | 1994년 11월 11일
주소 | 경기도 안양시 동안구 시민대로 230 아크로타워 B동 D1251호
전화 | 031-453-3211
팩스 | 031-458-0097
홈페이지 | www.kppsi.com
이메일 | ceo@kppsi.com
저작권자 ⓒ 2022, 우문식

정가 22,000원
ISBN: 978-89-8110-341-5 13180